日本の歴史　十六

豊かさへの渇望

荒川章二

Arakawa Shoji

小学館

日本の歴史

第十六巻

豊かさへの渇望

アートディレクション　原研哉
デザイン　竹尾香世子
美馬英二

凡例

- 年代表示は原則として西暦を用い、適宜、和暦を補いました。
- 本文は原則として常用漢字および現代仮名遣いを用いました。また、人名および固有名詞は、原則として慣用の呼称で統一しました。なお、敬称は略させていただきました。
- 歴史地名は、適宜、（ ）内に現在地名を補いました。
- 引用文については、短歌・俳句なども含めて、読みやすさ、わかりやすさを考えて、句読点を補ったり、漢字を仮名にあらためたりした場合があります。
- 中国の地名・人名については、原則として漢音の読みに従いました。ただし慣習の表記に従ったものもあります。
- 朝鮮・韓国の地名・人名は、原則的に現地音をカタカナ表記しました。ただし、歴史的事柄にかかわる地名・人名などは漢音読みにした場合があります。
- 国の機関・省庁名などは、原則的に当時の呼称を用いました。
- この巻が扱っている時代の年表を巻末に掲載しました。
- 図版には章ごとに通し番号をつけ、それぞれの掲載図版所蔵者、提供先は巻末にまとめて記しました。
- おもな参考文献は巻末に掲げました。
- 五十音順による索引を巻末につけました。
- 本書のなかには、現代の人権意識からみて不適切な表現を用いた場合がありますが、歴史的事実をそのまま伝えるために当時の表記どおりに掲載しています。

1

伸びゆく都市

集い、交わり、にぎわう

◉建設途中の東京タワー
高さ三三三mの東京タワーは、テレビ時代の象徴であるとともに、東京の新たなランドマークともなった。写真の撮影は一九五八年五月で、完成は同年の一二月。

→117ページ

2

◉オリンピック東京大会

一九六四年一〇月、日本国民悲願の東京オリンピック開会式。聖火リレーの最終ランナーには、広島への原爆投下の日に広島県三次《みよし》市で生まれた坂井《さかい》義《よし》則《のり》が選ばれた。

↓110ページ

3

◉日本万国博覧会
一九七〇年三月、「人類の進歩と調和」をテーマに大阪万博が始まった。東京オリンピックに並ぶ国家的イベントとして、六か月の会期中の入場者は約六四二二万人を記録した。

新宿の変貌

●一九七〇年の西新宿
東京・西新宿は、副都心計画に伴い淀《よど》橋《ばし》浄水場が移転し、建築条件が緩和されて高層ビルが続々と建っていく。この時期は、第一号の京王プラザホテルが建設中。

↓112ページ

都市の向こう側
採掘が進む石灰石鉱山。人里離れた山肌に人為的につけられた稜線が、不思議な美しさを醸し出す。ここで採られた石灰石は、都市に林立するコンクリート建造物へと結びついていく。写真の撮影は一九九〇年。

都市の鼓動

◉二〇〇七年の西新宿
約四〇年の間に、東京都庁をはじめ一〇を超す超高層ビルが林立し、京王プラザホテルも埋もれてしまう。いちばん背が高いのは都庁で、二四三m。

6

◉**再開発が進む東京**

激しく都市化が進んだ東京では、一九八〇年代後半から旧国鉄用地などを舞台に再開発が活発化する。写真は、一九九七年に東京タワーから新橋・有楽町方面を望む。

→２４８ページ

8

◉**国土を守る棚田**

朝焼けの棚田《たなだ》風景。棚田は、洪水防止や水資源の涵養《かんよう》といった国土保全の役割も果たしている。棚田の放棄は、農業技術や景観美の面も含めて、影響が大きい。

→２５３ページ

目次

日本の歴史　第十六巻

豊かさへの渇望

第二章　戦後大衆社会の成立　―一九六〇年代～

第四章

豊かさへの渇望

はじめに

私たちが選んだ道

一九五五年という時代

この巻の関心は、一九五五年（昭和三〇）頃、「日本人」が選択したことは何だったのかということにある。一九五五年といえば、通常「五五年体制」が思い起こされる。保守対革新が二対一の割合で国会の議席を占める保守単独政権時代は、この年に開幕し、一九九三年（平成五）まで続いた。

また一九五五年頃は、経済成長率という数字を利用しながら経済政策を立案する時代の開幕期でもあった。鉱工業生産により経済活動の状態を説明するかわりに、国民経済をひとつの単位として経済活動の総産出量を測定する手法である。国民所得が自己所得にそのまま結びつくわけではなかったが、人々は数字でわかりやすく示される国家レベルの経済成長率に、自分自身の生活の豊かさの実現を重ね合わせていった。経済成長政策において問われたのは、「総生産量」という量とそれが実現されるスピードである。量と速さ、それを実現する効率性が重要なのであり、生産物やサービスの「質」は二次的とされた。商品の質や生活の質への関心は、一九七〇年代後半からの低成長期にしだいに高まるが、国民経済の実態を成長率で測定する思考方法は、九〇年代なかばごろまで変わらなかった。この時期に、日本の政治体制と経済政策は新しい段階に入り、経済政策が国民統合の要《かなめ》となっていったのである。

しかし、最初に設定した「日本人」が選択したことは何だったのか、という問いは、このような政治経済の領域を超えた、社会的な領域まで含む主体的選択として設定されている。そして「主体的」という意味は、選択の自由度がある程度整った条件のもとでの自己選択ということである。

一九五二年四月、連合国軍による日本の占領支配は終わり、沖縄を除く日本は、占領権力の統制から離れた。一九五〇年代なかばという時代は、新憲法が保障した諸権利を活用して政治選択をし、自己の生活スタイル設計にあわせて社会的選択ができる条件が保障された時代であった。

政治では、憲法第九条への支持・不支持が一九五〇年代後半のもっとも重要な争点となり、再軍備や憲法改正問題の提起が激しい対抗を巻き起こしたが、その対抗は基本的に六〇年の安保闘争を経て終息した。新憲法制定後一〇年を経たこの時期に、国民は憲法の平和主義を主体的に選択したといえる。この非戦の平和主義はさらに、国民運動として展開した原水爆禁止運動と結合することで、核の時代に対抗する平和思想へと発展した。

社会的には、多くの人々が大都市をめざし、雇用者という就業形態と消費者としての生活スタイルを選択した。この過程は、農業とその経営に適した家族形態、住居様式という近世以来続いてきた職業のあり方と生活慣習に、劇的な変化をもたらした。そして、こうした変化を、多くの人々は「豊かさ」の実現として肯定的に受け入れた。人々が求めた豊かさは、戦前以来の憧《あこが》れだった中間層的な都市家族、学歴の確保、最新の家電や自家用車を整えたマイホームのなかにあった。

本巻ではこうして始まった社会を、戦後という政治空間を活用して国民みずからが主体的に関与し、その状況をふまえて形成された社会という意味で、「戦後社会」と呼び、おもにその社会的側面に光を当てていきたい。一九五五年頃から人々がみずから選択していった労働・生活スタイルが、政治・経済に影響し、四〇年間という長期的な安定を実現した要因ととらえて、この半世紀を描いてみたいと思う。どこで暮らすか、どのような職業を選ぶか、どのような家族をつくるか、子どもにどういう教育を保障するのか、といった選択は国民それぞれの問題であるが、その選択の総和がその時代の社会の方向性を形成し、政治政策立案の基礎となるからである。

そしていま現在、この選択の結果が、政治経済制度と同様にゆらぎ、社会的混迷状態が各分野で噴出するなかで、新しい社会秩序・社会意識形成が求められている。その方向性を考察する作業の方法として、本巻では、戦後復興から社会建設に入った一九五〇年代なかばに、私たちはどのような社会を選択し、それがどう実現し、何が問題となりどのように変容したのか、そしていま、いかなる壁に直面しているのかを跡づけてみたい。新しい選択の可能性・萌芽《ほうが》は、半世紀の時代経験そのもののなかにすでに提起されているのではないかということも、本巻の期待のうちにある。

私的世界からの豊かさの実現

人々に豊かさへの欲求を呼び起こした要因のひとつに、家族のあり方の変容があった。左ページの写真は、一九五〇年代なかばの東京下町風景のひとこまであるが、こうした下町での家族生活は、生産と消費が一体となった職住接近の共同体的世界で営まれていた。当時の社会の多数派である農村でも、都市の下町でも、職業と日常生活は一体かつ家族ぐるみで営まれており、それを包む地域の共同性があり、さらに自然環境と緊密な関係性を結ぶ生活の姿があった。

このような家族の社会生活のあり方は、職住が分離し、雇用者の夫と専業主婦というサラリーマン家庭に急激にとってかわられていく。団地の建設が本格化するのは一九五五年（昭和三〇）である。農村から都市へ大量に移動しはじめた人々は、農業など旧来の仕事から離脱し、地域共同体からも離れ、自然を切り開いた開拓地に建設された集合住宅のなかで家族を形成しはじめた。その集合住宅の一角のマイホームにこそ、核家族の求めるささやかな豊かさがあった。

豊かさを実現すべく、高度経済成長期の男たちは、「モーレツ」に働いた。この、高度経済成長を支えた男たちの労働のエートス（内面的動機）は、どこにあったのだろう。時代を覆っていたのは、「物の豊かさ」に対する渇望だった。敗戦後の人々が貧困からの脱出を求めて労働に邁進《まいしん》したとすれば、この時期の人々の労働の背景にあったのは、より豊かになりたい、アメリカ的な生活水準に近づきたいという、物的豊かさを求める心理であった。

しかし、男たちを労働に駆り立てた要因はそれだけではない。もっとも重要な要因は、仕事を生きがいの第一とする意識であり、それが、家族団欒《だんらん》を生きがいとする意識と結びついていた。雇用者となることを選択した男たちは、終身雇用という安心と家

1
◉「近藤勇《こんどういさみ》と鞍馬天狗《くらまてんぐ》」
土門拳《どもんけん》が撮影した、一九五五年の東京・江東区《こうとう》の下町。都市化とともに失われた風景である。

庭形成に即応した生活給的昇級システムの形成のなかで、企業社会に勤労という誠実さを示し、そのことを生きがいと感じ、それが消費生活の単位である家族の経済的豊かさを支えた。雇用の世界での戦後体制と、家族とその住居の戦後体制とが、経済的豊かさへの欲求を媒介に結びついたのである。

豊かさの向上は、個々人の経済格差の拡大を伴わなかった。先進自由主義国がともに経済発展する「黄金の六〇年代」という国際環境を背景に、国民全体の豊かさが押し上げられるかたちで実現した。国民全体として、働く機会が増え、賃金が向上し、生活が豊かになった。こうして近年における貧困の「再発見」まで、日本社会から「貧困」という社会問題が忘れ去られた状態が続いた。

豊かさと社会の分断

以上述べてきた豊かさへの過程は、さまざまな面で社会が切り分けられていく過程でもあった。第一は、性別や健康・民族的出自などといった、個人ではどうにもならない属性による切り分けである。なかでも影響が大きかったのはジェンダーによる区分で、労働と家族という二つの領域で性別役割分業を大規模に固定していった。労働領域では、雇用労働が拡大するなかで、学歴や肉体的能力を「根拠」に、女性労働が補助的・短期的・低賃金のモデルとして職場の差別的労働体系のなかに埋め込まれていった。そして労働の差別化は、専業主婦の増大をもたらした。専業主婦は、家事や子どもの教育の担い手となったが、それは新たに一般化した性別役割分業にほかならなかった。

第二は、地域や産業による切り分けである。戦後は国土〝総合〟開発の時代と称されるが、それは国土の均等な発展をめざしたものではなかった。ある地域の、ある目的での開発のために、別の地域がスクラップ化され、開発目的からはずれた産業がリストラされた。たとえば、太平洋岸と瀬戸内に建設された石油コンビナート建設は、九州と北海道の炭鉱のスクラップ化を促し、大量の労働者が転業・失業を余儀なくされた。また、米作に重点化した農業政策は、農村から大都市や工業都市への労働力移動を促した。経済的豊かさの追求とは、都市農村を問わず、あらゆる地域の産業・生活・文化、そして自然環境を著しく変容させ、固有の郷土性、故郷意識の土台を掘り崩していく過程でもあった。そしてそれを可能にしたのが、中央集権的な行政システムであった。

第三は、平和国家のはずの戦後日本に巨大な軍事空間が維持されたことである。それは、一九七二年（昭和四七）の復帰まではアメリカの占領下に置かれた沖縄、「本土」の米軍基地群、そしてアメリカの要請で誕生し拡大してきた自衛隊という三者で形づくられている。なかでも沖縄には、平和国家日本を支えるべく大量の米軍基地が押し付けられた。ここにも社会の大きな切り分けが存在した。

2

◉**基地と闘う**
富士山周辺のアメリカ軍・自衛隊基地をめぐっては、農民の粘り強い反対運動が展開されてきた。写真は一九七〇年、東富士演習場から発射されるロケット弾が着弾する北富士に、団結小屋を建てて座り込みを続ける女性たち。

一九五一年に調印されたサンフランシスコ平和条約のねらいは、沖縄の占領継続と日米安全保障条約（安保条約）締結の国際的認知であり、安保条約では、自衛隊の軍備増強努力がうたわれた。この軍事同盟を基礎として、日米両国の経済協力が成り立ち、アメリカ製品の輸入、技術提供、一方での日本製品の大量輸出が可能となり、アメリカ型生活様式が豊かさの生活モデルとなりつづけた。ベトナム戦争に象徴される冷戦期の国際的政治環境のもとで、軍事空間の提供によって経済的豊かさがきわめて有利なかたちで達成できたこと、これが平和国家日本の置かれた冷厳な現実であった。

こうしたアメリカと日本の関係は、戦勝国と敗戦国の二国間取り引きという側面が強かったために、日本の旧植民地や侵略・占領対象となったアジア諸国との関係においては、植民地責任や戦争責任を解決する機会を奪い、信頼関係を基礎とする外交関係樹立を困難にした。そのことは裏返せば、日米関係が戦後日本人のナショナリズムのありよう、アジア諸地域への戦争責任・植民地支配責任意識、ひいては平和認識にも深く影響したということでもある。

以上をふまえ本巻では、豊かさへの過程を縦軸に、三つの面での社会の切り分けという問題を横軸に組み合わせて考えていきたい。その際、一九五五年から六〇年を豊かさへの接近方法の選択の時期として、六〇年から七五年頃の高度経済成長期、九〇年代なかばのバブル経済の崩壊時期までの二つの時期を挟み、九〇年代なかば以降を新たな社会への転換の時期として区分して、四章編成で叙述していく。

第一章

「戦後社会」をめぐる対抗——一九五五年〜

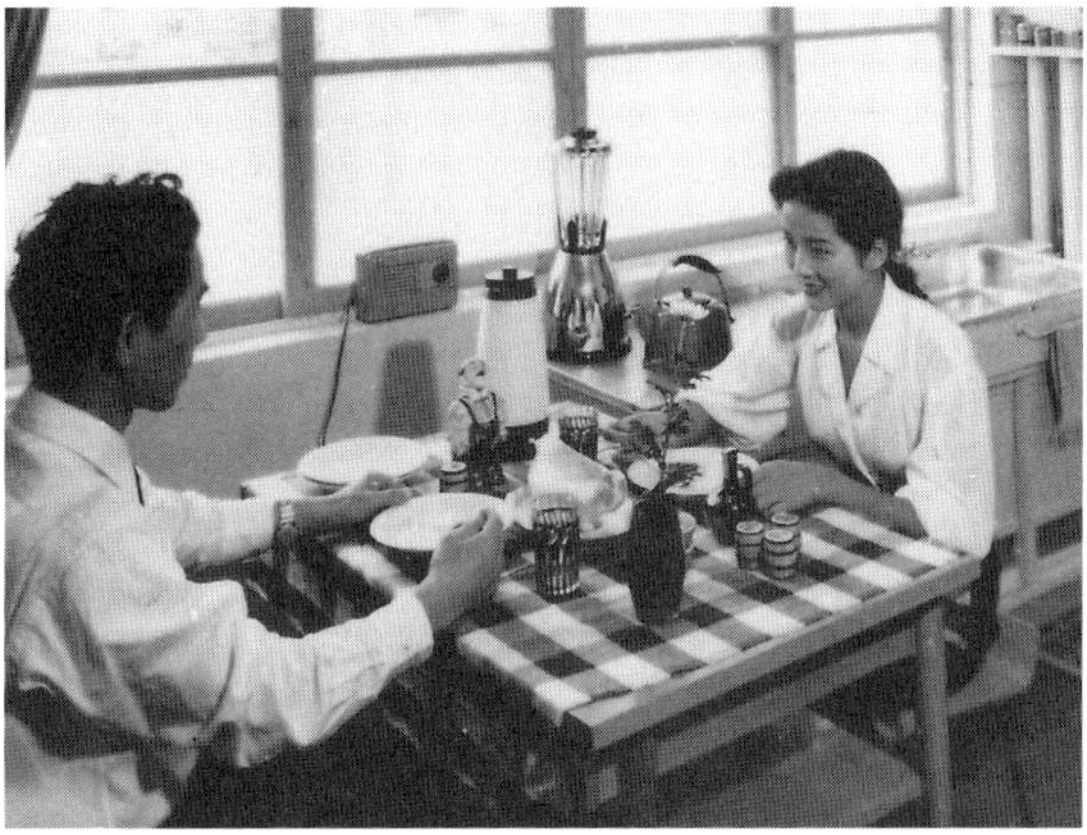

豊かさへの離陸

一九五〇年代後半期の政治状況

一九五五年（昭和三〇）一〇月、左右に分裂していた社会党が統一され、翌一一月、自由党と日本民主党の合併によって自由民主党（自民党）が誕生した。議席の比率はほぼ二対一、二大政党ではなく自民党優位の「一か二分の一」体制と呼ばれる。ここに東西冷戦構造に対応した保革対立の政治構造、いわゆる五五年体制が幕を開けた。その前年一一月、岸信介《きしのぶすけ》・石橋湛山《いしばしたんざん》ら自由党の反吉田茂《よしだしげる》勢力、改進党・日本自由党などが合流して、日本民主党（総裁鳩山一郎《はとやまいちろう》）が結成され、一二月、鳩山内閣が誕生した。吉田前自由党内閣を対米追従外交と批判し、改憲慎重論の吉田路線に対し憲法改正を正面から掲げて、占領の延長上にある戦後政治体制からの離別と独立の完成を目標とする、新たな保守政権の誕生であった。

翌一九五五年二月の総選挙では、憲法改正の民主党と、護憲・再軍備反対の左派社会党がともに躍進した。国民世論の保革対抗の構図を明瞭に見せた総選挙だったのである。そして民主党主導の憲法改正・再軍備への危機感から、左派主導で社会党の統一がなった。この社会党統一に刺激され、保守二分という政治的不安定を解消すべく、かつ、安定的な保守政権を期待するアメリカの意向もあって、保守合同が進展した。新党総裁には鳩山、そして保守合同をリードした岸信介が幹事長に就任した。自民党の最初の主導権は、民主党系が握った。

以上の背景から鳩山自民党政権は、憲法改正を最優先課題とし、同時に戦後憲法体制を支える戦後教育体制の改編を試みた。しかし、改憲に必要な三分の二以上の議席を獲得するための小選挙区制実現に失敗したことから、外交的な自立をめざすための布石である日ソ国交回復に傾注した。当時、政治的立場を超えて、貿易再開を求める観点から中国・ソ連との国交回復を望む声は強く、さらに国際連合（国連）安全保障理事会常任理事国ソ連との国交正常化は、同国の拒否権行使で国連復帰ができない状況を打開するためにも不可欠な政策であった。鳩山内閣は、一九五六年一二月、両国が対立する領土問題を棚上げにして日ソ国交回復を実現し、その直後、日本は八〇番目の国連加盟国となった。

鳩山退陣後一九五六年一二月に誕生した石橋内閣は、経済成長政策の追求と日中関係の改善をめざした。当時のアジアでは、中国とインドを中心に、非同盟運動が模索されていた。東西それぞれの軍事同盟に基礎づけられた米ソの冷戦体制に対し、非同盟主義の第三勢力として新しい国際秩序を開拓する試みであった。多様性をもった当時の保守政権のもとで、アジアの国々と連携し、平和的で自立的な国家を構想できる可能性も開けていたのである。

1

●内閣成立を祝う鳩山一郎（前列左）
鳩山は戦後いったん公職追放となるが、一九五二年に政界復帰すると、すぐ五四年に首相となった。鳩山由起夫《ゆきお》・邦夫《くにお》はその孫。

しかし、石橋政権は首相の病気のためわずか二か月の短命に終わり、一九五七年二月に岸が政権についた。かつて東条英機《とうじょうひでき》内閣を支えた強烈な反共主義者である岸がめざしたのは、アメリカ軍の占領特権を継続した内容である日米安保条約の改定により、対等な日米関係に近づける方向での対米関係緊密化であった。軍事同盟の双務化による「独立」の達成である。それは集団的自衛権・海外派兵の承認を前提とするが、そのためには憲法改正が不可欠であった。

　岸政権の憲法改正論は、鳩山時代のアメリカと距離を置く自立化構想ではなく、安保条約の対等化により日本人の反米ナショナリズムを抑制し対米関係をより安定させるという政治戦略としてとらえられるだろう。岸は政権発足後すぐに防衛力増強計画を策定し、国防の基本方針を決定するが、それは自前の巨大な防衛力を育て、可能ならば海外派遣ができる軍隊をつくり、日米軍事同盟を双務化するためであった。また、岸は、東南アジア諸国との関係形成にも力を入れているが、植民地主義崩壊後の新植民地政策を世界規模で展開していたアメリカに対し、アジア政策の補完者として、反共軍事政権への経済援助などの側面協力を行なうかたちで展開された。安保条約改定は、岸政権のこのような思惑《おもわく》と、日本を同盟国として活用しつつ、在日米軍基地の従来の特権も最大限維持したいアメリカの思惑との対抗と妥協のなかで実現した。しかし、一九六〇年五月の新安保条約の国会採決に際し、五〇〇人の警官を国会に

2

◉日米新安保条約調印後の岸信介
戦後A級戦犯となったが起訴をまぬがれ政界復帰した岸は、首相退陣後も自民党タカ派の象徴として政界に君臨し、妖怪と呼ばれた。

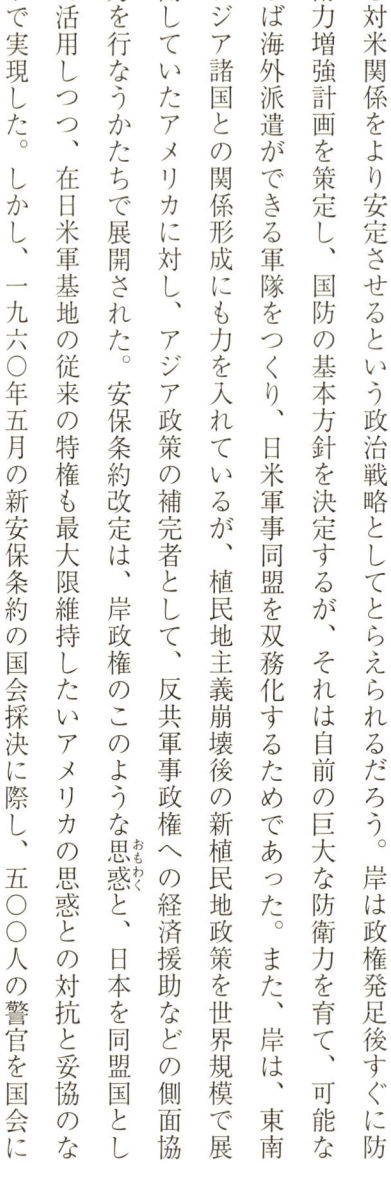

導入して全野党欠席のまま強行採決を行なったことで、院外大衆闘争の未曾有《みぞう》の高揚と自民党内反岸派の造反をもたらし、安保条約は成立したものの、岸政権の命脈は絶たれた。

改憲派の急先鋒であった岸路線が挫折したあと、自民党の政権は吉田派の流れを汲《く》む池田勇人《いけだはやと》（一九六〇年七月～六四年一一月）、佐藤栄作《さとうえいさく》（六四年一一月～七二年七月）と続き、以後この両派閥が自民党主流として政治運営の中枢を占めた。彼らは成立した新安保体制を前提にしつつ、共同軍事作戦の具体化には消極的で、改憲路線も封印し、経済主義を特徴とした。他方で、改憲に固執しつづける岸派の政治グループは自民党の傍流となった。

一九五五年の社会構造

本巻の起点となる一九五五年（昭和三〇）頃の社会は、どのような性格だったのだろうか。社会の性格をみる指標として注目したいのは、労働力人口に占める自営業者（雇い人のない業主および家族従業員）の比率である。企業や官庁に勤務する「雇用者」が近代資本主義的な就業形態なのに対し、自営業は時代を超えて存在する就業形態であるからである。そこで自営業者の割合を資本主義的成熟度のひとつの指標とみて、自営業者の割合が五〇パーセント以上の地域を後進資本主義的類型と見なすと、一九五五年の時点では、占領下の沖縄を除く四六都道府県中三七県、すなわち八割の県が後進資本主義的類型に該当していた。この類型は一九七〇年にはわずか二県、七五年には皆無となり、県レベルの範囲での就業構造は、一九六〇年代末までに一変するのだが、一九五五年とはその急激な変化の起点でもあった。
ただしその場合の自営業には、農林漁業から商業や製造業、医療などのサービス的な業種まで広く含まれる。そこで、産業別就業人口のうち、どの業種が最高値を占めるかを都道府県別に調べると、後進資本主義的類型の数とほぼ同じ三八の県で、農業が一位で、かつ農業就業比率の五〇パーセントを超える他の産業がないという、農業が圧倒的な就業状態を示していた。このような農業が圧倒的な割合を示す県はその後減少を続け、一九七五年には六県に激減した。一九五五年は、産業別就業構造転換の起点となった年でもあった。

農業就業者が圧倒的に多いのは市町村レベルでも同様であるが、市町村のこのような就業構造は、人々の日常生活における流動性が少ないことを意味する。ある市町村からほかの市町村へ通勤する人数と、ほかの市町村からその市町村へ通勤する人数の合計が、その市町村に住む就業人口に対して少ないほど、その市町村は流動性が弱い、すなわち閉鎖性が強い地域だといえる。そこで、その比率が二五パーセント以下の場合を「閉鎖的」だとすると、一九五五年には、九割近くの市町村が「閉鎖的」だった。

通勤面での流動性の低さは大都市でも指摘できる。現代の東京など大都市では昼間人口（就業人

3

◉一九五六年当時の都心風景
東京駅を中心に手前が八重洲《やえす》口、向こう側が丸の内、皇居方面。当時の丸の内は日本ではめずらしい高層ビル地帯といわれたが、現在の超高層ビルが林立する光景とはほど遠く、車もまだ少なかった。

口）と夜間人口（居住人口）の差が激しいことが特徴だが、一九五五年の東京都内の夜間人口に対する昼間人口の割合をみてみると、明治国家建設以来の首都機能が集中する千代田区を別格としても、中央区・港区を除けば夜間と昼間の格差はそれほど大きくはなかった。日常生活における流動性は、東京二三区においても、さほど高くはなかったのである。千代田区への通勤範囲も、ほとんど東京二三区内からであった。二三区を一自治区とみれば、東京の通勤構造でさえ、「閉鎖的」であった。

大都市をめざして

日本の総人口については、戦時期にいったん減少したが、戦後は二〇〇四年（平成一六）まで一貫して増えつづけた。しかし一五歳未満に限れば、一九二〇年代から増えつづけていたのが、一九五五年（昭和三〇）をピークに頭打ちとなっている。人口比率でも、一五歳未満は一九五五年以降下がり方が大幅になっている。一九五五年頃とは、出生数の増大で人口が拡大する時代が終わり、長寿化によって人口が増大する時代の幕開けの時期であった。

一九四〇年代から五五年前後まで増加しつづけた若年層は、高度経済成長期を特徴づける人口大移動の主役たちでもあった。一九六〇年前後、東北・北陸・九州・四国・中国から京浜・阪神・中京の各地帯に、中学卒・高校卒の就職者が大量に送り出されていった。一九五五年に各都道府県に居住していた一〇～一四歳の人数と、一九六五年に二〇～二四歳になった同年齢層の人数を対比し増減を測ると、この一〇年間で、東北・九州の青年男性で五割前後、女性の四割前後が大都市に流出した。

これを東京の側からみると、一九五〇年代にすでに激しい人口流入が起こっていた。その中心は二〇歳代で、一九五五年以降、東京では一人世帯と二人世帯がもっとも大きな伸び率を見せた。東京への就職者と、東京の大学など高等教育機関への進学者が増加した結果であった。

しかし一九六〇年代になると、東京から埼玉・神奈川・千葉三県への転出が増加する。その結果、六〇年代を通じて四都県全体では年平均三〇万人以上の社会増（転入超過）を保ったが、東京都内では、二三区の人口は減少ないし頭打ちとなり、六〇年代前半には多摩地区を中心に二三区の周辺地域に人口が拡散していった。後述する近代家族モデルでの家族形成の主要な舞台となったのが、東京周辺ではこの多摩地域と二三区の西側地域、そして前記三県である。

先に述べたように、一九五五年頃までの日本は自営業的な農村社会であった。地方社会からの青年人口流出とは、就業構造という視点からはどうみえるのだろうか。

●減りつづける若年人口比率

一九五五年に人口比率で三三・四%を占めた一五歳未満の若年人口はその後減りつづけ、かわりに二〇人に一人だった六五歳以上の高齢者人口が、二〇〇〇年代に五人に一人となる。両者の比率は、二〇〇〇年に逆転した。

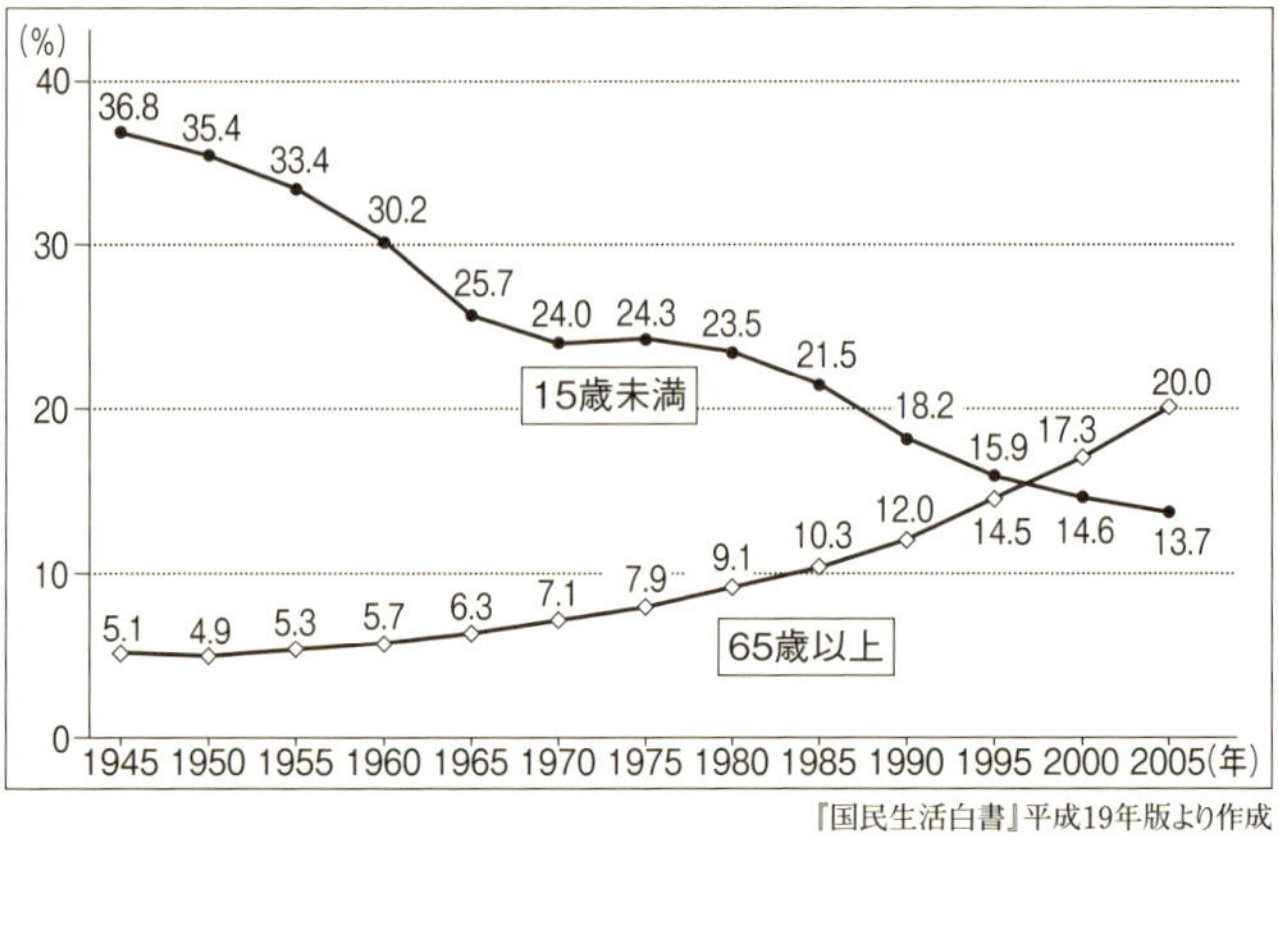

『国民生活白書』平成19年版より作成

高度経済成長を前にした一九五〇年頃、農業を中心とする第一次産業人口は、戦前の第一次産業人口と比べてもかなり上まわっていた。青年男性にとって徴兵も職業軍人への道もなく、都市の産業復興はまだ途上という時代で、農村は大量の過剰人口を抱えていたのである。農地解放で小作は解放されたが、限られた農地に次・三男女を抱えている状態では、抱える側も抱えられる側も、生活困難を脱出する展望は見えにくかった。だからこそ、一九五三年からは南米移民が本格的に再開されていた。

そんななか、一九五〇年代末から六〇年代なかばにかけて、二〇歳代以下の青年層を中心に、毎年農業から他産業へ七〇万から九〇万人が流出した。当初は農業就業者が離農するケースが多かったが、しだいに農家出身者が新規学卒時に他産業を選択する比率が高まっていく。こうした農家出身青年層を中心とする人生の新たな選択を背景として、雇用形態（自営か雇用か）、産業別就業構造、都市と地方の人口割合が重なり合いながら大変動したのが、一九五〇年代なかばからの高度経済成長の時代であった。

農林業自営から雇用者生活へ

こうして、農家出身の青年層の多くが高度経済成長期に雇用者に転換していった。そして雇用者数は、男女を合わせ一九五五年（昭和三〇）から七〇年代なかばまでに倍増し、比率でみても、男女ともに雇用者が就業者の多数派になった。そのことの意味を、中卒男子労働市場という角度から探ってみたい。

一九五〇年代後半では、男子の中学校卒業者総数のうち四割以上が就職し、その八割前後が非農業就職者となった。いうまでもなく労働市場の最大構成員であった。しかし中卒者が、これまでの農業への就業と異なり製造業などの非農業部門、とくに県外へ就職するとなれば、就職斡旋《あっせん》への特別な補助が必要となる。新制中学校がスタートした一九四七年の新入生が三年生になる四九年、労働省は職業安定法を改正し、職業安定所（職安）と学校が協力して職業指導を実施する体制をつくった。

非農業就職者に限れば、新規中卒者に対する職安経由の職業紹介は一九五〇年代後半で六五パーセント程度、一九六〇年代前半には七割台に達した。職業選択の自由をうたう憲法のもと、自由な求人・求職活動の保障を前提とする労働市場が形成されていたこの時代に、国家機関が中学校と協力し、中卒非農業就職者の六～七割を斡旋し、労働力の流れを計画化しコントロールできる態勢が築かれたことになる。

中卒者個人が求める自立できる職業への就職と貧困からの脱出、農家と中学校を抱える地域共同

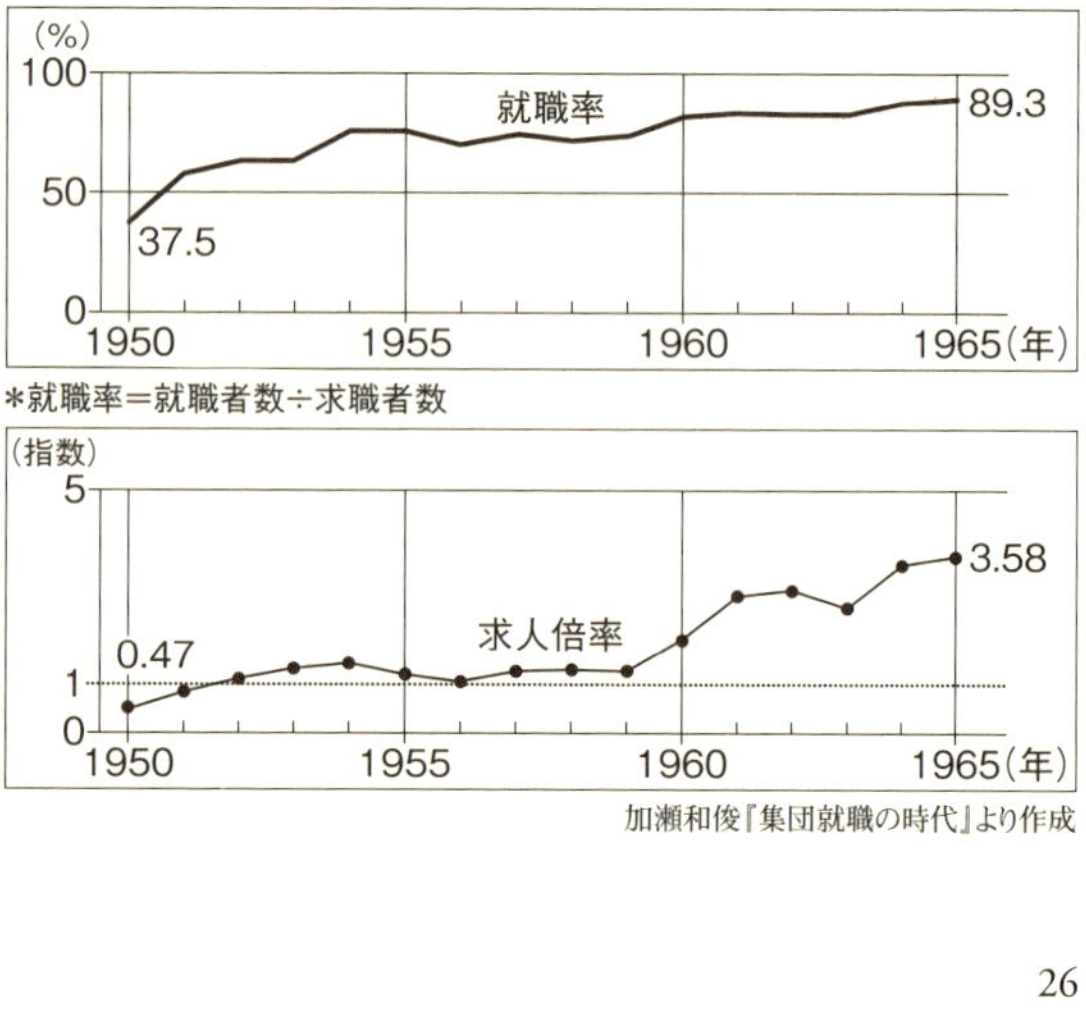

加瀬和俊『集団就職の時代』より作成

◉中卒男子の就職
求人倍率は一九五七年から安定し、六〇年以降跳ね上がったのに対し、就職者数は五〇年代後半の四〇万人台から六〇年代に入ると減少し、「金の卵」化していった。

体が求める農村の過剰人員の解消と貧困状態からの上昇、事業主が求める安価で従順、かつさまざまな産業・職種への適応可能性の高い若年労働力の提供。それらの要望の「束」は、高度経済成長期の労働力の計画的配置、需給調整を円滑に進めようとする労働行政を後押しする側面をもっていたのである。といっても、一九五〇年代後半の労働市場の状況は、売り手（求職者）側にとって有利だったわけではない。一九五〇年に始まった朝鮮戦争の特需でいったん上向きかけた求人は、農家離脱欲求が強まった五〇年代後半にはふたたび停滞状態に入っていた。中卒者への求人倍率が跳ね上がり、彼らが「金の卵」となるのは、一九六〇年からである。

　一九五〇年代の男子中卒就職者の就職先をみると、約半数は従業員一五人未満の事業所であった。かつまた、その半数は四人以下の事業所である。県外に就職した地方出身者にとって、その多くは、世帯を形成して安定的な生活を設計する条件に乏しい職場環境であった。だからこそ彼らは、一〇年前後働いたのち都市（非農林業）自営業者として独立する道をめざした。一九六〇年以降になると、従業員一〇〇人以上の大規模事業

4

◉一九五六年の田植え風景（愛知県海部郡《かいふ》）
水苗代《みずなわしろ》の畦《あぜ》から種もみをまく風景。当時は種もみをまいた苗代田にビニールなどをかぶせて保温する、保温折衷苗代への移行期だったが、写真は伝統的な苗つくりの手法。

所への就職割合が急激に伸張していく。大企業が中卒者を含めた労働力を求めはじめ、相対的に労働条件の悪い中小企業では新規卒業者を雇用しにくくなる構造が急速に現われてくる。日本の雇用構造は、戦前以来、大企業の労働市場と中小企業の労働市場に大きく分断されており、一九五〇年代後半の新規中卒就職者は、男子の場合、少数が大企業に、多数は中小零細企業に供給されていた。この労働市場の構造が一九六〇年前後の数年で激変し、中小零細企業が新規卒業者を獲得することを困難にしたのである。だから、彼らは容易に手に入れられない「金の卵」となった。新規中卒者にとっては、零細から自営業的独立による生活向上ではなく、大企業への就職による生活の安定と向上の道が大きく開けたのである。

この就業傾向は、まだ相対的には少数であった新規高卒就職者の場合も同様で、一九五〇年代なかばでは、その過半数が三〇人以下の事業所へ就職していた。しかし一九六〇年代早々に、大規模事業所への就職が七割前後という構成に転じた。ただしそれと同時期に、新規中卒就職者と新規高卒就職者の労働市場に、高卒を有利とする格差が形成されはじめる。

ここで中卒女子就職者の高度経済成長期初期の特色を確認しておくと、男子と比較して大規模事

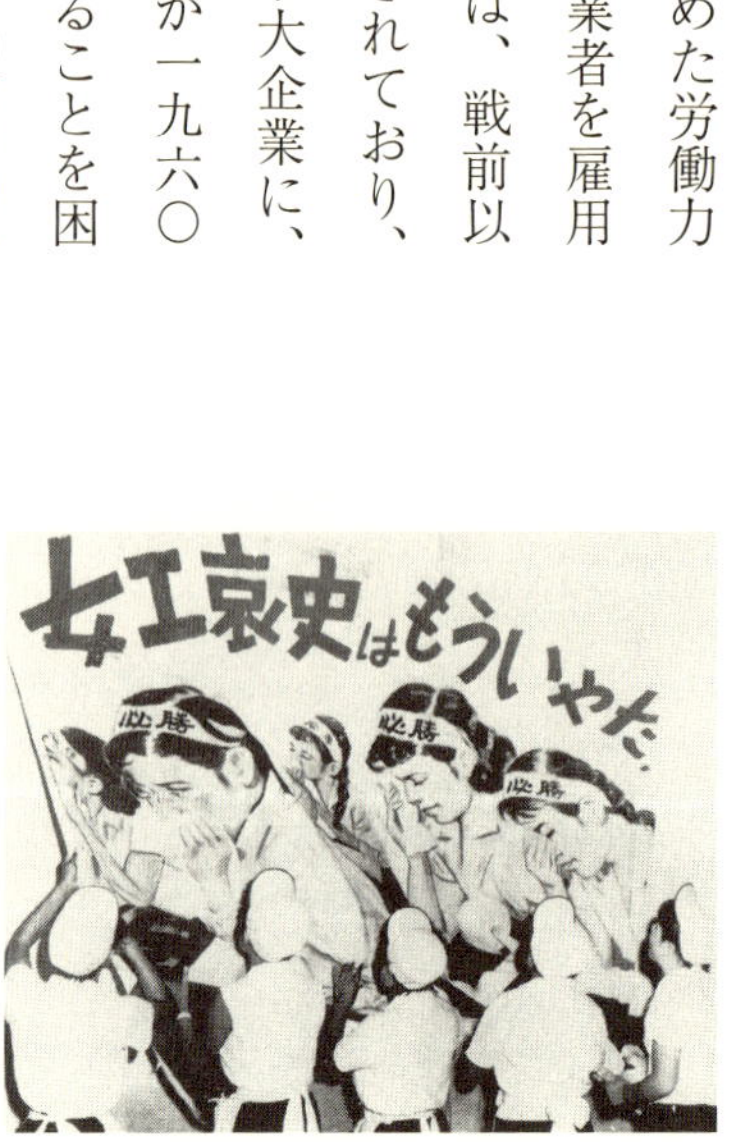

5

◉近江絹糸人権争議
近江絹糸《おうみけんし》は、雇用した一〇歳代後半の女子労働者に外出の自由を与えず、信書と私物の検査、仏教の強制などを行なった。一九五四年六月に始まり一〇六日に及んだ争議は、人権闘争として世論の共感を集め、諸要求を獲得した。

業所への就職割合が高い。一九五〇年代なかばでは男子の一割強に対しほぼ四割に達し、一九六一年では男子の五割に対し七割であった。その理由は、女子の就職先が関係している。一九五〇年代後半には中卒女子就職者の約四割が繊維産業（紡績・製糸・織物）に就職し、一九六〇年代初めには電機関係への就職も急拡大した。これら特定の産業が若年女性の労働力を求めたことが、事業所の規模で男女差が発生した背景である。繊維産業は戦前以来、地方出身の一〇歳代後半の女子労働者を寄宿舎に収容し、結婚退職させる労務管理を行なってきたが、このような伝統的な雇用構造が、一九六〇年代前半まで継続していたのである。

就職の平等化と規律化

一九五〇年代後半に新規中卒就職という形態で雇用者が大量に創出されはじめたのをみてきたが、新規中卒就職者はなぜこの時期に急増したのだろうか。そこに大きく影響するのが、義務教育制度の戦後の再編と、徴兵制度の廃止である。

戦前日本の義務教育は、初等教育の六年間、一二歳で終了した。その後は、二年間の高等科（高等小学校）ほか、大学進学を頂点とするさまざまな進路が用意された教育体系であった。高等科を含む大多数の小学校卒業者は、農林業を中軸とする自営業の家族労働力として働きはじめた。この就業構造では、求職―就職という仕組みや観念、あるいは学卒一斉就職などという観念は形成されようもない。さらに、男性は満二〇歳で徴兵検査に合格すれば陸海軍現役兵となり、仕事を辞めねばならなかった。そのため、徴兵年齢を過ぎるまで本格的な職探しを待つケースも少なくなかった。したがって、少数の大学卒業者以外では、一定時期の、同一年齢層の一斉就職という事態はありえなかった。

しかし戦後になって、前期中等教育機関である中学校が義務教育機関として発足し、全生徒が一五歳で一斉に卒業することになった。一五歳という年齢は、六年間義務制のもとでの一二歳と異なり、すぐにでも就業可能な年齢である。しかも、陸海軍の解体により徴兵制という仕事のキャリアを中断させる障害は消え去った。そして就職希望者に対しては、中学校と職業安定所との協力によって、卒業後の四月一日からどこで働きはじめるかを、ほとんどもれなく決定する仕組みがつくられた。このような中断のない、生徒にとっても就職不安のないスムーズな、しかも全国規模での就職の仕組みは、近代日本においても初の経験であったし、当時の先進資本主義国でもほとんど例のないことであった。

当然この新たな就職システムは、採用する企業（事業者）の側に長期的な新規採用計画を立て、どのような基準や試験内容で採用者を決め、採用した青年たちをどう社内教育し、どのように昇進させ、どこに配置していくかという緻密《ちみつ》な人事管理計画を求めることになった。人事管理は一九五〇年代の試行期を経て、四月の新規学卒者の一斉採用に対応した日本的経営として、一九六〇年代を

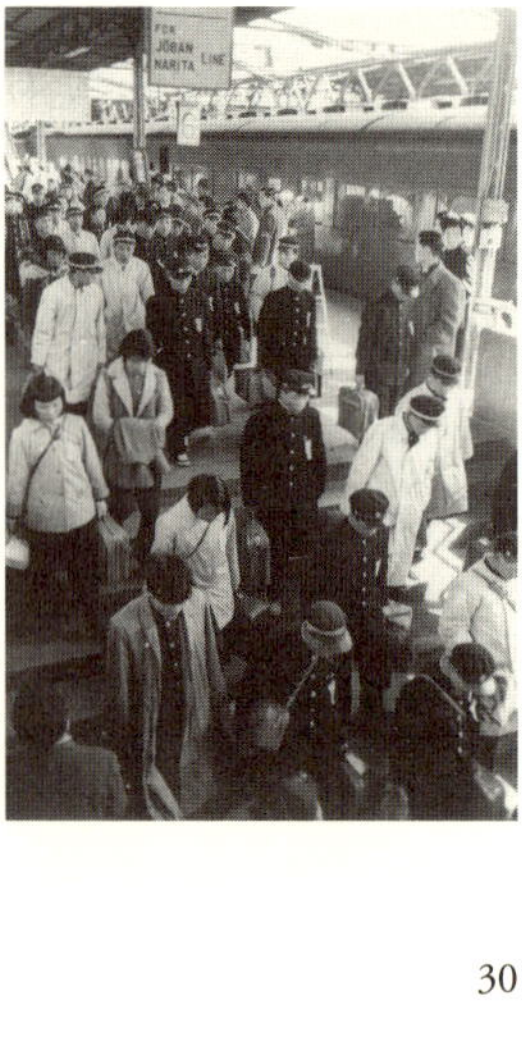

6

◉集団就職列車で東京へ
地方から都会へ就職する学生たちを乗せる「集団就職専用列車」第一号は、一九五四年といわれる。写真は、五九年の青森からの集団就職。

通じて整備されていくことになる。

生徒の側からみると、従来の就職の仕組みに比べれば、同じ学歴においては、形式的には平等で、その意味で開かれた労働市場が与えられることになった。そのときの武器は、全国統一的に比較可能な中学校での成績であった。ある意味で実力（学校・教師による成績評価）主義的な平等主義が開けたのである。だがそれは同時に、就職を求めるすべての生徒を学校と教師の評価によって絶えず縛り、規律化する制度の登場でもあった。また、新規学卒者の一斉就職という形態は、いくつかの職業・職場を経験しながら一生の就職先を数年かけて見定めるという、欧米では一般的な職業選択のスタイルとは異なり、正規従業員への就職猶予というモラトリアムが許されない仕組みでもある。そして、いったん就職した職場からの離脱も難しくした。離職は、事業者側にとっては採用と養成のリスクの観点から許容できるものではなく、社会通念的にも、個人の就職が、中学校と職業安定所の協力という社会的に組織されたところで実現しているがために、マイナス評価を与えられる傾向を生み出した。すなわち、この就職の仕組みは、ライフスタイルを標準化しようとする圧力がつねにかかりつづける性格を内包していた。

そして、この平等化と規律化・標準化は表裏を織りなしていた。戦時期の軍国主義的な統制から解放された戦後日本は、このとき、自由で平等ではあるが、規律化と標準化という雇用労働の世界における柔軟な「統制」制度を形成しようとしており、そこには解放感と妙な息苦しさが同居していた。そして、その枠内での雇用者個々人の競争の組織化が、企業の成長を引き起こすエネルギーの源泉となっていったのである。

終身雇用と年功賃金

一九五〇年代なかばから急増した雇用者の労働市場の特徴として、事業所の規模による分断があげられる。つまり、大企業へ就職した学卒者はその会社を辞めないかぎり大企業にいられるが、中小企業への就職者は大企業へ転職する可能性がほとんどなかったのである。彼らは、中小零細企業の世界ないしは自営業の世界にとどまるしかなかった。

雇用労働市場全体が急拡大するなかで、官庁を含む大規模事業所は一九六〇年代初めから新規中卒就職者の大幅な受け入れに採用方針を転換した。雇用者数は、一九六〇年代後半に三〇〇〇万人規模になっているが、大規模事業所の雇用者（正規従業員）はその三分の一と見積もっても、一〇〇〇万人を数えることになる。そしてその拡大しつつあった大規模事業所の労働市場が、一五歳あるいは一八歳という新規学卒の若年層に、有利な参入の道を大きく開いたのである。

日本的経営を特徴づけるとされる終身雇用は、このような大規模事業所労働市場の拡大に伴って形成されていった。戦前から大卒の大企業社員には終身雇用的な慣行があったとされるが、戦後の民主化で工員にまで社員身分が拡大し、それと労働市場の変化が結びついて、終身雇用制度の有効性が「発見」され、広く労働慣行として定着していったと考えられる。その前提として、一九五〇年代前半の激しい大規模労働争議とリストラがあった。企業は若年労働者を従業員として教育訓練し、会社に対するアイデンティティの強化を図っていく戦略を模索していた。こうした経営的課題に対し、終身雇用は、長期勤続保障というライフサイクル設計上の安心感を与え、従業員としての社内的平等意識（一体感）を満足させる側面をもっていた。この終身雇用が実現したのはおもに大企業であるが、終身雇用を理想とする観念は企業社会に広く定着した。

そして終身雇用が慣行となるのに対応して、大企業では年功賃金制度が定着した。年功賃金制度では、ある一定年齢まで年齢の上昇と勤続の長期化によって賃金を引き上げるが、賃金上昇のスピードには会社側の査定（能力給）が加味される。その原型は、戦後の日本電気産業労働組合がとなえた、電産型賃金体系である。家族の生活は男性が支えるという観念と、その最低限の生活を賃金として保障すべきという主張の結合であり、生計費実態を基礎として年齢ごとに加給される本人給と、子どもが増えるたびに加給される家族給を合わせた家族生計費に相当する分が、基本賃金に組み込まれていた。

年功賃金は、この生活費を保障した賃金体系に、勤続年数と査定による能力評価を組み合わせて形成された。若年者は能力にかかわりなく賃金が安く、そこから少しずつ上昇する仕組みである。若年層を大量に雇い入れた企業にとっては賃金コストが安くすみ、会社拡大期の経営には

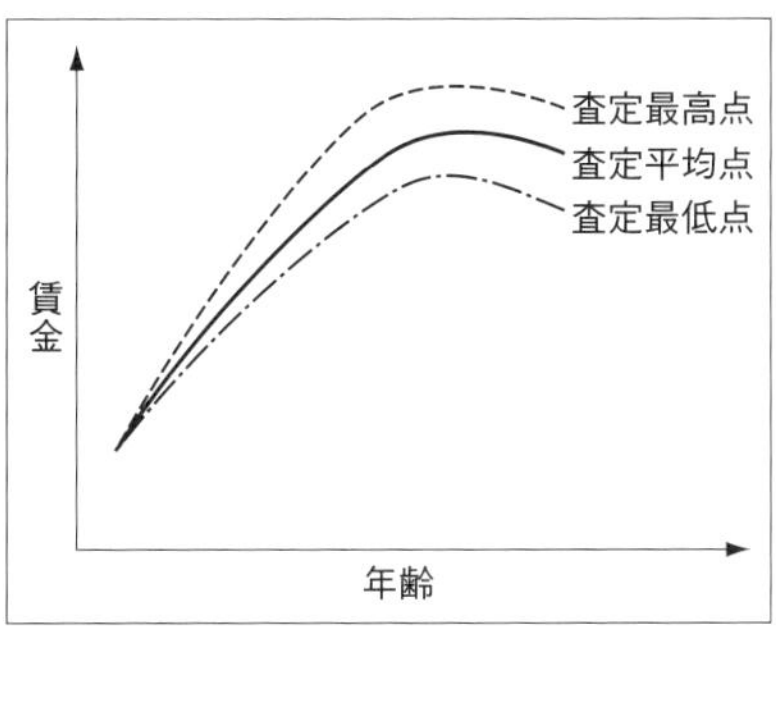

◉賃金カーブ概念図
年功賃金による賃金曲線を基準とするが、査定によって差がつく。賃金カーブは、高度経済成長期以降の男性正規雇用者の賃金の基本形となるが、一九九〇年代の成果主義賃金制度の普及で変容した。

適合的であったが、労働者側にとっては、雇用の長期的保障がなければ割にあわない。終身雇用制度の定着と相まってはじめて受容できる賃金制度であった。大企業男性労働者は、この終身雇用制度と年功賃金制度をあわせて受け入れていった。

年功賃金制度は、別の角度からみると、会社の持続的成長と存続を前提にしている。この賃金制度が大企業に定着したとき、各企業の正規従業員を構成員とする企業内労働組合が会社の経営状態をもっとも重視し、会社経営を悪化させる敵対的対立を回避し、一定の範囲で人員削減にも協力し、経営的に許容される範囲での賃金値上げ（ベースアップ）方針をとったのは必然であった。

他方、新規学卒者の定期的就職を期待できず、中高年層の中途入職にも頼らざるをえなかった中小企業の場合、年功賃金は適合的ではなかった。大企業労働市場と中小労働市場の分断とは、この年功賃金と終身雇用の切符を取得しえた労働者と、これらの制度から除外された、より多数派の労働者群が社会構造的に形成されたことを意味しており、そこにはさまざまな待遇格差があった。だからこそ、一九六〇年代に大企業の労使関係がしだいに安定してくるのに対し、中小企業の労使関係は不安定でありつづけた。一九五〇年代なかばは、大企業と中小零細企業の労働市場が深く分断されていった起点であった。

さらに女性労働者の場合、年功賃金という新しい賃金体系に位置づけられず、男性と同じく新卒で大企業に就職しても、年功に応じた上昇も家族給もなかった。女性労働者を若年期にのみ低賃金労働力として活用する戦前以来の仕組みが、高度経済成長期の大企業一般に拡張されて定着したのである。大企業労働市場の形成には、性差別的な分断も伴っていた。

家族の一九五五年

自営業の世界では、家族そのものが労働力集団をなしていて、個々人の分業の境界線は曖昧《あいまい》である。職と住は、ほとんどの場合、一体ないし接近している。個人は、労働集団としての家族共同体に包含され、その家族共同体は、地域・親族共同体に開かれていた。そのため、家族の困難を外部の共同体が支え、援助する関係も有していたが、そのぶん、家族の困難が地域共同体を超えて社会問題として認識されることは少なかった。

これに対し、一九五〇年代後半から急増しつつあった雇用労働は、職住分離、すなわち生活と仕事の分離を前提とする就業関係である。個々人は、都道府県境を越えて労働市場に参入し、契約が成立すれば特定の企業に雇用される。彼らは、家族に包まれた個人から、自立した個人となる。それは同時に、もろもろの共同体から離れた「私」の誕生でもあった。こうして「私」が新たな意味をもったとき、多数の「私」と私企業が集う労働市場は、公共的性格を帯びてゆき、多数の「私」の就業を保っている職場もまた、半公的なものとして意識されていった。生活に機能を特化した家内領域としての私的世界と、公的性格を強めた職業世界の二元的関係の成立であった。

こうして誕生した新たな「私」同士が家族として共同生活を始めたとき、その家族は、これまでの自営業的な家族の世界とは異なる役割と機能を果たしはじめる。それは、雇用者として評価されるにたる日々の労働力を再生産しつづけ、さらに、職業世界に、次代の労働力を送り出す準備をなす役割である。具体的には、炊事・洗濯・掃除、そして育児である。

こうした家庭内での仕事は、自営業の世界でも存在したが、そこでは職業と生活が一体であったがために、家事労働の領域も分担も曖昧で可変的であり、家事を公的か私的かと区分することも意味をなさなかった。しかし、雇用者家族が大量に誕生するにつれて、家族共同体を私的生活世界とする認識が一般化し、家事労働もまた、完全に私的な、報酬のない労働という認識が広がった。その家事労働の領域では、戦後アメリカ中流家庭の生活が羨望《せんぼう》の的となるなかで、おいしい料理ときれいな衣服という嗜好《しこう》、衛生観念に即した室内の清潔など、都市中流生活者ふうの家事労働への憧《あこが》れが高まっていた。家事は独自の意味を獲得しつつあったのである。

その結果、雇用者家族内では、労働力の再生産を継続し、その代償として生活を支えられるだけの賃金を確保しつづける役割と、そのサイクルを維持するための家事というもうひとつの役割をどう分担するか、という課題が発生する。そしてこの段階で、歴史的な男女の賃金格差と、先ほど説明した生活費を保障した男性労働者の年功賃金が大きな影響をもちはじ

7

◉ワシントンハイツ 東京・代々木《よよぎ》に、東京オリンピック前まで存在したアメリカ駐留軍住宅。都民の目の前に広がる「アメリカの町」は、豊富な食料品や家電製品などを見せつけることで、アメリカ様式の生活スタイルへの憧れをかき立てた。

めた。当時の職場の状況からは、夫が仕事、妻が家事を分担するのは、現実的で効率的な判断と考えられた。こうして賃金制度と家族内の性別役割分業が緊密な関係をもって制度として形成されはじめ、大量の「主婦」が創出されていった。以後この性別役割分業は、日本社会の骨格をなす堅固な社会的通念として受容され、定着していくことになる。

このような新たな性的差別化の体系は、なぜ社会的に受け入れられたのだろうか。いささか形式論的なとらえ方だが、家産いっさいを管理する家長（男性）による戦前的な家族経営体制に対し、夫の賃金取得・妻の育児と家事という役割分担による家庭経営協力には、両性の平等という戦後民主主義的な側面が含まれていたからだとみることができるだろう。一九五〇年代後半は、恋愛結婚が明瞭に増加しはじめた時期でもある。新しい家族のあり方の普及は、愛情に基づく男女が平等な立場で結婚をし、その夫婦の多くが、みずから性別役割分業家族を選択したことを示すものだろう。こうして一九五〇年代なかば以降、愛情によって結ばれ情緒的な満足を得、夫が雇用労働に従事し、妻が家事と育児を担って主婦化するという、「近代家族」が大衆的に成立していった。

こうした近代家族の成立は、社会意識の多くの領域でさまざまな影響をもたらした。たとえば一九五五年（昭和三〇）から六一年には、性別

8

◉東京－伊東間の新婚列車
新婚旅行ブームで、伊豆の温泉地は客層を広げて人気を呼んだが、それは温泉旅館の従業員不足も招き、出稼ぎ労働者が増加した。

役割分業意識と女性解放の方向をめぐって、第一次主婦論争が繰り広げられた。また、主婦として、母としての社会運動への取り組みも急激に広がった。大量に出現した主婦、とくに専業主婦は、労働力再生産の基盤である生活の質の管理者として、生活水準やその質に強い関心をもつ。この主婦たちの生活向上欲求が、物価政策などを通して政治とつながり、政治参加への道を開いていったのである。

しかし、社会の改良・改革という視点でみたとき、家内領域を私的な責任範囲と見なす日本の近代家族は、生活水準の底辺にある人々に対する福祉政策・社会保障政策といった社会問題への意識が薄い。その背景には、正規従業員に限定された日本の企業別組合と、労働者間の連帯感が強いヨーロッパの労働組合との違いがあった。保育などの福祉政策への関心はこの後強まっていくが、社会保障というセーフティネット構築への関心の弱さは、このような企業別労働組合と密接な関係をもちつつ形成された近代家族のあり方に関係するのではないだろうか。

●戦後の合計特殊出生率の推移

合計特殊出生率は、その年次の一五歳から四九歳までの女性の年齢別出生率を合計したもの。一九五〇年前後から急落した出生率は、その後二を上まわる水準を維持したが、第二次ベビーブーム直後の七五年に二を切ってからは低下傾向が止まらず、「少子化」社会となっている。

新生活運動

戦後日本の近代家族は、なぜこれほど急激に定着したのだろうか。それを考えるうえで注目されるのが、産児制限・家族計画を中心とする「新生活運動」である。

近代家族成立の背景には、貧困からの脱出と生活向上という個人的欲求があるが、その欲求を満たすひとつの重要な前提は、家族が過剰人口を抱え込まないことである。日本の出生率は、敗戦後の一九四〇年代後半にいったん跳ね上がるが、四〇年代末から五〇年代前半に、日本近代において空前絶後の急落を経験している。その最大の要因は妊娠中絶であった。一九四九年（昭和二四）の優生保護法改正により人工中絶が大幅に規制緩和されたことで、中絶は一挙に急増した。

　一九五〇年代後半になると、中絶にかわって避妊具や受胎調整による避妊が普及していった。その背景には、一九五四年に発足した日本家族計画連盟などの民間団体と厚生省が協力した産児制限運動の展開があった。とくに鳩山一郎《はとやまいちろう》内閣時代は、一九五五年二月の総選挙で、新生活運動の拡張を選挙公約とするなど世論の焦点とし、家族計画を重点とする生活改善運動が広く展開された。産む・産まないを夫婦が主体的に判断して、自分たち自身のライフスタイルと子どもの人生設計を考える、これが家族計画が日本社会に刻印した重要な成果であった。

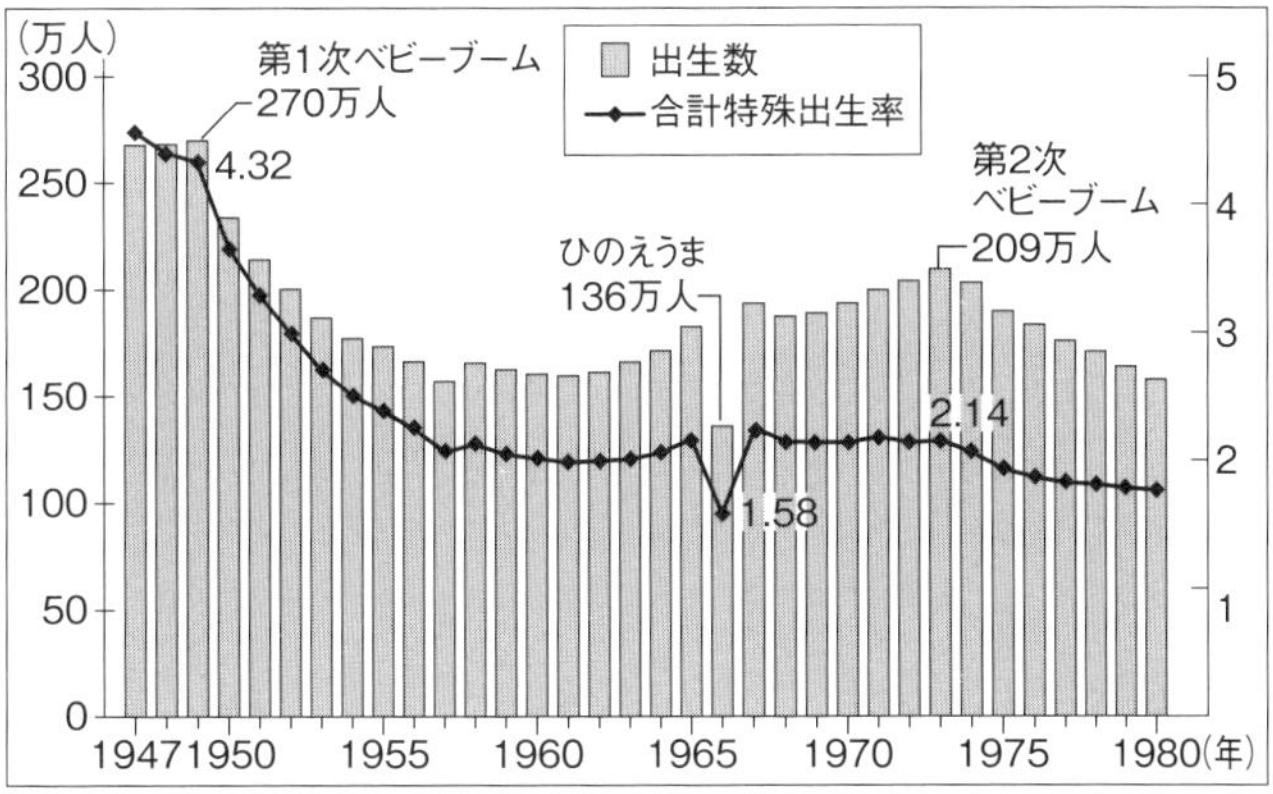

厚生労働省ホームページより作成

　その結果定着したのが、子ども二人を標準世帯モデルとする考え方である。毎日新聞社の調査結果によると、一九六〇年代初めには「子どもは二人」を望む夫婦が多数となり、子ども二人を理想とする家族像は主流派としての位置を確固たるものとした。子どもの数を制限する理由については、一九六一年までは「経済上の必要」が第一位だったが、六三年には「子どもの教育のため」が一挙に圧倒的な多数派となった。夫の労働力の再生産から、次代の労働力の品質向上（学歴獲得）に近代家族の目標が移っていったのである。自分たちよりさらに豊かな生活を、学歴というかたちで子どもに保障すること、これが一九六〇年代的な近代家族の典型となった。

新生活運動・家族計画運動が重点的に広がったのは、これから大量に近代家族となっていく大企業の従業員層であった。一九五三年の日本鋼管に始まり、五〇年代後半に大企業従業員の妻への新生活運動がつぎつぎとスタートした。その内容は産児制限以外にも、大企業従業員の妻としての教養・趣味、慰安、生活合理化の方法、家計管理や生活設計能力の育成など、多岐にわたっている。

9

◉日本鋼管赤羽工場争議
新生活運動をいちはやく導入した日本鋼管は同じ一九五三年頃、従業員の大量解雇をめぐって労使の対決を繰り広げていた。

大企業新生活運動のユニークさは、運動執行部のリーダーに妻たちを組み入れ、さらに社宅を中心とした小サークルからの組織網を積み上げることで、たんなる上意下達の啓蒙《けいもう》運動ではなく、妻たちの能動性を発揮できる構造をつくりあげていた点にある。それは大企業の妻としての誇り・アイデンティティを育成する面もあったが、同時にひとりの主婦として誇りをもって幸福な近代家族をつくる道を示し、女性たちに希望を与えた運動でもあった。だからこそ妻たちは、時に、企業側と対抗する労働組合＝夫たちの反対を押し切って新生活運動に協力していった。一九五〇年代には労働組合側も主婦会を組織するなど、妻たちの組織化は労使の力関係を左右する要素となっていたが、新生活運動を取り入れた企業側が、産児制限と豊かな生活へのライフスタイルの設計においてリードしたことで、優位に立ったといえるだろう。かくして、雇用者の増大と年功賃金と連動した戦後日本の近代家族形成は、新生活運動と結びつくことによって、大企業の安定的な労使関係形成にひと役買うことになった。

ところで、夫婦と子ども二人という家族モデルで期待されるのは、健康で、できれば能力の高い子どもであったといってよいが、近代家族のこのような私的期待は、戦時下から政府が推進していた優生保護的な人口政策と共鳴するところがあった。優生保護法は文字どおり優生思想に基づいており、一九五二年からは非遺伝的精神病患者に対する、翌五三年からは「らい予防法」によるハンセン病患者への優生（不妊）手術が実施されていた。一九五五年には生活保護世帯とボーダーライン層を対象とした「生活困窮者受胎調節普及事業」（翌年「受胎調節特別普及事業」と改称）が実施され、該当者への不妊手術が、保健所や優生保護相談所を介して公費負担で実施されていった。近代家族が大衆的に形成されていく時代は、その裏面で、健全ではないとされた人々や生活保護世帯の生殖を統制する政策が新たに展開した時期でもあった。

住宅の一九五五年

一九五〇年代に都市に大移動をしてきた人々はどこに住んだのだろうか。敗戦間際、日本の大都市や県庁所在地クラスの中都市は軒並み空襲を受け、住居の確保は都市市民のもっとも切実な問題のひとつであった。そして、このような住宅事情を改善できないうちに、都市への労働力移動が始まった。家業としての生産の拠点という機能を併せもつ「家」と異なり、住宅は基本的には職住分離を前提とした、住むための空間である。したがって住宅問題は、職住分離の就業形態である雇用者が増え、事業主が求める労働力をどれほど効率的に供給するのか、という課題が社会全般に広がったとき、あらためて認識される性質の問題であった。

この新たな住宅問題には、「分離」された職と住をどう橋渡しするかという問題が当然付随する。その際の橋渡しとは、職場までの通勤手段の充実だけではない。生活分野の独立とは住宅が消費の拠点となることであるから、消費の水準をどう保障するかがセットになる。かくして、道路や公共交通、流通と小売り体制の充実がこれまで以上に重要な都市問題として同時に浮上した。

そうだとすれば、この時期の住宅問題、さらに戦後の都市問題への対応には、職と住をどのように、かつどの程度分離させて、快適で利便性の高い都市空間を設計するかという課題があったはずである。都市の内部への就業空間と居住空間、あるいは余暇のための空間の設計、かつそれを実現するうえで必要な土地利用政策の土台となる、質の高い都市計画法が求められていたのである。

日本の都市計画法は、第一次世界大戦期の大都市の発展を背景に一九一九年（大正八）に制定され、商業・工業・住居の地域制（用途別ゾーン設定）、土地区画整理制度などを定めた。だがこの法律は、占領期に改正が俎上《そじょう》にのぼったこともあったが、結局は一九六八年（昭和四三）まで半世紀の間、改正されることはなかった。戦後の都市開発、とりわけ住宅政策は、国家主導・住民不参加・土地規制の緩さという環境下で進められた。国家主導の住宅政策はつねに景気対策として活用され、自治体の要望や都市計画とは無関係に、また開発地域近隣に居住する住民、あるいはその開発地に居住したい人々の要望を取り入れる仕組みもないままに推進された。また、土地規制がないために、市場原理で値上がりが続く大都市の土地は資産と意識され、土地の高騰は住宅供給政策にマイナスに跳ね返る。その結果、市場メカニズムのみでは適切な住宅を確保できない人々が多く出てくる。

そうした人々に対し、安全で快適な住宅の確保と、住宅を取り巻く環境を良好なものとすることをめざした福祉国家的対応をとるならば、公的な住宅供給によって一定の居住水準を全国民に提供するという住宅政策が課題となる。そのためには厚生行政の強い権限が必要とされたはずだが、戦後の出発点において、住宅政策の主管官庁は厚生省から、内務省解体を受けて新たに設置された建設省に移管された。このことが、住宅政策を経済政策の一環として展開させることを決定づけた。

現実の戦後住宅法体系は、まず一九五〇年の住宅金融公庫法から出発した。個人による自力住宅＝持ち家取得に対する公的資金融資であり、経済政策としての住宅政策の具体化として、一定程度の経済的な余裕のある中間層以上への持ち家政策が推進された。それまでは都市の住居は借りるものというのが常識であったが、住宅金融公庫の成立は日本の住宅の持ち家化を促進する重要な要因となったのである。こうした融資制度の発足が、その後に展開した年功賃金と終身雇用、近代家族の形成と適合したことはいうまでもないだろう。公庫住宅には住宅の質に関する基礎基準があり、日本の住宅の安全性や居住性、耐久性を高める役割を果たしたのだが、品質保証された持ち家は、私的に閉じられた生活空間としても、豊かさの実感という点でも、近代家族の欲求に見合っていたのである。

団地の出現

だが、一九五〇年代に自力で持ち家を取得できた層はきわめて限られていた。そこで政府は、公庫法制定の翌一九五一年(昭和二六)に公営住宅法を公布した。低所得者層を対象にして、国の建設補助により、地方公共団体が木造主体の賃貸公営住宅を供給する仕組みをつくりあげたのである。内部は、伝統住宅では北側に置いた台所を明るい南側に配置し、専用のバス・トイレ、二つの居室を確保した51C型住宅で、夫婦二人の生活であれば、これで食事室と寝室を分離できる。低所得者層の若い勤労者夫婦にも、狭いが、近代家族としての生活を実感できる最新の住居施設を供給しようとした住宅政策であった。

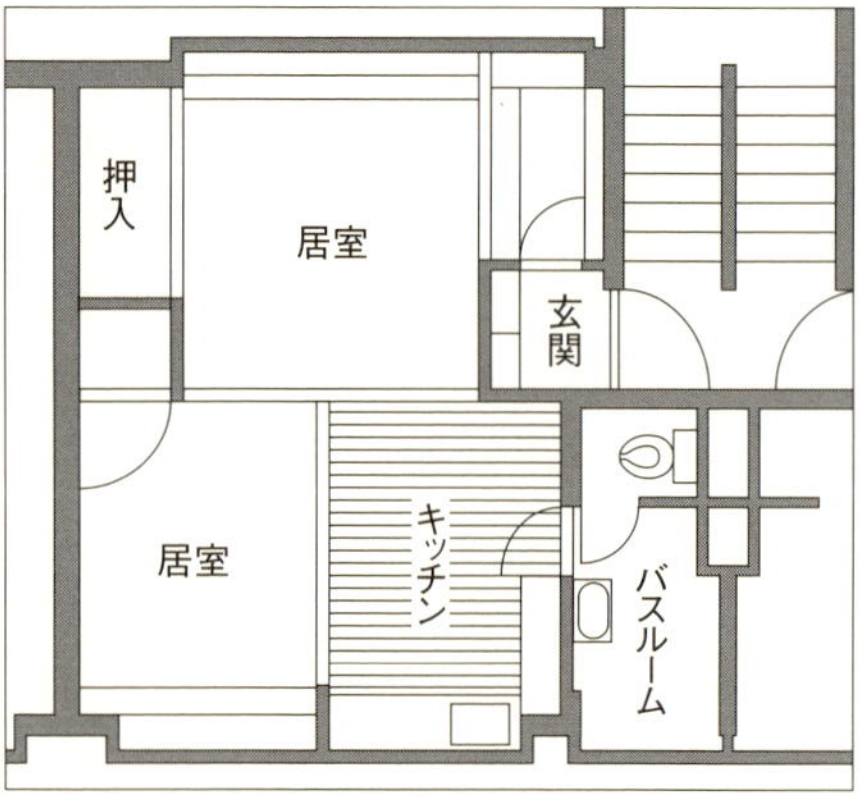

西川祐子『住まいと家族をめぐる物語』より作成

しかし日本の場合、欧米と異なって人間の基本的人権にかかわる居住に関する最低限の水準を、公的介入によって低所得者層にも保障するという発想はきわめて弱く、公的賃貸住宅の供給は不十分であった。その結果、一九五〇年代中ごろから、東京などの大都市には低質な木造賃貸アパート（木賃《もくちん》アパート）建設が拡大しはじめていた。

「一世帯一住宅」を掲げた鳩山一郎《はとやまいちろう》内閣は、一九五五年に住宅建設一〇か年計画を発表し、それを受けて、同年七月日本住宅公団が発足した。そのねらいは、住宅金融公庫融資対象者と公営住宅居住者の中間に位置する、経済成長を通じて大量に生み出されるであろう階層に、大規模に住宅を供給する体制をつくることであった。その際、住宅公団は戸数（供給量）を重視し、大規模な宅地開発方針をとった。そのため、住宅開発は大都市圏の広域住宅対策として展開された。開発・建設資金は、公庫とも公営住宅とも異なり民間資金である。そのため、賃貸・分譲額は開発・建設費を回収できる水準に設定され、それに対応できる経済階層が入居対象となった。

●51C型住宅見取り図
狭いが機能的な戦時住宅の間取りに、南側の台所と、夫婦の寝室の独立を盛り込んだ、戦後住宅の基本形「nLDK型住宅」の出発点。

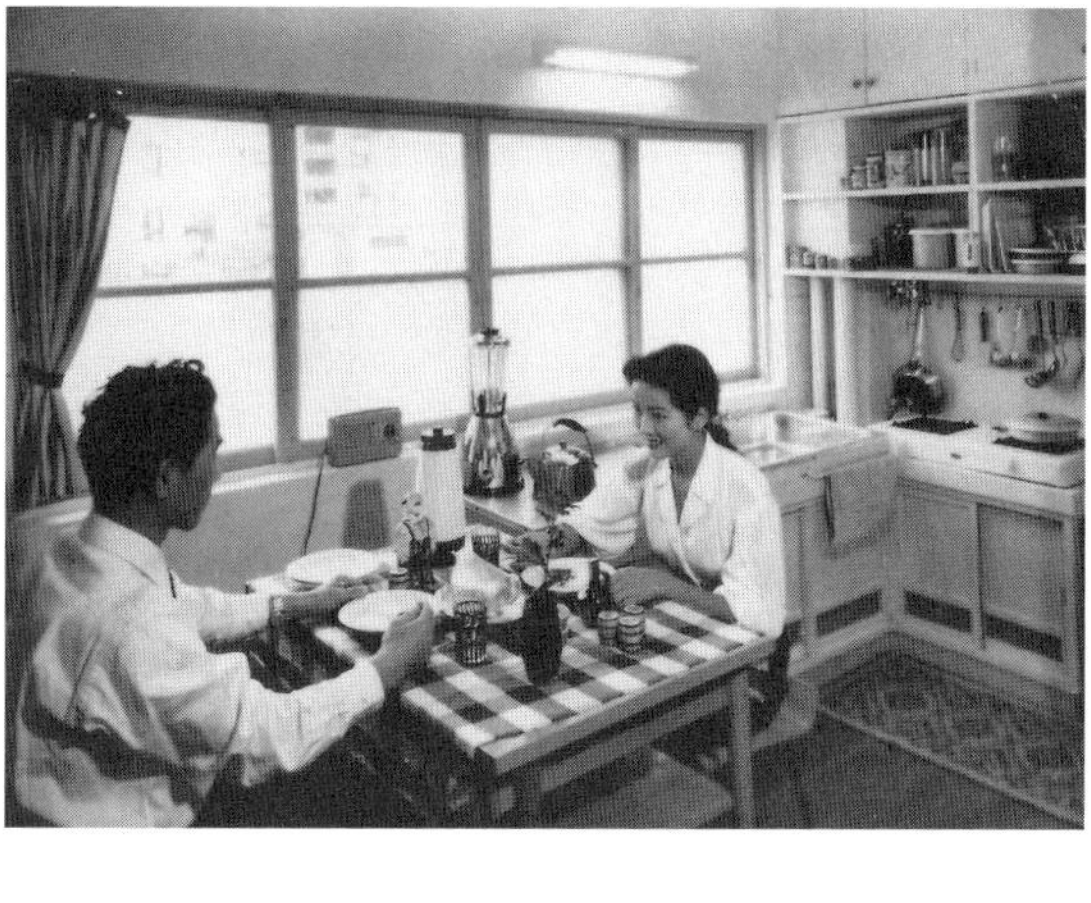

10

●2DKの住宅公団団地
テーブルクロスをかけたテーブルで、夫婦が向かい合って皿とグラスで食事。当時の都市上層サラリーマン家族の、憧れの生活風景だった。

大規模な宅地開発のため、用地を一括して先買いして土地区画整理を行ない、一貫した住環境計画により住宅および関連施設を建設する方針がとられた。その裏で、そこで暮らしていた多くの人々の生業と生活、そして収用された田畑山野という自然環境が犠牲となった。そうして開発された用地には、「団地」と呼ばれる耐火・鉄筋コンクリートの集合住宅が建設された。分譲もあったが、初期は賃貸がほとんどであった。その標準的な住居構造は、先の公営住宅モデルの2Kに対し、Kの部分がキッチンと食事室を兼ねる2DK（ダイニングキッチン）とわずかに広がった。それでも子どもの数は一～二名が限度で、ここで家族計画（産児制限）と団地の住居構造が結びつく。

住居のドアはスチール製で、そこに当時大都市の家庭生活の安全性を保障する先端的な装置であったシリンダー錠が取り付けられた。このドアが、公的空間（外界）と私的空間を厳密に分離した。台所には、ステンレスの流し台が置かれ、換気扇がついた。窓には、当時製品化されたばかりのアルミサッシが取り付けられる。サッシとカーテンの生活の始まりであり、室内が格段に明るくなった。いずれも憧《あこが》れを誘う内装である。こうして団地は、戦後日本における近代家族の私的空間形成に大きな役割を果たした。

持続的経済成長の開始

ここまで一九五〇年代の社会構造をみてきたが、その形成の背景をなした経済的動向についても触れておこう。それは同時に、つぎに触れる社会運動や社会問題の性格にもかかわってくる。

朝鮮戦争の特需の結果、経済構想の基本にかかわる二つの動向が顕著になった。ひとつは、軍需産業を基盤として経済復興を進めようという経済軍事化構想であり、一九五四年（昭和二九）に設立された自衛隊装備の国産化がめざされた。経済界の防衛生産規模の拡大欲求は、アメリカが要求する陸上防衛力増大よりも、より巨大な需要を生む海と空の軍事力拡大への期待と結びつき、さらに武器輸出の解禁欲求まで噴き出した。そうなれば、軍需産業の復活欲求は、国防力の自立化・国産化という国家的ナショナリズムとして実体化され、ＭＳＡ（日米相互防衛援助）協定にみるようなアメリカの軍事援助方針に抵触するとともに、戦時体験・敗戦体験をくぐった日本人の平和意識ともぶつからざるをえなかった。

第二の動向は、一九五〇年代後半からの家電ブームに象徴される消費ブームである。なかでも洗濯機・白黒テレビ・冷蔵庫の「三種の神器」は生産額を急上昇させ、家電産業は製造業全体のリーディング産業にのし上がった。こうした家電製品の最初の有力購買層は、大都市の近代家族であった。近代家族の大衆的形成が、高度経済成長期の内需を長期にわたって支えた要因となったのである。

最初の長期経済計画として一九五五年（昭和三〇）に立案された経済自立五か年計画を受け、政府予算は従来の農林水産や国土保全から、経済成長を支える産業基盤・生活基盤整備に比重を移していった。これに

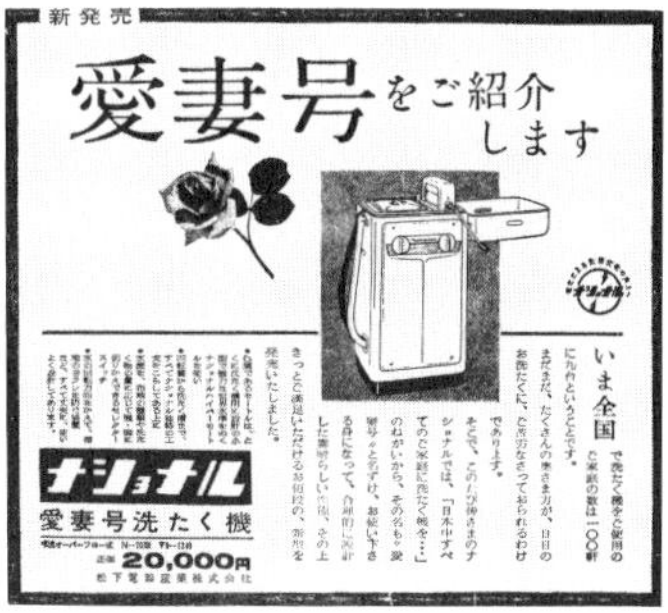

11

◉「愛妻号」の広告（一九五七年）妻を洗濯などの忙しさ、過労から解放する家庭の電化は、個々の家庭の文化水準の向上であり、一流の文化国家への道だと訴えた。

対応し、巨大企業相互の競争を伴いつつ民間の新規設備投資熱が起こり、一九五〇年代なかば以降、旧式の設備がつぎつぎと新鋭設備に置き換えられていった。

この時期に新たな設備投資の重点をなしたのは、石油精製の際に生じるガスを化学燃料として合成樹脂・合成繊維・合成ゴムに加工する石油化学部門である。鳩山一郎《はとやまいちろう》内閣時代の石橋湛山《いしばしたんざん》通産大臣の指導のもと、通産省は従来の石油精製から石油化学工業育成へと舵《かじ》を切っていった。その画期が一九五五年七月の「石油化学工業の育成対策」（通産省省議決定）であり、丸善石油（現・コスモ石油）など六社が石油化学工業第一期計画に選定された。これらの企業は、設備計画を推進し、一九五七年から六〇年にかけてつぎつぎと生産を開始した。

ところで、こうして計画化された経済成長は始まったものの、一九五〇年代後半においては、経済発展の基本的な推進力をどこに置くかという点では、まだ明確な合意形成がされていたわけではなく、さまざまな構想上の対抗が織りなされていた。

まず、軍需産業育成への期待をめぐる対抗である。兵器生産への欲求は、岸信介《きしのぶすけ》内閣による一九五七年の第一次防衛力整備計画策定もあり、五〇年代後半まで続いたが、先ほども触れたように日本人の平和意識と衝突した。つぎは、地域在来型工業を基盤とする発展か、新型の重化学工業への移行かという対抗である。経済自立五か年計画では、一九六〇年代からの地域開発政策とは異なり、いまだ重要な鉱業地帯と東京・大阪を中心とする四大工業地帯の産業基盤整備を重視していた。さらに、国際収支の不均衡是正にからんで、国内資源開発の重視か、貿易主義（輸入依存）かという対抗もあった。前者が、食料自給（農業政策）・エネルギーの自給（石炭と水力）・輸入原料に依存する繊維産業から合成繊維への転換推進を主張するのに対し、後者の輸入依存の貿易主義は、世界的な原料価格の低下により、たしかに合理的選択だったことになるが、一九五〇年代末に対中貿易が中断され、東南アジア諸国との貿易も発展しなかったため、対米依存性の高い貿易構造をもたらした。

　これらの一九五〇年代的な経済構想の対抗を横断的に、かつ政治史にリンクさせつつ再整理すると、ナショナリズムが濃厚な自立経済志向と対米依存的な経済成長路線に大別できるだろう。前者は、強弱の相違はあれ反米感情と表裏をなす政治的自立性志向と一体化しているが、軍需産業の育成を含む軍事的自立論がからんでくると、軍事化を内包した経済論と、戦後民主主義擁護とリンクした平和経済論との対抗が現われる。

　他方、後者の対米依存的な経済成長路線では、ナショナリズム形成は緩やかなものになる。国民的アイデンティティの立て直しが敗戦後の課題だったとしても、その実現には時間を要することとなった。

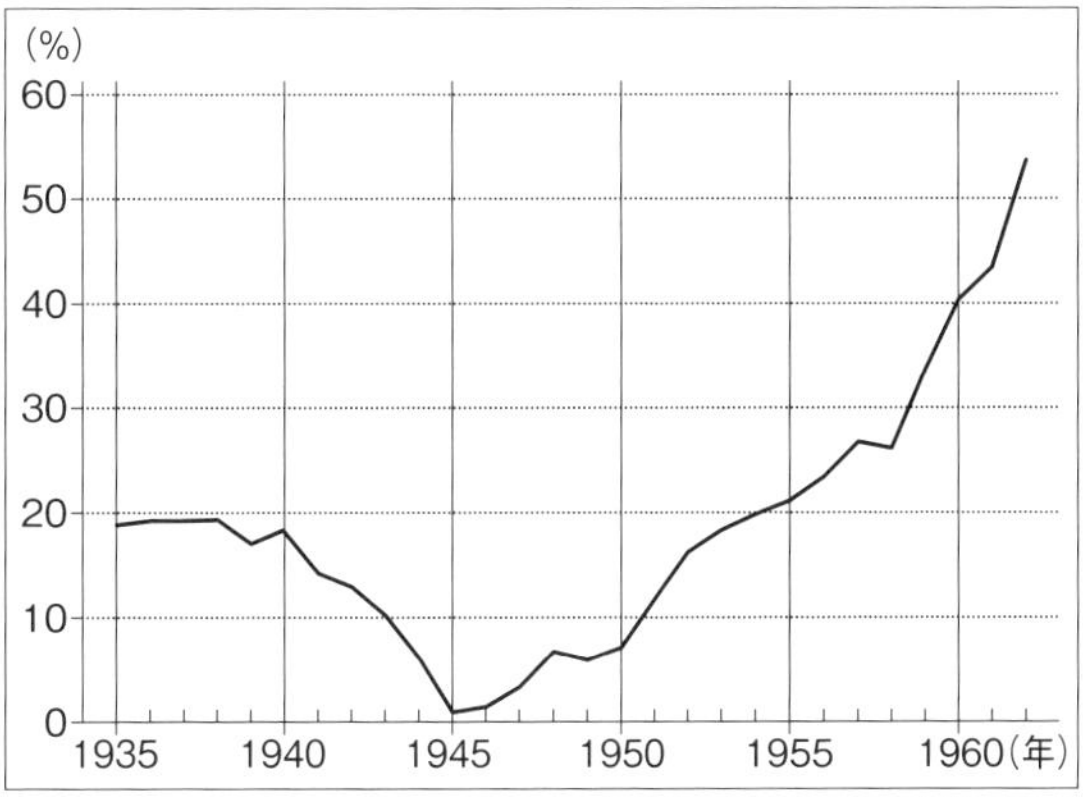

経済企画庁『日本の経済統計』より作成

◉一次エネルギーの輸入依存度
一次エネルギー（石炭・石油・水力など）の自給から輸入へという政策転換に伴い、石炭から石油へとエネルギーの中心が移動した結果、輸入依存度は急激に上昇した。

戦後憲法的世界の広がり

戦後労働運動と戦後革新勢力

続いて、社会運動・社会問題の角度から、社会構造との関連を視野に入れつつ、一九五〇年代後半の時代像を考えてみたい。

ＧＨＱ（連合国軍最高司令官総司令部）のバックアップを受け、自由主義世界の労働運動の結集をめざした国際自由労連加盟を前提にして、一九五〇年（昭和二五）七月に組織された日本労働組合総評議会（総評）は、五一年三月の第二回大会において、政治方針を大転換した。総評内部の国鉄労働組合（国労）・全逓信労働組合（全逓）・日本教職員組合（日教組）を軸とする左派活動家が結集し、社会党内の主導権を確立した社会党左派と結んで、平和四原則（全面講和・中立堅持・軍事基地提供反対・再軍備反対）を行動綱領として採択したのである。朝鮮戦争後の職場の労働強化を底流とし、「戦後」という平和状況維持への不安から、労働組合が、東西冷戦のどちらにも肩入れしない第三勢力論に基づく、平和を柱とする中立的国家構想によって路線転換したところに、当時の日本の労働運動と労働者意識の特異性を見いだせよう。一九五二・五三年の総選挙においては、社会党分裂後の左派社会党（左社）を総評が後押しして左社が躍進し、総評・左社、そして中立的国家構想のブレーンをなした知識人集団をつないで戦後革新勢力の原型が形成された。

総評第二回大会で事務局長に就任した高野実《たかのみのる》は、賃金交渉の企業別化によって人件費を抑制し、企業復興・合理化を推し進めようとする企業側に対し、企業を超えた単一の産業別組合（単産）として賃金交渉を展開する方針をとった。一九五二年の電産争議と炭労争議、翌五三年の日産自動車を軸とする全自動車労組争議は、いずれも単産としての統一ストライキを背景に、集団的賃金交渉を行なったが、炭労（日本炭鉱労働組合）以外は組合側が完全に敗北した。先にみた企業の設備投資・合理化は、この労使対抗の結果として展開されたのである。この後民間大企業では、賃金闘争を企業内化すべく企業主義の強い組合の育成を図り、その組合が労働規律の維持など経営権に関与することは厳格に拒否する姿勢を追求することになる。

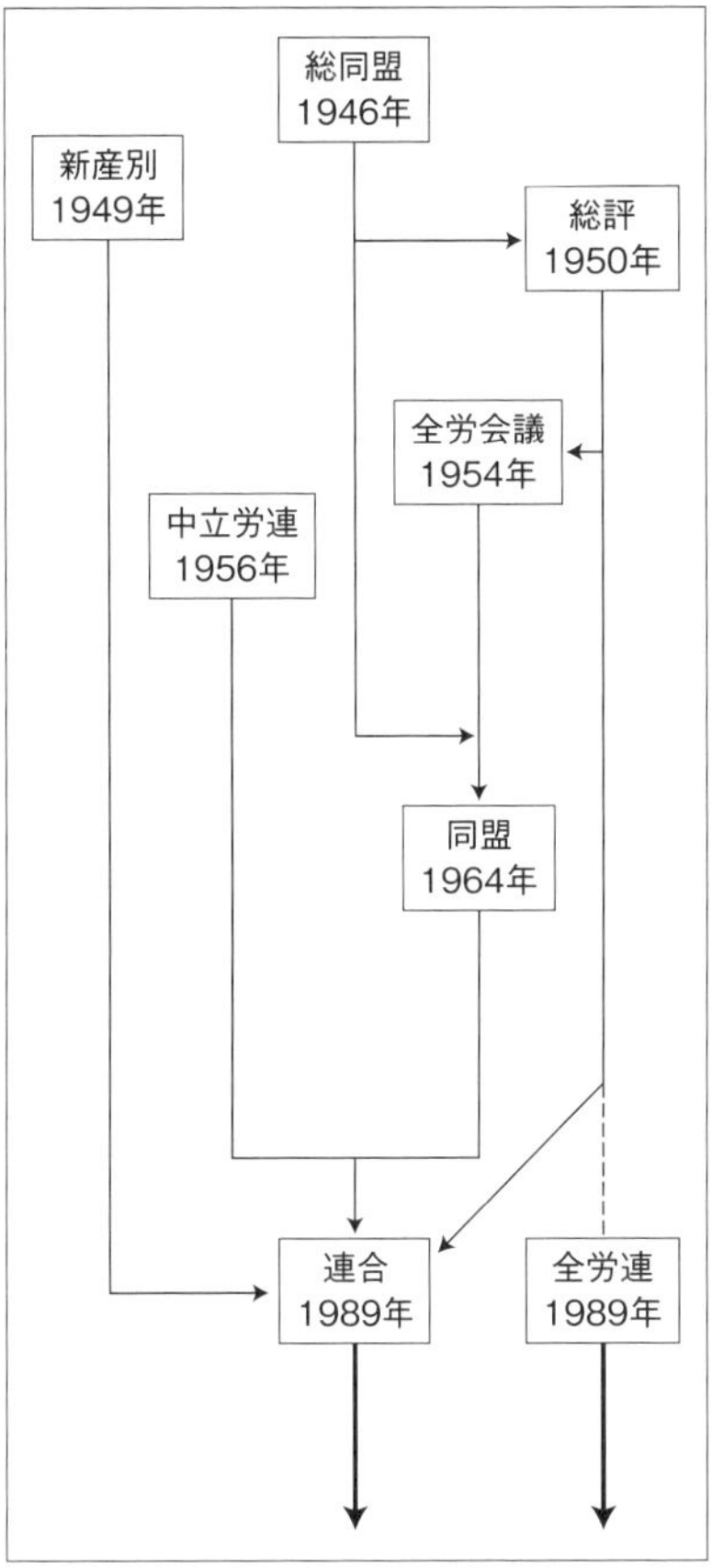

◉組合系統図
戦後の主要な労働組合ナショナルセンターは、一九六〇年代の同盟結成でいったん出そろうが、八〇年代後半に連合結成を軸にした大規模な再編の時期を迎える。

この「総資本に対する総労働の対決」での敗北に対し、高野総評は二つの戦術で対応する。ひとつは、総評の中心的組合だった炭労の拠点組合である三鉱連（全国三井炭鉱労働組合連合会）で推進された、職場からの組織づくりである。組合運動の足腰となる各職場から、労働条件に関する協約を積み上げていく方針であった。職場秩序の形成に職場構成員全員が参加し、職制（職場の上司）と対等に掛け合う体制の形成がめざされた。また、地域の分会を足がかりに炭鉱社宅の主婦たちの組織化を進め、「家族ぐるみ」の闘争態勢を進めた。先にも触れた、新生活運動による会社側からの主婦の組織化に対抗する組合側の動きであった。

戦術の二つめは、「地域ぐるみ」闘争の基本方針化である。職場単位での劣勢を、職場を包む地域ぐるみの「全人民的」闘争によって打破しようという構想であり、その全人民的抵抗を引き出す論理として、総評をアメリカに従属する民族の苦悩の担い手として位置づけた。このアメリカへの民族的な抵抗路線は、米ソ両陣営のいずれにも与《くみ》しないという第三勢力論から、中ソに肩入れした平和勢力論への政治路線転換を意味した。

この「ぐるみ闘争」路線は、一九五〇年代前半の革新政党の四分五裂状態のなかで、労働者と地域諸団体をつなぎ、物価や社会保障などの生活課題、基地問題などの平和の課題への各地の取り組みを掘り起こし、原水禁運動などの高揚の下地を形成する役割を果たした面もあった。だが他方で、労働組合の極端な政治化への反発として、総評内の労使協調派の総評脱退、一九五四年四月の全日本労働組合会議（全労会議）の旗揚げという事態も招いた。

また同時に、総評主流派そのものも、第三勢力論に立って高野路線を批判するグループと高野派に分裂し、一九五五年に前者の太田薫《おおたかおる》（総評副議長）―岩井章《いわいあきら》（事務局長）のグループが主導権を握る。太田派は左派社会党と結び、左右社会党に合同を促し、同年一〇月、左派優位の状況での社会党統一を実現する。こうして社会党＝総評ブロックという戦後革新勢力の大衆的政治基盤が確立したが、それは総評対全労会議という労働組合運動の分裂をも意味していた。

太田派が推進したのは、のちに春闘と呼ばれることになった賃金闘争方式である。個別に切り離されていては弱い労働組合が、全産業的に統一・連帯して経営側との賃金闘争にあたるという構想であった。一九五五年春、総評加盟単産だけでなく中立系の電機労連を含む八単産共闘が組織されて、春季賃上げ共同闘争が組まれた。翌五六年には、従来年末の予算編成にあわせて賃金闘争を行なっていた日本官公庁労働組合協議会（官公労）が参加して官民共闘に発展し、五九年には、中立系労働組合のナショナルセンターである中立労働組合連絡会議（中立労連）の代表も春闘共闘委員会に参加するに至った。総評という

12

◉春季賃上げ共闘会議中央総決起大会
一九五五年一月に開かれたこの大会で、同月総評幹事会で決まった共闘会議設置の方針が大衆行動として具体化され、春闘が始まった。

枠を超えた賃金共闘となり、総評と中立労連が労働条件以外の社会運動面でも連携していく基盤をつくったのである。

労働組合の連帯性をめざした春闘の動きのなかでも注目されるのは、総評が地方評議会（地評）やその傘下《さんか》の地区労働組合協議会（地区労）などの地方組織を通じて中小企業労働者の組織化を広げて、中小企業労働者を統一闘争に組み入れようとしたことである。労働市場の分断により大企業と明白な格差のある中小企業の労働条件を引き上げようとする試みであった。

雇用者としての近代家族の豊かさへの欲求は、労働組合のこのような賃上げ闘争によっても支えられていた。会社への支持と組合への支持の両立という、一九五〇年代後半から六〇年代前半にかけての労働者の二重帰属意識は、このような労使対抗の結果としての均衡という、日本的な賃金決定制度の定着のうえに成り立っていたといえるだろう。

生産性向上運動と三池争議

一九五五年（昭和三〇）は、経済団体連合会（経団連）・日本経営者団体連盟（日経連）など経済界主導による生産性向上運動が開始された年でもあった。生産性向上運動とは、労使が共同で生産性を上げる経営体制をつくるための先端的経営技術を導入し、それを職場に定着させる運動であり、運動の推進拠点として、アメリカ政府の援助で日本生産性本部が設立された。一九五〇年代後半に不可避となっていた、技術革新に伴う労働内容と労働秩序・職場の人員構成などの再編を、労働者の協力を得て推進し定着させるのがそのねらいだったといえる。日本労働組合総同盟と全労会議はこの運動を支持し、総評は、労働組合の御用組合化や経営合理化につながるとして反対した。

合理化が激しく進む「成長産業」では、経営主導の合理化に一定の歯止めをかける方法として事前協議制の設置を盛り込んだ労使協定締結が追求されたが、スクラップ化されつつあった斜陽産業では、激しい労使対抗を引き起こした。その焦点が、一九五九年から六〇年にかけて長期紛争となった三井三池《みいけ》炭鉱争議である。

従業員一万六〇〇〇人という日本有数の三池炭鉱（福岡県大《おお》牟田《むた》市・熊本県荒尾《あらお》市）に組織された三池労組は、三鉱連の中核として一九五〇年代なかばから強力な職場交渉力を養い、労働者階級としての意識が強い職場活動家層が大量に形成されていた。会社側は、日経連の職場闘争への強硬な対抗方針を受けて組合との宥和《ゆうわ》から対決に方針を転じ、一九五九年一月、企業再建策を提示して希望退職を募り、さらに一二月、多数の職場活動家を含む一四九二人に指名解雇を通告した。石炭から石油へのエネルギー転換を順調に進めると同時に、職場闘争型の拠

13

◉不当ロックアウト反対決起大会
一九六〇年一月二五日、集会を開いて三池労組は無期限ストライキに突入する。その後、会社側は第二組合を発足させて和解なき長期戦となり、「総資本対総労働の対決」と評された。

点を壊滅させることがねらいであった。会社は、一九六〇年一月ロックアウトに入り、組合も対抗して無期限ストライキに突入した。争議は、安保闘争と一体となり長期化したが、安保闘争の波が引いた七月に調停が入り、九月に終息した。春闘という賃金闘争が高揚する一方で、職場の反合理化闘争は展望を失い、民間経営の職場では経営権が決定的に強まっていく。

この時期の総評の役割を、社会運動全般の視野からもみておこう。一九五〇年代前半の高野実《たかのみのる》時代の地域ぐるみ闘争路線は、県ごとの地評を中心に市民を含む地域共闘組織結成に力を入れ、とくに平和四原則の立場から平和運動の組織化を推進した。その結果、一九五〇年代なかばには、地評・地区労を通じて地域諸団体とも平和や生活の課題でつながる網の目が整備された。この地評・地区労には、中立労連や全国産業別労働組合連合（新産別）など総評以外のナショナルセンターの地方組織や、純中立の単組なども加盟していた。そして太田《おおた》・岩井《いわい》総評はこの地域組織網を、春闘体制を構築するうえでの要《かなめ》と見なし、地方組織の労働条件面からの活動強化を図った。春闘共闘が、元来共闘組織の性格をもつ地評・地区労の組織の活性化を促し、この地域労働団体が、従来の平和・生活擁護的な運動を引き継いだ社会運動の基盤勢力としての役割も果たしていったのである。

第五福竜丸被曝と原水爆禁止運動の成立

一九五五年（昭和三〇）、広島で第一回原水爆禁止世界大会が開催された。被爆地広島・長崎で原水爆禁止世界大会が開催されるのは、いまや自明のことであるように思われているが、その発足は被爆後一〇年を経てのことであり、それもその前年に起きたビキニ事件から始まった、原水爆禁止の草の根的な国民運動の盛り上がりのなかで、急拠提案されたのがきっかけだった。広島では、一九四六年から毎年八月六日に、広島市主催の平和記念式典が開催され、世界に向けた情報発信も試みられてはいたが、ヒロシマ・ナガサキとして世界的に、そして国内的にも、強い印象をもって認識されたのはこの年からであった。

この世界大会開催の意味を考えるために、きっかけとなったビキニ事件からみていこう。一九五四年三月一日、アメリカは無警告で極秘の水爆実験を太平洋マーシャル諸島のビキニ環礁で行なった。通常のＮＴＴ火薬にして一五〇〇万トン、広島型原爆の一〇〇〇倍の爆発力をもち、放射能を帯びたサンゴの粉（いわゆる「死の灰」）が、マーシャル諸島の島々の島民の上に、そしてビキニ環礁から一六〇キロメートルの地点で漁をしていた、静岡県焼津《やいづ》漁港に船籍を置く第五福竜丸《ふくりゅうまる》の乗組員二三人に、降り注いだ。

この実験を含めアメリカは、五月まで計六回核実験を行なった。その背景には、過熱した米ソの核開発競争があった。一九

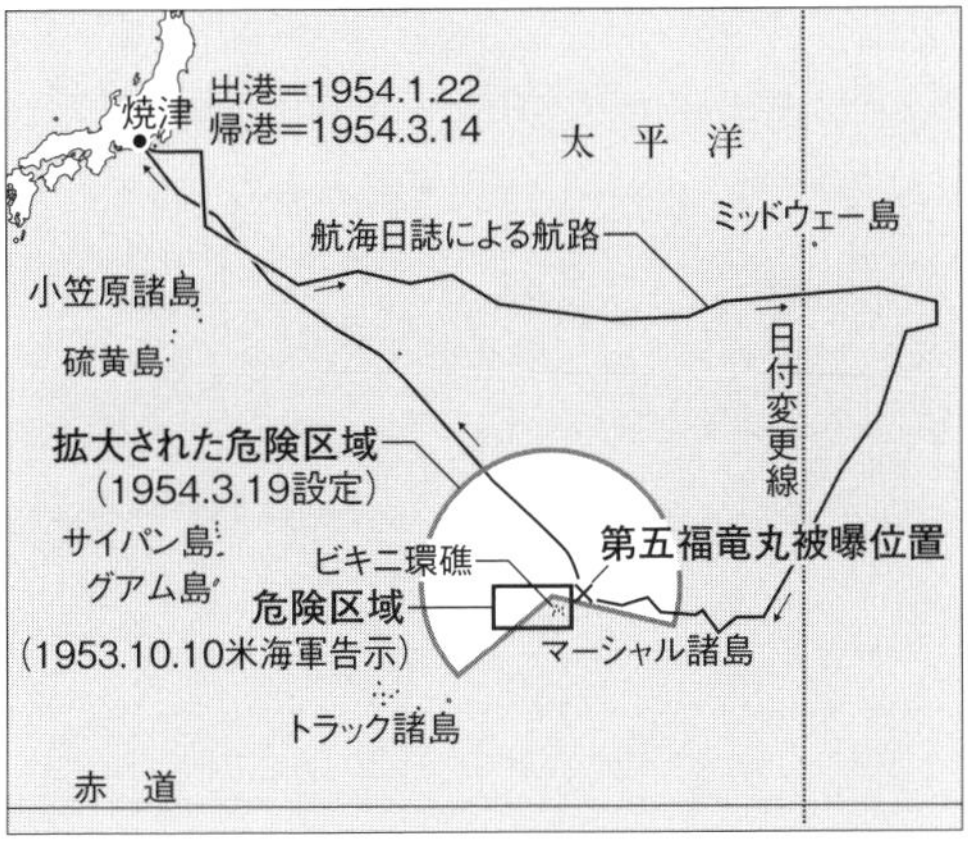

●ビキニ環礁周辺図
マーシャル諸島は、かつて日本の委任統治領だった南洋群島の一部である。日本の敗戦後、アメリカはこの地域を信託統治地域とした。

四九年、ソ連が第二番目の核保有国となるとアメリカは水爆の開発に着手し、一九五二年一一月、最初の実験に成功する。だが翌五三年八月、ソ連はその性能を上まわる、航空機にも搭載可能な水爆開発に成功した。ビキニ環礁での連続核実験は、このソ連の核開発への対応であった。一九五三年一月に発足したアメリカのアイゼンハワー政権は、社会主義諸国が戦争に訴えた場合、核の優位を前提とし、核兵器を含むあらゆる手段を使って大量報復を展開するという軍事戦略をとった。核の優位と核の実戦使用を辞さないことで核抑止力を維持しようとしたのである。そのために、日本を含む同盟国への核配備計画が推進された。核戦争は身近で現実的な脅威となっていた。

一九五四年三月一四日、第五福竜丸が母港焼津港に入港し、一六日、『読売新聞』がビキニ水爆実験での被曝《ひばく》をスクープした。以後放射能被曝の状況が刻々と報道され、極秘なはずの水爆実験と死の灰=放射能の脅威が国内、世界に大きな衝撃を与えた。また、被曝マグロの回収・廃棄が始まり、漁獲物の放射能汚染が知れ渡るなかで、魚穫物の価格の崩落や水産加工製品の販売不振が始まった。第五福竜丸事件は、水爆投下地付近の熱線や猛烈な爆風被害だけでなく、放射能汚染がかくも広範囲に及ぶこと、そして平時における核実験さえも生命や生活の脅威となることを、実例をもって国

14

◉帰港直後の第五福竜丸
焼津港に停泊する第五福竜丸。部外者の立ち入りを禁止する看板が船の上に置かれるなど、緊迫感が漂っている。

内と世界に発信したのである。

ビキニ事件への日本国民の意思表示は、新聞報道からわずか二日後の三月一八日の神奈川県三崎《みさき》町議会（三崎港）、同二七日の焼津市議会の原子力兵器使用禁止決議に始まり、四月早々に全国各地の自治体決議、保革を超えた満場一致の衆参両院決議に発展した。婦人団体、労働組合、平和団体など諸団体による自発的な原子力兵器禁止決議や原水爆禁止運動の呼びかけも三月中に始まり、四月には諸団体の横断的な連携に発展した。

その決議のなかには、原子力の平和利用を訴える内容も含まれていた。ちょうど同時期に始まった、原子力の産業利用（非軍事利用）研究に対する関心も高まったことの反映であった。一九五四年四月、日本学術会議は原子力の研究と利用に関する日本国民の自主性・民主的な運営・情報の公開という三原則を提言し、それは五五年一二月に公布された原子力基本法に盛り込まれた。

不安の拡大と署名運動

一九五四年（昭和二九）五月、太平洋岸を中心に放射能雨が測定されはじめ、日常生活レベルの不安は飲み水・野菜・米・牛乳などにまで広がっていった。海洋・漁獲物汚染も、海流と回遊魚の食物連鎖により赤道付近から日本列島近海まで西太平洋全般に広がっていることが、検査によってわかってきた。一九五四年中に漁獲物を廃棄した漁船数は東京以南九州まで八五六隻、放射能汚染で廃棄された漁獲量は四八六トンに達した。漁業者だけでなく、水産業に関係する業界全体に被害は広がり、水産業に頼る自治体の財政悪化も深刻化した。

その過程で、すでに三月下旬から一部で呼びかけが始まっていた原水爆禁止署名運動が全国的な広がりを見せていく。中央組織の統一的な呼びかけからではなく、地域のサークル・学習会などの小集団を構成する個人個人が、自主的に、時期を同じくして動きはじめたのである。

なお、自衛隊の創設と防衛庁の設置をセットにした防衛二法の成立がこのタイミングであったことは、留意されてもいいだろう。防衛二法の可決にあたっては、自衛隊の海外派兵は行なわないという方針が、一九五四年六月の参議院本会議決議により確立した。

署名運動で全国をリードしたのは、東京都杉並区の運動体である。同年五月、区内各地の多様な団体がそれぞれ取り組んでいた運動を水爆禁止署名運動杉並協議会として統一し、全国民の署名運動を呼びかける杉並アピールを発した。そのアピールはヒューマニズムに立脚し、超党派・非政治的な運動として意識的に構想されており、独立・憲法擁護、さらに平和という言葉さえも周到に避けられている。この時期まで、平和運動には左翼の政治勢力の運動というイメージが強かったからであり、「平和」がイデオロギー色を脱して国民的な要望として受容されるのは、原水爆禁止運動の国民運動化以降である。杉並区の署名運動はその後二か月ほどで全区民の七割にあたる

15

◉「原子マグロは買いません」
アメリカの原子力委員会はマグロの放射能汚染は問題ないと発表していたが、各地でマグロの安全性に対する不安が噴出した。

署名獲得という成果をあげ、その後署名運動の全国センターが杉並区に置かれることにつながっていく。

広島の署名運動は、地域婦人団体連絡協議会〈県婦協〉など女性団体がリードした。五月一五日、女性団体を中心に原水爆禁止広島市民大会が開催され、一〇〇万人の署名を目標とした。署名運動は、七月に組織された原水爆禁止広島県民運動連絡本部によって推進され、八月までに県民のほぼ半数にあたる一〇〇万人の署名目標を達成し、国連本部に送付した。大阪府でも大阪府婦人団体協議会・教員組合・宗教団体などを集めて五月に署名運動推進組織が旗揚げし、署名は七月までに三五万人に達した。このような地方からの署名運動形成を背景に、八月八日、湯川秀樹《ゆかわひでき》らを代表世話人とする原水爆禁止署名運動全国協議会が発足した。このとき署名者は九〇〇万人に達していたが、さらなる署名推進態勢が追求されたのである。

こうした世論と国民の運動動向は、被爆者治療対策の推進を求めて一九五三年に結成された広島市原爆障害者治療対策協議会の活動も活発化させた。戦没者遺族や戦病傷者に対しては、一九五三年以降恩給が復活し、公務扶助料が支給されるようになり、ビキニ事件の被災者も無料で万全の治療を受けていたのに対し、身体的・経済的に深刻な苦悩を抱える被爆者への国の医療・生活援護は講じられていなかったからである。

第五福竜丸《ふくりゆうまる》の乗組員の治療については、医師団から病状の情報が詳しく提供され、乗組員や医師団に見舞いや激励の手紙が寄せられたが、一九五四年九月二三日、乗組員の久保《くぼ》山愛吉《やまあいきち》が死亡し、全国に衝撃を与えた。この時期から全国漁民の共同行動が組織されはじめ、アメリカに対する漁業補償要求が高まった。しかし、それは原水爆禁止運動の反米化を意味するものではない。同年九月には、日本海側・東北地方に放射能雨が降った。ソ連がシベリアで核実験を実施したためと考えられ、核開発競争に走る東西の冷戦構造が問題であった。

秋以降署名数はさらに伸び、年明けの一九五五年一月には署名数二二〇〇万人と発表された。この国民的意思をどう組織化し、国内外にアピールしていくのか、当初その具体策はなかったといってよい。だが同年一月、被爆一〇周年にあたる一九五五年八月六日を期して原水爆禁止世界大会を開催しようという提案が広島の協議会から行なわれ、その大会を署名運動の総集約の場とすることが確認された。当時、市民運動を母体にして世界大会を行なった例はなく、財政面を含む労働組合の支援もほとんどなかったが、自発的な大衆運動は、開催に突き進んでいった。

ビキニ被災の補償交渉はこのような状況を背景に行なわれたが、鳩山一郎《はとやまいちろう》内閣は、一九五四年一二月、アメリカ政府に二〇〇万ドル（当時の換算で七億二〇〇〇万円）で決着することを申し入れ、

16

◉東京駅での久保山愛吉の遺族
中央が妻すず。久保山死亡の衝撃に、全国から三〇〇〇通もの弔慰文が遺族に寄せられた。一九五四年九月二五日に焼津についた遺骨と遺族を五〇〇〇人が迎え、一〇月九日、六五〇〇〇人を集め静岡県漁民葬が行なわれた。

翌年一月、〈法律上の責任の問題と関係なく、慰謝料として〉妥結をみた。水産業者の補償要求額だけでも二五億円であったが、実際にはその三分の一であり、第五福竜丸の乗組員に配分された見舞金はひとりあたり二〇〇万円であった。

日米のビキニ補償交渉と同時期の一九五四年一二月から翌年二月にかけ、アメリカ軍は在日米軍基地への核爆弾の非核部分の配備を進めていた。当時の原水爆禁止運動の高揚を前に、アメリカは日本本土に高濃縮ウランなどの核部分を貯蔵せず、極東有事の際には沖縄に貯蔵された核部分を日本本土基地に運び、日本政府に事前許可を求めずに核使用を遂行する態勢をつくったのである。沖縄にはすでに一九五四年七月から核兵器が配備されていた。

この核の配備につき、日本政府がどの程度の情報を得ていたか定かではない。しかし、鳩山首相は一九五五年三月、原爆貯蔵を認める発言をし、野党の追及によってその撤回を迫られる。結局鳩山内閣は、在日米軍は核兵器をもたず、将来も日本の承諾なしに持ち込まないという架空の日米合意をつくりだし、追及を逃れたが、その収拾の仕方は、日本の国民に在日米軍の核持ち込み反対という世論の定着をもたらした。日本国民の知らぬところで在日米軍の核配備計画は進んでいたのだが、同時期に国民運動化した原水爆禁止運動はその事態に鋭く対立し、それが日本政府の核政策に重大な影響を与えていたのである。

また一九五五年四月には、国に損害賠償を要求する最初の原爆訴訟が、広島の被爆者三人によって起こされた。原爆投下は無差別爆撃を禁止した国際法に違反しており、サンフランシスコ平和条約で連合国軍の作戦から生じた損害へのすべての請求権を放棄したとはいえ、国民の損害賠償の権利まで放棄したというのは憲法の幸福追求権と財産権に照らして不法である。もし平和条約成立のために被爆者の権利まで利用したというのであれば、日本国家は被爆者に対し正当な補償をする責任があるという、のちの戦争被害者の裁判に通じる論点をいちはやく提起した訴訟であった。

原水爆禁止世界大会の開催

原水爆禁止世界大会は、一九五五年（昭和三〇）八月六日から三日間開催された。日本国内の署名数は三二〇〇万人に達し、その署名簿を代表する出席者は五〇〇〇人にのぼった。当時の一五歳以上の日本の人口は六〇〇〇万人なので、署名可能な人口比で五割を超えたことになる。六日夜、平和公園で開催された国民大会には三万人が参加した。超党派国民運動として見事に成功した大会であり、原水爆禁止世論の国民的定着を決定づけた。

大会は、総会での被爆者の発言や分科会での被爆者を囲む懇談会などを通じて、被爆の具体的な現実や被爆者が抱えた困難と直接向き合う機会を提供することになった。それまで被爆地以外では広島・長崎の被爆者への視線は希薄であったが、広島大会の経験は、原水爆の使用禁止という政治的要請とともに、被爆者援護をもうひとつの柱とする必要性を認識させることとなった。それは被爆者を通じて被爆の現実を具体的に理解することで、原爆被災を国民的体験としてとらえる戦争観の新しい展開をつくりだし、日本人の被爆戦争体験を基底として平和な世界の構築を訴える普遍性を付与することにつながった。

また、分科会では基地問題も取り上げられ、基地問題と原水爆禁止運動がつながる端緒となった。七月に原子砲大隊が配備されたばかりの沖縄代表からの報告を受けて、世界大会で採択された広島アピールには、沖縄における「原子戦争」準備にも注意が払われた。ただし、朝鮮人など外国人の被爆問題がその視野から抜け落ちていたことは、被爆の問題がアジアの植民地支配とアジアの戦場化という問題と接点をもたぬままに認識されているという限界をも示していた。

世界大会後、九月には原水爆禁止日本協議会（原水協）が結成され、県レベルの原水協組織も整備されていく。翌一九五六年五月に広島県原爆被害者団体協議会が組織され、八月九日からの長崎での第二回原水爆禁止世界大会にあわせて、日本原水爆被害者団体協議会（日本被団協）が結成された。こうして、原爆犠牲者の国家補償と被爆者の治療、遺族の生活保障を求める被爆者自身の運動も開始され、原水爆禁止運動の重要な構成要素をなしていく。一九五七年制定の「原子爆弾被爆者の医療等に関する法律」は、その最初の成果であった。ただし、治療費の全額国庫負担の条件となる厚生大臣による原爆症の認定の範囲が著しく厳しく、以後認定問題をめぐり政府との対抗が続くことになる。この問題

◉広島平和記念資料館
一九五五年八月の世界大会にあわせて開館。中央部ピロティの向こうに慰霊碑と原爆ドームを望む。この時期、被爆者の生活実態などを訴える体験記も急増し、被爆者への視野は確実に広がっていた。

は、その後の公害被害者の認定問題の原型的な位置をなしていた。
原水爆禁止運動はこうして組織化が進んだが、一九五八年の大会から革新色に傾き、五九年三月、安保条約改定阻止国民会議に幹事団体として参加したことで革新化は鮮明になった。その結果、一九六〇年の大会以降、組織は分裂を繰り返していく。超党派の国民運動としての一体性を保ったがために、日米両国の核政策に無視できない影響を与えることができた時代は終わりを告げた。

政治的角度から視野を広げてこの時期の原水爆禁止運動の高揚をみると、それは東西両陣営への核軍拡批判・核戦争批判であった。そこには、「核の傘」による日本の安全保障論が入り込む余地はない。核の傘の抑止はきかない、これが被爆国日本という歴史的事実を再認識した日本人の実感であった。また、実験を含む核そのものが生命と生活環境にとっての脅威であるということが、ビキニ事件体験からの結論であった。こうした核に対する認識が日本の中立化路線と結びつき、中立化志向を強めることが、同盟の維持強化を望むアメリカにとって最大の問題であった。だが原水爆禁止運動の政治的な偏りは、中立化と核の傘拒否という政治的可能性を大きく縮小させ、安保条約改定とともに核の傘論が世論化する可能性を開いていった。

17
◉映画『ゴジラ』（東宝）
南太平洋の核実験が原因で、身長五〇m、体重二トンの恐竜がよみがえり、東京が破壊の猛威にさらされる。一九五四年公開。

基地反対運動と法廷での闘争

原水爆禁止運動が日米の政治選択と核配備構想の障害として立ちはだかったとすれば、基地反対運動は、運動の担い手たちの認識にかかわらず、日米安保条約が保障した在日米軍の軍事作戦、ならびに基地の設置権を含む基地自由使用と駐留軍の自由行動を制約する行動であった。アメリカは、日本を防衛する義務がないにもかかわらず日本に無制限の数の軍隊を置く権利を保持していたが、基地闘争はこの特権への挑戦であり、反米・中立化路線につながる可能性が高かった。

そして、在日米軍基地の展開過程において一九五五年（昭和三〇）という年は、すでに述べたように、核の大量報復戦略との関係で、戦略空軍を主体とする作戦段階に入った時期であった。アメリカは、地上軍を中心とする日本の自衛力整備を強力に促しつつ、財政負担が多い米地上軍を日本から撤退させ、共産主義圏を包囲する前進空軍基地を日本にも重点的に整備しようとしたのである。

その具体化が、一九五五年の横田《よこた》（東京都）・立川《たちかわ》（東京都）・小牧《こまき》（愛知県）・新潟・木更津《きさらづ》（千葉県）の五空軍基地の滑走路拡張計画であった。これは、吉田茂《よしだしげる》・鳩山一郎《はとやまいちろう》両内閣がアメリカ政府に求めた防衛分担金削減要求に対する見返りであり、五基地の滑走路拡張用地提供に日本政府が責任をもつこととなった。五基地のうち、横田では所定の拡張が成功したが、小牧・新潟は地元の反対で一九五八年に日本へ返還され、木更津も地元の反対で拡張できなかった。

焦点となったのは立川基地である。立川基地は米軍飛行場と極東空軍航空資材廠《しょう》の二施設を併せもち、資材と兵器の補給・機体修理と整備機能を有する、アジア太平洋の重要な空軍拠点であった。

したがって、日本政府は立川基地に関しては拡張方針を譲らず、用地の強制収用手続きを辞さない態度をとった。

立川基地拡張予定地の砂川《すながわ》町に滑走路拡張計画が告知されたのは、一九五五年五月だった。接収対象は街道沿いの家屋とその南北に短冊状に伸びる農地で、関係戸数は一四〇戸に及ぶ。文字どおり町の分断と、関係する農民の生活破壊をもたらす計画であった。それゆえ町では、町長を中心にただちに基地拡張反対同盟を結成し、町議による反対闘争委員会も組織された。砂川闘争は、まず政治的立場を超えた町ぐるみの反対運動として発足したのである。

しかし、政府の計画強行姿勢は固く、土地収用法と駐留軍用地特別措置法に基づく調査測量の実力行使が予想された。駐留軍用地特措法は、この砂川闘争後、一九八〇年代前半の沖縄での軍用地問題まで発動されることがなかった、きわめて強権的な土地収用法であり、砂川の土地収用に関する日本政府の権力的示威の厳しさを示している。

それに対し反対同盟は、地元の労働団体で構成される多摩労協との共闘態勢をとった。またこれ

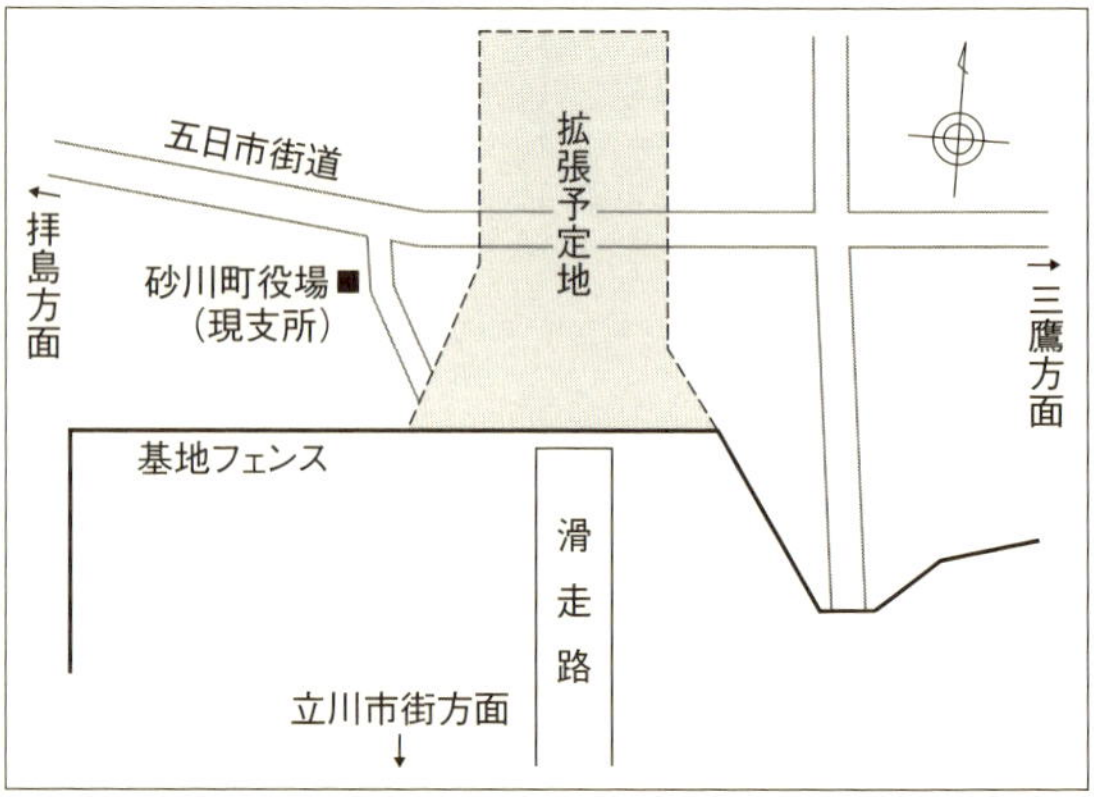

榎本信行『軍隊と住民』より作成

●立川基地拡張予定図
拡張予定地には農地だけでなく街道沿いの宅地や家屋を含み、五日市《いつかいち》街道の寸断は、町の東西分断と街道の迂回《うかい》化を意味していた。

とは別に、総評系の労組を中心に砂川町基地拡張反対共闘会議が結成され、さらに総評や各地の基地反対運動の代表者による全国軍事基地反対連絡会議が発足した。こうして、土地と生活を守る超党派・町ぐるみの抵抗の論理を、平和と独立という支援労組の政治変革の論理が覆うことになる。闘争は、一九五〇年代後半に顕著になる超党派的国民運動の分裂に通じる問題構造を、最初から内包していた。

一九五五年九月、収用認定のための立ち入り測量で反対同盟・支援労組と警察隊とが衝突し、多数の負傷者と逮捕者を出した。そしてこの測量実施をふまえて、鳩山内閣は土地収用を認定した。この経緯のなかで、町の基地反対派内部に条件次第での基地拡張容認派が公然化し、町ぐるみ闘争は実態を欠くようになる。社会党・総評の動員による実力闘争方針も消極化し、一一月、収用認定を受けた精密調査のための立ち入り測量が執行された。

こうして収用は順調に進むかと思われたが、その後、支援団体が社会党・総評系中心から全学連や共産党系を含む組織に広がり、収用認定取り消しや立川基地内の賃貸土地の契約更新拒否による明け渡し訴訟など、法廷闘争が積極的に活用されはじめた。なお、この明け渡し訴訟に対処した測量を阻止しようとして米軍基地内に立ち入ったデモ隊の七人が起訴されたのが、一九五七年七月の砂川刑事特別法違反事件である。

一方、政府は第二次収用認定を行ない、一九五六年一〇月には警察隊二〇〇〇人と反対運動側の動員六〇〇〇人が激突し、負傷者一〇〇〇人を出す惨事となり、世論の反発が高まり政府は強制測量を中止した。地元農民が反対運動勢力の少数派となり、砂川闘争が支援勢力によって文字どおり基地闘争の天王山と位置づけられたなかでの「勝利」であった。

　裁判闘争のうち、砂川刑事特別法違反事件は、裁判所に在日米軍と憲法の平和主義の関係を問う初の本格的な「九条裁判」となった。一九五九年三月、東京地方裁判所の伊達《だて》秋雄《あきお》裁判長は〈わが国内に駐留する合衆国軍隊は憲法上その存在を許すべからざるものといわざるをえない〉と結論し、安保条約改定の最中の政局に大きな衝撃を与えた（伊達判決）。そのため、検察は高裁を抜いて跳躍上告し、駐日アメリカ大使による最高裁長官や外務大臣への接触や関与を挟んで、最高裁は同年一二月、伊達判決を破棄した。

　空軍基地拡張反対運動は、横田以外の計画を挫折《ざせつ》させて在日米空軍の戦略展開に影響を与え、また日米安保条約の違憲性を法廷の争点にする九条裁判史の幕を開けた。砂川闘争という激しい基地反対運動と、国論を二分する安保条約改定の政治対立が相乗し、安保条約は法廷の論点となり、それを通じて憲法第九条の意義・役割、解釈論が掘り下げられていったのである。

18

◉警察との激しい衝突
一九五六年、拡張工事の強制測量を阻止しようとスクラムを組む反対運動側に対し、警官が警棒を突きつける。衝突の激しさを示す。

自衛隊基地設置をめぐる闘争

基地反対運動は在日米軍だけが対象ではない。一九五四年（昭和二九）、アメリカのＭＳＡ戦略の後押しを得て陸海空の三軍体制をとる自衛隊が発足し、警察予備隊・保安隊時代にはなかった空軍創設のため、新たに飛行場の設置が必要となった。一九五五年とは、在日米軍再編と表裏の関係をもって日本の軍事力の本格的整備の起点となった時期でもあり、自衛隊基地闘争が新たに社会運動の一翼をなす時代に入っていく。

茨城県の霞ケ浦《かすみがうら》周辺は、特攻隊基地をはじめとして敗戦時には多数の基地が存在し、戦後は開拓農地に転換していた。この旧軍用地の開拓地が、ふたたび自衛隊用地としての収用対象にされたのである。一九五五年九月、鹿島町《かしま》（現・鹿嶋市）・神栖村《かみす》（現・神栖市）にまたがる神之池《ごうのいけ》への飛行場建設計画がまず明らかになると、地元の反対同盟と全県的な労働組合・農民組合などの支援組織が連携して測量実施に抵抗し、五六年九月の測量は地元民の緊急対応によって中止となり、以後測量は実施されないままに、五八年、基地建設は断念された。誘致派も形成されたが、総じて地元農民の反対姿勢は強力であった。収用対象となった開拓地関係農家は四〇〇戸に及んだが、その多くは地元出身で、苦労して開拓した土地に対する執着は強く、かつ特攻基地があったことからたびたび爆撃対象になり命の危険にさらされた戦中の記憶を共有していた。

基地で潤ったがために軍事施設をふたたび誘致したいという「戦争の記憶」がある一方で、空襲の原因をつくり、配備された兵隊に家や畑を荒らされたりするなど、基地と軍隊への否定的記憶も存在した。両者が対抗し、ここでは後者が前者を圧した。各地でさまざまに頻発した基地問題を通じて、戦争の記憶が、大勢として、平和への希求の方向に再形成されていく。これが、一九五〇年代後半に起こっていたことではないだろうか。

かわって現実味を帯びはじめたのが、百里《ひやくり》海軍航空隊基地が置かれていた小川町《おがわまち》百里が原（現・小美玉市《おみたま》）への基地建設計画である。小川町の場合、町長が思想的にも経済振興論からも誘致論をリードした。また外部からの入植者が多かったが、滑走路で固められた土地は開拓困難で、戦後一〇年を経ても農家経営を確立できていない例も多かった。その結果、防衛庁の土地買収は急速に進んだ。一九五六年五月、防衛庁が百里基地構想を明らかにすると、同年八月、反対派農民は百里基地反対期成同盟を結成した。だが反対派は農民のなかでは少数派で、当初から社会党・県労連などの外部支援なしには運動持続は困難だった。神之池が山場を越えた九月から防衛庁の百里基地建設への動きは本格化し、小川町議会は一一月に基地設置への協力を決議した。

しかし、基地誘致が決定づけられたと思われたとき、局面は思わぬ展開を始める。町議会決議と同じ時期、ＰＴＡ婦人部を主軸として愛町同志会が結成され、基地誘致への反対行動を起こしたのである。反対の論拠は、基地が子どもたちに与える否定的影響である。この懸念は、立川《たちかわ》基地問題の実地調査を経て多くのＰＴＡ婦人会員の確信となり、一九五七年二月、愛町同志会は五〇〇人の町民を集めて町民大会を開き、基地推進派町長のリコールを決議した。愛町同志会のリーダー役の山西《やまにし》きよが、小川町ＰＴＡ連合会副会長であるとともに婦人会の副会長でもあった関係で、婦人会が基地反対派の機動力になった。

愛町同志会と基地反対同盟の連携によるリコール運動の結果、町長は辞職し、その辞職した町長と山西による一九五七年四月の町長選挙は、山西が四二八三票を獲得、七六五票差で当選した。茨城県初の女性町長誕生であった。だが少数与党の町議会運営は厳しく、土地買収工作が少しずつ反対派農民を切り崩していった。基地建設工事は進められ、反対同盟の動員力では実力阻止も限界があった。そこで法廷闘争が活用されたが、そのうち基地内の土地売買契約にからんだ一九五八年からの訴訟（石塚《いしづか》事件）は、憲法第九条に対する自衛隊の合憲・違憲を問う最初の裁判となった。

一九五八年九月、山西町長へのリコール運動が組織され、翌五九年二月、リコールが成立した。三月の町長選挙でも山西は三六四二票を得たが落選、まもなく自衛隊の移駐も始まり、基地は建設された。

しかし運動過程を振り返れば、基地誘致への圧倒的な町内世論を、賛否拮抗《きっこう》状態まで動かしたことは注目される。その原動力は母性に基づく平和主義、しかも観念的ではなく、学校教育上の弊害がきわめて大きいという現実的な判断であった。子どもの教育に根ざした平和主義が町内世論に波紋を投げかけ、基地設置を憂慮する世論を確実に押し上げた。

19

◉百里基地反対派の筵《むしろ》小屋
一九五八年四月、西松建設の基地建設資材搬入に対抗する基地反対同盟。資材搬入は翌月本格化し、同盟と警察隊との激突をみる。

それは、一九五〇年代の女性を中心とした平和論形成のひとつの道筋を示していた。

母性に根ざす社会運動

ここまでみてきたように、一九五四年（昭和二九）頃からの社会運動の超党派的な大衆化の背景には、女性たちが結成した多数の組織がさまざまな課題に対して横に連携し、国民的規模の波をつくりだしていく動きがあった。この時期の女性たちは、なぜこれほど積極的に社会的課題に取り組みはじめたのだろうか。新しい女性運動を代表する母親運動を例に考えてみたい。

朝鮮戦争とレッドパージのなかでいったん沈滞した戦後女性運動は、一九五二年から復活の兆しを見せ、五三年の日本婦人団体連合会結成、国際民主婦人連盟（民婦連）参加に備えての日本婦人大会開催を通じて、女性団体の連携が強まっていく。ただしそれは労働団体・革新系女性団体が中心で、政治信条を超えた広がりには届いていなかった。

他方、一九五二年、日教組では教育研究集会から独立し、女性教師が直面する職場の女性差別・母性保護（産休など）・家事育児負担などを話し合う全国婦人教員研究協議会が発足し、第一回大会は参加者二〇〇〇人を上まわる盛況となった。たんに労働組合に婦人部を置くだけではなく、女性労働者固有の問題を女性自身が集団的に話し合う場が設定され、女性教師の大きな関心を呼んだのである。一九五四年一月の第三回大会では、子どもを母とともに守る、母の身体も守るという観点から全国の母親へのアピールを発し、「母と女教師の会」の結成を呼びかけた。その結果、一九五六年までの三年間で六四〇〇回に及ぶ母と女教師の地域会合が開かれ、延べ一六〇万人が参加した。PTAと関係のない母親や、当時なお家の重みのなかにあった「農家の嫁」も参加し、立場を超えての相互理解の場となった。

また、先に述べたように一九五四年は原水爆禁止運動への女性たちの大量参加もあり、平和という課題が、特定の党派の関心事を脱して、女性たちに政治信条や職業を超えて受け入れられる問題となっていた。こうした状況を背景に、一九五四年一一月、国際民婦連日本代表は「原水爆禁止の訴え」を発し、核戦争の危機から子どもの生命を救うための世界規模での母親たちの話し合いの場の設定を要望し、世界母親大会の開催が決まった。原水爆禁止世界大会同様、世界規模での母親運動も日本の提案から始まったのである。

一九五五年七月のスイスでの世界大会に向けて、日本では同年四月に母親大会実行委員会が組織され、六〇を超す女性団体が参加した。第一回日本母親大会は、六月、全国から二〇〇〇人を集めて東京で開催された。原爆被害や沖縄基地問題を含めて、全国の母と子どもをめぐる状況が報告され、分科会では教育問題などの討議が行なわれた。そして世界大会への代表として一四名が選ばれ、彼女たちは帰国後各地で報告会を行なっ

20

◉世界母親大会へ出発する代表
一四人の代表は、労働団体代表だけでなく、家庭婦人・農村婦人・日雇い労働者・未亡人など、さまざまな人たちを含んでいた。

た。その地域報告会は二〇〇〇回、参加者七〇万人にのぼった。

超党派の国民運動化

戦争の危機から子どもを守る、なぜそれがこのように広く女性たちの共感を呼んだのだろうか。先に述べたように、この時期は近代家族形成の時代であり、子どもが家庭の中心になろうとしていた。家族を基準とした豊かさへの夢が開こうとしていたのである。しかし、当時の現実社会での女性たちは、職場と家庭双方で深刻な困難を抱えていた。男女同権の理想・近代家族の形成への夢はあれども、階級や政治信条、職業を超えて女性に降りかかる社会的矛盾は大きかった。

そして当時は、それをさらに悪化させる戦前的な憲法への改定、女性にとってもっとも関心の高い家制度の復活が議論の俎上《そじょう》にあった。生活と職業の矛盾、そして戦争の記憶を伴う戦前回帰という社会状況には、女性に共通の政治性が含み込まれていたのである。それゆえ、同性間の意思疎通の場が誕生したとき、それは立場を超えた情報交換と討論の場に発展した。その際、女性たちを結集させるキーワードが「生む性」であり、生む性を象徴する母親たちが話し合う場として母親運動が誕生した。それは結果として、非政治的であるがために政治的影響力を発揮しうる、超党派的な原水爆禁止運動に通じる社会運動の国民運動化戦略となった。同じ時期、主婦論争では専業主婦化の是非が問題となっていたが、母親運動は、職業婦人と専業・兼業主婦たちを共通の場に引き出し、同性としてともに考えるべき目標を設定する役目を果たしたのである。

ふたたび運動経緯に戻ろう。一九五五年（昭和三〇）一〇月、全国母親連絡会が発足し、各地の母親大会を主催する地方組織を整備しつつ、中央の母親大会を継続して開催することとした。地域組織は当初日教組の都道府県婦人部組織に依拠していたが、労働組合に属さない女性も増えるなかで運動は自立化していった。一九六〇年代前半に日本母親大会事務局長を務めた山家《やんべ》和子《かずこ》の場合、ＰＴＡ活動から「日本子どもを守る会」へ、そしてその延長上に母親運動に参加している。戦後のＰＴＡ活動の経験は、一九五〇年代に女性が社会運動に参加していく下地ともなったのである。

　母親大会の関心は、子どもの問題と家族、女性の社会的地位など、母として、あるいは母となる女性たちが抱える共通の問題であり、それらの問題を取り囲む条件として平和が位置づけられていた。この時期の運動の超党派的な基盤はここにあった。だが、一九五八年に校長による教員の勤務評定（勤評《きんぴょう》）の実施が問題化すると、同年四月、第四回母親大会準備委員会全国代表者会議は勤評実施反対の声明書を発した。当時、企業社会では査定が常識化しつつあるなかで、なぜ勤評実施が問題と

21

◉広がる勤評反対運動
勤務評定反対運動は、一九五八年九月から一〇月に山場を迎えた。写真は一〇月、教師の処分をめぐって県庁に押しかけ、知事に詰め寄った高知県の高校生たち。

なるのか、母親たちの多くが疑問をもっていた。そのため地域ごとの準備会議でも大会でも、勤評のねらい、教員の職場の実情などが報告され、学習課題となった。こうして勤評問題は理解され、母親たちは勤務評定反対運動が日教組や総評という労働運動を超えて広がるのを支援した。

しかし、ＰＴＡや婦人会まで影響力をもつ母親運動の政治的反対運動は、政権政党側からみれば黙視できない問題であった。一九五九年八月、自民党は母親運動対策を決定し、大会への批判、母親運動の活動状況の調査、第二回母親大会以降後援していた教育委員会による地方大会経費補助の中止などを決定し、保守基盤となる女性団体の育成を始めた。同時期に開催された第五回大会は一万二〇〇〇人を集め、例年以上に平和分科会は盛況であったが、運動は転換点に立っていた。

こうした運動経緯からは、なぜ一九五〇年代なかばの女性の社会行動が活性化したのか、社会組織面からの背景がみえてくる。この時期の保守政党は分裂状態から一本化したものの、町内会・婦人会、さらにＰＴＡなども含めた地域組織を保守の基盤として確立するには至っていなかったのである。政党と地域的組織の関係がひじょうに流動的で、個々の婦人会やＰＴＡが独自に、自主性をもって判断できる余地があった時代、それが一九五〇年代であった。

社会福祉と人権

一九五〇年代後半は、社会福祉・人権をめぐり新たな動きが始まった時代でもあった。一九五四年（昭和二九）、「社会保障を守る会」が中央と地方で結成された。結成の中心団体は、一九四八年結成の日本患者同盟、生活保護運動を目的とした一九五四年結成の生活相談全国連絡事務局（一九五八年に「全国生活と健康を守る会連合会」と改称）、一九四七年結成の全日本自由労働組合の三団体である。例のない貧困層組織の勢ぞろいといわれたが、その目的は、五四年から始まった社会保障予算の大削減への反対運動の組織化であった。運動の結果、この年の予算案削減自体は撤回されたが、その後も一九五七年まで、生活保護の適正化の名のもとで、生活保護者への強力な引き締めが行なわれた。とくに厳しい引き締め対象となったのは、朝鮮人生活困難者だったといわれる。

この生活保護引き締めのなかで、二〇歳で結核を患い、国立岡山療養所で生活し、患者同盟の中央委員でもあった朝日茂《あさひしげる》の生活も、厳しい事態に追い込まれていた。朝日は、一九五〇年成立の生活保護法による医療扶助と、入院患者用品費としての生活扶助という生活保護措置を受けていた。だがこの当時の生活扶助費は月六〇〇円、必要経費をぎりぎりに切り詰めても、肌着は二年に一度、パンツは一年に一枚しか買えない額であった。

さらに、生活保護の窓口であった社会福祉事務所は連絡が途絶えていた朝日の兄を捜し出し、毎月一五〇〇円の送金を約束させた。送金を理由に行政はただちに生活保護を打ち切り、しかも、生活扶助費との差額九〇〇円を入院費の一部負担として国庫に納入させることとした。朝日は、岡山県知事に不服申立書を提出するが却下され、国を訴えることを決意する。患者同盟は支援を決定するが、たったひとりの生活保護者、しかも重症の結核患者が国を相手どって行なおうという裁判であり、弁護士の依頼からして難航した。ようやく一九五七年八月、理解を示す弁護団が現われ、東京地裁に朝日訴訟が提起された。

社会保障は戦後の新憲法で確立した基本的な社会的権利であるとすると、この裁判は社会保障権運動の嚆矢《こうし》であり、以降この裁判の影響で社会保障訴訟運動が相次いで起こった。最大の争点は、憲法第二五条の「健康で文化的な最低限度の生活」とは何かであり、同条の生存権規定を、観念的・抽象的ではなく、生身の患者の生活の問題として提起したところに、この裁判の意義があった。九条裁判と同様に、憲法の規定の社会的・実践的意味が問われたのである。

裁判の支援は、患者同盟ほか先の三団体に広がり、さらに一九五八年九月、総評を中心とする四七団体による中央社会保障推進協議会が結成され、翌五九年初頭の社会保障拡充運動を通じて強化された。東京地裁の判決は、一九六〇年一〇月に下され、不服申し立て却下の裁定は取り消された。原告の全面的な勝利であった。そして、生活扶助費支給額は翌年四月から一挙に一〇三五円まで上がった。裁判はこの後の上告により、高裁・最高裁とも逆転敗訴となるが、朝日が命をかけて問うた「人間らしく生きる権利」は、日本社会の豊かさの根底にかかわる事柄であった。

22

●朝日訴訟支援の大行進
一九六四年に原告の朝日茂は死去し、翌年二月の訴訟支援行動では、養女君子《きみこ》が遺影を掲げて先頭に立った。六七年、最高裁で敗訴が確定。

農民と漁民の抵抗——軍事化と開発のなかで

ここで、一九五〇年代冷戦期の軍拡で直接的に被害を受けた者は誰か、という点をあらためて考えてみよう。原子力兵器の開発では、漁業者と水産関連業者であった。基地関係の土地収用の問題では農民が中心だったが、海岸や海域もまた演習地として接収・使用されており、その被害は沿岸漁業者にも及んでいた。この時期の自衛力拡張を含む日米安保的軍事体系は、農漁民から生活と生業の拠点を取り上げるかたちで展開したのである。

となると、一九五〇年代後半に第一次産業従事者たちの多くは、産業近代化のなかでみずから選択した結果として都市に生活拠点を移し、雇用者として、都市自営業者としての生活を歩みはじめたという解釈は、事態の一面であることがわかる。軍事化の対象地域においては、農漁民の選択を余儀なくさせる別の権力的な要因が働いていたのである。このような要因は、軍事政策面に限らず、経済政策をめぐっても現われた。その事例として、まず水俣《みなまた》病の問題を、化学工業育成政策と沿岸漁業者の対抗という視点からみてみたい。

日本窒素《ちっそ》(一九五〇年〔昭和二五〕に新日本窒素肥料と改称)の水俣工場(熊本県水俣市)では、プラスチック可塑剤の原料となるアセトアルデヒドや塩化ビニールを生産していた。高度経済成長の開始に伴い、プラスチックやプラスチック可塑剤の需要は急増していた。このアセトアルデヒドをつくる際に水銀が触媒として用いられ、その水銀は工程を経て有機水銀となる。水俣工場の生産力拡大とともに水銀の使用量が増え、ずさんな工場廃液処理のため有機水銀が河川や海に流出した。工場側の提出データによれば、戦前から一九六六年までの流出水銀量は八一トンにも達するが、そのピークは一九五〇年代後半であった。

新日本窒素の生産計画は、企業単独で決定していたわけではない。先に述べたように石油化学工業は高度経済成長期の産業の重点的育成分野であったが、石油化学工業第一期計画の開始は一九五五年であり、合成繊維や合成樹脂などの有機合成化学が石油化学系原料に生産力面で本格的に転換したのは、一九六〇年代に入ってからのことだった。新日本窒素水俣工場は、化学工業の過渡期における通産省の化学産業生産計画にそって生産を拡大していたのである。

有機水銀の影響で、水俣工場の生産拡大に反比例して水俣市における漁獲量と販売額は減少した。同時に一九五〇年代なかばから魚類や動物に異状が相次いだ。異状は人間にも及び、一九五六年五月、子どもたちの発病に端を発して、有機水銀による健康・神経破壊である水俣病は公式に確認された。こうして、巨大な私企業の生産活動が、水俣湾を生業の場とする漁民の生活を破壊した。

しかし、事はそこにとどまらない。これら自営業的な零細漁民の生産活動の集積は、地域にさま

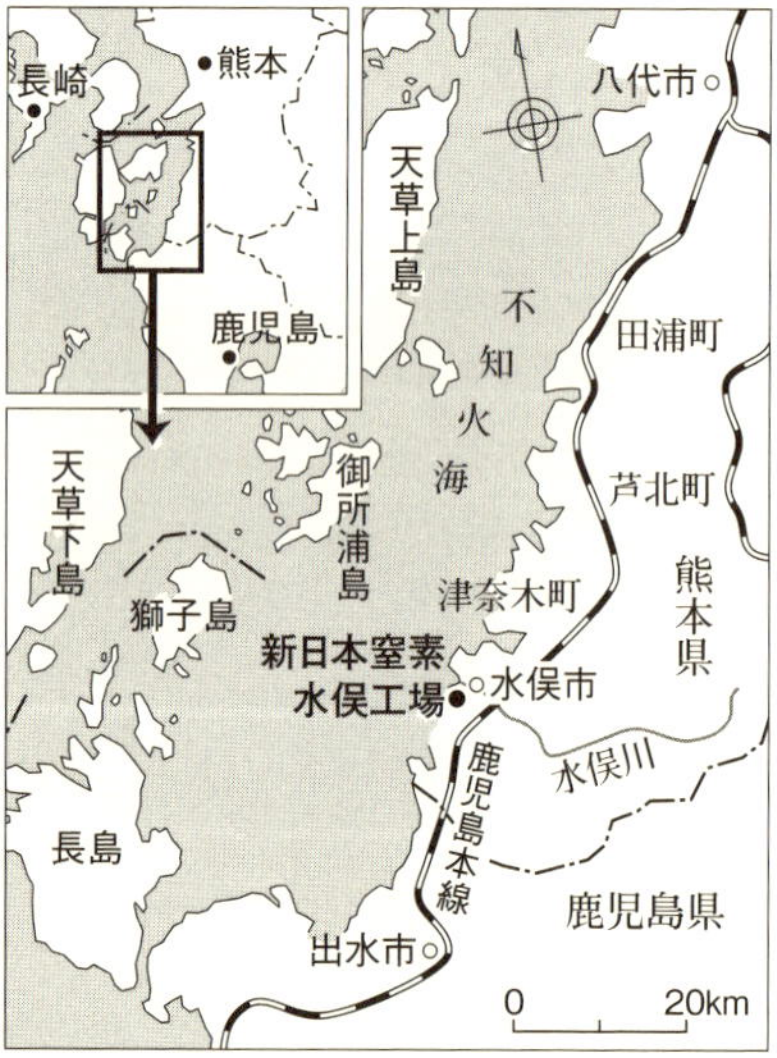

◉一九五〇年代後半の水俣地図
水俣病認定患者は、水俣市域をはるかに越えて、北は津奈《つな》木《ぎ》町・芦北《あしきた》町・田浦《たのうら》町、南は出水《いずみ》市、不知火（八代《やつしろ》）海を隔てて天草《あまくさ》諸島の御所浦島《ごしょうらじま》・獅子島《ししじま》・長島《ながしま》などへ及んだ。

ざまな付加価値を生み、特定の生産部門だけに頼らない多面的・循環的な地域経済の一翼を担っていた。こうした地域経済の崩壊は、生産活動から地域内の小規模流通、それに付随する自営・零細的な経済活動をすべて停止させ、外部からの供給への依存を生む。現金収入は少ないが、新鮮な魚介類をふんだんに食すことができ、雇用者的な規律に拘束されない精神生活を含めた、ある種の「豊かさ」は、貨幣に左右される別の豊かさへの渇望に置き換えられていった。

その後、水俣病の被害は不知火《しらぬい》海一帯にも広がり、不知火海一帯の魚の摂食が危険視されるに至り、一九五九年七月、水俣市内の魚小売商組合は水俣漁民の漁獲物いっさいの不買を決議するに及んだ。文字どおり干上がった水俣の漁民は、会社との漁業補償交渉に力を注いでいく。しかし、一億円の要求に対し三分の一の回答で矛《ほこ》を収めることとなった。

漁民の補償交渉の第二弾は、水俣漁協以外の、出漁もできぬままに明日の暮らしにも窮していた周辺漁民の補償交渉だった。すでに同年九月には個々に集会・決起大会を開催していたが、一〇月、熊本県漁連主催の県漁民総決起大会を行なうなど共同行動を拡大した。さらに、一一月衆議院議員の水俣調査

23

◉死んだ水俣の海（一九七二年）
新日本窒素水俣工場から廃水が捨てられた百間《ひやっけん》港では、干潮時には高濃度の有機水銀を含むヘドロが顔を出す。水銀は船に付着して、いかなる生物の存在も許さなかった。

にあわせて四〇〇〇人の漁民集会を水俣で開催し、実力行使を背景にした会社との交渉を企図した。だが結果は暴動化し漁民が工場に乱入、これを利用して、会社と一体になった労働組合を実行部隊とする補償要求批判運動が組織された。エネルギー革命のなかでスクラップ化されようとしていた炭鉱労働者は、三池《みいけ》闘争を通じて総評をあげた支援とつながったが、石油化学の育成という同一の根から発している不知火海漁民の抵抗は、まったくの孤立状態で、しかも労働組合そのものが敵対したのである。

補償交渉は、こうした被害漁民の孤立化のなかで進められ、不知火漁協の補償要求額二二億円に対し、九〇〇〇万円で妥結した。一人平均二万円余の水準で、今後工場廃液が病気の原因と判明してもいっさいの追加補償をしないという、首かせつきの調印であった。さらにその調印の日には、工場乱入事件の関係で漁民数百人を勾留・尋問し、一四一人を書類送検、五五人を起訴した。補償運動の実力行使に動いた漁民のエネルギーは削《そ》がれ、水俣病は封印されていった。また、漁民の集会と補償交渉にあわせて工場前へ座り込んで補償を要求していた水俣病患者家庭互助会との交渉も、死者弔慰金三〇万円などの額で妥結した。交付金は補償ではなく「見舞金」、今後の補償はいっさいなしという、漁民と同様の妥結条件がつき、患者の側からも水俣病は隠されていった。

千里ニュータウン建設をめぐって

経済政策という権力的要因のもう一例として、今度はニュータウン政策と農民との関係をみていきたい。先に述べたように、一九五〇年代以降、住宅公団による大規模な団地建設が進んだが、それを上まわる規模で建設されたのが、団地集合体ともいえるニュータウンであった。ニュータウン建設の場合、団地以上にさまざまな矛盾が噴き出すことになる。

ここで取り上げるのは、大規模なニュータウン計画のモデルケースとなった大阪府の千里《せんり》ニュータウンである。千里ニュータウンは、一九五五年（昭和三〇）に構想がスタートし、五八年に事業着手、七〇年に一応の事業を終了したプロジェクトで、一一五〇ヘクタール、三万七〇〇〇戸、一五万人の収容計画であった。対象となった土地は、豊中市《とよなかし》・吹田市《すいたし》にまたがる田畑・山林・溜池《ためいけ》などを含む民有地であり、所有者は三〇〇〇人近くに及んだ。それが、国民のもっとも切実な要求である住宅問題の解決という批判しにくい「大義」により、一挙に買収対象となったのである。

事業主体であった大阪府当局は、計画地の大部分は「未開地」であると判断し、前例のない都市計画の自由度を確保するために、区画整理や換地などの方針を採用せずに、全面買収を企図した。しかし実際には、農業だけで生活を保つことのできる農家も少なくなく、決して未開地ではなかった。土地所有者である農民側からみれば、自分たちから所有地を奪い、生活権を奪う計画でしかなかった。反対派農民は、事業開始の翌年の一九五九年から地区ごとに土地不売同盟を結成し、一部は全日本農民組合にも加盟した。六〇年安保の時期には、全国的にもまれな、大阪市役所労働組合を中心とする地区労との労農提携的な運動を展開し、抵抗した。

反対派農民の主力の年齢層は年配ではなく、三〇代の「青年部」であった。彼らは農業に可能性をかけた中層農民である。土地の強制収用を余儀なくさせるまで彼らが買収に抵抗した論理は、農民の生活権・私有財産権の侵害・職業の自由などの憲法原理であったが、同時に、公的開発計画の方法、公的資金が投入されるべき対象は何か、という問題への政策判断・実施方法への問いを含んでいた。生活に余裕のある新中間層に快適な生活を保障するという「公共事業」の「大義」のもとで、なぜ区域内の農民だけが、土地を取り上げられ、農業からの転業を強《し》いられねばならないのか、ということである。測量に対する実力阻止行動を含む農民の抵抗は六〇年代なかばまで続き、用地買収が完了したのは一九六八年であった。農業経営を基盤とする共同体とそこでの生活は解体され、買収への賛否による共同体内の人間関係の亀裂があとに残された。

一九五〇年代の経済成長政策は、農民的・漁民的自営として小さな自律的な地域経済をつくってきた人々の生活とその精神世界を、土台から掘り崩すところから始まっていった。農家の次・三男女が、都市で雇用者としての新たな人生を踏み出し、彼らが近代家族を形成しはじめた時代は、裏面で、こうした旧来の生活世界が強権的な破壊を含めて解体されていく過程を伴っていたのである。

24

◉建築途中の千里ニュータウン
果樹やイチゴ栽培、筍《たけのこ》収穫など農業だけで生活を保つことのできる農家も少なくなかったこの土地に、団地がそびえ立った。

沖縄と安保体制

沖縄要塞化・講和・安保条約

一九五一年（昭和二六）九月に締結された旧日米安保条約は、沖縄をその条約区域に含んでいない。そして、一九六〇年に改定された新安保条約も、七二年の沖縄復帰までは沖縄を包含しなかった。それゆえ、これまでの戦後史の多くは、一九五六年の「島ぐるみ闘争」以後、六〇年の沖縄県祖国復帰協議会結成に至る沖縄史と安保闘争史を、その関連を意識しつつも、別々の事柄として叙述してきた。しかしアメリカの東アジア戦略史の視点からみれば、本土政策と沖縄政策は密接不可分な関連性をもつ。そこでこの視点に留意して、一九五〇年代後半の沖縄社会運動と世論の動向を、安保条約改定の政治過程とあわせて追跡してみたい。

日米安保体制の基本骨格は、一九五〇年にアメリカ国家安全保障会議が承認した対日講和をめぐる基本方針のなかで示された。具体的には、以下の三点である。第一に、琉球《りゆうきゆう》諸島に関する「排他的戦略的支配」をアメリカに保障すること。第二に、日本の主権回復後、アメリカの指揮下にある軍隊が、望む場所に、望む期間、望む規模で駐屯する軍事拠点設置を認めること。第三に、本土基地に配備されるアメリカ軍を支援するための日本再軍備であった。

この方針に基づき締結された旧安保条約では、日本本土に配備されたアメリカ軍の使用目的が、第一義的には地理的限定のない「極東」における国際の平和と安全であるとされる一方で、在日米軍の日本防衛義務は明記されていなかった。すなわちこの、日本防衛義務もなく、制約もない在日米軍使用目的の定義によって、東アジア軍事戦略における、沖縄に配備された軍事力を拠点とする一体的な発動が可能となったのである。そして、沖縄の「排他的戦略的支配」権限は、サンフランシスコ平和条約第三条によって完全に保障された。日本の独立は、琉球諸島の施政権譲渡によって可能となったのであり、そこには、東アジアの軍事拠点として沖縄を軍事要塞《ようさい》化することへの承認が中核に含まれていた。

また、日米安保条約が認めた、アメリカは日本国内のいかなる場所にも基地を設置できるという、「全土基地方式」といわれる特権は、アメリカとほかのアジア各国の基地協定にはないものだった。それでも本土の基地設置には、抵抗の拠所《よりどころ》となる日本国憲法があったが、軍事占領化の沖縄にはその憲法もなかった。沖縄には、文字どおり全島どこにでも基地をつくることが可能であった。

施政権のない沖縄の地位を端的に示す例が、一九五二年以降も続いた市町村の建物や学校などでの日の丸掲揚禁止措置である。また船舶にも、米国旗であれ、日の丸であれ、船籍を示す国旗を掲げることができなかった。日本国の祝祭日に、公共の建物に日の丸掲揚を許可されたのは一九六一

25

●日の丸解禁
一九六一年の日米首脳会談で、戦後ずっと禁じられてきた公共の建物での日の丸掲揚が解禁となった。写真は翌年の六月、学校での光景。

年、沖縄の船舶が日の丸掲揚を許可されたのは六七年である。だからこそ、一九六〇年代なかばまでの沖縄における日の丸は、日本復帰を願い、アメリカ統治を拒否する心情を示すシンボル性を有していた。また沖縄では、一九五八年まで、B型軍票円（B円）と呼ばれる、戦時下の占領地で発行される軍票が法定通貨でありつづけた。行政面では、サンフランシスコ平和条約発効と時期を同じくして琉球政府が設立されたが、この「政府」は、アメリカ陸軍が創設した、アメリカ陸軍の行政権限の一部を移譲された執行機関にすぎなかった。法にあたる布令・布告は、アメリカ極東軍総司令官を長官とする琉球列島米国民政府《みんせいふ》（民政府）が発した。

島ぐるみ闘争

日米講和後の一九五二年（昭和二七）一一月、民政府《みんせいふ》は布令九一号「契約権」を公布した。一九五〇年から使用してきた軍用地の所有・占有を確保し、年間使用料の支払いを決めた内容だが、契約期間が二〇年と長く、使用料は年間坪あたり一円余という法外な安さであった。この条件で契約を結んだ土地所有者は二パーセントにも満たず、そのため一九五三年一二月、民政府は布令二六号で、契約の成立如何《いかん》にかかわらず、アメリカ軍側はこれまでの土地使用という事実（黙契）によって貸借権を得たと強引に定めた。戦争と占領によって獲得した軍用地を講和後も継続使用する権限は、近代市民的権利を無視した布令で正当化された。

他方、一九五三年四月、本土における軍用地新規取得の動きと時を同じくして、軍用地新規取得のために布令一〇九号「土地収用令」を施行した。施行後ただちに真和志村《まーじ》（現・那覇市）安謝《あじゃ》などで軍用地の囲い込みが実施され、伊江島《いえじま》・宜野湾《ぎのわん》村伊佐浜《いさばーま》などに収用地が拡大した。とくに伊江島の真謝《まじゃ》区では、強引な土地収用に対して激しい抵抗運動が起こった。収用令による一九五五年七月までの接収地は五三万五〇〇〇坪に及び、四四七戸の家屋が撤去された。この暴力的な土地接収の結果、基地の総面積は沖縄全体の一四パーセント、耕地面積の四二パーセントにまで拡大し、四二市町村に基地が設置された。

　土地収用のさなかの一九五四年三月、民政府は軍用地料一括払いによる永代借地権設定の陸軍省計画を公表した。買い上げができない土地に対しても、買い上げ地同様の権利を取得することがねらいであった。これに対し立法院（琉球《りゅうきゅう》議会）はただちに、一括払い反対・新規土地接収反対など「土地を守る四原則」を打ち出し、行政府・立法院・市町村長会・軍用地主四万人を組織する土地連合会による四者協議会を結成して、渡米陳情を含む民政府との交渉に入った。この沖縄からの要請に対応して一九五五年秋に沖縄軍用地の現地調査を行なったのが、アメリカ下院軍事委員会のM・プライスを長とする調査団である。

　この時期、強制収用に抵抗していた伊江島真謝区民は、生活援助をも打ち切られ、栄養失調者が続出していた。そこで区民たちは、一九五五年七月、托鉢《たくはつ》と募金を直接的な目的として沖縄本島一周の「乞食《こじき》行進」を開始した。この行進は翌年二月まで続き、軍用地接収の実態を身をもって本島全域に示し、軍用地問題の世論形成の下地を醸成した。また、一九五五年九月に六歳の幼女がアメリカ兵に暴行惨殺される「由美子《ゆみこ》ちゃん事件」、さらに五六年四月、スクラップ拾いの女性がアメリカ兵に射殺された事件が起こり、人々の怒りは具体的な姿をとって現われはじめていた。

このような状況下で、一九五六年六月、「プライス勧告」と呼ばれる報告書が公表された。その内容は、沖縄側の期待に反して、地代の一括払いと新規接収を支持するもので、それまで抑えてきた沖縄の人々の怒りと抵抗精神は堰《せき》を切ったようにあふれだしていった。六月二〇日、全沖縄六四市町村のうち五六の市町村で一斉に住民大会が開かれ、全人口の約二割にあたる一四万人の島民が参加し、さらに二五日、那覇で一〇万、コザ（現・沖縄市）に五万人を集めた集会が続いた。住民集会と並行して、前記四者協に市町村議長会が加わって五者協となり、教職員会など民間一六団体も軍用地問題解決促進連絡協議会（連協）を結成した。

雇用者が少ないことに加え、団結権など労働基本権が保障されていない当時の沖縄では、本土と違って労働組合はほとんど組織されていなかった。そのなかで、教員を組織した労働団体である教職員会が沖縄大衆運動の要《かなめ》として成長しつつあった。教職員会は、「日本国民として」の学校教育の確立を熱望する団体でもあった。この教職員会を核とする連協は七月、「独立と平和と民主主義の旗を高く掲げ、祖国と民族を守る」

26

◉大学生のプライス勧告粉砕行動
島ぐるみ闘争に、民政府は強硬策で臨んだ。援助打ち切りを通告された琉球大学は、学生六人を退学処分とし、民政府に陳謝した。

ことを目的とする「沖縄土地を守る協議会」に発展し、会長には教職員会会長の屋良朝苗《やらちょうびょう》が就任した。土地闘争は、行政主導から民間団体主導のナショナリズム的色彩の強い「島ぐるみ闘争」という大衆運動へと展開しようとしていた。

アメリカの対抗

沖縄の土地闘争と本土の大衆運動との共振は、まさにこの瞬間に起こった。沖縄からの代表団を迎えた本土諸団体は、一九五六年（昭和三一）七月四日、自民党から社会党、労働団体まで含む超党派で沖縄問題解決国民総決起大会を主催し、東京の日比谷《ひびや》公園大音楽堂に一万人を集めた。これに先立ち大阪でも、雨の中之島《なかのしま》公園に一万人を集めて沖縄土地取り上げ反対国民集会を開催した。本土と沖縄をまたぐ軍事体制強化への反発は、反米ないし中立的な政治志向として現われたが、それは、沖縄と本土の自由な基地運用という安保体制の根幹をゆるがす可能性を秘めていた。アメリカが求めたのは、このような反米・中立志向を最小限に抑える、安定的な政治基盤のうえに立った安保体制の再構築であった。

島ぐるみ闘争に対し、一九五六年八月、アメリカ軍はまず基地経済依存率の高い中部地域一帯での無制限のオフ・リミット（アメリカ軍要員の立ち入り禁止）をもって対抗した。アメリカ兵相手の風俗業者らに対する経済封鎖、兵糧攻めである。効果はてきめんで、市町村長会や議長会の態度は一変し、五者協は足もとから崩され、沖縄土地を守る協議会も、一一月、解散を余儀なくされた。

軍用地問題の交渉組織は行政中心に再編され、教職員会・青年連合会・社会大衆党・沖縄人民党など大衆運動組織は、土地問題にかかわる足がかりを奪われた。翌五七年二月、民政府《みんせいふ》は、一括払いの賃貸料を数倍引き上げ、永代借地権を限定付土地保有権と置き換える新たな土地収用令を発した。こうして島ぐるみの土地闘争は終息した。

しかし、沖縄統治の不安定さはこれで解消されたわけではなかった。一九五六年一二月、保守分裂で三つどもえとなった那覇市長選挙で、反米色の強い沖縄人民党の指導者瀬長亀次郎《せながかめじろう》が当選した。土地闘争として顕現した沖縄のアメリカ軍支配への抵抗エネルギーは、今度は政治意識のかたちで発現したのである。ショックを受けたアメリカ軍は、那覇市への補助金や融資の停止という「経済封鎖」を再実施するが、那覇市民のいっそうの反発を招いた。

折も折、一九五七年一月には群馬県相馬ヶ原《そうまがはら》米軍演習場で薬《やっ》莢《きょう》拾いにきていた付近の女性をアメリカ兵が射殺する事件が起こり、アメリカ兵が日米いずれの裁判権に服するかをめぐり、日米双方のナショナリズムが沸騰した（ジラード事件）。アメリカ下院での議論では相馬ヶ原はアメリカの領土、と主張さ

27

●出獄した瀬長亀次郎
アメリカ軍支配への抵抗の象徴だった瀬長は、アメリカ軍による弾圧事件で投獄されたが、一九五六年に出獄すると、那覇市長に当選した。

れたが、事件直後に着任したマッカーサー駐日大使は、日本人の間に対米不満・反米感情が広がり、日本を中立化に向かわせる不安をつのらせた。同年五月、裁判権は日本にゆだねることで合意が成り立った。

岸信介《きしのぶすけ》政権の安保改定への対米交渉は、この日本中立化へのアメリカ側の危機認識に乗じて進められた。岸は、この時期から駐日アメリカ大使との折衝で従属的な安保条約の改定、自衛隊の増強とそれに伴うアメリカ軍の撤退、事前協議制導入によるアメリカ軍作戦への制約などを提案し、一九五七年六月の岸・アイゼンハワー大統領による日米首脳会談によってアメリカ軍地上部隊の撤退を最終確認した。一九五五年末に一〇万を数えた駐留アメリカ陸軍と海兵部隊は、五七年末には一万七〇〇〇人に、五九年末には六〇〇〇人に減少した。その一部は本国に引き揚げたが、第三海兵師団は沖縄に移駐した。沖縄に機動性の高い地上軍が再配置されたのである。本土における安保体制の再編はただちに、アメリカ軍における沖縄の戦略的地位の強化と連動した。

かたや、岸政権は一九五七年六月、五八年度から三か年での第一次防衛力整備計画を決定した。陸上自衛隊一八万人、海上自衛隊一二万トン、航空自衛隊一三〇〇機体制の整備は、一見自立した国防力の充実、国家利害に基づいた政治的欲求の実現のようだが、そこには安保条約改定に向けた対米公約という側面もあった。こうして、本土では自衛隊の増強が進み、一九六〇年代以降、自衛隊基地問題がさらに広がることになる。

民連ブームと安保改定

沖縄に話を戻そう。安保改定と軍事力再配置への動きを背景に、一九五七年（昭和三二）六月、那覇市議会は瀬長亀次郎《せながかめじろう》市長不信任案を可決し、対抗して市長は議会を解散した。市会議員選挙では、市長擁護派が結成した民主主義擁護連絡協議会（民連）をはじめとする市長派が議席を拡大した。それに対しアメリカは、市長不信任案の可決水準を三分の二から過半数に下げ、かつ、民政府《みんせいふ》による政治的弾圧（人民党事件）で逮捕されたことのある瀬長の被選挙権を奪う強硬措置を講じた。市議会は一一月、市長不信任案を再度可決し、こうして瀬長は市長の座を追われ、立候補の可能性も奪われた。この一連の独裁的な政治的措置は、本土のマスコミを含め強い反発を生んだ。

その不信と反発は、年が明けた一九五八年一月の那覇市長選挙の結果に現われた。社会大衆党候補と民連候補の一騎打ちとなり、民連の兼次佐一《かねしさいち》が勝利したのである。投票日の五日前に民政府は、立法院が可決したにもかかわらずこれまで認めてこなかった、教育基本法・教員委員会法など教育関係の四法を承認した。しかし、こうした民政府の政治的譲歩も、選挙情勢を覆せなかった。

この時期を境に、民政府支配下の「琉球住民《りゅうきゅうじゅうみん》」という公式名称は死語となり、「沖縄県民」が復活して通用しはじめた。土地闘争から政治的選択をめぐる攻防をあわせた一年半の政治的意識の高揚期を経験し、沖縄の大衆意識は明らかに日本復帰の方向を向きはじめたのである。また、この間、一九五六年五月には五組合六〇〇人だった労働組合員は、五八年末には五〇組合一万人に急増した。当時の沖縄では労働組合は民政府の許可なしには結成できなかったが、労働組合運動への承認を実力で広げていったのである。また、一九五八年八月には、沖縄の核基地化が本格化するなかで、原水爆禁止沖縄県協議会（沖縄原水協）が結成された。

「民連ブーム」と称された那覇市民の政治選択は、小手先の統治手段の限界を余すところなく暴露する結果となり、ダレス国務長官をはじめとするアメリカ国務省首脳部に、対日政策（安保体制）と沖縄対策の再検討を強力に促す契機となった。反米色を伴った沖縄の政治の革新化は、安保改定交渉を本格的に始動させる動因となったのである。一九五八年二月、マッカーサー駐日大使は新安保条約草案をまとめ、ダレス国務長官に送付した。このあと軍部との調整を経て国務省はアメリカ側草案をまとめ、同年一〇月、日本側との本格交渉に入った。

改定の政治的ねらいは、アメリカ側にとっては、日本側要求に譲歩しつつも、平時・有事にわたる在日米軍基地を長期的かつ安定的に利用できる体制を確立すること、日本側にとっては、片務的状態から相互的な共同防衛条約への変更、事前協議制の導入などによって、反米ナショナリズムの温床となる従属性を和らげることであった。ナショナリズムと政治的中立志向を内包する、一九五〇年代型の超党派的大衆運動基盤に亀裂を入れて縮小させるとともに、親米的な保守政権を政治的に安定させることのできる日米関係を本格的に構築することがめざされたのである。

安保改定に関する岸信介《きしのぶすけ》政権の手法は、安保改定反対を一致点にした中央から地方までの共闘体制の重層的積み上げにより戦後革新勢力に最大限の力量を発揮させることになり、さらに一九六〇年五月一九日の衆議院の強行採決に象徴される岸の強引さは、議会制民主主義破壊への危機感から、空前の安保反対運動の高揚を生み出した。だがその一方で、対米従属のシンボルであった安保体制に民族自立を刷り込ませるかたちでナショナリズムの旗を押し出したことで、安保反対運動にナショナリズムを包み込ませないという点では、一定の成果を上げた。

また岸は、沖縄を安保条約の防衛区域に含めることを主張し、極東の戦争に沖縄を介して巻き込まれることを問題視する社会党や総評の反対を呼んだが、沖縄の保守層は、施政権返還（本土復帰）への足がかりとして防衛区域包含を要望した。沖縄の革新にとっても、本土の革新のような安保条約改定阻止という選択肢はありえなかった。条約区域に含まれないにもかかわらず安保体制の中核をなす沖縄からみれば、安保条約廃棄以外に解放への道はなく、廃棄への展望がみえないなかで、保革を超えた最大公約数としての祖国復帰運動の全島運動化がめざされた。

結果として、本土の革新は、安保条約改定問題において沖縄の直面する問題と向き合うことを避け、沖縄は安保を棚上げした。沖縄問題と安保改定問題の間には深い谷が生まれ、相互の

28

◉一九六〇年五月一九日の新安保条約強行採決
国会内に五〇〇人の警官隊を導入、開会に抵抗する社会党議員を暴力的に排除し、過半数ぎりぎりの出席状況で採決が強行された。

大衆運動がリンクして、岸的ナショナリズムと対抗する、沖縄の復帰と基地の重圧からの解放というエネルギーを組み込んだかたちに展開する道は閉ざされた。本土の安保改定阻止闘争は、盛り上がりの一方で、一九五〇年代なかばの大衆運動が有していた超党派的な吸引力を喪失していく過程をも見せていたのである。岸政権がめざした日米関係の再定義は、一九六〇年代における日米関係の政治・軍事・経済関係にわたる相対的安定を準備するものだったといえよう。

核配備と沖縄政策の再編

沖縄への安保条約の適用要求に対し、アメリカ軍部は強硬に反対した。成立当初の岸信介《きしのぶすけ》政権は核兵器の本土配備の可能性を探ろうとしたが、野党の厳しい追及の前に、日本の核武装の意図および米国からの核持ち込みを承認する意図がないことを表明し、非核の国策があらためて確認された。この非核原則のもとで沖縄が安保条約の防衛区域に組み入れられれば、アメリカ軍の出撃行動への制約のみならず、沖縄への核兵器の持ち込みも事前協議制の制約下に置かれることになるからである。こうしたアメリカ軍部の論理は、日本本土における核持ち込みへの反対が強まるほど、沖縄の核基地としての戦略的重要性が高まる結果をもたらした。本土の革新勢力も、この問題に向き合うことはなく、その意識構造は、加害者意識が希薄な戦争責任観に通じるものがあった。

沖縄の戦略的重要性をさらに高めるには、沖縄統治の安定が必要であった。そこでアメリカは、一九五七年（昭和三二）六月の日米首脳会談の時期に、実質的な統治を担っていた民政副長官を、高等弁務官とあらためた。アメリカ極東軍総司令官が兼任していた民政長官の系統下での統治形態から、大統領―国防長官―高等弁務官という指揮系統への変更である。統治に直接の影響はなかったが、その前年の日本の国際連合加盟によって、国連への信託統治の提案まで沖縄の施政権を預かるという、アメリカによる沖縄支配の国際法上の根拠が脆弱《ぜいじゃく》になっていたことへの対応と思われる。

高等弁務官の統治を支える支配構造も、日本本土の権力構造に対応するかたちで再編を進めた。一九五八年八月、沖縄経営者協会が結成され、翌年一〇月、沖縄保守層の大同団結である沖縄自民党が発足した。沖縄自民党は、新たな日米協調関係を沖縄から支え、日本政府の経済援助を拡大しつつ本土と沖縄の一体化実績を積み上げ、復帰につなげる「現実路線」を展望していた。経済政策では、一九五八年九月、それまでのB円をドルに切り替えてドル経済圏に組み込んだうえで、大型の経済援助計画が実施された。さらに島ぐるみ闘争の結果大幅に引き上げられた軍用地料の集中的支払いも加わって、アメリカ軍支配からの新たな受益層が育成されていった。また、日本政府から

29

◉ジェット機墜落事件の合同慰霊祭
一九五九年六月、沖縄県石川市の宮森《みやもり》小学校に嘉手納《かでな》基地を飛び立った米軍機が墜落、小学生一一人を含む一七人が死亡した。基地の島の苛《か》酷《こく》な現実を象徴する大惨事であった。

も恩給や遺族年金の支払いがやはり集中的に実施され、さらに本土の甘味資源自給計画への沖縄甘蔗《かんしゃ》（サトウキビ）生産の組み込み、沖縄産パイナップルの本土輸入拡大政策がとられた。日米新時代の協調関係は、沖縄への軍事的しわ寄せによってはじめて成り立つものであったが、それを沖縄に甘受させる政策が、日米合作で推進されたのである。

沖縄対策の一方で、一九五七年の核弾頭装着可能なミサイル「オネスト・ジョン」配備を手はじめに、つぎつぎと沖縄への各種核ミサイル配備が推進され、六〇年代早々には水爆搭載可能なジェット戦闘機もコザ市に隣接する嘉手納《かでな》基地に配備された。さらに原子力潜水艦の寄港も開始された。新たな日米安保体制は、沖縄の核基地への再編を伴い形成されていたのである。またアメリカ軍の核戦略上、沖縄の基地だけでなく、横須《よこす》賀《か》（神奈川県）や横田《よこた》など本土の基地群をも活用できる体制を確保しておく必要がある。有事の際の本土基地への核再持ち込み、および核兵器搭載航空機や艦船の本土基地通過権は、秘密合意（核密約）によって確認された。

このように沖縄の戦略的重要性が増大するほど、沖縄の復帰要求は、アメリカ軍事戦略にとって

◉沖縄に配備された核兵器
一九六〇年、立法院の反対決議をよそに、巡航ミサイル「メースB型」配備が公表された。写真は、六九年の撤去時に公開されたミサイル。
30

障害と認識されていった。その端的な現われが、一九五九年五月に公布された布令「新集成刑法」である。同布令は日本政府を外国政府とし、復帰運動も外国と通じる「安全に反する罪」と規定していたため、激しい反対運動を引き起こした。沖縄の大衆運動は、同年一月の沖縄原水協主催「祖国復帰促進県民大会」やこの新集成刑法反対運動を契機に、一九六〇年四月の沖縄県祖国復帰協議会（復帰協）結成に至る。それは沖縄の復帰運動最大の画期であるとともに、沖縄を戦略拠点とするアメリカの東アジア軍事戦略への新たな大衆的対抗運動の成立を意味していた。新安保体制は沖縄に軍事的負担をしわ寄せしたものであるがために、本土の安保改定反対運動高揚の終息と入れ替わるように、沖縄大衆運動の再編が起こったのである。

本土が、米軍基地被害から少なからず解放され、戦争に巻き込まれる不安をも回避するかたちで、これまで以上に「平和という豊かさ」を享受しようとしていたとき、沖縄は、占領という軍事独裁体制と常時の有事即応体制、そして自立的経済成長の可能性のない軍事経済体制のなかで、豊かさとはほど遠い現実と向き合いつづけねばならなかった。

コラム1　ミッチーブーム

一九五八年（昭和三三）一一月二七日、各紙夕刊は全紙面ことごとく皇太子明《あき》仁《ひと》と正田美智子《しょうだみちこ》（日清製粉社長の長女）の婚約発表記事で埋められ、ＮＨＫはラジオ・テレビともに午後七時から八時台に祝賀特集番組を組んだ。「平民」出身者との婚儀は皇室の歴史においてはじめてであり、それまで警察官職務執行法（警職法）反対運動を盛り上げてきたマスコミの関心は、一挙に皇室に転じた。さらに、当時発行部数一五〇万部を誇った『週刊朝日』をはじめとする各週刊誌の婚約キャンペーンが続き、ミッチーブームと呼ばれる、戦後最大規模の皇室キャンペーンとなった。

神道的行事を伝統とする皇室に対し、正田美智子はカトリック教会に属する聖心女子大学出身であり、家族もカトリック教徒であったが、皇太子自身が婚約に強い意志を示し、裕仁《ひろひと》（昭和）天皇もこの婚姻を支持した。皇太子は、昭和天皇やマッカーサーの判断で、占領期の学齢時代にアメリカ人ヴァイニング夫人を家庭教師としており、アメリカ的文化観・家族観の強い影響を受けていた。

マスコミ、なかでも週刊誌は、〈軽井沢でめばえた恋〉〈ご自身で選ばれた〉

◉豆カメラマン
一九五九年一月から、正田美智子は「お妃教育」を受けるため宮内庁分室へ通った。見物人やマスコミが群がったが、時にはこんなほほえましい姿も。

〈才女〉〈現代のシンデレラ〉という点を強調し、それを通じて〈皇室の開化〉〈若い日本の象徴　民主化する皇室に親しみ〉〈さわやかなゴールイン　生かした憲法精神〉など、新たな天皇制への親近感や、結婚は両性の合意のみによって成立するという新憲法の結婚観との合致を訴えた。さらに出版社系週刊誌は、二人をスターの座に押し上げ、皇太子妃の趣味、癖などまで書き立てた。

こうしたマスコミ報道の方向性は、象徴天皇制・天皇像の形成に大きな影響を与えた。それは一方で象徴天皇制を通俗化させたが、他方で象徴天皇制の存立基盤を、戦前の天皇制を引きずった権威によるものから国民の日常生活感覚による支持へと転換させ、いっそう広く安定させる機能を果たした。

一九五九年四月一〇日、結婚式当日の各紙朝夕刊は、ふたたび皇室記事で満載となった。ＮＨＫテレビは新婦が実家を出発する朝六時台から実況放送を開始し、宮中での結婚式、パレード、夜の特集と続いた。この日、すべてのテレビ・ラジオが特集番組を組んでいる。式後の馬車パレードはこの日のハイライトであり、沿道には五〇万人あまりがつめかけ、「おめでとう」「バンザイ」「ミッチー、こっちを向いて」と歓声が響いた。興奮は夜も覚めず、国立競技場では六万人の「お祝いの夕べ」が行なわれ、町から町へと提灯《ちょうちん》行列が続き、東京だけでなく全国各地で祝賀行事が開かれた。そして挙式後の二人は〈夕食水入らず〉〈テレビでくつろぐ〉と、今度は一九六〇年代的マイホーム主義の代表格となった。

皇室・宮内庁は、一九五〇年代初めから皇女の結婚などへのマスコミ報道を通じて、戦後の象徴天皇制を国民に身近な存在として定着させていくための模索を重ねてきた。また当時は、一九五〇年代なかばまでの『週刊サンケイ』『週刊読売』など新聞社系週刊誌の連続創刊、次いで五〇年代後半の『週刊新潮』『週刊明星』など出版社系週刊誌の創刊ラッシュ、さらにテレビの急速な普及など、家庭・家族を読者・視聴者とするマスコミ環境の大変動の時期でもあった。両者の動きが相まって、皇太子明仁の成婚時には思惑どおりの成功に結びついた。安保闘争を経て、戦後憲法により適応した保守政治戦略が形成されたのと時期を同じくして、象徴天皇制も新時代にふさわしい皇室戦略を確立し、国民的支持基盤を形成していった。

第二章

戦後大衆社会の成立
―一九六〇年代―

都市化と消費社会

高度経済成長の時代

岸信介《きしのぶすけ》内閣が安保条約改定を政治決着したあとを受けて新たに発足した池田勇人《いけだはやと》内閣は、安保問題を棚上げにして、憲法の平和主義を一応承認し、経済発展を基盤とする生活の豊かさの実現により国民の支持を引きつける政治手法に転換した。池田内閣の発足は一九六〇年（昭和三五）七月一九日だが、九月五日には早くも一〇年間で国民所得を倍増させる新政策である「国民所得倍増計画」を発表し、一二月にはこの計画が閣議決定となる。この計画をリードしたのは、当時ニューライトと呼ばれ、のちに首相となる大平正芳《おおひらまさよし》・宮沢喜一《みやざわきいち》らであった。そのねらいは、産業構造を重化学工業に本格的に転換することを軸に、産業発展のもととなる社会資本を充実し、人的能力の向上と科学技術の振興をめざし、貿易を促進することだった。そのために従来の四大工業地帯から工業拠点地域を大胆に広げ、太平洋ベルト地帯を中心に広く重工業の拠点開発地域を設定し、それを全国的に連結する高速交通網の整備をあわせて推進した。拠点開発では、産業基盤を整備した一定地域に関連企業群を集め、効率的な生産を図る重化学コンビナート方式を、主として採用した。

こうして一九五〇年代後半から現実の経済で進行しはじめていた高度経済成長は、国家資金を重点的に注《つ》ぎ込む国家政策として位置づけられることになり、それに伴い、太平洋岸を中心とする日本全国各地で、県と関係市町村を推進母体とする地域開発政策が策定された。経済成長が全国展開で政策化されたことで、日本列島は全国規模での産業構成の変動が一挙に起き、第一次産業から第二次・第三次産業への移動が、そして、軽工業から重工業への生産重点移動が重層的に進行したのである。それは、農業国から工業国への本格的な転換であり、一九三〇年代から始まっていた重工業化の飛躍的な推進であった。

その結果、一九六〇年代から七〇年代初めの日本経済は空前の高度成長を実現した。好況は、池田内閣期の「オリンピック景気」で一九六二年から二四か月、池田内閣のつぎの佐藤栄作《さとうえいさく》内閣期の「いざなぎ景気」は、一九六五年から五七か月にも及んだ。一九六〇年から七〇年の年平均実質経済成長率は一一・〇パーセントで、この時期に同様に経済成長が続いていた欧米諸国の経済成長率と比べても、なお数倍に達する驚異的な記録であった。そして、一九六〇年当時世界六〜七位といわれたGNP(国民総生産)は、六八年に西ドイツを抜いて資本主義世界第二位にのし上がった。

このような高度経済成長を実現できた要因はおもに三つあっ

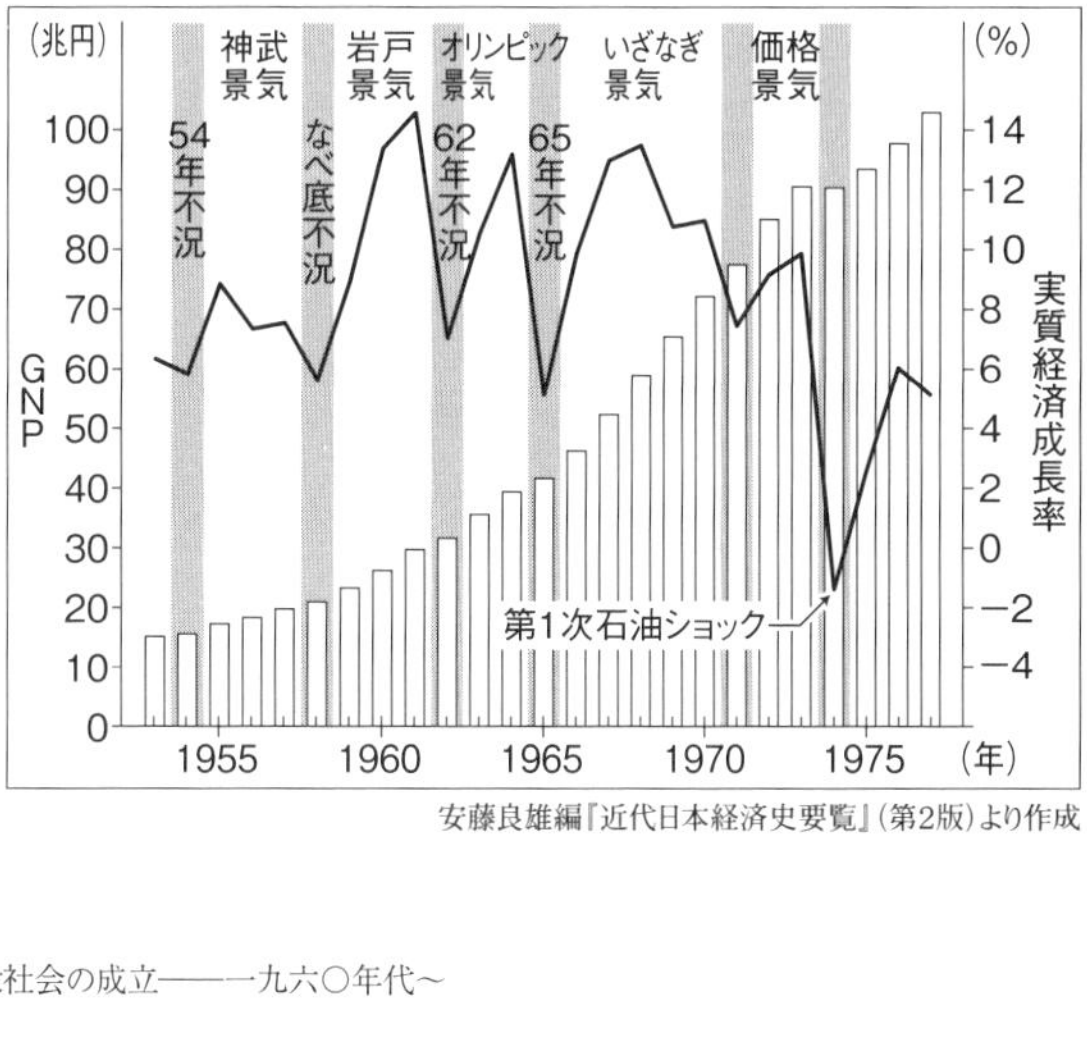

安藤良雄編『近代日本経済史要覧』(第2版)より作成

◉経済成長とGNP
経済成長率は、現在はGDP(国内総生産)で表わされるが、一九九二年まではGNP(国民総生産)が用いられた。両者の違いは、生産の場所を国内に限定するかしないかである。

た。第一に、一九六〇年の安保条約反対運動にかんがみて軍事化が抑制され、財政・資源・労働力を平和経済建設に振り向けることができたこと。いわば「平和の配当」の結果であった。第二に、ＩＭＦ（国際通貨基金）・ＧＡＴＴ（関税と貿易に関する一般協定）体制のもとで、世界市場が一応統一されて先進資本主義諸国間での貿易が拡大し、輸出増を梃子《てこ》に高度成長を長期継続できたこと。そして第三に、アメリカ系資本による途上国の資源支配に依拠し、石油などの原材料・燃料を低価格で確保できたことであった。すなわち、平和憲法意識と日米安保条約に裏打ちされた日米経済協力の併存状態が、高度経済成長実現への有利な条件を生み出していたのである。

東京オリンピックと首都圏の形成

一九六〇年代は、都府県の区域を越えた大都市圏開発・整備計画が展開した時期だった。この嚆《こう》矢《し》といえるのが、一九五六年（昭和三一）の首都圏整備法制定に始まり、イギリスの大ロンドン計画（一九四四年）をモデルに一九五八年に整備計画を策定した、首都圏構想である。同整備法は、東京への人口・産業の過度集中を阻止するために、東京を中心に関東一円一都七県に及ぶ半径一〇〇キロメートル以内を首都圏に指定し、二三区を中心とする「既成市街地」の発展を抑制し、その外側一〇キロメートル圏の近郊地帯を緑地保全など市街化抑制地区とし、それ以上の外周地域は衛星都市的な市街地開発区域とするものだった。こうした発想は一九六三年の近畿圏整備法、六六年の中部圏整備法に引き継がれていく。

そしてこの首都圏整備を国家事業として行なう起爆剤として、オリンピック招致計画が推進されていく。すでに一九五五年から東京都はオリンピック招致に本格的に乗り出し、五九年六月のIOC（国際オリンピック委員会）総会で、一九六四年の第一八回大会の東京開催が決定された。

こうして一九六〇年代前半の東京の高度経済成長は、オリンピックのための首都改造事業と一体化した。競技場の建設や大会運営などオリンピックの直接的経費は二九五億円であるが、大会関連間接事業費として九五七九億円の国費と都費が注《つ》ぎ込まれた。間接事業費の四分の一が都の負担分である。この巨額の間接事業費の約四割が東海道新幹線建設費で、これに次ぐ重点投資は地下鉄や道路整備だった。高速道路や環状七号線道路を含むオリンピック道路は総延長一一二キロメートルに及ぶ。これら交通基盤整備への大規模投資は、後述する高度経済成長下の公共投資の分布と軌を一にしている。それは、不動産・土建業に多額の利潤を保障して東京を激変させ、他方で公共工事の低賃金労働力として出稼ぎ者を急増させた。なお、オリンピック事業に先立つ一九五八年に、道路事業に対する補助金財源としてガソリン税をあてる道路整備緊急措置法が制定された。今日でも問題となっている、いわゆる「道路特定財源」の端緒である。

1

◉東海道新幹線と名神高速道路
名神は東名高速道路より早く、一九六三年に部分開通した（全面開通は六五年）。東海道新幹線の開業は、翌六四年一〇月。

オリンピック準備を社会的側面からみると、一九六二年、都内環境整備に関連して、「首都を美しくする運動」が、町内会の動員を基盤にして発足した。オリンピックを控えて、街路掃除・広告物整理・街路灯や道路標識整備・公衆用ゴミ容器設置・害虫駆除などを行ないつつ、都民としての誇りの育成という精神的効果を期待した、行政主導の運動であった。また、一九六三年にはオリンピック国民運動推進連絡会議が発足するが、国民運動の重点は、首都の美化運動と同様に、愛国心教育、その要《かなめ》としての「日の丸」「君が代」の尊重であった。ここで押し出された「日の丸」には、平和と経済成長という戦後的価値観が込められていた。同時に、自衛隊がオリンピックなど大規模な運動競技会の運営に協力できるよう、自衛隊法の改正も行なわれた。オリンピックは、自衛隊が市民権を拡大する機会も提供していた。

2

◉日本橋をまたぐ首都高速道路
首都高速道路建設は都の全額負担で執行され、用地取得面積を減らすため川の水面が利用された。写真の景観はその産物である。

オリンピックの功罪

「日の丸」を活用した日本人のアイデンティティ醸成の場となったのは、聖火リレーであった。聖火は一九六四年（昭和三九）九月七日にまず沖縄に到着し、地元新聞の表現によれば、〈全島日の丸で塗りつぶす〉なかで〈祖国との一体感〉を高揚させ、予行演習済みの児童と住民が、各地で手に日の丸の小旗を持って沿道に動員された。その後、聖火リレーは四コースに分かれて全都道府県をまわり、皇居前広場が聖火リレーの集約点となった。この聖火リレーに参加できたのは「日本人」だけであり、聖火リレーは多くの「日本人」に「日本国民」という自覚を喚起した。

大会本番は、一九六四年一〇月一〇日から二週間、世界九四か国、五五五八人の選手が参加して開催された。大会では、「東洋の魔女」と呼ばれた女子バレーボールの活躍などで、日本は金メダル一六個を獲得した。

しかし、オリンピックが終わると都には一〇〇億円の財政赤字が残り、一九六五年早々に都議会汚職事件として明らかになる都政の腐敗と、懸案の諸問題というひずみが残された。ひずみの最大の現われは、いわゆる三多摩格差問題であろう。首都圏整備構想で職住接近の衛星都市や市街化抑制が構想されたにもかかわらず、近郊地帯のグリーンベルト構想は無計画な市街化の進展のなかで一九六五年には放棄され、衛星都市も職住接近とはならずベッドタウン化した。都心への通勤可能な五〇キロメートル圏内に人口が集中し、とくに人口集中が著しかった

3

◉糸満《いとまん》付近を走る沖縄聖火リレー
沖縄の聖火リレーを、地元新聞は〈国土内リレーの開始点〉と強調したが、聖火台の置かれた奥武山《おうのやま》陸上競技場には、星条旗も翻った。

三多摩地域では、道路・下水道・公共住宅・学校・保育所・衛生・防災などあらゆる生活環境の不備が一挙に顕在化した。また、臨海部の工業用地造成によって、東京湾の干潟などの自然は壊滅的な影響を受けた。さらに、オリンピック道路として建設された幹線道路は、閑静だった住宅地にまで入り込み、大気汚染・交通騒音を深刻にさせ、呼吸器疾患・光化学スモッグ被害などを引き起こす原因となっていく。

　他方、オリンピックを利用した首都改造後の東京に経済界が期待していたのは、業務管理中枢機能の集積・強化であった。一九六五年の調査で、東京区部には経済・行政・社会文化的にみた管理中枢機能の四割以上が集中し、第二位の大阪市（一割余）を大きく引き離していた。また、同年における資本金一〇〇億円以上の大企業一〇〇余社のうち六割弱が、東京に本社を設置していた。

　その趨勢《すうせい》のなかで、業務管理中枢機能の集積を効率的に行なうために、ビルの高さ制限や容積率の緩和を求める経済界や不動産業界の要求は高まっていた。こうして東京都心を中心に高い容積率が許容される地区が拡大し、一九六八年に完成した三井霞《かすみ》が関《せき》ビルを皮切りに超高層時代が幕を開けた。東京の超高層ビル建築件数は、七四年には一一六を数えた。

4

◉竣工当時の三井霞が関ビル　高さ一四七m、地上三六階の日本初の超高層ビル。完成までの工事作業者は、延べ一七〇万人に達するといわれた。

木賃住宅と「郊外」の間

一九六五年（昭和四〇）の都政世論調査で、都民の四四パーセントが「住宅に困っている」と回答した。これが東京オリンピック後の東京の住宅事情の現実であった。一九五〇年代の住宅対策もあって、六〇年代には量的な住宅不足は解消していたが、質的な面で不満をもつ住宅困窮世帯は、全国平均で一九六九年に三七パーセント、七三年で三五パーセントと高水準だった。不満の第一位は「住宅が狭い」で、大都市ほどその割合が高くなる。

政府の持ち家政策にもかかわらず、持ち家取得は困難になり、一九五〇年代なかばから増えはじめた劣悪な木賃《もくちん》アパートは、一九六〇年前後にさらに増加し、東京では山手《やまのて》線の西側から京浜東北線沿いに巨大なベルト地帯を形成した。一九六八年の東京都調査では、木賃アパートは住宅総数の三〇パーセントに達している。部屋の多くは四畳半一室で、台所・便所は共有、浴室を備える例はごくわずかだった。そこに、学生や単身の若年労働者だけでなく、新婚まもない夫婦や子どもを抱える労働者夫婦も居住した。

こうした結果を生んだ最大の原因は、住宅政策であった。イギリスでは一九五一年から七八年に設立された住宅の六割弱が公共住宅であり、

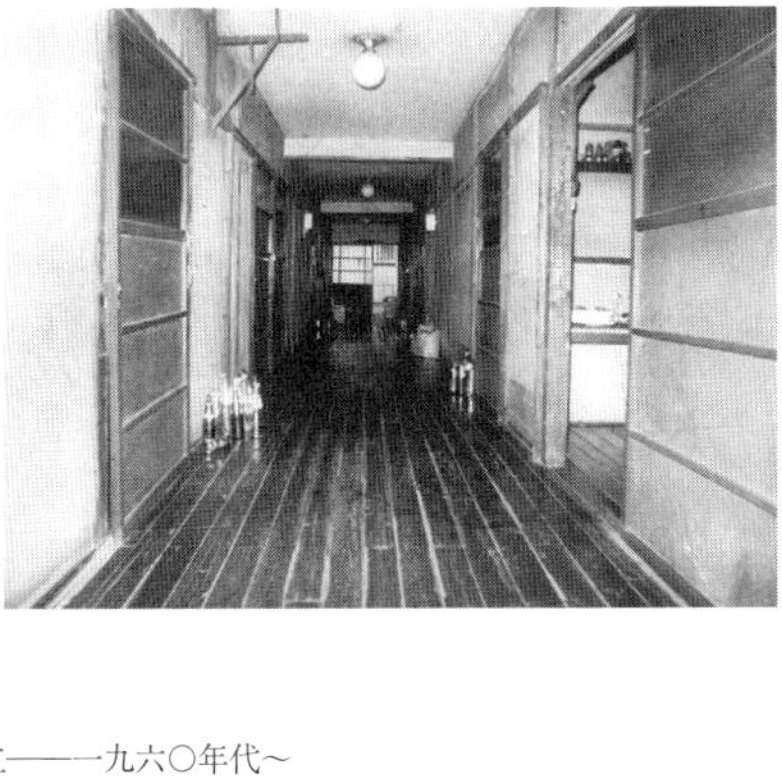

◉トキワ荘の二階廊下
手塚治虫《てづかおさむ》・赤塚不二夫《あかつかふじお》・藤子不二雄《ふじこふじお》など、多くの漫画家が生活したことで有名な東京都豊島区のトキワ荘は、一九五二年建設の木賃住宅。浴室はなく、時に「流し」が風呂がわりに使われたという。

住居水準は家族数に応じて定められていた。西ドイツでも、一九四九年から七八年の住宅建設戸数のほぼ半数が社会住宅といわれる民間資金を利用した公共住宅であり、やはり家族人数に応じた住居が各自治体から紹介された。

これらの国では、すべての国民に一定以上の質と規模を備えた住宅を、その資力の範囲内の価格で確保することを国家の責任で保障していた。第一章でも触れた、質を二の次にした建設戸数主義、そして民間自力建設依存を特徴とし、経済政策的色彩が濃厚な日本の住宅政策とは正反対であった。住宅への不満が拡大した背景には、こうした市場原理依存型の住宅政策と、土地の高騰を規制しない土地政策への無策があった。

こうした住宅事情のなかで、団地は住文化の最先端であり、憧《あこが》れのマイホームであったが、その期待感をいっそう推し進めたのが、ニュータウン建設であった。一九六三年制定の新住宅市街地開発法適用の事業地域は、ニュータウン建設が山を越えた一九七〇年代末段階で、全国で三九か所、面積合計約一万五〇〇〇ヘクタール、人口合計一八九万人であった。そのうち、東京都の多摩ニュータウンを筆頭に、人口一〇万人以上の規模のものは、六か所に及ぶ。ニュータウン建設は、日本では先例のない、計画的な都市建設であった。

しかし、先行例としてのイギリスの場合、人口五万から八万程度で職住接近の自立性の高い小都市を、数十年という長い時間をかけてつくりだしたのに対し、日本のニュータウンの多くは、都心は就業地、郊外は居住地として機能を二分する都市政策の基本方針に従い、非生産都市・ベッドタウンとして建設された。しかも住宅難の即効対策として短期間で効率的に建設するため、数万戸レベルまで規模を拡張した。そのため人口こそ多かったものの、自立した都市機能を欠いており、一〇万から二〇万人台の大規模ニュータウンにしても、独立市にはならなかった。こうして、大都市周辺のより広い範囲が「郊外」と位置づけられ、大規模で即効的な住宅開発の対象地となった。

ニュータウン住民運動

第一章でもみたように、ニュータウンは地元住民から土地を買収して建設された。買収予定区域は、その土地に根づいた人々の生活への配慮抜きに機械的・効率的に設定された。地域社会のなかに、異物であるニュータウンが強引に入り込んできたのである。その結果生じた事態について、先述した大阪・千里《せんり》ニュータウンを例にみていこう。

千里ニュータウンの建設過程で、地域社会との関係で紛糾したのは、下水・ゴミ処理・墓地などの都市施設をめぐる問題であった。いわゆる「迷惑施設」を計画地区の外部に置くことで、ベッドタウンの快適な環境を維持しようとしたからである。その発想は、当時の企業が生産過程で出る廃物をそのまま生産過程の外側に排出し、公害を発生させる経緯に類似している。屎尿《しにょう》処理建設予定地の地元では、臭気と衛生、メタンガスなどへの懸念から設置反対同盟が結成され、紛争は二年に及んだ。紛争を考慮してか、ゴミ焼却場の予定地はニュータウン地区内に変更された。そのため今度は、ニュータウンの住民運動＝ゴミ焼却場反対同盟が立ちふさがった。反対運動は、一九六五年

（昭和四〇）から三年間にわたり、抗議署名・請願・実力行使（動員）を含んで組織的に続けられ、千里ニュータウン住民運動の先駆をなした。結果として、ゴミ焼却場は、隣接した日本万国博覧会予定地に建設変更となった。

またニュータウンでは、上下水道・道路・公園・義務教育施設など最低限必要な都市施設についてはきわめて高い居住環境が提供されたが、人口一〇万から二〇万規模の都市であれば当然必要な図書館・文化ホール・高齢者施設・保育所・体育余暇施設などは、整備対象とされなかった。そうなれば新規入居者は、アンバランスな居住空間の改善のためにも、要求主体とならざるをえないし、環境保全のためには、周辺地域の乱開発にも高い関心を払っていく。高度経済成長期に急増したホワイトカラー・中高所得者層を中心とするニュータウン住民が、居住環境問題を通じて、当事者として抗議・要求する主体となっていったのである。そしてその経験は、まちづくりはいかにあるべきか、まちづくりに住民の意向はどのように反映されるべきか、という問いかけに展開していった。

しかし、一九六〇年代後半以後、団地的生活に対する不満がにわかに高まり、持ち家志向が高まっていく。家族が成長し、より高次の生活欲求が強まっていくにつれ、家の狭さが精神的苦痛をもたらしたからである。くわえて、プライバシーの保持・近所の騒音・通風・日照などの問題も、人々を持ち家取得に駆り立てた。それをあおったのが住宅産業である。住宅産業は安いアパート経営には参画せず、郊外への宅地造成、分譲住宅・マンション建築に力を注ぎ、高い利益を上げた。しかし、この無秩序な住宅建設が、衛星都市の都市問題や通勤地獄を生み出す背景となった。

ところで、公的な住宅保障が貧困で、住宅に対する不満が解消しにくい状況では、持ち家を取得したか否《いな》かが階層的格差として意識されるようになってくる。とくに土地の価格と建設費が上がれば上がるほど、その意識は強くなる。家は資産と見なされ、家持ちは資産家とされる。かくして持ち家は、その多くが本来の「中流」の持ち家とはほど遠い内実であったにもかかわらず、意識のうえでは「中流」への上昇を支えたのである。

家電・広告・レジャー

一九六〇年代に入り、企業は消費行動の方向づけの時代を迎えた。大規模な広告宣伝によって消費者の欲望を刺激し、大量生産した製品を大量販売する。販売店のチェーン化によるきめ細かい売り込みとアフターケア、あるいは月賦販売やダイレクトメール送付といった消費者戦略も始まる。消費に対する伝統的な質素倹約の倫理観はしだいに変えられていった。百貨店と並んで小売業の再編成を推進したスーパーマーケットも、価値観転換の一翼を担った。

この大衆消費時代の特質を考えるひとつの鍵《かぎ》が、テレビである。日本のテレビ普及の速さは、後述する自動車以上に驚異的であり、世界的にみても異常だった。テレビ受像機台数は、一九五八年（昭和三三）に対人口比率で西ドイツを抜いて世界第三位に、六三年には第二次世界大戦前からテレビ放送が行なわれていたイギリスを台数で抜き、アメリカに次ぐ世界第二位となる。

日本人のテレビに寄せる関心の高さは、視聴時間の長さに現われている。一九六五年の調査では、日本人の平日のテレビ視聴時間は、大企業サラリーマンで二時間半、「家庭婦人」で三時間五〇分、一〇歳以上の日本人平均で二時間五〇分と、外国と比べてその長さは群を抜いていた。

テレビがこれほど急速に普及し、視聴されたのはなぜだろうか。背景にあったのは、まず一九五〇年代後半のテレビ受像機の量産態勢の確立である。その結果、小売り価格は一九五五年を一〇〇として、六〇年には五〇・八とほぼ半額に低下した。同時期に個人所得も上昇しており、テレビは手の届かぬ価格ではなくなったのである。企業戦略からみても、テレビは国内の消費市場を拡大し「消費革命」を推進する強力な広告媒体として、先行して売り込まれる必要があった。一九六〇年代に入るとすぐにテレビは、新聞とともに広告媒体の双璧《そうへき》をなすに至り、七五年には広告費首位の座に立つ。また、消費者の側でも、広告量の多さへの批判や誇大・虚偽など内容への不信をもちつつも、テレビコマーシャルの影響で商品購入する人たちが増えていった。

また、番組の内容が、ヨーロッパでは議論の種を与える内容、教育的内容が多く、アメリカでは映画や報道番組中心であったのに対し、日本では主婦向け、子ども向け、家族向けのホームドラマなど、それぞれの余暇時間に人々をテレビに誘う工夫がなされていた。そして東京オリンピック効

6

◉池田勇人首相のテレビ政見放送
一九六〇年一一月の総選挙で、みずから自民党のテレビCMに登場し、マスコミ利用の政権運営を切り開いた。このときの「私はウソは申しません」は流行語となる。

果とスポーツ中継も、普及に貢献した。テレビは「見るスポーツ」を演出することで定着した面もあった。

さらに、茶の間に置かれたことで、テレビは家族に均等な日常的娯楽を享受する機会を与え、家族団欒《だんらん》の中心に座った。それにくわえて、この時期の日本人はまだ貧しかった。所得が上昇したとはいえ、一九六一年当時の一人あたりの国民所得は西ドイツの三六パーセントという水準であった。そんな庶民が一家で安上がりに余暇を過ごせる手段が、テレビだったといえる。

このほか、テレビが社会に与えた影響としてもっとも重要なのは、文化の都市化・画一化を進めたことである。テレビで見た流行・風俗は、「交通革命」の波に乗って全国各地にすぐさま実物を出現させ、これまでとは比較にならない速度で全国に広がった。日本のテレビは東京のキー局中心の編成のため、東京の都市文化によって全国が画一化されやすい構造だったのである。

高度経済成長とは、重化学工業の伸張であると同時に、生産力の発展に付随した第三次産業＝流通部門の拡大過程でもあった。第三次産業の中核をなす商業部門では、卸売り・小売りともに一九六〇年から七〇年までに販売額が六倍以上に伸びたが、とくに注目されたのは、スーパー

7

◉「テレビオリンピック」
東京オリンピックはテレビ普及に大きく貢献した。女子バレーボールの決勝戦の中継は、六六・八％という高視聴率を記録した。

マーケットの拡大、チェーンストア経営の普及、家電や自動車産業による直接的な流通支配である。アメリカで生まれたこれらの商業技術はまたたくまに日本に普及し、「流通革命」をもたらした。

ダイエーなど大手スーパー五社の店舗数は、一九六三年以前は五三前後であったが、七〇年には二九三に増え、同年のスーパー七一社の売上高は一兆円を超えて、百貨店全体の半分に達した。その百貨店も、一九六〇年代後半から七〇年代初めにかけて地方百貨店の再編・系列化が進んだ。これら巨大小売業グループの形成で、分散的・地方市場的だった小売り市場は、全国市場化されていったのである。ほとんどの生産物が、商品として全国市場に出まわり、生産者の顔の見えない画一化された「モノ」として家庭を満たしていく時代、そして小売りの場でのそのような消費に「豊かさ」を感じる時代が始まったのである。

「レジャー」が流行語になったのは一九六一年であるが、余暇関連市場はこの時期に年平均二〇パーセント以上の急増ぶりを示し、一九七〇年には九兆五〇〇〇億円に達した。ボウリング、ゴルフ、スキー、旅行の大衆化・ブーム化はこの時期に始まる。しかし、当時の余暇関連家計支出の多くは、盆と正月の帰省や大型連休の観光旅行に費やされた。「神風レジャー」と呼ばれる、エネルギッシュではあるが、

8

◉海外旅行解禁
海外旅行が制限つきながら自由化されたのは、一九六四年四月。写真はヨーロッパに向かって羽田空港を出発する第一陣。当初は高嶺《たかね》の花だったが、七二年には年間旅行者が一〇〇万人を突破した。

忙しく、画一的な余暇の姿であり、個性的・日常的なレジャーを享受するほど人々は豊かではなかったのである。

自動車社会の到来

一九六〇年代は「交通革命」の時代でもあったが、その中心はモータリゼーション（自動車普及）だった。公共事業費に占める道路関係費は一九五五年（昭和三〇）から急増し、五六年に日本道路公団が発足し、翌年から高速道路建設に着手した。一方で、通産省は一九五五年、戦略産業として自動車産業を育成すべく国民車構想を発表した。その結果、小型車・軽自動車研究が進み、一九六〇年代早々にマイカー時代を迎えた。乗用車の保有台数は、一九六〇年の四四万台から、六五年一八八万台、七〇年六七八万台と、驚異的な伸びを示した。

これほど自動車が普及した原因としては、まず巨額の道路投資があった。当時のイギリスの公共投資の内訳では首位が住宅であるのに対し、日本の首位は道路予算で、一九六〇年代の公共投資総額約三四兆円の二〇パーセントを占めた。その結果、高速道路の整備のほか、国道舗装率は一九六〇年の三二パーセントから、七五年には九二パーセントへと上昇した。

また、日本の道路行政は、横断歩道橋、車道と歩道の不分離、生活道路への遠慮のない自動車の進入など、先進諸国ではみられない自動車の通行優先のもので、そこに都市の路面電車撤去やバス専用レーン設置の遅れにみられる、公共交通政策の軽視が加わった。公営バスについても、採算重視という観点から、人員削減・運賃値上げ、さらには路線廃止が増え、いっそうの客離れと赤字拡大という悪循環を招いた。その結果、自動車は便利な移動道具としてより強く意識され、日常生活における乗用車依存を促進した。

さらに、当時の私生活主義＝マイホーム主義、中流意識と接点をもったことも自動車の普及を促した。自動車メーカーの流行づくりもあり、ファッション性と格好よさが自家用車を購入する際の重要な要素となり、実用性よりも誇示することが目的となった。「マイカー」を見せることによる差異の確認、そこには中流的生活を誇示する自己本位の欲望があった。

ただし、当時の世論は必ずしも自動車の普及をそのまま容認したわけではなかった。とくに、一九五〇年代後半から交通事故死者が急増し、七〇年に史上最悪を記録するという深刻な交通事故の増加は、「自動車は凶器である」という認識や反自動車論の高まりを呼び、車社会批判のキャンペーンも張られた。こうした現象は、当時の世界では日本だけであった。それは先ほども述べたように、日本の初期自動車行政が、外国では当然とされていた「歩行者の権利」という考え方に注目することなく、自動車優先の「車天国」を貫いたためであった。

9

◉一九六一年の東京モーターショー
この年トヨタのパブリカが、前年は東洋工業のマツダR三六〇クーペが発売され、先行した富士重工のスバルなどとともに小型国産車が出そろった。

消える専業農家と下がる食料自給率

高度経済成長下に農産物の輸入は著しく増大し、一九五五年(昭和三〇)から七三年までの間に六倍近く伸びた。輸入物は、小麦・大豆・穀物が三本柱であるが、六〇年代前半および七〇年代前半の輸入自由化をきっかけに品目は多様化した。これらの輸入はアメリカ一国に四割以上を頼っており、しかも三本柱でその依存度は圧倒的であった。新安保条約の「日米経済協力」条項は、日本の輸入自由化、ドル防衛を義務づけたが、それに伴い、日本はアメリカへの食料依存を強めた。

当然の結果として食料自給率は大幅に下がった。穀物自給率(重量ベース)は、一九五〇年代前半に上昇したが、五五年の八八パーセントをピークに低下し、七〇年には四八パーセントまで下がった。小麦・大豆では、七〇年にそれぞれわずか九パーセント、四パーセントとなった。

自給率低下をもたらした国内の要因は、農業生産の停滞と農業内部の各部門間の不均衡であった。一九六一年の農業基本法に基づく選択的拡大政策により畜産・野菜・果樹が拡大する一

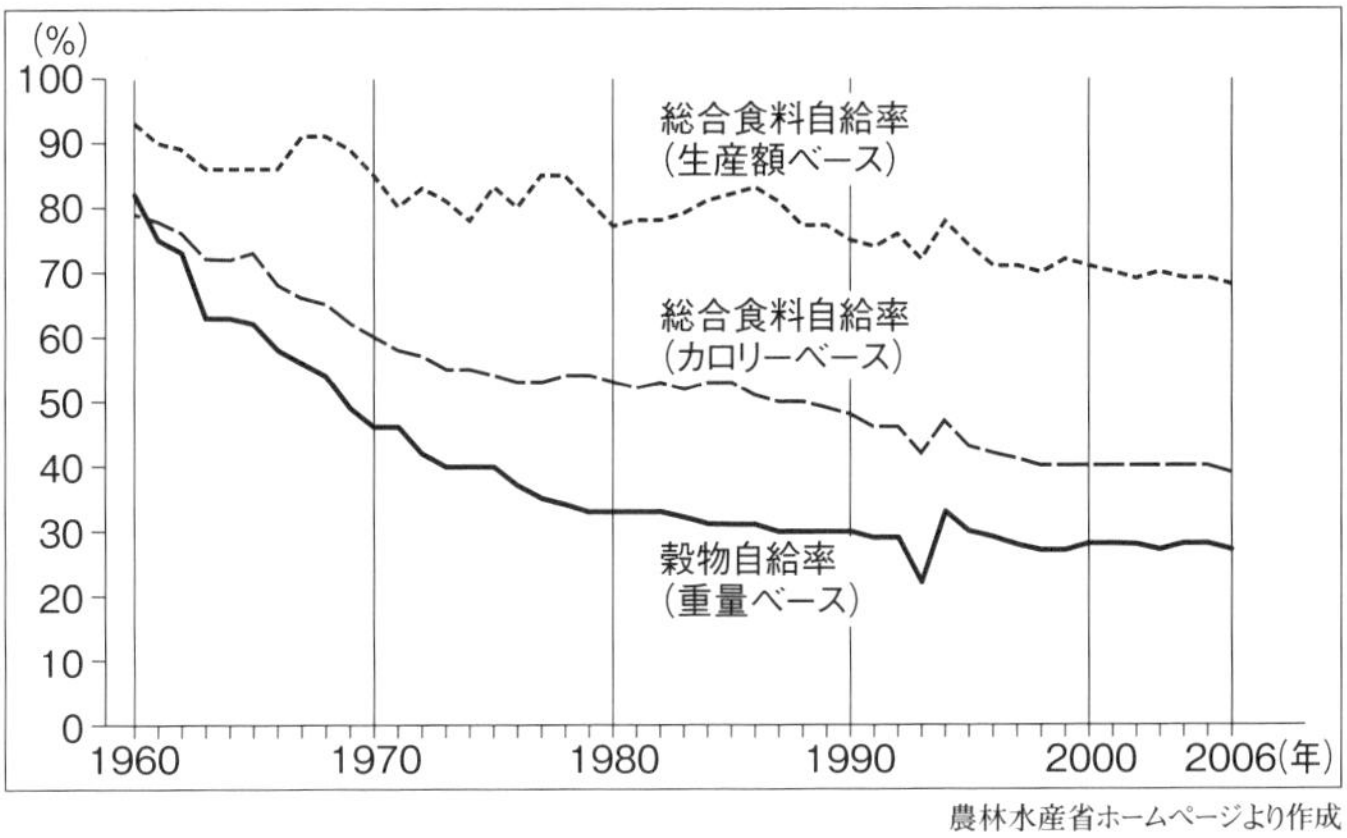

農林水産省ホームページより作成

◉三種類の食料自給率
食料価格で集計した生産額ベース、食料に含まれる供給熱量で集計したカロリーベースより、畜産物生産に投入された輸入飼料を含める重量ベースが、自給率問題の核心を示している。

方で、麦・イモ類・豆類・雑穀が縮小した。しかも、この期間に四倍以上生産量を伸ばした畜産は、飼料の大部分をアメリカからの輸入に頼っていた。こうした農業政策の結果、機械の普及で労働生産性は上昇したものの、作付け延べ面積が減り、農地の潰廃《かいはい》をもたらした。

一九六〇年代の農業政策には、農家世帯員の工業労働力化というねらいもあった。一九六〇年から七三年の農家世帯員の他産業就職者数は合計一〇〇〇万人にも及び、新規学卒農家子弟（男子）の就農率は、一九六三年の一七・七パーセントから七四年には六・八パーセントへ下降した。

農家の構成も大きく変わった。専業農家が減る一方で、収入のなかで農業以外の部分が大きい第二種兼業農家比率が逆に増え、一九七〇年には農家全体の五割を超した。兼業職種のなかでは、出稼ぎ・臨時雇いが急増していた。その結果、農家所得に占める農業所得の比率は、一九六〇年の五〇・二パーセントから七三年の二七・六パーセントへとほぼ半減した。また、農業従事者のうち農業専従者比率は、一九六〇年の四分の三弱が七〇年には五割強へと減り、同年に農家人口中の六〇歳以上の人口比率は非農家の倍となった。農村ではひと足早く高齢化社会に入っていたのである。

以上のように、輸入の拡大と選択的拡大政策は農業から他産業への労働力流出を促した。そして、都市に流入した人々は国内消費市場を膨らませ、農村もまた農業機械・化学肥料、さらにさまざまな耐久消費財を受け入れる市場に変貌した。

急激に普及した機械化は、省力化をもたらし、農民を重労働から解放した。農民の労働観は変わり、週休制・余暇意識が入り込み、週末に農業をする「日曜農民」も現われた。その一方で、日本の農業が育ててきた有機的循環は崩れ、化学肥料や農薬の使用によって残留農薬・農薬汚染が社会問題化した。そして農業機械・化学肥料・農薬という企業製品が大量に入り込むことで、農家経営支出額は急増し、農民をいっそうの出稼ぎに駆り立てたのである。

さらに、石油中心へのエネルギーの転換と家庭の電化は、薪《まき》・炭を供給してきた林業を不振にし、地場産業が大企業の手に奪われていった。林業や地場産業に頼ってきた農村地域の打撃は大きかった。過疎はこうした農業政策の延長上に生まれた。まず青年層が村を離れ、次いで一家をあげての離村が始まると、日常生活に支障をきたすようになり、自治体財政も悪化した。一九七〇年に公布された過疎地域対策緊急措置法で指定された過疎市町村は、全国市町村の三二パーセントにあたる一〇四七にのぼった。過疎地域は当初山陰、南九州、四国で発生したが、しだいに北海道、東北にも拡大した。

10

◉東北農村の男手不足
男子青年層は、就職・出稼ぎで都市に往き、農村は男手不足。秋田県の農村の村民運動会では、「求む男性」仮装行列が登場した。

欲望達成を支えた社会構造

日本型企業社会の形成

一九六〇年代は、企業社会で働く人々が「働きバチ」「モーレツ社員」などと呼ばれた時代であった。現在まで続く、過労死するまで働く人間群を大量に生み出しはじめた起点だといえる。猛烈型人間は、なぜこの時期に生まれてきたのだろうか。

その背景にあったのは、まず、企業内での地位上昇、あるいは経営者としての自立によって自己実現は成就するという労働者意識である。企業社会内での競争からの脱落は、自己実現の見通しの喪失を意味した。また当時の日本は、住宅や老後の生活への公的扶助の低い、自力主義政策をとっていた。国家的な社会保障の貧しさゆえの生活不安は、同時に進行していた共同体的扶助の崩壊と相まって、企業への依存・奉仕を強《し》いることになった。そして、競争による自力解決という意識が福祉政策実現を迫る力を削《そ》ぐという悪循環が繰り返された。

一方で大企業は、住宅資金融資によるマイホーム建設援助、企業年金、保養・レクリエーション施設などといった企業福利を充実させていた。それは大企業社会の構成員に相対的に質の高い欲求充足の機会を与え、企業への一体感を補強するとともに、企業からの離脱を消極的にさせた。それに対し、労働組合運動は変貌《へんぼう》していた。一九六〇年代を通じて、民間大企業のビッグ・ユニオンは、企業の労務管理体制と一体化し、職場の労働過程への規制力や相互扶助的な機能を弱めた。

こうして誕生した猛烈型人間が求めたものは、温かく豊かな家庭、すなわちマイホームだった。こうしたかたちで私生活に価値を置く核家族のあり方が社会的に承認されたことは画期的なことであったが、その私生活は、近隣社会に開かれた性格のものではなく、家族の内と外を区別し、他の家族との対抗的関係が強調されたものだった。高度経済成長下の豊かなマイホームへの願望は、私生活に閉じこもったマイホーム主義的生活意識・生活様式を生んだ。個人が企業と家族という集団に身柄を預けて自立していない、そして個人レベルでも家族レベルでも社会的連帯を欠いている、そうした社会的条件のうえに立った家族生活の安定は、企業社会安定の基礎となった。

以上に述べた企業社会の意識構造を、時代精神としての効率性に注目して、やや異なる角度からみてみよう。一九六〇年代は、「成長」と「進歩」への幻想が多くの人々を支配した時代ともいえる。「追いつけ、追い越せ」の目標は、アメリカ的な物量豊かな社会だった。物量の拡大は幸せの原点であり、画一的大量生産への信仰は世を覆っていた。日本の産業化のなかでは遅れた分野であった生活分野に資本が投入され、大量生産の主役となった結果、量的拡大を重点とする成長至上主義のもとで、「効率性」が時代精神にのし上がった。それは企業の要求する効率であり、多くの場合、特定企業の短期的視点によるものにすぎなかったが、この効率性という考え方が、人々の意識を支配し、深く日本社会に定着していったのである。

「効率性」の国民への定着には、日本の労働者の価値意識が重要な役割を果たした。日本の労働者には、戦前からの特徴として、労働者としての自立は階級的自立ではなく生産者としての自立、すなわち産業の発展や生産の遂行を労働者みずからが担い実践すること、という意識が強かった。その結果、労働者間の公正な競争によって上昇衝動を満足させようとし、企業には公正な競争環境と上昇の保障を求める。こうした価値意識が、戦後に工員・職員間の階層移動が広がり、さらに高度経済成長下で企業の発展期を迎えるに至って、企業社会を支え、活性化させる重要な要因となった。

労働者間の競争は企業に活力を与え、自分の社会的地位の上昇を満足させるためにも、企業の発展は肯定された。企業間競争は、利潤の拡大を求める効率化のあくなき追求であり、労働者も企業の発展と存続のためには効率性という精神を積極的に承認した。労働・昇進が自己目的であれ、生活手段の充実の手段であれ、労働者間の公正な競争を正常な秩序とする意識は、企業社会の効率性、生産第一主義の受け皿となったのである。

共働き家庭への矛盾のしわ寄せ

これまでみた性別役割分業を前提とした家庭像の影響は、共働き家庭、とりわけ働く女性たちにも及んだ。高度経済成長期の企業社会は、女性労働の視点からはどのようにみえるだろうか。

女性労働者を単純労働に就業させ、低賃金を正当化するために利用された労務管理として、結婚退職制や出産退職制があった。企業側は、経済成長下の技術革新のなかで各分野に広がる単純労働を支える労働力として、女性労働力の確保は不可欠と考えていたが、戦後の男女平等を規定した憲法や労働基準法のもとでは、公然たる退職強要制度の継続は困難であった。実際、結婚・出産退職の是非を問う裁判で経営側は敗訴を繰り返した。そこで一九六〇年代後半以降、資格・職能制の整備に従って、能力主義の名のもとに女性労働者の多数を下位の「格」に集中し、上位の「格」への昇進が困難な制度をつくりあげていった。企業内女性差別の制度化が進んだのである。

この分業意識と差別的制度の結果として、多くの女性は結婚・出産退職の選択を余儀なくさせられていった。既婚女性の職業継続意識は、一九七三年（昭和四八）の総理府調査で七一パーセントと強かったにもかかわらず、現実的選択としては、結婚・出産退職の支持が女性でも七〇パーセントに達した。妊娠・出産による退職率は、一九六〇年の三九パーセントから六五年には四九パーセントに上がり、七〇年代前半までほぼ同程度で推移した。

しかし、高度経済成長下の労働力不足は、いったん家庭に入った女性たちをふたたび、あるいは新たに労働市場に引き出した。一九六〇年代に女性雇用者は急増するとともに、有配偶者の比率が大きく上昇し、七五年には女性雇用者の二人に一人が有配偶者となった。これらの女性労働力は、おもに大企業のパートタイマーとして雇用された。パートの利用は、一九六二年の経済審議会答申で打ち出されていたが、六五年頃から急増し、六九年には一一九万人に達した。女性が下層賃金労働力として再編されたのである。

だが、当時の東京都の調査では、共稼ぎ世帯でも夫の家事協力は専業主婦世帯並みだった。日本の男性の家事労働時間は世界的にも最少の部類に属し、当時の世界で日本ほど家事・育児の責任が一方的に女性に押しつけられている国も少なかった。しかも、日本の社会構造においては家事・育児は個別家族の私的労役という観念が強く、社会政策的・福祉的発想は希薄であった。家事・育児をめぐる社会施設に対する出費は抑えられ、社会施設の不備が正当化された。そのしわ寄せを一身に受けた共働きの主婦たちは、それゆえ保育施設など切実な問題に対して、みずから地域社会運動に取り組まざるをえなかった。企業社会の拡大と性別分業思想は、女性の職場進出という現実のなかで、女性を新しい課題に対する社会運動の創造、参加に駆り立てたのである。そして働く主婦たちは、企業と対峙《たいじ》するのではなく、地域社会・自治体の変革を求めるかたちで運動をつくり、政治意識を向上させ、それが企業社会の周辺を脅かす結果になった。

労働者の不満と抵抗

目を高度経済成長期の労働者世界の亀裂、あるいは断絶という側面に転じよう。一九五〇年代末から六〇年代に顕著になった労働者意識の特質のひとつは、企業帰属意識の低い労働者の比率の増加である。その傾向が顕著だったのは若年労働者層であった。彼らの多くは、技術革新で増加した単純労働の担い手であった。高学歴化を背景に入職時の仕事意識も以前より高かっただけに、実際の仕事に臨んでの幻滅感・疎外感は深かった。また当時の大企業では、五〇年代後半から急速に進んだ職場の合理化により、職場内の労働者としての集団意識が解体されつつあり、労働者相互の孤立化・競争社会化が進行しつつあった。企業社会内の昇進競争激化は、労働者の企業帰属意識を強める一方で、競争からはずれた労働者や新規参入者に競争意識が低い層も生み出していた。労働疎外感、企業不満感は、一九六〇年代前半にあっては高賃金獲得意識が補っていたが、賃金の一定の上昇を遂げた六〇年代後半では、疎外感・不満感が経済的貧困感を上まわった。

企業帰属意識の低下や企業への不満感は、従来ならば労働組合活動への支持に結びついたところである。しかし、職場定着意識の低下は組合への求心力を弱め、組合側も労働者個人の問題を解決する力を失い、組合の魅力は薄らいでいた。労働者の間では脱企業意識と脱組合意識が同時に増大したのである。こうした不満感は、政治的側面においては「支持政党なし」として現われた。革新政党支持に結びつくこともあったが、その場合も浮動的側面が強かった。

労働者意識にみるこの時期のもうひとつの特徴は、官公と民間との格差である。官公の場合、企業帰属意識は民間以上に低いが、定着意識はきわめて高い。また、民間と比べて合理化が遅れていたことから、職場集団意識は高く、組合活動に対する期待度も高い。一九六〇年代後半、合理化方針が進展するが、

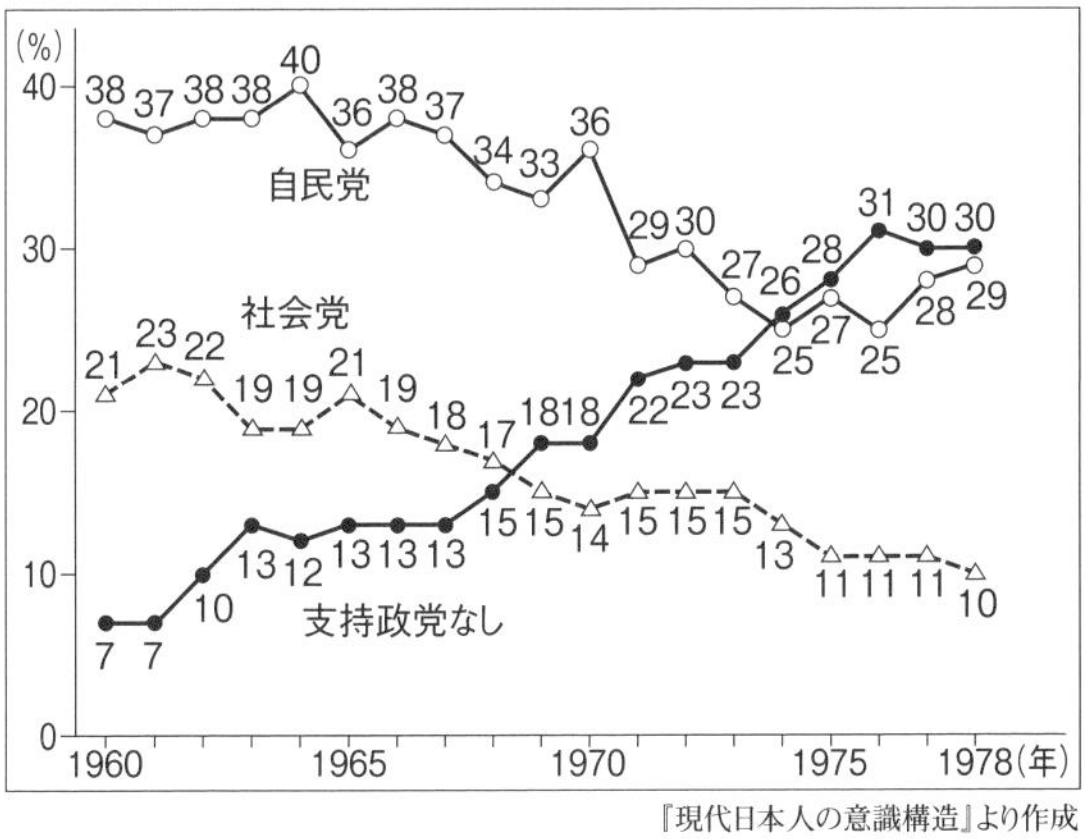

『現代日本人の意識構造』より作成

●増加する「支持政党なし」層
「支持政党なし」層は、まず社会党を抜き去り、一九七〇年代なかばには自民党も抜いて最大層となる。年齢別では、当初は二〇歳代中心だったが、しだいに全年齢層へと広がっている。

反対闘争が職場レベルから強力に展開され、職場を基礎にした組合運動がいっそう定着した。こうした官公労働運動は総評左派の運動を支え、七〇年代初めの国民春闘盛り上がりの主役ともなった。政治意識も民間とは差があり、革新政党支持が強かった。彼らが市民運動と結びついて革新自治体をつくる運動を展開し、革新自治体誕生後はその施政を下から支えた。

また中小企業労働者運動においては、高度経済成長期の労働力不足が中小企業の雇用を地縁血縁中心から近代的な雇用関係へと変え、労使交渉に有利な条件をつくった。企業社会の中心的担い手を大企業の企業帰属意識が強い層とすると、この時期の特徴は、その周辺およびそれ以外の層で労働者の不満が現われ、抵抗が組織された点だといえる。

こうして、既成革新を支持する意識と、職場・組合という二重の帰属から離脱した立場からの批判が重なり合い、自民党・保守政治への批判と企業社会への批判が展開されたのが七〇年代初めの政治状況であった。しかし、一九七三年（昭和四八）の石油ショック後の企業社会の統合力は、運動抑圧と相まって、官公労働者や、下請けへの締め付けというかたちで中小企業労働者まで広がり、脱企業意識、支持なし政党層が、革新支持に結びつく余地をせばめていった。

11

◉公労協ゼネスト
一九七三年春闘の交通ストライキのなか、国鉄の電車の発車を待つ東京のサラリーマン。この時期には、国民春闘の訴えを通勤客も納得し、平静にスト行動に対処している様子がうかがえる。

学歴と就職

一九六〇年代の教育政策に関する特徴は、経済界の要求が鍵《かぎ》を握り、さらに発展しつつあった企業社会のあり方そのものが、教育をめぐる現実に、より大きな影響を与えたことであった。教育政策を経済政策・労働力政策の重要な要素としてみる考え方は、一九六〇年（昭和三五）の国民所得倍増計画に明確に現われているが、包括的な提案は、六三年の経済審議会答申「経済発展における人的能力開発の課題と対策」で行なわれた。そこでは、労働力需要・要請計画に見合った学校制度・教育内容の拡張、再編と、今後の社会原理として「能力主義」理念が打ち出された。能力という基準から人を評価し活用するシステムをつくることをめざしたのである。

ここでいう「能力」には、二つの意味が含まれている。ひとつは、すでに身につけた能力のことで、実力といいかえてもよい。各個人の特定の活動領域や具体的な職業にかかわるもので、評価は多元的となり、個人の全体的評価に直結することもなかった。もうひとつは、これから身につくであろう能力、そのなかでも知能指数の高さといった、きわめて一般的な性格の、潜在的可能性として認識されるものである。この場合、一元的な尺度から各人の能力が序列化されやすい。

経済審議会答申における能力概念は、全体構想においては前者の実力的要素が主であったが、学校教育面に限れば、後者の一般的潜在的能力を社会的評価の尺度とする「ハイタレント」論が強調された。これは、ダイナミックな技術革新の時代の技術者・経営者・労使の指導層などに求められる「高度」な能力をもった人間（＝知能指数の高い者、とされた）をできるだけ早期に発見し、その能力を伸ばすことが必要、という見解である。そしてその役割が教育界に強く期待されたのである。

経済界の教育要求に教育行政は積極的にこたえ、学校で知能テストなどが繰り返し行なわれることになった。当時の教育行政に大きな影響を与えたのが、アメリカから伝わった教育を投資の論理でみる教育投資論の考え方であり、必然的に教育投資の経済効率が問題となった。その結果、当時の教育政策の中心である後期中等教育多様化政策は多元的な能力評価を基礎としていたが、教育現場では、一人ひとりの子どもの個性、能力を伸ばすという手間のかかる作業はできるだけ避けられ、各種テスト結果に基づく人間の抽象的能力の一元的評価によって、効率的に「分相応」の進路・職業を選ばせることが優先されることになった。

後期中等教育多様化政策との関連で経済界が求めたのは、職業高校の増設である。一九五五年と六五年の高校生徒数を比べると、普通科は減り、工業科で二四万人から六二万人へ、商業科は三七万人から八六万人に増えている。普通科では一九五五年に就職組、国立大学、私大文系、私大理系と分けたコース制が許可されていたが、六〇年には授業科目そのものを就職組と進学組に分けることが認められ、大学入試を強く意識した学校運営が開始された。それ以前から高校間にはおおまかな序列があったが、大学入試の結果による普通高校間の新たな序列化が強まっていった。

さらに高校教育の多様化は、普通高校と職業高校の差別化も深刻にした。日本の大企業や官公庁には大卒と高卒の内部社会的上昇競争に明らかな差があることから、大学につながる普通高校と卒業後中堅労働者となる職業高校の間に社会的評価の差別化が生じた。それは在籍する生徒の人物評価に及ぶ傾向をもった。職業高校の増設と生徒の振り分けは、高校間・生徒間の序列化・差別化をもたらし、生徒の意識に疎外感を広げたのである。

ハイタレント論と高校の多様化は、中学校教育にも深刻な影響を与えた。一九六一年、文部省は中学二・三年生を対象に全国一斉の学力テストを実施した。ハイタレントの早期発見と選別の資料とするためであった。テストは翌年には小学五・六年生に対しても行なわれた。この一斉テストは、都道府県間の平均点競争を生み出し、テストの点数で子どもの優劣を競わせる傾向に拍車をかけた。また、高校間の序列・格差は入試競争を生み出す。中学校ではテストを繰り返して生徒の進学方向を振り分けはじめた。試験勉強が中学校の教育内容を覆い、進学のための補習授業が当然視された。一九六四年の日教組の実態調査では、全国の中学校の六四パーセントで補習を実施していた。

大学教育では、大量の上級技術者養成という経済界の要求を受け、私立大学の学科増設、定員増加による理工学部系の拡充が急がれ、理工系への進学熱がつくりだされた。安上がりな大量養成という経済効率の論理はここにも反映されていた。男女別の大学進学率をみると、女子は短期大学が多く、四年制大学入学率では圧倒的な男女差があった。日本ほどの男女格差は、先進諸国ではみられない現象であった。しかも、学部では「女性向き」とされた文学や家政に集中しており、家庭第一主義の意識の再生産という点では、企業社会の論理にかなう女性観が女子高等教育を支配していたのである。

労働と教育の管理強化

これまで述べてきたように、技術革新は平準化された大量の単純労働を生み出した。管理された単純労働の連続は、仕事に対する意欲を失わせる。職業と職場における地位がその人間の社会的評価と結びついている社会では、仕事における疎外感はいっそう深刻に現われる。

一方で企業にとっては、労働者の集中力と耐性を十分発揮させることが必要である。この対策としては、まず余暇があげられるが、長時間労働の日本では、憩いと人間性回復を意識させる場として、家庭に大きな期待がかかった。マイホーム主義が広がった背景にはこういう面もあった。もうひとつの対策は、単純な反復の強制にも耐えうる精神主義の育成である。一九六〇年代の漫画・テレビ番組に目立った「スポーツ根性もの」は、その現われである。しかし、精神主義を育てるには献身・寄与の対象への忠誠や愛着が必要であり、それを補強するものとして国家意識が同時に必要とされた。その拠所《よりどころ》とされたのが天皇であった。一九六六年（昭和四一）の中央教育審議会（中教審）答申「期待される人間像」で、仕事に打ち込む労働意欲が強調されるとともに、天皇への敬愛と結びつけられた愛国心が打ち出されたのは、そのためであった。すでにマイホームのシンボル的役割として国民統合上重要な役割を果たしていた天皇制に、精神主義育成と結びついた国家意識を育てる役割が新たに付加さ

12

◉『巨人の星』
一九六六年に『週刊少年マガジン』で連載が始まると、少女漫画にも広がる「スポーツ根性もの」ブームに火がついた。

れたのである。

しかし、こうした対策では解決にならず、疎外感を背景にした脱仕事意識はいっそう広がった。そこで出てきたのが、小集団制導入による生きがい・働きがいの組織化に象徴される、新しい能力主義管理である。一九六〇年代日本企業の労務管理は、実際には経済審議会答申が説いた個別職務遂行能力を重視する方向には向かわず、六〇年代末までに、伝統的な年功制を基礎に集団の和・協調を重視する管理法と、微妙な能力格差によって競争とダイナミズムをつくる、日本的能力主義を確立しつつあった。

先にも触れたように、日本の労働者は、賃金や労働条件については能力に応じた処遇を正当とする意識が強い。そこへ六〇年代の激しい労働力不足と若年労働者の獲得競争が起こり、企業は新卒一斉入社と長期的雇用関係の保障による労働力の確保方式をとった。その結果、その時点での「実力」より、人格やバイタリティ、出身校や学力によって象徴される一般的「能力」が基準となる傾向が強まった。そして大量に入社した同期同年齢の労働者の公正な競争を求める意識を満足させ、かつ企業内に活力を生む方法として、職場を小集団に組織して、ジョブ・ローテーションによる恒常的配置転換を繰り返しながら能力評価により小刻みに昇進していく制度がつくられた。そこでは特定の職務遂行能力より、一般的な能力や集団目標達成に適合した協調性が重視されたのである。

同じころ、教育現場では授業についていけない子どもの増加が問題になっていた。全国教育研究所連盟の一九六九年調査では、授業を理解している児童が約半数と答えた小学校教師が四九パーセントにのぼっている。この現状に対する中教審の処方箋《せん》は、やはり能力主義であった。企業社会での新たな能力主義の確立を受けて、答申は能力別学習指導など能力別管理の観点を強く打ち出し、試験による一元的「能力」尺度による生徒の評定と序列化志向は飛躍的に強まった。

　この点を、学校管理と生徒の反応の視点からもみておこう。学生運動とその影響下で広がった高校紛争は、高校・大学の管理運営体制強化によって急速に退潮する。一九六九年八月公布の大学臨時措置法により警察力の学内導入は頻繁になり、運動が力ずくで抑えられていった。学校教育の場面で能力主義的管理が徹底していくのもちょうどこの時期である。これまで以上に個人競争が社会を覆い、他方で集団の和、協調が説かれた。学校教育では、問題やもめ事を起こさないでひたすら与えられた学業に励むことを重視する方向で生徒の管理が強まった。そしてその管理からの逸脱は将来の生活設計にとって不利であるという意識が、親子ともに強まっていった。対立の排除と差別・選別の強まりは「シラケ」といわれる無気力さを生み、外に向かう攻撃性は消えた。子どもたちは従順になり、自己主張を避けるようになっていく。しかし、一面的な「能力」評価が人間評定に直結する体制の確立は、自分の能力・可能性につねに不安・不信をもち、自己を劣等視する人格を生み出した。それは自己虐待、自殺の多発という深刻な事態に発展した。

13

◉東大安田講堂攻防戦
東大紛争は、一九六八年六月の機動隊導入から一〇月の全学部ストに至り、翌年一月、八五〇〇人の機動隊と全共闘が激突する。

戦後家族と専業主婦化

男性が企業戦士化する過程は、女性に銃後の妻として専業主婦化を強《し》いる過程でもあった。一九六〇年代の「仕事か家庭か」という世論調査では、男性は「仕事」が約六〇パーセント、女性は「家庭」が七〇～八〇パーセントに達し、総理府調査でも「夫は外で働き、妻は家庭を守る」という考え方を支持する者が約八割に達していた。性別役割分業型家庭像が理想型としてイデオロギー化し、多くの人々の意識を支配していたのである。

このような性別分業主義によったマイホームのモデルは、やはりアメリカである。アメリカでは第二次世界大戦後、「家庭は女の幸福」というマイホーム時代を迎えていた。日本ではアメリカを後追いするようにマイホーム主義が広がるが、アメリカの場合、夫婦中心であり、妻も社会的活動に積極的に参加するなど、両者の間には相違があった。

第一章で述べたように、一九五〇年代後半以降、夫の出世を支え、有望な次代の担い手である子どもを育成することを中心とするマイホーム経営能力が主婦の役割となった。そのなかでも重視されたのが子育てであり、子どもの「成功」は母親の手腕次第とされた。かつての「子のために耐え忍ぶ」母親像とは異なる、教育ママといわれた母親の能動性を強く打ち出した母子関係の生成であり、子どもは新しいかたちで生きがいとなった。しかし、子育てには経験の伝達が不可欠であり、社会的存在としての人間の成長には多様なコミュニケーション環境が必要であるが、大都市型マイホームにはそうした要素が乏しかった。育児ノイローゼが社会現象となり、子育てが一段落すると主婦たちを心理的むなしさが襲った。『読売新聞』の人生相談には、一九六五年頃からにわかにこうした悩みの相談が増えたという。

主婦の家事労働は、労働量からみれば楽になったが、一九六〇年と七〇年の家事労働時間を比べると増加ぎみでさえある。子育てと夫の長時間労働に対応して、家事の合理化にもかかわらず、拘束時間は減らなかったのである。欧米の「無職既婚女子」の生活時間と比較してみると、平日の家事労働時間には両者にほとんど差がないものの、日曜日は欧米では自由時間が平日の倍になり、家事労働時間がほぼ半減するのに対し、日本では家事労働時間が平日以上に長くなっている。睡眠時間も、欧米では無職既婚女性は有職男性より長いのがふつうだが、日本はその逆であった。

しかし、性別分業家族の問題性に主体的に取り組む例が現われるのもこの時代の特徴である。その舞台となったのも団地であった。一九六〇年代前半の日本住宅公団の団地居住者調査によれば、団地社会は、二五～四〇歳までと一〇歳以下の子どもだけで全居住者の七五パーセントを占めるほどの、若夫婦と幼児・学童

14

◉とめてくれるな　おっかさん
一九六八年の東大ストのさなか、駒場祭のポスターの隣に、母親たちの思いを託した短歌の立て看板が並ぶ。学生運動の社会批判は、家族問題・性別役割分業までは及んでいなかった。

中心社会であった。各団地の自治会は、入居後半年から一年で結成されているが、保育所設置運動・道路舗装促進などの活動から発展した例が多く、前者を推進したのは若い母親であった。こうした若い母親を中心とする活動は、保育会・父母会などとして継続し、女性＝主婦の趣味を含む社交的ネットワーク形成としても広がっていった。

戦前の女性の地域レベルの組織化が、女子青年団・婦人会や主婦会という、地域の既成の歴史的共同性を背景とし、かつ半官製的に整備され拡大したのに対し、新たな団地自治会は、女性たちが自分たちの要求に基づいて同性のネットワークを自主的に組織・運営しはじめ、共同性の獲得に至っている。地域共同性にも、官公的権威・権力によっても縛られておらず、逆に公権力は対等な交渉相手となった。地域社会は、ジェンダーという点からも新しい性格をもちはじめた。

「中」意識と「中流」意識

目をマイホームの内側に移すと、戦後家族のマイホームには、一九六〇年代以降、家電を中心とした耐久消費財が大量に流入した。異常に速い家電の普及の背景には、大量生産・大量販売というメーカーの思惑《おもわく》や消費者の所得増加とともに、主婦の夢、電化に対する憧《あこが》れがあった。西洋のものを取り入れることが「文化」として意識されてきた日本では、戦前から家庭電化は「文化」であったが、戦後は、アメリカの家庭で使われている耐久消費財を取り入れることが「文化」的行為と考えられ、家事労働の合理化・近代化は容易に「文化」と結びついた。そこにみんなも持っているからという「世間並み」の意識が加わり、急速な家電製品の普及が実現したのである。

それは、少数の大企業の製品がどこの家にもあるという光景の出現でもあった。家そのものも、大きさの違いはあるが量産化によって画一化が進み、家の中も、極端な画一化が全国的規模で進んだ。しかもこの間、生活程度をモノ、とくに消費水準を容易に比較できる耐久消費財保有で測る、アメリカの消費主義的生活意識と類似した思考パターンが定着している。

その結果生じたのが、「生活程度に対する意識調査」において「人並み」を意味する「中」、とりわけ「中の中」と答える人の増加である。一九七三年（昭和四八）の生活上の不満に関する調査によれば、耐久消費財への満足度はきわめて高く、環境や社会保障への不満が高い。元来の欧米的中流とは、経済的序列の中間という意味ではなく、上層・下層とは質的に異なる文化をもつ集合体を指しており、人並みに耐久消費財を購入して満足する意識は、「中流」意識とは異なる「中」意識とでも呼ぶべきものだが、それがしだいに中流意識へと読み替えられ、国民の社会階層帰属意識にも影響を与

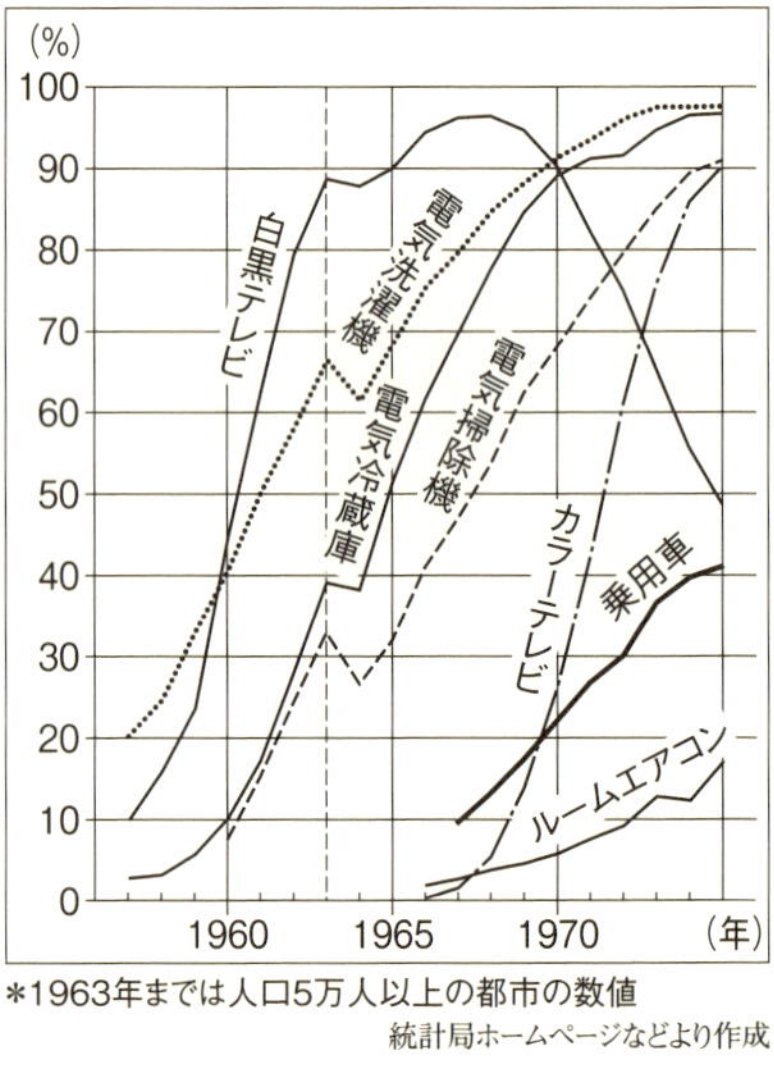

*1963年までは人口5万人以上の都市の数値
統計局ホームページなどより作成

◉全世帯へのおもな耐久消費財普及率
一九五〇年代後半に喧伝《けんでん》された「三種の神器」のうち、普及率では白黒テレビが先行し、洗濯機、冷蔵庫と続く。そしてテレビは、白黒からカラーへ急激に変わっていく。

えていった。

「中」意識が人並みを意味するのであれば、「中」にとどまるには新製品を適宜《てきぎ》購入し、モデルチェンジにも対応しなければならない。「中」意識は満足・安心感を保障するものではなく、マスコミがつくりだす「中流」像に遅れをとれば、いずれ脱落せねばならなかった。中意識＝中流意識という読み替えは、耐久消費財をつねに買い換え、新製品を求めざるをえなくする仕掛けであった。だからこそ、実質所得が拡大し、「中」意識が高い数値を示しつつも、暮らし向きに関する意識では「よくなった」が「変わらない」よりも低い水準にとどまったのである。マイホームと耐久消費財の購入は、一時の満足と「中」意識を生んだが、生活向上感に直結するものではなかった。

ドヤの世界と社会保障

高度経済成長期に日本の労働者は勤勉に、猛烈に働き、高い生産性を上げ、異例の実質賃金上昇を得た。しかし、全体としてみれば、そのなかで比較的高い労働条件を享受できたのは、労働者全体の四割程度の大企業従業員であり、残りの多数は、長時間・低賃金労働を余儀なくされていた。日雇い、内職、パートなど不安定雇用者は、一九六〇年代末に五〇〇万人にのぼっていたという。この正規従業員社会の対極に、「山谷《さんや》」（東京都）・「釜ケ崎《かまがさき》」（大阪市）といったドヤ（簡易宿泊所）街が高度経済成長期に拡大し、万単位の日雇い層を集めていた。建設現場や大企業の雑役・荷役などの仕事に従事し、高度経済成長を最末端で支えたこれらの日雇い労働者は、一九七一年で八三万人存在し、平均年収は四一万円であった。ここでは、ドヤの世界の実態を山谷を中心にみながら、ドヤという視野からこの時期の社会福祉政策の特徴を考えてみたい。

敗戦後、戦災者・引揚げ者など住宅困窮者のテント村から出発した台東《たいとう》区山谷は、一九五〇年代なかばにはドヤ街として復活した。ドヤは、一九五三年に約一〇〇軒を数え、六〇〇〇人の日雇い労働者が寝泊まりしていた。当時はまだ、東京にも多くの仮小屋居住者や河川敷など公有地の不法占拠集団が存在した。居住者は半失業状態の人々が多かったが、公共職業安定所が住所不定者には仕事を斡旋《あっせん》しなかったこともあり、打開策として不法占拠による集団居住が発生したのである。しかし、しだいに仮小屋撤去が進められていき、さらに、オリンピックに向けて大規模な仮小屋や浮浪者集団の刈り込みと施設への収容が行なわれた。

こうした都市下層対策のなかで、ドヤ街は不安定居住者を受け入れる数少ない窓口となった。すでに一九六一年には、山谷は一万人の土建・運輸関係肉体労働者が居住する街に変貌《へんぼう》しつつあったが、ここにさらに、農村からの流出や出稼ぎ、商店や零細工場の住み込みなどからの社会階層的な移動を経て、不安定雇用者となった人々が流入した。一九六五年から六八年の東京を対象とした厚生省の調査報告では、山谷をはじめとして区部に散在するドヤ街の居住者は二万世帯、五万人弱に達した。豊かなはずの東京に、これほどの量の簡易宿泊居住という「不定住的貧困」が存在した。

これらドヤへの流入者のうち、家族持ちには保護の手が差しのべられた。戦後の社会福祉政策は、家族の自立政策維持への視点を強くもち、家族を通じ私生活の枠組みをつくり、その家族を介して社会へ帰属している者たちが対象であった。一九六〇年代前半の山谷には一六〇〇人から一七〇〇人の女性と約七〇〇人の未成年者がいたが、家族持ちへは都営住宅を優先的に割り当てる住宅政策がとられた結果、山谷の女性・子どもは一九七〇年代なかばまでにほとんど姿を消した。

この結果、山谷は単身男性の日雇い労働者の街へ変貌するが、彼らへの保護政策はきわめて弱かった。生活保護法は、日本国籍をもつことを前提に、居住原則、世帯単位原則を採用しており、一九六一年に実現した国民皆保険・国民皆年金という社会保障制度も、職域か地域への帰属が前提で、慣習的居住を確保できず家族や職業をもてない不定住的貧困層は、これらの枠組みから除外されていた。

一九七〇年前後の山谷の状況をみると、約二二〇軒の簡易宿泊所が集中し、そこに約一万二〇〇〇～一万五〇〇〇人が「常住」していた。その半数近くが五年以上の居住者だったのである。このほかに、約二五〇〇人が居住する簡易アパートも八〇軒ほどあった。九割以上が男性で、三〇～四九歳が六割以上、五〇歳以上が二割五分に達するのに、約八割が単身者であった。職業は土工・鳶《とび》など土木建築関係が過半数を占めた。土建業の場合、下請け依存率はほぼ一〇〇パーセントであるが、その下請け労働者の大部分は日雇い労働者であり、仕事の進行状況で調達

15

◉厚生省に押しかける山谷労働者
山谷は、東京オリンピック前のような建設好況期には活況を呈するが、石油ショック後の不況では日雇い仕事が激減し、「冬枯れ」となった。写真は、不況期の一九七五年の陳情風景。

も切り捨てても自由にできる、経営側にはまったく都合のいい存在であった。彼らは、早朝に人集めにやってくる手配師から賃金・仕事の内容などを口頭で聞いて、作業現場に出かける。賃金は手配師にピンハネされるが、それでも技能をもつ労働者の場合は、職安の紹介よりも高賃金の仕事が得られた。

大阪の釜ヶ崎の場合、戦災者のバラックが密集するスラムとして終戦後に復活したが、一九六一年には簡易宿泊所一七五軒、宿泊人員一万五〇〇〇人と推定されるドヤ街に変貌し、その後もエネルギー転換政策に伴う炭鉱離職者の流入もあって人口・軒数とも増加し、万国博覧会会場の建設追い込みの一九七〇年には、二万数千人規模となった。そのうち日雇いが六〜七割、四割が単身世帯だった。一九六〇年代なかばの平均年齢は三三・九歳と、山谷よりはやや若かった。

山谷では、以前から警察官の対応や差別をめぐる不満・怒りがあったが、一九六〇年一月一日、暴行傷害事件に対する警察の被疑者取り扱いを不満として、約一〇〇〇人の群衆が集まって交番へ抗議する騒動事件が発生した。その後も騒動は、一九六〇年代を通じて毎年のように発生する。釜ヶ崎でも翌一九六一年、警察への反感から三〇〇〇人の群衆が繰り出した第一次暴動が起こった。この後、一九六六年に発生した大騒動をきっかけ

16

◉全焼した派出所
一九六六年五月末、釜ヶ崎で数千人規模の大騒動が発生し、機動隊一二〇〇名が出動した。派出所が焼き打ちにあい全焼し、パチンコ店も襲われた。

に、労働援助事業など行政の対策実施とあわせ、釜ヶ崎の名称はあいりん（愛隣）地区と変更されたが、以降も一九七〇年代前半まで繰り返し暴動が発生した。

地域開発政策による新しい県づくり

本節の最後に、地域開発政策による経済成長への衝動がいかに強く、地方行政や諸団体を引きつけたのかを、太平洋ベルト地帯の一翼を担う静岡県を例にみてみよう。

一九六〇年（昭和三五）、静岡県は経済成長を長期計画として達成する地域総合開発の新計画を進め、同年八月、「第六次静岡県総合開発計画」策定作業を開始した。開発計画の最重点は、沼津《ぬまづ》・三島《みしま》両市と清水村《しみずむら》（六三年に町制施行）にまたがる東駿河湾《ひがしするがわん》地区への重化学コンビナート建設であった。

コンビナート計画は二次にわたっており、第一次は一九六〇年七月に始まる、アラビア石油を中心とする石油化学コンビナート計画であった。内陸の石油化学コンビナート施設の必要面積は八二五ヘクタールとされ、補償を要する関係農民は五四〇〇人と見積もられた。港の候補地である江浦《えのうら》湾の漁業制限・転業などを余儀なくされる関係漁民三〇〇〇人と合わせて、直接利害が及ぶ者だけで八〇〇〇人以上とみられた。また、工業用水としては、沼津・三島両市一円の豊富な地下水、なかでも清水村の柿田川《かきたがわ》水源を利用することとした。

開発計画策定側からすれば、海と農地と豊かな水は、ほぼ一〇年で政府の所得倍増計画をも上まわる所得の二・四倍化という、「豊かな生活」をつくりだす基盤であった。そこには、当時ようやく高まりはじめていた公害問題への懸念はみじんもみられない。

　第一次計画は、のちほど詳しく述べるように地元漁業協同組合の反対で頓挫《とんざ》したが、静岡県の「新しい県づくり」プランは、一九六二年五月に新産業都市建設促進法が公布されるや、いっそうの拍車がかけられた。しかし、七月の指定発表では、東駿河湾地区は全国新産業都市指定一三か所に含まれず、それにかわり、閣議決定による全国六か所の工業整備特別地域のひとつに指定された。工業整備特別地域は、新産業都市指定に比べて国庫補助の裏付けが曖昧《あいまい》であったが、県の方針はゆるがず、産業整備費が地元負担となった場合に備えて財政基盤を強化するため、沼津・三島・清水の二市一村合併工作に取りかかった。産業政策が自治のあり方を外から左右するという、以後各地の拠点開発地域で生じた事態のさきがけである。

　しかし、三島市は性急な合併推進への警戒感を抱き、長谷川《はせがわ》泰三《たいぞう》市長は八月、住民福利に役立つ合併には賛成するが、公害の恐れのある石油コンビナートを誘致する合併には賛成できないとして、合併とコンビナート計画の切り離しを主張した。三島市は、一九六二年三月に全国初の環境衛生都市宣言を市議会満場一致

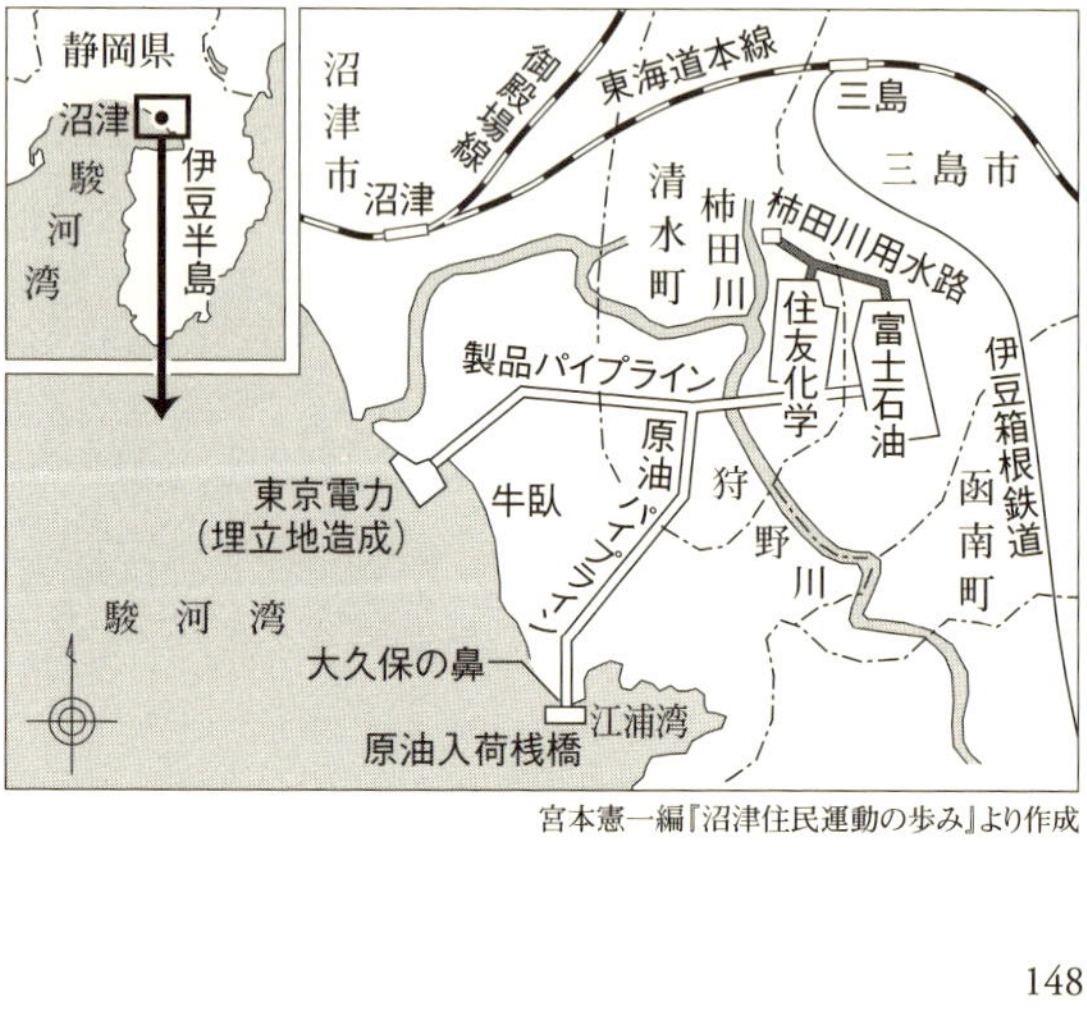

宮本憲一編『沼津住民運動の歩み』より作成

●東駿河湾のコンビナート計画
三島市中郷《なかざと》地区に富士石油、清水町に住友化学、沼津市牛臥《うしぶせ》地区に東電、静浦《しずうら》地区大久保の鼻に六万五〇〇〇トン級タンカーを接岸できる原油の入荷港湾を設置する計画だった。

で可決するなど環境保全意識が高まりつつあり、公害問題についての学習会なども開かれはじめていた。自然環境問題と自治の問題は、こうして接合しはじめる。

一九六三年一二月、県は突然、第二次石油化学コンビナート建設計画を発表した。全国の新産都市指定・工業整備特別地域の先陣を切って企業の進出計画を実現したいという、強い決意の現われであった。進出企業は、石油精製の富士石油、石油化学の住友化学、そしてそれまで外部から供給を受けていた電力を地元発電に切り替えるための東京電力という三本柱であった。しかしそれに対しては、つぎにみるように住民の側から異議申し立てが起こることとなる。

欲望への異議申し立てと豊かさの質の提起

公害反対運動と公害訴訟

一九六〇年代前半は、開発の結果生じた公害問題に対する関心が高まりを見せた時代でもあった。

ここでは、石油化学コンビナート公害の象徴的位置にある三重県四日《よっか》市《いち》市の公害反対運動・公害訴訟と、公害予防の成功で注目された沼津《ぬまづ》・三島《みしま》両市の公害反対運動をクロスさせて、両者の関連を意識しつつ運動の意義を考えてみたい。

四日市地域の開発は、一九五〇年代なかばから、旧海軍燃料廠《しょう》跡地利用を軸として進められた。同燃料廠は戦前において最大規模の精油能力をもち、石油関係各社の注目の的であった。精油能力は石油化学産業育成方針の基幹をなすとともに防衛用燃料（航空ガソリン）製造力にもかかわること から、政府の重要決定事項となり、鳩山一郎《はとやまいちろう》内閣時の一九五五年（昭和三〇）、三菱油化を中心とする三菱系石油化学コンビナート計画として認可された。

四日市の三菱系石油化学コンビナートは、立地した地名から塩浜《しおはま》コンビナート（第一コンビナート）と呼ばれる。塩浜コンビナートの製油所（昭和四日市石油）は一九五八年に完成し、翌年初めには三菱油化の操業が開始された。そして中部電力が設立した三重火力発電所が一九五八年以降、昭和四日市石油が供給する重油で運転するようになって、硫黄酸化物の排出が増加した。また、一九六一年には四日市駅北側の午起《うまおこし》埋立地に、第二コンビナートの中心となる大協和石油化学が設立され、六三年に完成した。

こうしたコンビナート建設経過のなかで、一九六〇年から諸工場の排水を原因とする異臭魚問題が深刻化し、漁獲物の商品価値低下により、漁民の生活に多大な損害を与えた。当時、各工場から四日市港に放出された油脂分は、月一五〇トンと推定されるほどであった。同年、第一コンビナートがある塩浜地区連合自治会が騒音と大気汚染による被害をはじめて市に訴え、四日市市は公害防止対策委員会を設置し、専門家による大気汚染・騒音調査を開始した。
一九六一年になると、悪臭・ガスによる頭痛、喘息《ぜんそく》、吐き気など塩浜地区での健康被害が深刻化し、一〇月、公害防止対策委員会による調査の中間報告が公表され、健康被害は塩浜地区を越えてコンビナート周辺地区一帯に広がっていることが明らかになると、四日市市総連合自治会は公害対策樹立の要望書を市に提出した。翌年二月、塩浜地区連合自治会は、公的医療機関での公害患者の無料診断と公害防止条例の制定を市に求めた。この結果、同年夏にまず無料検診が実現した。

一九六三年、塩浜コンビナートの生産能力拡大と第二コンビナートの試験操業開始に伴い、公害被害はさらに広域化して深刻になり、漁民と水産業者を中心に公害反対の動きが活発になった。子どもの健康悪化や日常生活への影響に怒る主婦の運動も起こり、同年六月、公害防止婦人決起集会が開催された。さらに第二コンビナート周辺自治会や市総連合自治会による公害対策要請活動も展開された。また、労働組合、社会党・共産党の公害対策組織が結成され、この革新系組織と被害地域自治会・婦人会が公害反

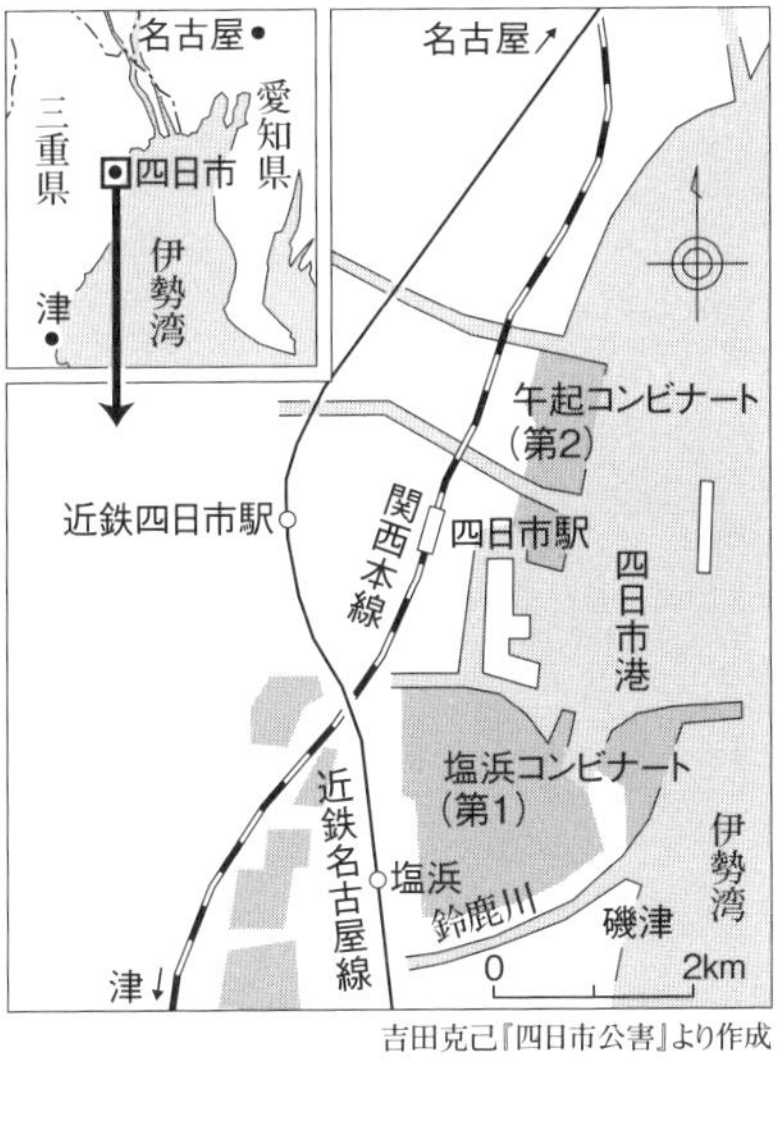

吉田克己『四日市公害』より作成

◉四日市のコンビナート分布
JR四日市駅南方向の塩浜町を中心に第一コンビナートが広がる。鈴鹿川を隔てた塩浜の飛び地磯津《いそづ》地区は、海・大気ともに被害が甚大で、四日市公害被害の原点である。

対市民大会を共催したことも、従来にない、政治的立場を超えた共同行動として注目される。この時期には、コンビナート企業の労働組合で構成される三重県化学産業労働組合協議会も、公害防止運動への積極的な参加の態度を打ち出していた。

一九六四年四月、肺気腫《はいきしゅ》による最初の死亡者が発生すると、四日市医師会は公害の責任、補償問題、治療費の補償問題などに関する積極的提言を行なうようになった。こうした状況や提言を受け、四日市市議会は、一九六四年五月、都市公害対策委員会を設置し、翌年二月、日本初の、地方自治体独自の公害患者認定制度と、その認定に基づく治療費全額公費負担の実現に踏み切った。

沼津・三島の反対運動

ここでいったん、目を沼津《ぬまづ》・三島《みしま》地区に転じよう。先に少し触れたが、一九六〇年（昭和三五）の第一次コンビナート計画に対して反対運動を展開したのは、漁業者と水産加工業者だけであった。当時の沼津市域にあった七つの漁業協同組合のうち最大の組織人員を擁する静浦《しずうら》第一漁業協同組合は、早くも七月に絶対反対の表明をした。次いで、ほかの六漁協も反対・懸念を表明し、各水産加

17

◉磯津に隣接する第一コンビナート
第一コンビナートが住宅地の目前に迫り、排ガス・轟音、さらに夜でも新聞が読めるほどの明るさも加わって、住民を苦しめた。

工組合も追随した。これら漁協や水産加工組合のいくつかは独自に四日市《よっかいち》・下津《しもつ》（和歌山県）などの石油化学コンビナート地区調査を実施し、実情をふまえた反対論を展開した。

この時期は、四日市の現地でも漁業者の異臭魚被害と塩浜《しおはま》での大気汚染被害がようやく問題化されはじめたころであり、まだほとんど公害被害の危険性は認識されていなかった。沼津からの調査者が公害の危険性を嗅《か》ぎ取ったのは、彼らが漁業・水産業関係者であり、現地の同業者から切実な情報を得ることができたからであろう。始まったばかりの臨海地域開発の問題性に最初に反応・抵抗したのは、海と水産資源で生計を立てていた人々であった。彼らの抵抗は翌年まで続き、コンビナート計画推進側の足並みが乱れたこともあり、第一次計画は挫折《ざせつ》した。

公害予防運動の全国モデルとなった、一九六三年末から六四年一〇月までの第二次コンビナート反対運動においても、四日市との関係は重要な意味をもった。静岡県と住友化学・東京電力など巨大独占企業が企画・推進し、沼津市当局も積極的であったこの地域開発を、挫折に追い込んだ運動の強さの背景には、繰り返し行なわれた四日市への徹底した公害実態調査と、無数の学習会によるその情報の共有、その結果としての反対運動の正当性への確信などが根底に位置づけられる。その際、一九六三年から四日市での公害反対運動が広がりを見せ、かつ、公害病の深刻さが現地での調査活動を通じて明らかになっていたことが重要である。

さらに三島市民は、工場進出予定地の農民の強力な反対運動を支柱に、革新諸勢力・町内会連合会・市婦人会・商工会議所まで多様に組織を広げて、三島市民協議会を結成した。四日市で部分的に成立した政治的立場を超えた協同行動が、全市的レベルで成立したのである。そのなかで、一九六四年五月に開かれた石油コンビナート進出阻止三島市民大会では、長谷川泰三《はせがわたいぞう》市長も誘致反対を表明した。その後、運動を通じて醸成された市民的一体感と、自分たちの手による都市づくりという自治の当事者意識、市政への参加意識は、市民参加による総合開発計画策定に結実した。それは反対運動が山を越えた一九六四年九月に着手され、六七年三月、「三島市総合開発計画書」としてまとまった。全国的にみても、自治体が独自に取り組んだ市民参加の都市基本構想・計画の嚆矢《こうし》と思われる。

沼津の場合は、市長と市議会の多数派、商工会議所がコンビナート計画推進側に立ったため、長期の厳しい運動となった。反対運動の核をなしたのは、コンビナート進出予定地域周辺の各自治会が連合して立ち上げた反対同盟である。この地域は、宅地化が始まりつつあった農村地帯で、政治的には保守基盤であったが、これらの地区住民が、大気汚染反対の一点で結束し、元共産党市会議員を反対同盟事務局長に据え、さらに、教員組合を組織する地区内工業高校教師とも連係した。

反対運動に、全市的には、文化会議、水産加工業者、国労など一部労働組合が合流し、三島同様

18

◉沼津市民大会の耕耘機部隊
一九六九年九月一三日の沼津市民大会に参加した、三島市中郷農民の耕耘《こううんき》機部隊。デモ行進の際は、筵《むしろ》旗を掲げて先導隊を務めた。清水町も加えた市民協議会の連携は、最後まで崩れなかった。

に市民協議会を構成し、両市民協議会が協力して市域を越える広域活動を組織した。漁民の反対運動は、今回も強力に展開されたが、市民協議会とは一線を画した。漁協に組織された漁民が独自の活動を行なうのは、各地でみられる現象である。沼津の反対運動は、一九六四年九月の二万五〇〇〇人を集めた市民大会で決着がついた。その後、沼津では環境保護型の住民運動が維持された。

司法の場による追及

ふたたび目を四日市《よっかいち》に戻そう。各地の産業公害の深刻化と公害対策市民要求の活発化のなかで、一九六四年（昭和三九）、四日市市や神奈川県川崎市など産業公害都市が連携し、産業公害都市協議会を結成し、全額国費負担による都市改良事業実施を要望した。公害対策を課題とする都市改良の総合計画策定が、無制限に企業誘致を繰り返してきた産業都市の課題として意識されはじめたのである。具体的な対策は、公害被害地住民の集団移転、緑地帯設定などだが、このうち集団移転は、ほとんどの場合挫折《ざせつ》した。とくに塩浜《しおはま》地区では「塩浜を守る会」が組織され、集団移転への強硬な反対姿勢を貫いた。先住者たる住民が、あとから進出した公害企業のためになぜ追い出されねばならないのか、求められるべきは工場側の公害発生源対策の徹底である、という行政の対策姿勢への根本的な疑問が、そこにはあった。

一九六五年、公害患者の認定作業実施に先立ち「四日市公害患者を守る会」が結成され、患者自身による公害規制運動が始まった。一九六六年、最初の公害患者の自殺者が出ると、追悼市民集会、デモが組織された。こうした患者の人間性・生の意識化は、人権回復の手段として司法の場を活用する発想にも展開していった。同年、四日市市は国に公害対策基本法の制定、県に公害防止条例の制定を要求した。時を同じくして、全国市長会や産業公害都市協議会からも公害対策基本法制定が要望された。公害対策は、翌六七年の総選挙の争点ともなり、選挙後に公害対策基本法が成立した。

日本で初の大気汚染公害をめぐる訴訟である四日市公害訴訟が提起されたのは、同法公布直後の九月である。訴訟準備は前年から始まっていたが、その過程で、コンビナート企業の労組連合体が裁判支援に消極姿勢を示し、地区労を脱退した。また、活発な運動を展開していた自治会も、訴訟支援には躊躇《ちゆうちよ》した。そして、患者自身が原告になることについても、ほかの公害裁判同様に、周辺社会の激しい非難があった。その状況下で、患者九人が原告に立つことを決意し、四日市市職員を中心とする公務員労働運動の支援態勢のもと、裁判が提起された。

このように、裁判と住民運動との連携は当初弱かったが、そのなかで地区労活動家と公害患者運動のリーダーにより、公害被害の原点の地ともいえる塩浜地区内磯津《いそづ》に公害の実態を地道に記録する住民運動が起こされた。また、旧来からの公害患者組織にかわり、み

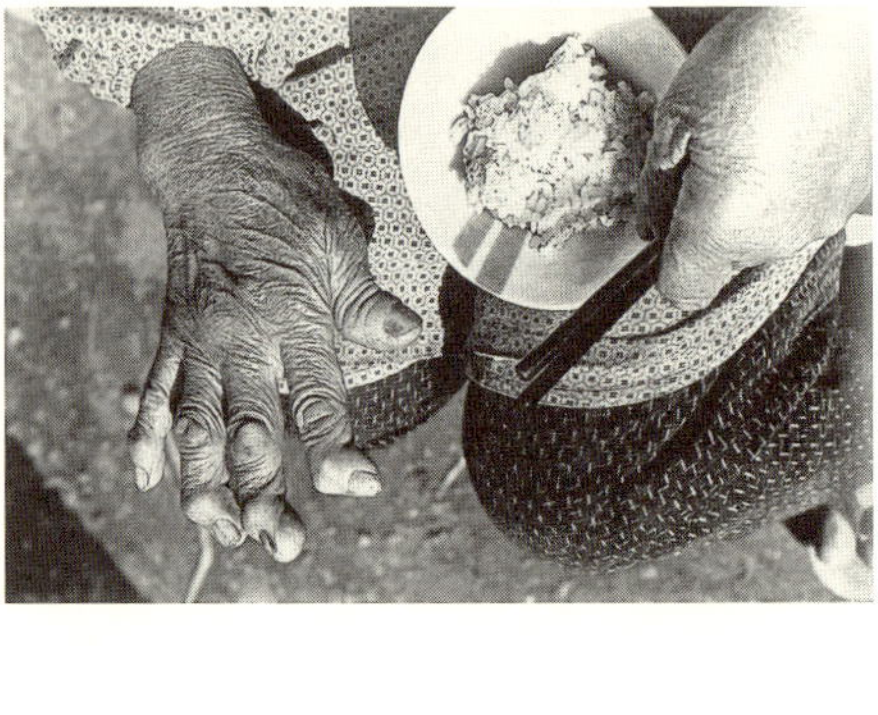
19

◉富山イタイイタイ病
三井金属神岡《かみおか》鉱業所を汚染源とする公害病。骨がもろくなって身体じゅうで骨折が起こる。一九六八年に提訴し、七一年に四大公害裁判（ほかの三つは水俣病・新潟水俣病・四日市ぜんそく）で初の勝訴となり、翌年勝訴が確定する。

ずからも公害認定患者である僧侶《そうりょ》をリーダーとする「四日市公害認定患者の会」が発足し、一九六八年、はじめて全市の公害認定患者が一堂に会し、第一回総会が開催された。同会は、六九年には認定患者の九割にあたる四八〇人を組織し、全国の公害患者組織と提携し、各地住民運動との交流も進めていった。

この裁判の最中の一九七〇年には「公害に係《かか》る健康被害の救済に関する特別措置法」も施行され、四日市市が独自に実施していた医療費公費負担が、産業界・国・自治体の負担となった。一九七二年七月の第一審判決は、コンビナート企業六社の共同不法行為を認めるとともに、企業誘致に奔走した行政側の責任を明確に指摘した。これを受け、三重県知事と四日市市長は行政責任を認めて住民に謝罪し、企業と裁判の原告以外の認定患者・遺族との間でも補償交渉が行なわれた。要求六億七〇〇〇万円に対し、五億七〇〇〇万円という高い水準での妥結であった。

さて、以上の範囲で公害反対運動の主体の変化をまとめてみよう。六〇年代前半にあっては、担い手は旧来からの町内会・自治会が中心である。ただし、自治会そのものが行動を起こす場合と、沼津《ぬまづ》のように反対同盟を組織し、組織運営の革新を図りつつ、運動を展開したケースがある。これに婦人会や青年団、漁協などを加えた地域共同組織が、新中間

20

◉新潟水俣病（第二水俣病）
昭和電工による水銀汚染の被害者は、阿賀野《あがの》川流域で漁業を営む人たちが中心だった。一九六七年に四大公害裁判の先陣を切って提訴し、七一年に勝訴するが、認定の枠は狭く、現在も訴訟が続く。

層の諸組織や革新系の諸団体と連携し、あるいは並行して、反対運動を展開した。四日市の場合は、当初は諸運動の協同性が弱かったが、六〇年代後半になると、集団移転問題を通じて高度経済成長政策への疑問、巨大企業を相対化する発想が現われ、公害訴訟を通じて広がっていった。

もうひとつの変化は、患者自身の結束・抵抗主体化が図られはじめたことである。これが公害訴訟提起の基本的前提となる。そして、実際の訴訟の開始は、地元の運動のあり方にこれまでないほどの大きな影響を与えた。第一に、患者・遺族の結束が強化し、強力な運動主体となったことである。この点は、当時の多くの公害・薬害訴訟における運動主体の新しい登場と共通している。第二は、裁判支援・患者支援を通じた地域の運動の変化である。自治会のかわりに、記録し、学び、議論し、実践する、いいかえれば民主主義的運営と情報共有を前提とする、新しいタイプの地域自主組織が出現した。こうした主体の変化は、弁護士、組合活動家や教師・ジャーナリストたちとの階層を超えた協同と、裁判支援を通じての地域を越えた全国的な連帯を生み出した。

革新自治体と市民参加

一九六七年（昭和四二）四月の東京都知事選挙で、経済学者で社会・共産両党の推薦候補の美濃部《みのべ》亮吉《りょうきち》が、「東京燃ゆ」と評された保革激突を制し当選、初の革新都政が実現した。美濃部は、労働団体から主婦層、二〇～三〇歳代の若者の支持を得、生活環境のひずみの激しい三多摩地域で強みを見せた。東京は、近代化・産業化がもたらした多くのひずみの是正にいったん向かうことになる。

安保闘争後停滞した革新共闘は、都知事選の直前にベトナム反戦をきっかけとして復活し、選挙に先立ち六一項目にわたる政策協定が結ばれた。同時に、社共両党と労働・民主団体、学者・文化人・個人を結集する「明るい革新都政をつくる会」が結成され、発足時で三九五の労働団体、四九四の諸団体、一八〇〇人の文化人が参加した。戦後革新勢力はこの時期、多様な主体を担い手とする社会運動の展開力を最大限保障できるような、新たな勢力編成の必要に迫られていたが、こうした統一戦線組織の形成は、戦後革新なりの時代への対応であった。

当選後の美濃部都知事は都民との対話を重視し、憲法や地方自治法の理念である民主主義の実現を推進する姿勢を示した。対話集会は、在任一二年間で二〇六回に及ぶ。政策面では、市民が幸せな生活を送るために必要な最低限度の水準を都が自主的に設定し、行政の到達目標を明確にするという「シビル・ミニマム」を基本に据えた。全国総合開発計画に代表される長期計画的手法に、生活の豊かさの実現という視点を大胆に取り入れることで、経済成長優先政策に理念的にも対抗したのである。

美濃部都政は、福祉・公害対策をシビル・ミニマム実現の要《かなめ》とした。一九六七年から七八年までに四七倍の伸びを示した老人福祉対策費（老人医療費の無料化や敬老乗車証の発行など）、ほぼ同時期に六一〇園から一四三八園（定員一五万人）に拡大し

21

◉歩行者天国を視察する美濃部都知事
一九七〇年八月、都内で初の歩行者天国が、銀座・新宿・池袋・浅草四か所で実施された。道路を歩行者中心に転換する試みが始まった。

た保育所を筆頭に、障害者政策としての養護学校増設・心身障害者扶養年金・心身障害者福祉手当、都公害研究所設置と公害防止条例制定などがあげられる。また一九七一年のゴミ戦争宣言は、都民参加によるゴミ問題解決をめざした試みであった。その多くは国政の先取り的政策であり、都民に新たな政策の方向を示すと同時に、シビル・ミニマムの達成を生活防衛の一権利として都民に自覚させ、住民運動を促した。

　このように美濃部都政は、首都東京の行政では異例な政府に対する挑戦的な政策決定・行政運営をあえて行ない、国への対抗姿勢を示した。一九七一年四月の知事選では「ストップ・ザ・サトウ」をスローガンにして、都知事選史上空前の得票で圧勝した。このときの統一地方選挙では、大阪で黒田了一《くろだりょういち》革新府知事が誕生し、一九七三年には六大都市（東京・横浜・名古屋・京都・大阪・神戸）すべてが革新自治体となった。

　東京の革新自治体化に対する自民党の危機感は強かった。一九七〇年の公害対策基本法の全面改正、七一年の環境庁設置、七三年の田中角栄《たなかかくえい》内閣における福祉元年宣言、七三年度予算における社会保障費大幅増などの福祉社会的な政策が、革新自治体の先取り的な政策を取り入れるかたちで、中央政府・保守の地方自治体によって導入された。また、一九七三年の都議会議員選挙における自民党の「東京ふるさと計画」は、市民運動を

22

◉東京ゴミ戦争
ゴミ処理場「夢の島」の地元江東《こうとう》区では、一日五〇〇〇台にも及ぶゴミ収集車の往復に反対する区民の実力闘争が、一九七二年末から始まった。ゴミ問題は二三区の地域間対立の様相を呈した。

評価し、行政と住民の協力しうるシステムを展望した。古い町内会的コミュニティをつくりかえようとした革新に対し、古いコミュニティの担い手層に市民化を要求する保守という、市民形成とコミュニティ形成における主導権争いが繰り広げられたのである。

石油ショック後の財政難の時期には、自民党は「バラマキ福祉」批判、高い人件費批判を展開した。革新自治体の公的福祉・医療・教育政策は、保育士や医師をはじめとする専門職的公務労働者層の増加と人件費の増大をもたらしていたのである。この層は革新自治体の支持層でもあることから、自民党はバラマキ福祉批判により、納税者の立場から自治体の減量経営・自治体経営主義への転換を要求しつつ、革新自治体の基盤をも崩そうとしたのである。これに革新都政を支えた社共の対立の深刻化が加わった。一九七五年知事選挙で衆議院議員・作家の石原慎太《いしはらしんた》郎《ろう》候補に対し美濃部は辛勝したが、七九年改選を前に美濃部は引退に追い込まれ、革新都政の時代も幕を閉じた。

住民運動と権利意識

一九六〇年代後半以降、全国的規模で噴出した多様な住民運動を全体的にまとめておこう。住民運動の要求を政策関連と生活環境に大別すると、両者の比率は一対二だった。地域別にみると、生活環境の五割弱が五大都府県（東京・神奈川・愛知・大阪・兵庫）に集中していた。五大都府県の政策関連では幹線交通網、都市開発に関する運動の比重が高く、交通問題の深刻さ、および政府の都市開発政策に対する各地の抵抗を示していた。

五大都府県を除く太平洋ベルト地帯を中心とする工業地帯では、水資源・エネルギー開発・国土保全などに重化学工業化の矛盾が鋭く現われていた。生活環境要求でも、貧困な社会資本の充実をめざした五大都府県の運動に対し、人間が生きていくうえで最低限の条件を確立させる運動が目立っており、生活破壊の深刻さを反映していた。社会的福祉の必要性が増大したにもかかわらず、生活基盤に金をかけない行政の対応が、生活困難を深刻にさせていたのである。農村地帯諸県は、生活環境要求では工業地帯と同様の傾向だったが、政策関連では工業開発・エネルギー開発の比重が高く、一九六九年（昭和四四）にスタートした新全国総合開発計画（新全総）後の工業基地の全国的拡大が、地元地域住民の生産活動・生活と厳しく対立したことを示していた。

このように、高度経済成長期の住民運動は、その時期の都市問題の激化への対応であるとともに、全国規模で重化学工業化を推進した地域開発政策と、その庇護《ひご》のもとで展開された企業活動がもたらした、公害・都市問題・環境破壊への抵抗運動でもあった。

住民運動の有力な一翼を担った公害反対運動は、この時期に、従来の事後救済的運動に加えて予防的運動が広く成立した。その背景には、よい生活環境で生活することが民衆の基本的権利のひとつであるという意識の成立、環境権というかたちでの生活権の具体化があった。経済成長よりも環境を大事にするという意識は、一九七〇年前後に急速に広がっている。

働く母親たちの増加は、主婦たちの間に住民運動、社会運動を広げていった。一九五〇年代後半に始まる保育所設立運動は、働きつづけたい、しかし子どもの生きる権利も守りたいという願いを共有した運動で、そこから、保育所は母親たちの労働権を保障する場であるとともに、子どもの生活権・発達権を保障する場でもあるという位置づけが確立した。こうした理論的深化を背景に、保育所設立運動は、自分でつくる運動から自治体の責任を問う運動に、さらに公立保育所設立運動に発展していった。学童保育設置運動も、社会問題化した「鍵《かぎ》っ子」に子どもらしい生活と発達を求める母親の切実な願いから始まっている。

女性を中心とする市民運動で注目されるのは、消費者運動である。多くの消費者に影響する大量生産商品の欠陥や有害性に対し、みずから行動する消費者運動が本格的に形成され、企業告発や不買運動が展開された。そのなかでもっとも有力な潮流である生協運動では、一九六四年、日本生活協同組合連合会（日本生協連）により班組織方針が定式化され、主婦が生協の主人公になる可能性が組織的に開かれた。生協組合員は一九六〇年代を通じて増えつづけ、石油ショックを契機に急増するが、班組織・班活動の成長は、家族の生活を守るだけでなく、新たな地域づくり、社会連帯の拠点ともなった。住民運動・市民運動の一連の運動過程は、私生活に閉じこもった「閉じた私」ではなく、「開いた私」、私生活中心主義に立った新たな社会連帯・社会原理の主張であり、開かれた私意識の獲得は、家庭のあり方をも変えていく力となった。

23

◉光化学スモッグ
一九七〇年七月、東京・杉並区の環状七号線付近の学校で日本初の光化学スモッグ被害が発生した。列島規模での公害広域化を示す事件である。この時期、東京都民の環境への意識も高まっていった。

戦後開拓者の三里塚闘争

今度は、本巻で意識的に注目している農漁民の動向の一例として、千葉県成田《なりた》市三里《さんり》塚《づか》を中心とする新東京国際空港反対運動を取り上げたい。農民を主体とし、全学連や学生運動諸派の支援を受けた三里塚闘争（成田闘争）は、一九六六年（昭和四一）に始まりいまだ最終解決をみない、戦後最長に属する社会運動のひとつである。そして国際空港の大幅開港遅延（そして一部のみの開港）という政治・経済的に深刻な影響をもたらし、他方で、経済成長型・都市型社会へ深みのある問題を投げかけつづけた運動でもある。

舞台となった三里塚は、千葉県北部の北総《ほくそう》台地と呼ばれる丘陵地帯のほぼ中心に位置し、明治時代中期に設置された御料《ごりょう》牧場一帯を指したが、戦後は、御料牧場が解放されて生まれた天浪《てんなみ》・木《き》の根《ね》・東峰《とうほう》などの開拓部落を含めた呼び名となった。空港用地と保安用に予定された面積のうち、三分の一は御料牧場と県有林、残りの大半は戦後入植した開拓地であった。ただし、生活に大きな障害を与え、移転も余儀なくされた騒音問題も含めれば、空港問題の関

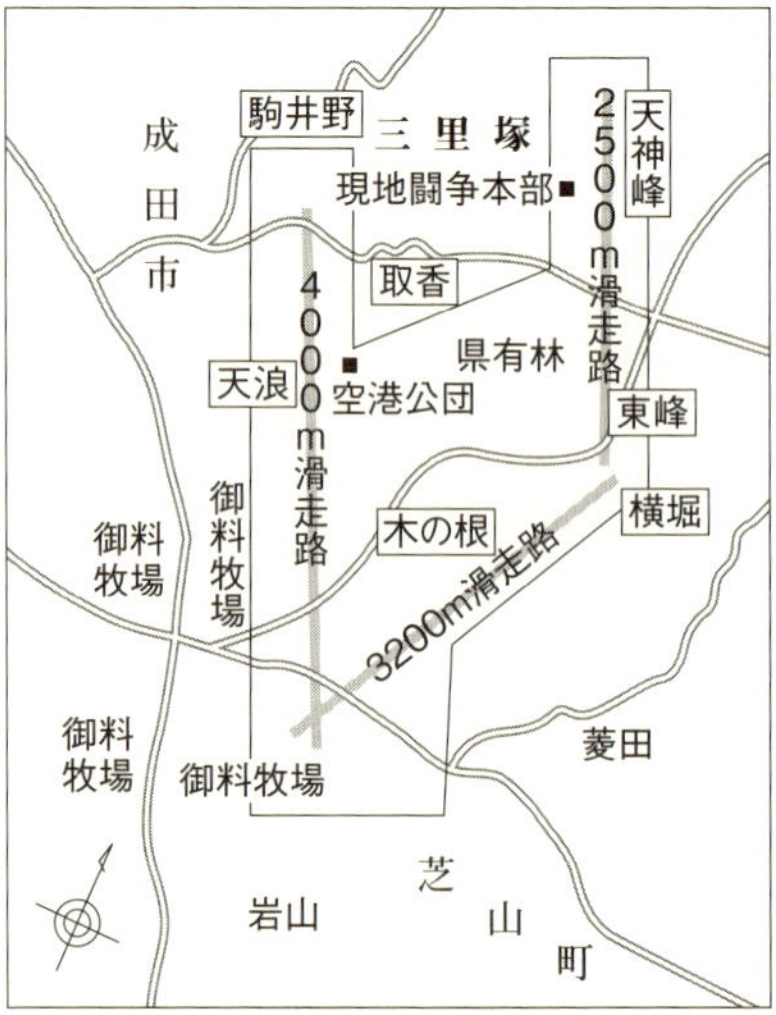

宇沢弘文編『三里塚アンソロジー』より作成

◉三里塚周辺地図
天浪・木の根・東峰は戦後開拓地、天神峰《てんじんみね》・横堀《よこぼり》は大正期の開拓地域。周囲には明治以前からの古村もあるが、収用地は大正・戦後の開拓地が中心であった。

係地域はさらに広くなる。

開拓農民は外地からの引揚げ者をはじめ戦災者などで、入植後は早朝から夜遅くまで木の根を掘り起こして農地に整備し、食うや食わずで働いた。開拓者は割り当てられた土地の一角に掘立小屋《ほったてごや》を建てて住み着いたので、部落共同体的な性格はほとんどもたなかった。このため、空港問題に際して一体化がなされず、これを契機に離村しようとするグループと、苦労の末つくりあげた農地を空港のために手放すことはできないとして頑強に土地に固執するグループとに分かれた。

空港問題には、シルクコンビナートの構想問題もからんでいた。これは千葉県が、三里塚入植者の不安定な生活を養蚕・製糸業の再建によって改善しようとしたものだったが、空港計画が明らかになると県は突如シルクコンビナートを途中で中止し、責任も曖昧《あいまい》なまま放置された農民は、県や国の政策に深い不信をもつに至り、空港問題に大きな影響を与えた。

それに対して、騒音問題から同じく農民闘争の一翼を担った芝山《しばやま》町は、三里塚の南に位置する、長い歴史をもつ稲作中心の古村であった。農業を主力とする地域で、集落を形成し、共同体的な関係も密であるが、そのなかで三里塚に近く騒音直下となる菱田《ひしだ》・岩山《いわやま》地区などは、比較的早くから畑作、とくに野菜を中心とする都市近郊農業にも力を入れるようになり、市場経済の影響もあって、開かれた面をもつようになっていた。また、団結の基盤となる共同出荷組合もつくられていた。

当時の経済成長を支える運輸の動脈として、地上交通とともに航空利用も急速に発展し、羽田《はねだ》空港は満杯となり、新国際空港建設への要望は日に日に強まった。「空港建設の公益性」を強調する政府・運輸省が空港建設候補地としたのが北総台地で、最初は一九六五年に富里《とみさと》に内定した。しかし、千葉県知事にも抜き打ちの発表で、驚愕《きょうがく》した現地自治体は相次いで反対を決議した。総反発を受けた政府は住民の反対に押し切られて、富里計画を断念した。

　ここで突然浮上したのが三里塚である。政府は今回は千葉県との事前協議を進め、一九六六年六月、三里塚案が新聞報道された。報道を受け、三里塚の反対派農民は戸《と》村一作《むらいっさく》を委員長とする「三里塚新国際空港設置反対同盟」を結成し、隣の芝山町でも「芝山空港反対同盟」が結成された。だが政府の動きは素早く、七月四日、補償費などの住民対策を含めて三里塚を中心に新国際空港を設置することを閣議決定し、ただちに「新東京国際空港公団」を発足させた。発足から一年ほどで各地域に条件付賛成派組織が結成され、売渡契約が進んだ。この厳しい状況下で一九六八年八月、二つの反対同盟が連合し、「三里塚・芝山連合空港反対同盟」（委員長戸村一作）が結成される。組織は、空港予定地内六〇戸、芝山側騒音地区の三〇〇～四〇〇戸、動員力は一〇〇〇人近かった。反対同盟に加盟している各部落は、「部落反対同盟」を名のり、部落での問題は自主的に決定する仕組みをとった。この運動構造の柔軟性は、先に

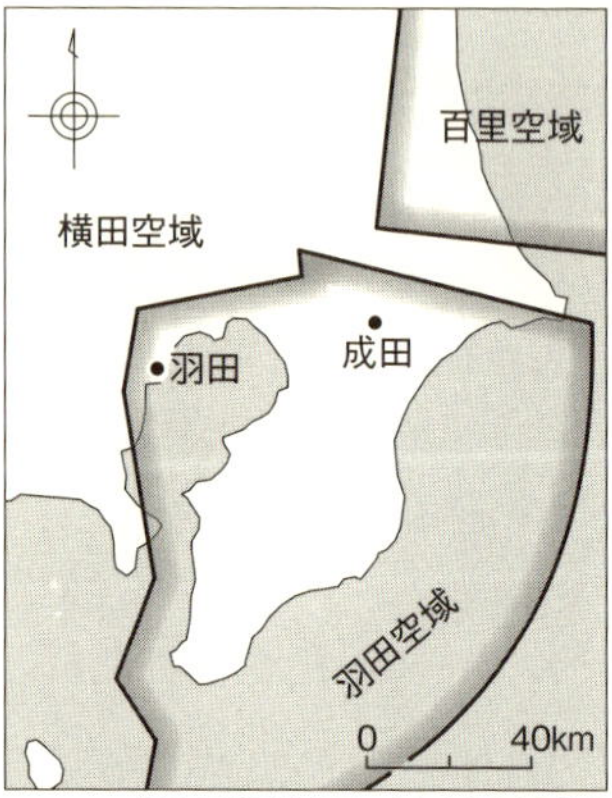

隅谷三喜男『成田の空と大地』より作成

●横田空域
首都圏の空港建設地選定にあたり問題になったのが、「空域」である。関東の空には、米軍横田基地の訓練と離発着用の巨大な横田空域、航空自衛隊百里《ひゃくり》基地用の百里空域が存在していた。この制限下で、羽田空域を割いて新たな空域形成の可能な地域が、北総台地だった。

みた沼津《ぬまづ》の住民運動と共通する。

一九六九年九月、空港公団は未買収地につき、強制的に土地を入手できる土地収用法の適用申請を決定し、一二月、建設大臣の事業認定を得た。告示当時の未買収地は一一二ヘクタール、戸数は三〇戸であった。告示後、立ち入り測量が強行された。機動隊一〇〇〇人の動員に対し、反対同盟は青年行動隊・婦人行動隊・老人行動隊・少年行動隊など層別行動隊を組織的に繰り出した家族ぐるみ闘争で対抗し、三里塚闘争の最初の山をつくりだした。

一九七〇年一二月、県収用委員会は空港公団の土地所有権取得を認め、土地所有者に明け渡しを裁決した。応じない所有者に対し、空港公団は知事に行政代執行を要請した(第一次代執行)。反対同盟は強硬に反発し、一九七一年二月から三月にかけて地下壕《ごう》戦術を含む長期的な抵抗が組織された。さらに同年秋の第二次代執行では、反対派と警察隊が激しく衝突し、警察側に三人の死者を出した。警察側の動員は一万あまりといわれている。この後の取り調べは苛烈《かれつ》で、五七人が起訴された。

一九七八年、滑走路一本で新東京国際空港は開港するが、反

24

◉三里塚の少年行動隊
機動隊との武力衝突を前に、小・中学生も同盟休校をして、ヘルメットをかぶり、団結小屋や砦、地下壕にも入り、警察隊と対峙《たいじ》した。

対運動は継続した。一九九一年（平成三）、未買収地はなお二一ヘクタール残っていたが、この年、学識経験者を調整役に、反対同盟の一部と政府・空港公団・千葉県当局が参加して、和解と共生に向けた連続シンポジウムが始まり、それを引き継いだ円卓会議へと至った。

戦後民主主義と戦後農政を問う農民たち

三里《さんり》塚《づか》闘争が問いかけたことは何だったのだろうか。その第一は、戦後民主主義、とくに議会制民主主義と戦後地方自治への問いである。

国際空港の建設は政府の担当だが、土地収用は空港が置かれる県の知事の所管事項である。さらに、空港が実際に設置される市町村の長の了承も必要となる。県知事・市町村長が了承し、県議会や市町村議会も賛成となれば、民主的に必要な手続きは完成する。これが戦後民主主義の代表的形式であった。しかしそこでは、直接の利害関係をもつ住民の声を聞く手続きがほとんどとられず、彼らの声が無視され、時には拒否されることもありうる。成田空港問題の基底、農民の疑問と怒りの起点はこの点であった。

その農民に対し、政府・県は、必要な民主的手続きの完了と空港建設の「公益」性を旗に、土地収用という強権を行使することに躊躇《ちゅうちょ》しなかった。所定の手続きをふんで決定した方策に従わないのは、「不埒《ふらち》な国民」であるとする。対する農民は、これも戦後民主主義の価値である、国民の基本的人権と生活権を盾に激しく抵抗することとなった。この戦後民主主義への問いを含む戦いにおいて、当初支援にまわった戦後革新はしだいに距離を置くようになり、かわって学生運動諸派が支援に入った。一九五〇年代の基地闘争においては農民闘争と戦後革新の支援は一体化したが、三里塚の農民闘争では、農民運動と戦後革新とは対立を深めた。住民運動と戦後革新も同様であった。この時期、主権在民と何か、民主主義とは何か、公共の利益と個々の人民の財産権とのかかわりはいかにあるべきかが問題となっていき、戦後民主主義思想は新たな質を問われていた。

第二は戦後農政への正面からの異議である。反対同盟のリーダーのひとり熱田誠《あつたまこと》は一九七八年（昭和五三）に、政府の農政でつくられた農業に対する疑問を呈し、〈自分達の努力によって新しい農業の方向を見出していく必要を訴えている。戦後農政との対抗はまた、日本の農業が長い歴史のなかではぐくんできた農民魂の発見過程でもあった。先に触れた一九九一年（平成三）の第一回シンポジウムにおいて、反対同盟の石毛博道《いしげひろみち》は、〈何の相談も話し合いもなく、農民から大地を奪うことは〈農民の人格権への攻撃〉であり、〈だからこそ、第一次強制代執行に反対する戦いのなかで、突き動かされるような気持ちで、「日本農民の名において収用を拒む」と叫び、黒枠の日章旗を掲げたのです〉と述べた。さらに〈私たち農民と土の関係は、面積や価格の問題としてあるのではなく、このように生きた関係として呼吸を通わす関係〉だとして、〈今の政府・運輸省の政治理念は、この国に脈々と流れている豊かな土地の思想ともかけはなれて、何と貧しいことなのでしょうか。むしろ、政府・運輸省は、農民と土地の関係が持つ「公性」に何の配慮もなく、土地を「私」したといって過言ではないでしょう〉と、言い切った。

ベトナム戦争と日本

ベトナム戦争は日本にもさまざまな影響を与えたが、そのひとつに「ベ平連」の市民運動がある。これは、直接民主主義、そしてこれまで類例のない市民的不服従・非暴力直接行動による反戦運動であり、ひじょうに能動的な政治運動であった。また、ベトナム反戦運動を通じて獲得された加害者認識は、現実の戦争への加担から歴史における一般民衆の位置についての認識に広がり、その後の戦争責任認識に大きな影響を与えることになる。ここではベトナム戦争と日本のかかわりをまず確認したうえで、反戦市民運動をみていくことにする。

一九六四年（昭和三九）のアメリカ議会「トンキン湾決議」により自由な戦争権限を得たジョンソン大統領は、一九六五年二月、北ベトナムへの爆撃（北爆）を開始、三月にはアメリカ地上軍による南ベトナムの戦場への直接参戦が始まった。この時点で、ベトナム戦争は、アメリカ軍と北ベトナム軍の直接対決を含む全面戦争という構図に拡大した。

四月、椎名《しいな》悦三郎《えつさぶろう》外務大臣は国会で、ベトナムにおけるアメリカ軍の行動は日米安保条約の枠内であり、在日米軍基地施設使用に対する日本の協力は当然と答弁した。従来、安保条約の定める極東の範囲はフィリ

25

◉ベトナムへの攻撃基地・沖縄
嘉手納《かでな》弾薬庫から嘉手納飛行場に運ばれるB52用の爆弾（一九六九年）。B52は一機で三〇トン、一〇八発の爆弾を搭載した。爆弾は一発で深さ約九m、半径数十mの穴があくほどの威力だった。

ピン以北としてきた政府の統一見解を変更し、戦争協力を合理化したのである。その結果、日本本土の米軍基地はアメリカのベトナム戦争遂行に重要な役割を果たした。とくに原子力潜水艦と世界最大規模の原子力空母エンタープライズを擁し、ベトナムへの空爆作戦を支えていた第七艦隊は、横須賀《よこすか》と佐世保《させぼ》（長崎県）を拠点としていた。ベトナムで負傷した兵士の多くが、日本の基地内にある野戦病院で治療を受けており、日本は派遣兵の休暇地でもあった。日本本土の基地とベトナムの戦線は直結していた。それは、「冷戦」時の防衛条約ではなく、「熱戦」時の攻撃条約としての安保条約の異なる一面であり、この政治構造を自覚したとき、日本の市民運動は、ベトナムに対する「平和国家」日本の加害者性を認識するに至った。

ベトナムの戦場は、大型ナパーム弾や枯れ葉剤など、皆殺し（ジェノサイド）・自然系破壊（エコサイド）用新兵器の実験場といわれたが、それは、ベトナム人に「死か屈服か」の二者択一を強《し》いる戦争だった。少年少女・妊婦・乳児を含む三〇〇人近い村民が犠牲となったソンミ村の虐殺（一九六八年）に代表される、アメリカ軍による無差別大量虐殺事件は、この皆殺し作戦の延長上に起こった。当時、日本国民の三分の二は戦前生まれで、なんらかの戦争体験を記憶する国民は多数派だった。彼らにとって、テレビなどを通じて見たベトナム戦争の悲惨な光景はま

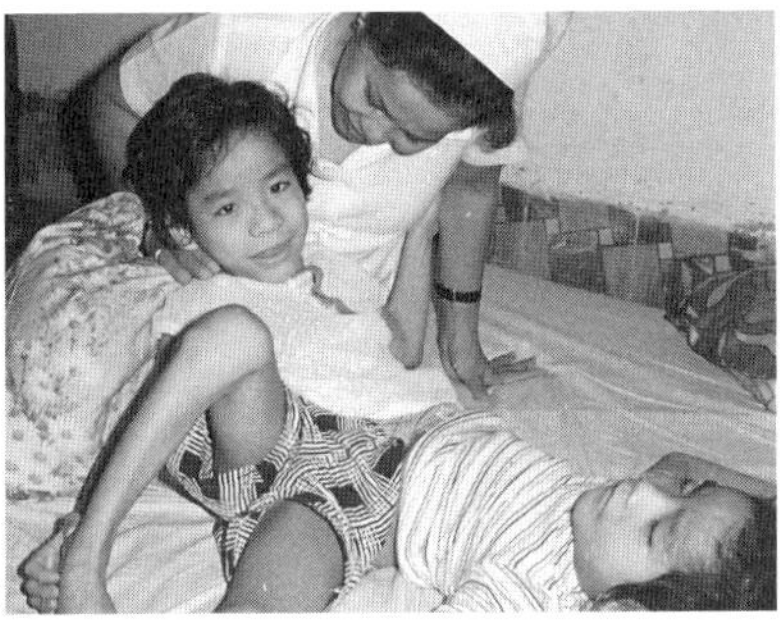
26

●ベトちゃん（右）とドクちゃん
二人は、枯れ葉剤の後遺症で下半身がつながった双子として一九八一年に生まれた。写真は、一九八八年の分離手術時。

ったくの他人事ではなく、空襲や戦争の記憶を呼び起こした。反戦平和の思いの基底にあったのは、その記憶だろう。

南北ベトナムの戦死者は三〇〇万人、そのほかに無数の行方不明者・民間人犠牲者と膨大な負傷者・難民が発生した。アメリカ側の死者は五万八〇〇〇人、そのほとんどは平均年齢一九歳の兵士だった。彼らの多くは貧しい階級出身だった。脱走兵は延べ二〇万人、徴兵拒否者・忌避者は五七万人に達した。日本の反戦市民運動が直面したもうひとつのベトナム戦争の側面は、戦場に置かれたこのような若い兵士たちの、正常な精神を裂かれるような現実と、その状況への抵抗であった。

一九六八年の南ベトナム解放民族戦線（解放戦線）・北ベトナム軍のテト（旧正月）攻勢は、テレビを通してアメリカ社会に戦争の泥沼化を実感させ、「正義の戦争」への虚偽感をつくりだした。それは、アメリカ国民の政府に対する信頼性を喪失させ、日本や世界に影響を与えたベトナム反戦への大きなうねりへとつながった。一九六九年に大統領に就任したニクソンとその補佐官キッシンジャーは、同年七月、東南アジアの軍事的再編を目的とした「グアム・ドクトリン」を発表し、ベトナムについては、アメリカ軍撤退政策と戦争の内戦化を推し進めた。

国際政治面では、アメリカは対立を深めていた中国・ソ連関係にくさびを入れるべく中国接近に動き、一九七二年二月、ニクソン大統領の訪中実現により両国は和解した。アメリカと中国の復交を受けて、一九七二年七月に成立した田中角栄《たなかかくえい》内閣は、九月に訪中し、戦争責任を認める内容を含んだ国交回復の共同声明を発表した。戦後二七年にして日中国交回復が実現したのである。

一九七三年一月のベトナム和平協定調印を経て、同年三月、一一〇万人のサイゴン政府軍を整備したうえで、アメリカ軍はベトナムからの撤退を完了した。しかしベトナム内戦は、二年後の一九七五年四月に北ベトナム軍と解放戦線がサイゴンに入城し、サイゴンが陥落するまで続いた。

反戦市民運動＝ベ平連の登場

ベトナム戦争に反対する反戦市民運動の代表格が、「ベ平連（ベトナムに平和を！　市民連合）」だった。作家小田実《おだまこと》の呼びかけにこたえて、北爆に衝撃を受けた一五〇〇人が、一九六五年（昭和四〇）四月、「ベトナムに平和を！」を掲げて、東京の清水谷《しみずだに》公園に集まった。ほとんどは政党や労働組合などの社会運動組織に属さず、自分の意志で動こうと考える人々だった。集会は、アメリカのベトナム戦争政策と日本政府の追随を批判する声明を採択し、白い風船や花束を持ってデモ行進をした。こうして市民の反戦政治運動としてのベ平連運動が出発した。

ベ平連は、各個人のベトナム反戦意思の市民運動的行動表現として、デモ行進を重視した。清水谷公園を起点とするデモはまもなく月一回の定例となり、一九七三年一〇月まで九七回続いた。これ以外にも臨時デモが随時行なわれ、一九七〇年には三五日にわたる反安保毎日デモが組

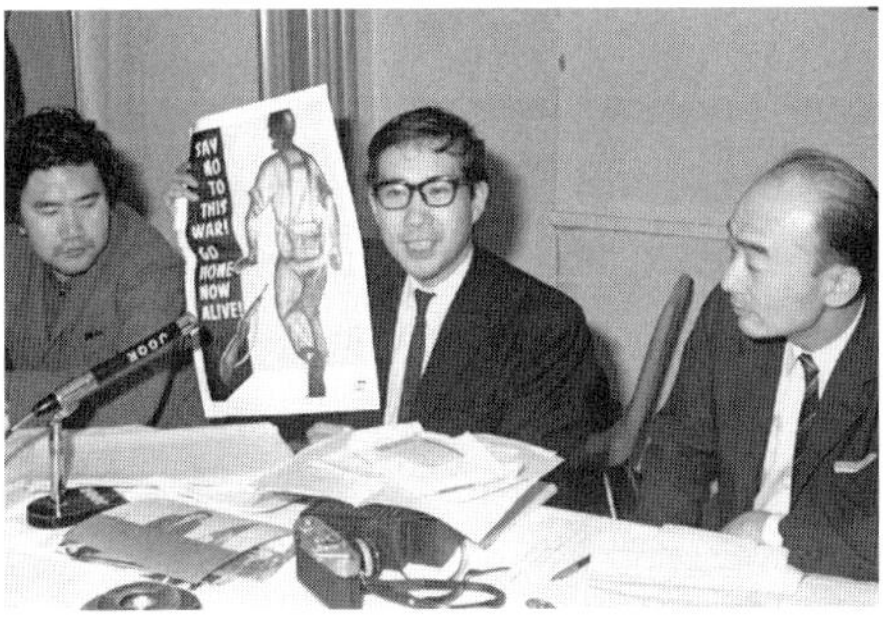

27

●記者会見するベ平連メンバー　一九六八年四月、アメリカ兵脱走援助の国際機関結成についての記者会見に臨む、左から小田実、小中陽太郎《こなかようたろう》、吉川勇一。

織された。デモは、ベトナム戦争への批判の志をもつ人々に、さほど負担とならない政治参加の場を提供したのである。そして、ベ平連が戦争という圧倒的な暴力の行使に対して武器にしたのが、デモに象徴的に表現される、非暴力の原理に徹した市民の行動であった。

ベ平連には、無給の事務担当者が置かれたが、固定した組織・指導部はなかった。何かやろうという市民の自発性が重視され、二人集まれば勝手につくることができたので、全国各地にベ平連が生まれた。たとえば一九六八年一月、小田実と吉川勇一《よしかわゆういち》ベ平連事務局長は、佐世保《させぼ》市内で原子力空母エンタープライズ入港阻止のデモを二人で始めたところ、ひとまわりする間に参加者は一〇〇人を超え、これを契機に佐世保ベ平連が誕生した。各地ベ平連は、最盛期には四〇〇ほどを数える。これらのグループを一九六五年一〇月から発行された月刊『ベ平連ニュース』がつないだ。

個人原理の市民運動であるベ平連は、旧来型の平和運動や革新的な大衆運動とも、新左翼とも一線を画した。小田は、従来の平和運動や安保闘争を、被害者としての反戦平和運動、戦争に巻き込まれ被害者になるかもしれないという反戦平和意識として批判した。そして、戦争においては自分が加害者の立場に立つこともあるという加害者認識を強調し、加害者体験を抜きにして被害者体験や平和そのものを語ることはできな

28

◉一九六八年の一緒に歩こうデモ
デモでは、先頭に身体が不自由な人々が立ち、つぎに単独で参加した人たちが並ぶことが多かった。

いと主張した。

さらに小田は、徴兵忌避を続けているアメリカの若者の行動を支持する原理として、ニュルンベルク戦犯裁判における、あらゆる個人は国家の上にある人類普遍の原理に従わねばならないという裁きの論理を一歩進めて、国家の原理が人類の普遍的な原理に反対するならば、自分たちは国家の原理から手を切って、人類の普遍の原理に従う権利があるとした。義務だけではなく権利としてとらえ直すことで、積極的に平和をつくりだすことを構想したのである。

べ平連のこうした思想は、まずアメリカ兵への働きかけ、脱走兵援助というかたちで実践に移された。その代表例が、一九六七年一〇月にアメリカ軍空母から脱走した「イントレピッドの四水兵」への援助だった。四人はべ平連の手で日本から脱出し、ソ連経由でスウェーデンに赴いた。こうした動きは、一九六八年後半からはさらに積極化し、軍隊内での反戦運動の組織化と援助へと向かった。三沢《みさわ》（青森県）や岩国《いわくに》（山口県）では各地のべ平連のカンパで反戦喫茶やスナックが登場し、基地内の反戦アメリカ兵の活動支援の拠点、連絡センターとなった。逮捕されたアメリカ兵の軍事裁判でも、日本人弁護士による弁護や証人の支援が行なわれた。これらの活動は、当時の日本の反戦市民運動が、アメリカの戦争政策への反対ではあるが、戦場体験に苦悩するアメリカ

29

◉論客・宮沢喜一
一九六五年八月、べ平連の徹夜討論会に参加した宮沢の論客ぶりは小田たちを驚かした。写真は、六七年の経済企画庁長官時代。

兵とアメリカ内部の反戦戦力への共感に支えられた運動であったことを示していた。

べ平連の影響力は大きかったが、一九七三年のベトナム戦争終結を受けて、翌年一月にべ平連解散集会が開かれ、三月、『べ平連ニュース』は一〇一号で終刊した。しかし個人の自発性を尊重するべ平連の運動スタイルは、一九六〇年代後半以降に生まれたたくさんの社会運動にも取り入れられていった。

全共闘とリブ

高度経済成長期は、高校・大学進学率の急上昇を背景として、青年という社会層が新しい性格と文化をもった社会集団として登場した時期であった。彼らは、さまざまな自己表現を通じて「自分は何者なのか」を探しつづけた。

一九五〇年代後半から六〇年代は、社会の再編・近代化が根底から進められた時期だった。その時代に育った子どもたちには、近代市民社会が求める「個人」としての自我形成が要求されていた。一方、この時期はすでにみたように、企業社会も学校社会も能力主義的な発想が支配しはじめ、人格形成がゆがめられた時期でもあった。ただし、一九六〇年代中期までの能力主義的発想は、先に触れたように、能力＝実力という見方も強く、必ずしも近代社会の個人形成と矛盾するものではなかった。一九六〇年代後半に大学在学年齢に達した青年層にとっては、一元的能力主義管理による自己疎外に対抗できる条件が、なおさまざまなかたちで開かれていた時代であった。

「自分」を回復するための自己主張、自己表現は多様であった。マスプロ化し教育条件が低下した大学では大学教育のあり方を問う学生運動に多くの学生が参加し、他方では、サークル活動に自己実現を求める学生も増えた。労働青年は、ある者は労音（勤労者音楽協議会）などの労働文化活動へ、ある者はオートバイ族となった。青年の間で広がった旅や、ファッション化する前のフーテン、ヒッピー、爆発的人気を呼んだエレキギター、GS（グループサウンズ）、フォークなども自己表現であり、反戦や社会問題を題材とした六〇年代フォークは、若者の社会的メッセージとしての意味もあった。ファッションでも、一九六〇年代後半のミニスカートの流行は、女性の身体を衣服の束縛から解放し、あるがままの身体を表現するという性意識の転換を象徴する「事件」であり、やはり六〇年代末に流行したジーンズは、既成の社会規範からの逸脱であり、対抗文化のシンボルであった。

こうした自己表現のなかでもっとも影響力が大きかったのは、「全共闘」に代表される大学生たちの運動だろう。大学に入ることで競争から解放された彼らが自己を問いはじめたとき、自己回復の要求は内面への問いかけと外的世界への攻撃という両面で発現した。自己表現、自立、人間らしさの回復の過程は、ゆがめられた自己形成を意識させ、その結果自己否定の

30

●ミニスカートの女王ツイギー
一九六七年に来日したイギリスのトップモデル。一六八cmの長身と細い足で人々を魅了した。

段階を必要とした。それだけ自分への思い入れは強烈で、既成組織への反発と相まって、彼らは個人の自由が尊重される緩やかな連帯を求めた。だが、「個人」が確立されていない段階での強烈な自己主張は、一方で他人との意思疎通、仲間との心理的つながりを困難にし、運動が退潮するに従って、対極にあるはずの自己を殺した集団的一体化が強まっていった。

一九六〇年代の女性は、性別役割分業の広がりと深まりのほかに、性の商品化という問題とも直面していた。戦後、性の重心は生殖から愛情を前提とした快楽へと変わりつつあったが、性の解放へ向かうだけではなく、商業主義のもとで、女性の人格と切り離した性の商品化が進み、女性を欲望の対象、モノとしてみる新たな社会的抑圧状況が形成されていった。女性が置かれたこのような状況には、男性にはない独自な側面があった。

一九七〇年(昭和四五)に始まったウーマン・リブの運動は、従来の婦人解放運動とは異なる、新しい女性解放運動であった。「婦人」から「女性」への自己規定の変化は、従来の婦人運動への痛烈な批判が内包されていた。運動が性を中心的課題としたことからマスコミによる興味本位の報道が先行し、運動は二年たらずで消えたが、運動が提起した問題は重要な

31

◉連合赤軍浅間山荘事件
一九七二年、警察に追われ逃避行を続けていた連合赤軍のメンバー五人が、人質を盾に山荘に立てこもり、警察が強行突入した。逮捕後、「総括」と称した内部でのリンチ殺人事件が明らかになった。

意味をもっていた。

ウーマン・リブ運動の特質は、性別役割分業体制と性差別を社会的支配・抑圧構造ととらえたこと、その際、自己の足もとから変革を実践しようとしたことである。こうした基本的考え方に立つウーマン・リブ運動は、第一に女性自身の内なる意識（性別役割分業肯定意識）の変革によって個々人の具体的な家庭生活の構造を変えていくことを課題とした。明らかに全共闘運動の思想的影響を受けているが、それは人間疎外からの回復という問題意識を共有したためである。そして第二に、女性も男性と同じく性欲をもった人間だということを女性自身が主張するという視点から、現行婚姻秩序からの性の解放、生殖からの性の解放、性における女性の能動性の獲得という三点を主張した。リブ運動が強くもつ家庭解体論的要素には女性自身の違和感も強かったが、性別役割分業への疑問と家庭内の男女関係問い直しの声は、女性の間に緩やかだが着実に広がっていった。

部落差別反対と同和対策

一九五五年（昭和三〇）、部落解放全国委員会は、結成一〇周年を期に部落解放同盟と名称変更した。精鋭主義の運動ではなく、被差別部落の人々を広く結集する大衆組織としての性格を明確にしたのである。その翌年、第一回部落解放全国婦人集会が、五七年には第一回部落解放全国青年集会が開催され、運動基盤は着実な広がりを見せた。

解放同盟は、個々の差別事件への反対運動を組織しつつ、まず行政に対する住宅要求闘争を展開し、一九五〇年代末には安保闘争と結びつけつつ、部落解放国策樹立運動を展開した。その成果は、被差別部落が集中した大阪府・市などの同和事業関係費（中心は住宅建設費）の急増などに現われているが、中央政治のレベルでは、一九六〇年、総理大臣の諮問機関として同和対策審議会を設置する法律が可決された。

同和対策審議会は同和地区調査を行ない、それをふまえた一九六五年の答申では、部落差別が依然として存在し、それは現代社会の深刻にして重大な社会問題であるとして、広範な対策と特別措置法の制定を求めた。とくに、被差別部落民に就職と教育の機会均等を完全に保障して、生活安定と地位の向上を図ることが中心課題として強調された。同和対策は、市民的権利と自由を保障した日本国憲法に基づいて、国の責任において当然行なわれるべき行政と指摘したのである。

答申に盛られた同和対策事業特別措置法は、解放同盟の答申実施を求める国民運動や行政交渉もあって一九六九年に制定された。これと前後して解放同盟の支部（部落ごと）および県連組織結成が相次ぐなど運動組織が拡大し、大規模な同和事業が各地で実施された。運動の広がりのなかで、一九七〇年前後には差別に基づく結婚反対・婚約破棄に起因する自殺事件が連続して明らかになり、戸籍や除籍簿が被差別部落民の身元調査に使われないよう、閲覧制限を求める要求行動が展開された。また、一九六九年から上映が始まった今井正《いまいただし》監督の映画『橋のない川』（住井《すみい》すゑ原作）は、一年間で観客三〇〇万人に達するほどの反響を呼び、部落問題への国民的関心を高めた。しかし他方で、こうした動向への逆流も起こっていた。その代表例が、一九七五年に明らかになった「人事極秘部落地名総鑑」の存在である。これは、特別措置法が制定された時期以降、全国の被差別部落の地名・所在地と戸数・職業などを編集した地名総鑑がいくつか編集され、大企業を含む企業の採用人事で利用されていたという事件で、部落差別の社会的・歴史的根深さを示していた。

戦後の部落差別反対の裁判闘争としては最大規模、最長にわたる狭山《さやま》裁判に対する支援運動が全国化したのも一九七〇年前後である。一九六三年に発生した埼玉県狭山市女子高生殺人事件の被疑者として、市内の被差別部落出身の石川一雄《いしかわかずお》青年が逮捕された（狭山事件）。翌年、第一審の浦和《うらわ》地裁は死刑判決を下したが、同年からの控訴審で青年は無罪を正面から主張し、部落解放同盟は部落差別に基づく冤罪《えんざい》事件として運動の重点に位置づけた。証拠の捏造《ねつぞう》性や自白の誘導性が問題になるなかで、支援運動は一九六九年頃から広がりを見せ、無実を訴え公平な裁判を求める署名運動や、公正裁判を求める地方議会の決議、一万人が参加した中央集会（一九七三年）などへと展開したが、翌年の高裁判決は無期懲役（死刑判決の破棄）だった。狭山裁判は、この後最高裁上告・上告棄却、再審請求と再審棄却、特別抗告とその棄却と続き、第二次再審請求も棄却され、二〇〇六年（平成一八）に第三次再審請求が行なわれている。

32

◉仮釈放された石川一雄　石川は、一九七六年、最高裁の上告棄却で無期懲役が確定したが、九四年末に仮釈放され、三二年ぶりに生家に戻った（左から二人目）。

占領下沖縄と日本復帰

復帰運動と全軍労

沖縄県祖国復帰協議会（復帰協）が結成された一九六〇年（昭和三五）は、沖縄の軍事基地機能を支える中核的職種である軍労働者の組織化が、軍の厳しい抑圧・監視のなかでようやく始まった年でもあった。一九六二年には初の定期大会が開催され、同年はじめて軍労働者にボーナスが支給された。軍労働者を除き、民政府による労働組合認可・団体交渉権認可制度が廃止されたのも、この年である。

一九六二年二月、立法院は、サンフランシスコ平和条約第三条によるアメリカの沖縄支配の不当性を、一九六〇年一二月の国連の植民地解放宣言によって明確にし、「即時施政権返還」を全県民要求とした画期的決議を全会一致で採択した。同年には、復帰協による琉球《りゅうきゅう》政府の主席公選要求県民大会も開催された。沖縄社会運動は、これまでの復帰・反核という課題に加え、自治権拡大・自由と権利の拡充を明確な目標として据えはじめたのである。また本土でも、六二年には沖縄問題に関して初の全国規模での統一行動が実施された。

一九六五年、アメリカのベトナム戦争介入が本格化し、沖縄の出撃・補給基地化が進むなかで、沖縄の社会運動は、アメリカ軍の戦争介入抗議・戦争協力拒否・基地拡大のための新規土地接収反対・基地被害拡大への抗議を含む反戦運動としての色彩をもちはじめた。その影響は、日本国憲法＝平和憲法への注目、そして平和憲法のもとへの復帰構想につながっていく。労働運動では、軍労働者の労働基本権奪還運動が、一九六四年に結成された沖縄県労働組合協議会（県労協）の支援を得て勢いを増し、六六年、軍作業員の五割以上を組織化した全沖縄軍労働組合（全軍労）が復帰協に直接加盟した。平和憲法への注目を通じ、労働者の人権保障要求が復帰運動と強く結合しはじめ、復帰運動の組織基盤は大きく拡大した。さらに、本土・沖縄を通じてのベトナム反戦運動の高揚が、沖縄からの反戦の意義を本土の革新勢力に認識させたことも手伝って、六五年の復帰協と沖縄連（沖縄問題解決国民運動連絡会議）共催の第一回全国活動者会議開催など、本土の復帰運動との提携は新たな局面を迎えた。

一九六七年になると、教職員の政治活動・争議行為の禁止や勤務評定実施にかかわる教公二法（「地方教育区公務員法」「教育公務員特例法」）制定の動きが、沖縄の復帰運動にかつてないほどの深刻な保革政治

沖縄タイムス　昭和47年(1972年)5月15日　月曜日

日本国憲法

全文

33

◉憲法全文を掲載した『沖縄タイムス』
一九七二年五月一五日の沖縄復帰の日、新聞に大きく掲載された日本国憲法全文。復帰とは、憲法第九条をもつ平和憲法の適用下に入ることを意味していた。

的対立を生じさせたが、復帰協加盟諸団体は、教公二法阻止のために「教職員会を守る共闘会議」を結成した。その運動経過は、復帰協の革新運動への連帯強化、復帰運動の広がり、そして年休制度を利用した実質的ストライキ実施にみられる教職員会の質的変化などをもたらした。同年一〇月、復帰協臨時大会は、即時無条件返還方針を明確に打ち出し、本土の運動を巻き込んだ返還運動の高揚を生み出した。この運動高揚は、佐藤栄作《さとうえいさく》内閣への批判世論を拡大させ、沖縄支配の不安定化を危《き》惧《ぐ》したアメリカ政府は、復帰協の中心的要求のひとつであった主席公選実施を認めた。翌六八年一一月の主席公選では、革新統一候補の屋良朝《やらちょう》苗《びょう》が当選し、日米両政府に対する政治的圧力となった。

この年五月は、嘉手納《かでな》基地に居座り、ベトナム爆撃を続けていた戦略爆撃機Ｂ52撤去闘争を契機に、「基地撤去」がスローガンから現実の闘争目標となり、基地に向けた集会・デモ行進が開始された時期でもあった。また那覇軍港で放射能物質が検出され、海の基地被害の深刻さも浮き彫りとなり、基地被害からの脱却、戦争の危機感からの反戦平和が、これまで以上に復帰運動と強く結びついた。主席公選と同じ一一月には、嘉手納基地核貯蔵庫付近でＢ52墜落炎上事故が起こり、多くの人を核爆発の恐怖に戦慄《せんりつ》させた。事故後ただちに組織された「いのちを守る県民共闘会議」には一三九団体が加盟し、年明け早々県民共闘は、

34

◉Ｂ52墜落事故抗議デモ
一九六九年二月四日の県民共闘会議統一行動当日、四万人の抗議デモに囲まれた嘉手納基地から、通常どおり飛び立つＢ52爆撃機。

Ｂ52即時撤去・アメリカ軍原子力潜水艦寄港阻止・核兵器撤去を要求するゼネスト実施を決定した。ゼネストの動きは、市町村行政、農業・漁業団体まで広がり、復帰運動は、県民総ぐるみの反戦・反核運動としての性格を現わしはじめていた。

ゼネストは、民政府の威圧と本土政府の働きかけのなかで、主席と県労協幹部の政治判断により回避され、一九六九年二月四日に統一行動として実施されたが、この微妙な政治判断を経て、同年一一月、沖縄の一九七二年返還実施を約した日米共同声明が発表された。これはアメリカの沖縄占領終了の宣言であり、平和的な社会運動が占領政策を放棄させた点では画期的な成果だった。だが、しだいに明らかにされる復帰の条件は、復帰運動が中心要求としたアメリカ軍基地撤去目標とはかけ離れた内容であり、復帰すべき「祖国」とはなんだったのか、という根本的な問題そのものを問わざるをえない、沖縄社会運動にとってひじょうに厳しい局面を迎えることになった。

沖縄返還交渉

以上の復帰運動と復帰実現の過程を、沖縄に関連するベトナムの戦局を視野に入れつつ、施政権返還の外交交渉の角度からあらためて眺めてみよう。

一九六五年（昭和四〇）一月、グアム島配備の空中給油機部隊が沖縄の嘉手納《かでな》基地に配備された。グアムからベトナムに向かうＢ52に沖縄上空で給油するためである。地上戦では、三月八日、沖縄駐留のアメリカ軍海兵隊三五〇〇人がベトナムのダナンに上陸した。七月末、台風を避けてグアムからB52三〇機が嘉手納基地に飛来し、翌日には直接ベトナムに発進して攻撃を実施した。沖縄からベトナムへの直接爆撃は、日米安保条約が適用される日本本土基地では少なくとも公然とは行なえない作戦行動であり、ここにアメリカ軍当局が固執する沖縄の米軍基地の「自由使用」の重要性が象徴されていた。一九六八年二月には、テト（旧正月）攻勢によるベトナム戦局の悪化に対応して、B52の嘉手納常駐使用が始まった。

アメリカによるベトナム戦争本格介入直前の一九六五年一月、就任したばかりの佐藤栄作《さとうえいさく》首相は訪米してジョンソン大統領と会談、共同声明を発表した。共同声明の特徴の第一は、前年一〇月に最初の核実験を成功させた中国の封じ込めであり、佐藤政権の自主的核武装要求を押さえつつ、アメリカの核の傘の下で、日米安保条約の中国への対抗性を鮮明にさせることだった。第二は、南ベトナム支援を含むアジア諸国への日本の経済協力の増大、そして第三が沖縄の施政権返還問題への相互理解であった。ジョンソン政権は、対中国政策やベトナム戦争の展開をにらんで、沖縄返還は容易でない、との見通しを示したが、日本復帰要求の高まりのなかで、ベトナム作戦の拠点としての沖縄基地の維持向上には、日本政府の協力がますます不可欠であった。一九六五年八月の、現役首相として戦後初となる佐藤の沖縄訪問は、日米首脳会談で合意したシナリオにそった

佐藤首相、米に表明
65年訪米時 中国の核実験直後
日中戦仮定「核報復を」
外交文書公開

米の保護 確約求めたのでは
マクナマラ元米国防長官

米国在住のマクナマラ元国防長官(92)は、朝日新聞の電話取材に応じた。65年1月13日付の佐藤首相との会談録にある日本の核軍備への言及の真意について「中国の核実験に対し、日本がどう反応するか懸念を抱いていた。日本が軍拡競争に巻き込まれていたら核が地域に拡散していたと思う」と述べた。

日中が戦争に陥った場合に米国に核による報復を首相が求めた点は「発言は確認できない」としながら、「中国の核開発に脅威を感じ、米国が日本を守るという確約を得たかったのではないか。中国にも米国の核抑止力を知ってほしいと思っていたのかもしれない」と語った。

建前超えた発言

◉外交文書によって明らかになった新事実　『朝日新聞』二〇〇八年一二月二二日朝刊は、佐藤首相が一九六五年の訪米時に、中国へのアメリカの核報復を期待していたことを報じた。

ものであった。

ベトナム戦争の本格化は、沖縄におけるアメリカ軍関係の需要（ベトナム特需）を急増させた。ベトナム特需額は、琉球政府年間予算の二倍近い規模を記録した。特需は経済の活況を生み、戦争景気の受益層を育てた。だがその一方で、沖縄の人々に対するアメリカ軍人・軍属による殺害・強盗・強姦などの犯罪を急増させ、基地騒音・水汚染・流弾事故・不発弾の爆発・油流出・危険物落下（一九六五年、演習中のトレーラー落下による小学生死亡事故）などの基地問題と、公然たる存在であった核貯蔵に起因する核戦争への不安を高めていった。このような日常生活への大きな影響が、反基地闘争的性格を強めつつあった復帰運動の背景にあった。

一九六六年末から六七年初めの教公二法反対運動は、沖縄の復帰運動に新たな高揚をもたらし、本土の復帰世論をも刺激した。一九六七年一一月の日米首脳会談を前に、佐藤政権は、核抜き・即時沖縄返還要求の強い圧力に直面していたのである。日米安保条約は締結後一〇年の一九七〇年六月から、一年前の事前通告によって執行する仕組みに移行するが、その後も日米安保条約を継続するには、その前に沖縄問題の解決に道筋をつける必要があった。そのため、会議を前にしてアメリカ側は、沖縄の基地の自由使用の確実な保障と、アジアにおける日本の

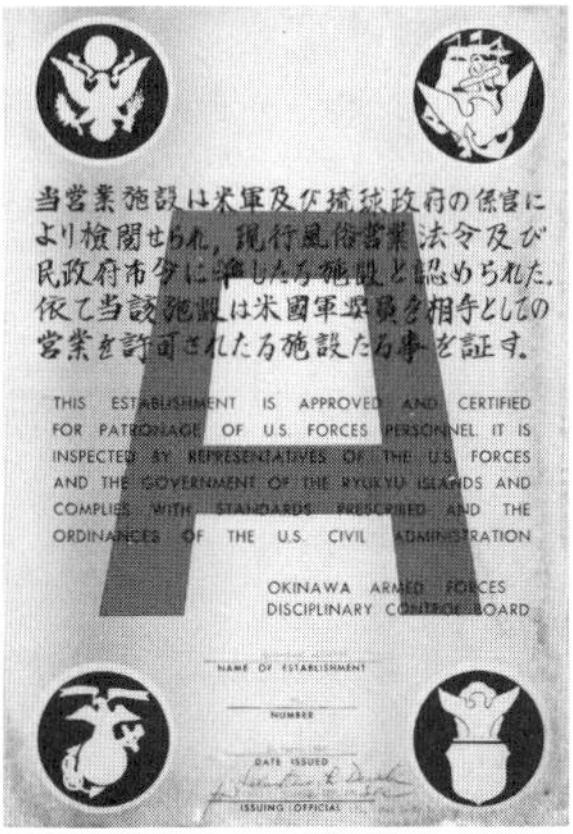

35

◉Aサイン
アメリカ軍が設けた認可基準を満たしたバー、キャバレーなど風俗施設に与えられた許可証。業者にとって軍人・軍属の利用は死活問題であり、しばしば復帰運動と対立した。

政治・経済的役割の拡大を条件に、返還交渉を受け入れようとしていた。核に関しては、再供給の可能性を確保しておけば、核戦略の重大な低下をきたさないと判断していた。その結果、「両三年以内」に返還時期を決めることとなった。

返還までの道のり

その後、返還交渉はすぐには進まなかったが、一九六八年（昭和四三）一一月の、主席公選による革新の屋良朝苗《やらちょうびょう》主席の誕生という政治的衝撃とB52墜落事故による危機感、そして当時の日米間の最大の課題である日米安保条約継続問題が、返還交渉を一挙に推し進めた。アメリカは、日本のナショナリズムの高まりは、経済成長にも裏打ちされつつ、対米従属の象徴であったアメリカによる沖縄統治と在日米軍の存在が主要因であるとの危惧《きぐ》を抱き、佐藤栄作《さとうえいさく》政権のような保守的な親米政権を支えていかなければ、日米安保体制を継続し、アメリカの利益を維持することは困難であるととらえていた。沖縄返還とは、アジアにおけるアメリカの主要なパートナーとしての日本との、政治・外交面を含む関係改善を意味したのである。一九六九年一月、ジョンソン政権を引き継いだニクソン政権にとっても、返還自体は既定路線であり、問題は返還の時期とその条件であった。

沖縄返還に関するアメリカの基本目標・返還の条件は、大きく四つに整理できる。第一は、沖縄基地の通常兵器に関する自由使用の継続である。出撃地域に関する制約がなく、総合的機能をもち多目的使用ができるという二点が、返還後も保障される必要があった。当時のアメリカの東アジア戦略にとって、とくに重要な地域は朝鮮・台湾・ベトナムであり、朝鮮半島に関しては、有事に際して事前協議の対象外とする一九六〇年新安保条約締結時の日米密約の継続、台湾とベトナムを含む東南アジア地域についても、事前協議の対象外とすることが争点となった。こうして沖縄返還交渉を契機として、条約の修正なしの「自動延長」だったはずの日米安保条約は、改定交渉も経ずに、東南アジアまでその対象範囲をなし崩し的に拡張した。

第二は、公には佐藤内閣の核抜き方針に配慮するが、核の再持ち込みを事前協議の対象としないアメリカの「権利」の保障、ならびに核兵器搭載航空機・艦艇の日本の領空・領海通過および寄港を事前協議対象外とする保障の継続である。核に関する事前協議の密約の存在はいまもなお霧のなかにあるが、有事の判断認定をアメリカ軍にゆだね、かつ事前協議の実際の運用法の議論もしてこなかった経緯を振り返れば、核に関するアメリカの権利は保障されたとみてよいだろう。佐藤政権にとって、日本の安全保障上、核の傘は不可欠であった。

第三は、自衛隊が米軍基地を含む沖縄全体の防衛責任をもつことであった。「国土」防衛を目的としたはずの自衛隊は、沖縄返還を契機に、アメリカ政府の要望によって、広大な米軍基地の防衛責任を負わされ、かつ台湾海峡をめぐる中国・台湾の緊張関係に引き込まれた。

第四は、在日米軍への日本の財政支援である。そもそも財政面でのアメリカの目標は、沖縄にあるアメリカ資産を高く日本に売りつけるとともに、核撤去費用を含む諸費用をできるかぎり日本負担とすることであった。日本の負担金額は、返還協定では三億二〇〇〇万ドルとなっているが、実際には三億九五〇〇万ドルで、差額の七五〇〇万ドルは、秘密扱いとされた。そのうちの基地移転費および改善費二億ドルは、本来は日米地位協定により、アメリカの自己負担となる経費である。それが沖縄返還後の五年間分として、日本側の負担とされた。そしてそれが切れた一九七八年からは、やはり日本政府が負担する根拠のない在日米軍向け支出である「思いやり予算」がスタートする。思いやり予算は、実質的には沖縄返還の一九七二年からから始まっていたのである。

以上の返還交渉の内容は、まず一九六九年一一月、「沖縄返還に関する日米共同声明」として一九七〇年の日米安保条約継続にまにあうタイミングで発表され、一九七一年六月、沖縄返還協定が結ばれ、七二年五月一五日の効力発生をもって沖縄は日本に復帰した。

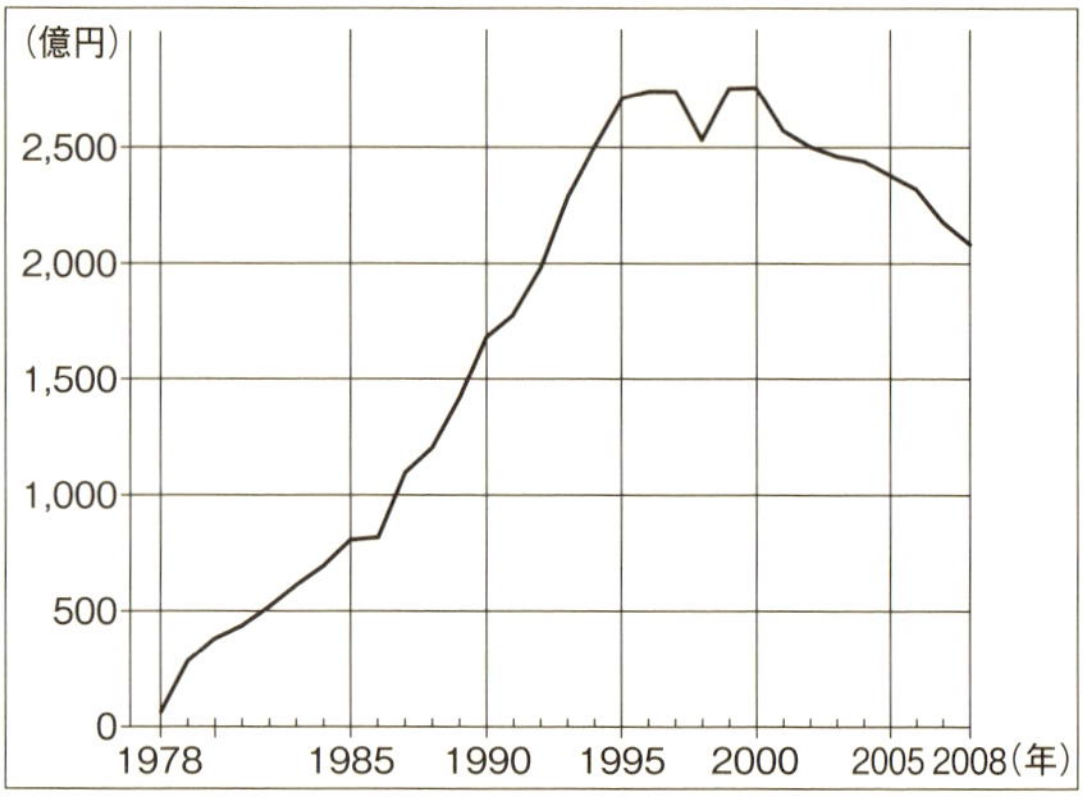

防衛省ホームページより作成

◉膨大な「思いやり予算」
おもな内訳は労務費と住宅など施設整備、光熱費。思いやり予算以外にも、日本は在日米軍駐留に関連する経費を負担しており、それを含めれば日本の負担金額はもっと大きくなる。

沖縄戦体験の発掘

復帰運動の過程は、同時に沖縄の人々が試行錯誤しつつ沖縄戦体験を思想として形成しはじめた時期でもあった。その模索過程を、沖縄戦終結の日（慰霊の日）の慰霊祭のあり方や、『沖縄タイムス』の社説・記事を手がかりに追ってみることとする。

一九六一年（昭和三六）七月、沖縄立法院は沖縄戦終結の六月二二日を、慰霊の日として祝祭日に定めた。それまで、「終戦記念」の慰霊祭は非固定的に、かつ個別に実施されていたが、一定の日に本格的な慰霊行事が行なわれるようになった。一九六二年の慰霊祭は、ひめゆり隊など四団体の主催により護国神社（那覇市）で実施された。同日の社説は、戦争を許した国民一人ひとりの弱さと平和の責任を強調した。特徴的なのは、慰霊祭および社説が哀悼の意を表した犠牲者一九万四〇〇〇人（当時の公式犠牲者数）に、一万二〇〇〇人のアメリカ軍戦没者が含まれていたことである。本土が、自国軍人中心の国家的慰霊から始まったのに対し、沖縄は、軍人・非軍人を問わず、かつ、アメリカ軍をも含む犠牲者の慰霊から始まったのである。本土と沖縄はその戦争犠牲者観において、やや異なる立脚点によっていたように思われる。

一九六三年の慰霊祭は、沖縄県遺族連合会主催により摩文仁《まぶに》（糸満《いとまん》市）で行なわれ、引き続き平和祈願大会が実施された。同日の社説は、沖縄戦の傷痕《しょうこん》の深さ、戦争の罪悪性にもかかわらず、戦争につながる基地が存在することは矛盾しており、沖縄人はその矛盾のうえで生活している、と指摘した。慰霊・平和の祈念と沖縄の現状の矛盾をついた最初の社説であった。

一九六四年には、慰霊祭は琉球《りゅうきゅう》政府主催のもと摩文仁で行なわれるようになる。この時期は、慰霊のあり方が問われはじめたころであった。ちょうどこのころ、本土各府県が、大きく、豪華な慰霊碑や慰霊塔を沖縄につぎつぎと建設しはじめ、その碑文の多くは「殉国」思想に満ちていた。それまで地元沖縄の諸団体が建立した慰霊塔は、碑文のないものも多く、碑文が刻まれる場合も、事実経過、平和願望、慰霊趣旨を表わすものが主だったが、六〇年代後半には、戦争賛美の内容が増加した。本土各府県による慰霊塔ブームは、沖縄の慰霊観にも影響を与えたのである。

しかし、この時期から琉球政府は乏しい財政を沖縄近代史研究に割き、その重点のひとつとして本格的な沖縄戦研究が開始された。一九六五年に刊行が始まった『沖縄県史』（全二四巻）では、沖縄戦の全体像解明とともに、個々人の体験記録の発掘が重視され、当時の自治体史としては稀有《けう》な、二巻分にあたる戦争体験座談会記録が収められた。沖縄ではその後も、戦争体験の記録が自治体ぐるみで大規模に、根強く展開された。徐々にだが、戦場体験と死を事実として記録するという方向へと踏み出していたのである。

さまざまな沖縄戦体験

一九六五年（昭和四〇）には、沖縄戦で日本軍を指揮した牛島満《うしじまみつる》軍司令官の自決日が六月二二日から六月二三日未明に訂正されたことから、慰霊の日も二三日に変更された。アメリカ軍の北爆開始によって沖縄がベトナム戦争の補給基地となるなかで、六月二三日の社説は戦争への不安を強く打ち出している。戦争の誘因となることを断固として退ける決意と実践を要望し、それこそが生きている者による死者の霊への誓いであると説く。翌六六年の社説には、ベトナム戦争の激化のなかで戦争に巻き込まれ、ふたたび戦場化することへの不安が、前年以上に激しく現われている。そして戦争不安のそもそもの原因は、アメリカ軍統治と基地である。自由防衛の名目で沖縄の人々の自由が制限されているのに対して、本土は平和と自由、経済成長を謳歌《おうか》している。現実の戦争不安を背景に、沖縄戦体験は日本からの分離、アメリカ軍統治、基地問題につながっていった。

一九六七年の「〝慰霊の日〟と平和」と題する社説では、前年の社説の論旨を一歩進め、軍事基地の確保と平和な暮らしを追求する基本的な考え方の間には、越えがたい溝があることを指摘したうえで、平和への祈りが復帰につなげられていく。沖縄戦の慰霊は、平和日本という回路を通って、日本復帰に結びついていくのである。しかし、このように民族国家志向が強まるなかで、「英霊」「国家のタテ」という言葉が社説に登場してくる。沖縄戦は、祖国防衛戦争であるかのように位置づけられ、国家を中心軸とする慰霊思想は強まってさえいるようにみえる。

しかし、この日の紙上では、沖縄戦に起因する精神障害の問題など、沖縄戦の多様な側面をとらえる志向も現われはじめており、翌一九六八年の慰霊の日に先立つ六月二一日には、「まぼろしの〝朝鮮人部隊〟」と題して、沖縄に推定で三〇〇〇人とされる朝鮮人軍夫が派遣され、彼らの戦没・生存の実態さえわからないままであることが報道された。また、この年の慰霊の日の社説は、はじめて沖縄戦の犠牲者を約二〇万という総数ではなく、同胞（沖縄人）と日本軍・アメリカ軍に分け、朝鮮人犠牲者への注意を喚起した。しかしそれは、朝鮮人軍夫の扱いのなかに、同じく差別され、弱小少数集団であった戦時下の沖縄人自身の境遇を投影しているようにも読める。日本軍と沖縄人集団を区別したうえで、沖縄戦における沖縄人と朝鮮人の被害の類似性をみようとしたのである。

これは、被害認識における深化の一方で、当時の朝鮮人と沖縄人の間にあった支配―被支配関係を不問に付すという、加害者意識の欠如をも示していた。

一九六九年は復帰運動の山場であり、復帰協はこの年はじめて六月二三日を反戦平和の日として位置づけ、県民の戦争体験の理念に基づく県民大会を実施し、教職員会は平和教育の特設授業に取り組んだ。六月二二日の社説は、特設授業を、慰霊の日に新たな意義を加えるものと評価し、また二四日の社説も、慰霊の日が反戦平和という積極的な意義をもったことを評価した。

またこの過程は、沖縄の人たちの日本軍認識にも変化をもたらした。「祖国」復帰を求めるなかで、沖縄の人たちは当初は日本軍に親近感を抱き、日本軍批判はなされなかった。だがベトナム戦争の影響による反戦平和運動は、軍隊批判につながり、そしてそこに、戦争体験の掘り起こしが加わった。一九六九年六月二二日の紙面では、四五年八月二〇日に起こった久米島《くめじま》における日本軍による朝鮮人家族(妻は沖縄人)殺害事件を報じた。また、二三日の紙面座談会は、「友軍に壕《ほり》を追われた住民」から沖縄戦体験が始まっている。日本軍に対する批判、相対化の視点がうかがえる。

36

◉全軍労のスト
復帰運動が山場を迎えた一九六九年六月、全軍労も二万人規模でストに入った。銃剣による威嚇《いかく》が、占領下沖縄の人権状態を示す。

復帰後の沖縄

日米両政府の沖縄返還の目的からすれば、沖縄の米軍基地の継続使用に支障や空白を生じさせないことは至上命題だった。また、日本側の沖縄防衛責任を果たすべく、自衛隊を沖縄にすみやかに配備するためにも、返還されたアメリカ軍用地の一部を自衛隊が継続使用するための根拠法令が必要であった。そのための法律が、一九七一年（昭和四六）一二月三〇日、野党の反対を圧して自民党の単独採決によって可決・成立された、沖縄公用地等暫定使用法（いわゆる公用地法）である。

同法は自衛隊に五年間の土地強制使用を認めるもので、制定前に琉球政府が意見書で訴えたように、憲法や土地収用法の趣旨に違反していたが、こうした法的措置を前提にして、一九七二年五月一五日の沖縄復帰実現の当日、沖縄復帰後も継続使用される在沖縄米軍基地につき、基地ごとの使用目的・使用期間・使用条件を定めた日米の合意書が締結された（五・一五メモ）。ただし、大半の基地の使用期間は無制限とあり、返還問題はアメリカ軍の意にゆだねられた。継続使用される基地数は約九〇、復帰前後に返還ないし返還予定の基地数は四〇数か所であった。

しかし、一九七二年復帰時のアメリカ軍への提供基地面積二万八三六一ヘクタールは、三年後の七四年末でも、二万七〇六九ヘクタールと、ほとんど変化がない。日本の国土面積の〇・六パーセントしかない沖縄県に、当時基地面積の五三パーセントが集中していたのである。これが、「本土並み返還」の現実であり、沖縄県は、東アジアに射程を広げた日米安保体制の基地として、日本国家のなかで軍事に特化した分業的役割を強《し》いられていたといえよう。一九七〇年代前半、日米安保条約は日本の安全に役立っているかという世論調査では、日本国民の約五割が肯定的であった。しかし、日本国民の「安全」は、沖縄の施政権返還で再確立された、日米安保条約の負担の半分以上を沖縄県民にしわ寄せする構造のうえに乗ったものであった。

土地所有関係からみた沖縄の軍用地の最大の特徴は、国有地率が低いことである。本土基地の国有地率が平均で八割を超えるのに対し、基地が集中する沖縄本島中南部では数パーセントであり、なかでも米軍基地がもっとも集まる中部では、私有地率が七割を超えている。その結果、軍用地主数は三万五〇〇〇人にも達した。軍用地契約の継続を期待する日本政府は、軍用地料総額を復帰前の二九億円から七六年には一〇倍以上の三三〇億円に引き上げた。そのため、地主にとって軍用地料は生活を支えるますます大きな収入源となり、軍用地の早期返還を望まない軍用地主が増えた。こうして復帰後の基地返還要求、基地縮小への道は複雑な様相を呈しはじめた。

沖縄県渉外部『沖縄の米軍基地』より作成

●沖縄への基地集中
一九七二年から九四年のアメリカ軍専用施設面積の減少率をみると、本土五九%に対し沖縄は一五%。専用施設の七五%が沖縄に集中している。図は七四年頃の状況。

それでも、公用地法の期限切れとなる一九七七年五月一五日まで契約を拒否しつづけた反戦地主が残った。このため自民党は、同法の五年間延長を盛り込んだ地籍明確化法をふたたび強行採決した。こうして軍用地の強制使用は一〇年に引き延ばされた。このとき、沖縄県は、同法の制定をするなら憲法第九五条による住民投票でもって沖縄県民の同意を得るべきと主張している。国家が占有してきた安全保障問題に関する、住民自治権を拠所《よりどころ》にした対抗であった。

また復帰後は、本土経済と大きな格差が生じていた沖縄の経済開発が推進された。復帰を控えた一九七一年一二月に沖縄振興開発特別措置法を制定し、国庫補助負担率の最高レベルまでの引き上げなどの特例を規定し、七二年には沖縄開発計画の推進機関として沖縄開発庁設置を決めた。北海道と同様、中央政府の出先機関による開発推進方針をとったのである。

復帰当初、沖縄関係の国家予算規模は沖縄県予算規模をつねに上まわり、最大割合を占めた沖縄開発庁予算だけでも、沖縄県予算規模に匹敵した。沖縄開発庁予算の八割は沖縄開発公共事業に注《つ》ぎ込まれたが、そのうちの四割は幹線道路整備費だった。本土の公共事業と同様に、きわめて高い割合で道路事業に予算が投入されたのである。その主要な道路のプロジェクトを請け負ったのは、地元の國場《こくば》組などとともに鹿島《かじま》・清水《しみず》・大成《たいせい》・大林《おおばやし》などの本土の大手建設業者であり、国家予算の一部は本土業者に還流した。なお、国家予算の三割程度は、自衛隊基地の使用料や基地周辺対策費などの軍事関係費にあてられていた。

旧植民地・民衆と日本の戦後

難航した日韓国交正常化交渉

一九一〇年(明治四三)から日本が植民地支配をしていた朝鮮半島には、戦後大韓民国(韓国)と朝鮮民主主義人民共和国(北朝鮮)の分断国家が成立し、朝鮮戦争という「熱戦」、そして休戦後は東北アジアの「冷戦」の最前線となった。日本は二国のうち、アメリカの影響下で、韓国とのみ国交正常化交渉に臨んだ。一九五一年(昭和二六)に開始された日韓交渉は、一九六五年に「日韓条約」を締結するまで断続的に一五年に及んだ。そこで課題となったのは、日本の朝鮮植民地支配の清算、および東北アジア冷戦下の資本主義陣営における緊密な国際関係の構築であった。

日韓条約とは、日韓基本条約と四つの付属協定の総称である。一九五二年の第一次会談にあたって日本側が提案した名称は日韓友好条約であったが、韓国側は韓国保護条約・併合条約を含む植民地支配を清算し、外交を含む両国の基本関係樹立につき討議する立場から、基本条約という名称を主張した。条約の名称そのものに、謝罪や補償を含む植民地支配の歴史清算への態度の差異が現われていたのである。そしてその態度の違いは、お互いに対する「請求権」の問題をめぐる議論でも噴出した。ここではその点に留意しながら、一五年に及ぶ日韓交渉の経緯をみていこう。

サンフランシスコ平和条約締結にあたって、韓国は、日本政府の反対および中国の代表権問題とからんだアメリカ・イギリス両国の思惑《おもわく》のなかで、連合国として認められなかった。その結果、日韓の国交正常化・賠償交渉は、連合国の賠償権を規定した平和条約第一四条ではなく、植民地を含む日本国の財産処理を規定した第四条に基づき、日本と韓国との直接交渉にゆだねられることとなった。韓国側の対日請求権だけでなく、日本側にも連合国軍に没収された在朝日本人財産の補償問題が存在しており、国交正常化交渉は合意形成の難しい枠組みから出発せざるをえなかった。

一九五二年二月に始まった第一次日韓会談は、日本の対韓請求権をめぐって三月末には決裂し、アメリカのアイゼンハワー政権に促されて五三年四月に再開された第二次会談も、前年に韓国側が公海上に設定していた主権宣言ライン（「李《イ》ライン」）をはじめとする漁業水域問題の対立などで六月早々に中断した。そして同年一〇月からの第三次会談は、久保田《くぼた》貫一郎《かんいちろう》外務省参与の、日本の朝鮮統治による恩恵もあったはずという趣旨の発言をめぐり、わずか二週間で決裂した。久保田の植民地支配認識は、この当時の日本政府の歴史認識を率直に語ったものであった。だからこそ問題なのだが、韓国では、「傲慢《ごうまん》無礼で荒唐無稽《むけい》な発言」として日本政府の正式な取り消しを要求する事態となっていた。両者の植民地支配認識の溝は深く、その衝突のしわ寄せを日本側で集中的に受けたのが、李ライン周辺で操業する漁民であった。第三次会談決裂後、韓国は李ライン侵犯への取り締まりを強化し、同年末までに六〇〇人近くの日本人漁船員が拿捕《だほ》・収容された。

久保田発言の後遺症は大きく、第四次会談の開催は五年後の岸信介《きしのぶすけ》内閣時代の一九五八年四月となった。これに先立つ予備会談で、日本政府は久保田発言を撤回し、韓国に抑留された日本人漁民と不法入国などで長崎県大村《おおむら》収容所に収容された韓国人との相互釈放、日本の対韓請求権の放棄などを合意した。韓国政府にとっては、アメリカの国際収支悪化によるドル危機の影響でアメリカの対韓援助額が減少される見通しのなかで、日本の経済援助の開拓、岸政権にとっては、日米安保条約改定交渉とからんで、アメリカの極東政策にそうかたちでの対アジア関係改善への思惑があった。

しかしこの会談のさなか、北朝鮮への帰国を求める朝鮮帰国運動が本格化し、日韓の大きな対立点となった。一九五八年の大村収容所の韓国人抑留者釈放を契機に、収容所内の朝鮮人の帰国要望が高まり、これに在日本朝鮮人総連合会（朝鮮総連）・日朝協会などによる帰国推進運動が呼応し、北朝鮮側からは帰国歓迎の強いメッセージが発せられた。当時の北朝鮮は、ソ連・中国から巨額の経済援助を得て朝鮮戦争後の経済復興に成功し、韓国に対して平和的統一を求める外交攻勢をかけるなどの活力を示していた。このため、与野党を超えて全国レベルで在日朝鮮人の帰国支持の動きが広がり、日本政府は「人道」的な見地から、韓国政府の反対を圧して帰国事業を承認し、赤十字国際委員会に仲介を依頼するかたちで一九五九年から帰還事業を進めた。

37

◉一九五九年の北朝鮮帰還船
新潟での出航風景。帰国者は、最後となった一九八四年までに九万三三四〇人（うち日本人妻など日本国籍者六八三九人）に達した。

日韓会談の決着と条約調印

その後韓国では、一九六〇年(昭和三五)四月に反政府デモにより李承晩《イスンマン》政権が倒れ(四月革命)、翌年五月には軍事クーデターが起こり、朴正熙《パクチヨンヒ》らが政権を掌握したが、当時の韓国の緊急の課題は経済政策であった。アメリカの対韓援助額削減によって、援助依存型の韓国経済の成長率は一挙に鈍化し、深刻な経済危機にみまわれていたからである。こうした事情のなか、日韓会談は、日韓の経済協力の観点から外交交渉を進める方向に舵《かじ》を切りはじめた。日本側でも、経団連など財界中枢で日韓経済協力への関心が高まり、政界では自民党内に岸信介《きしのぶすけ》を中心とする親韓派が形成されていった。一九六一年一〇月からの第六次会談においては、日韓両政府間での重要問題は、日本が韓国に支払う金額と、経済協力か請求権に対する補償かという名目についての二つとなった。

これらの重要問題に一応の決着をつけたのが、一九六二年一一月に行なわれた池田勇人《いけだはやと》内閣の大蔵大臣大平正芳《おおひらまさよし》と韓国中央情報部部長金鍾泌《キムジヨンピル》の会談である。韓国側は請求権、日本側は経済協力と解釈できる玉虫色の名目で、最終案に近い大筋の合意が成り立った。金額における日本側の譲歩と、名目における韓国側の譲歩という双方の妥協である。その背景には、朴軍事政権を支援しつつ日韓関係の改善を求める、アメリカのケネディ政権による両政府への継続的な働きかけがあった。

しかしこの後、韓国軍事政権内部の争いが激化し会談は頓挫《とんざ》、ふたたび動き出すのは一九六三年末からである。だがそこに韓国内での日韓会談反対運動が立ちふさがった。一九六四年三月のソウル・釜山《プサン》などでの集会は、日本への隷属化促進反対・民族的自立を求めて数万人を集め、街頭闘争も激しく行なわれた。朴政権はこの政治危機をアメリカの承認を得て六月に非常戒厳令という強硬策および野党分断策で乗り切り、一九六四年一二月に会談は再開された（第七次会談）。

以後、日韓条約は一九六五年二月の基本条約仮調印、四月の付属協定仮調印、六月日本での調印、八月の韓国国会の批准（単独採決）、一一月から一二月日本の国会での批准（強行採決）と、一挙に成立する。韓国では「売国外交・屈辱外交反対」を叫ぶ調印・批准反対運動が三月から九月まで続いたが、軍隊の出動を含む強圧的な弾圧で鎮静化した。日本国内でも、五月頃から国会批准の時期にかけて、ベトナム反戦とあわせた反対行動が組織された。だがそこでの議論は、アメリカ・日本・韓国・台湾を結ぶ東北アジア軍事同盟の結成など安保条約反対運動の延長上で、日韓条約の本来の争点であった朝鮮植民地支配の清算のあり方を問題にする視点は、一部を除けば希薄であった。

38

◉韓日条約反対デモ
一九六五年四月の付属協定仮調印を契機に、韓国では大学生を中心に反対運動が盛り上がり、四月一七日の市民大会には三万五〇〇〇人が参加し、政府は全大学に一斉休校を命じた。

日韓条約の内容

先にも述べたように、日韓条約は日韓基本条約と四種の付属協定からなる。基本条約は前文と七条からなり、その第二条では一九一〇年（明治四三）以前に「大日本帝国と大韓帝国との間で締結されたすべての条約及び協定は、もはや無効であることが確認される」とある。それぞれの政府が都合よく解釈できる曖昧《あいまい》な表現で、日本側は国内向けに韓国併合条約は一九四八年（昭和二三）の韓国独立に伴い無効になったと説明し、韓国側はそもそも一九一〇年の韓国併合から無効であると解釈した。無効の起点をどう考えるかは、朝鮮植民地支配の正当性、そして請求権や補償要求の根拠にかかわる基本的な問題であったが、日韓基本条約は、その課題を避けてしまったのである。

次いで基本条約第三条では、韓国政府を「朝鮮にある唯一の合法的政府」と認めた。それは北朝鮮を敵視することで分断状態の固定化を促し、また、北朝鮮との植民地支配の清算、外交関係の樹立という課題を棚上げとした。現在まで続く北朝鮮との不幸な関係の原因のひとつは、ここにある。

付属協定は、請求権および経済協力協定・漁業協定・在日韓国人の法的地位協定・文化財関係であった。竹島《たけしま》の帰属問題は決着できずに見送られた。このうち、漁業協定は日本の漁業協力資金提供による「李《イ》ライン」撤廃、文化財関係は植民地時代に日本が持ち出した朝鮮文化財の一部返還を定めたものだが、重要なのは請求権および経済協力協定と、在日韓国人の法的地位協定であった。

前者に関しては、日本は植民地支配への責任問題に直結する「請求権」という文字をはずすことに最後までこだわり「経済協力」を主張したが、請求権問題を最重要視する韓国側の意向から、日韓双方の主張を折衷した妥協による協定名称となった。経済再建に苦しんできた朴《パク》軍事政権に無償供与三億ドルを含む計八億ドルの経済協力が決定されたのである。

請求権問題のうちもっとも重要だったのは、「戦争による被徴用者の被害に対する補償」への対処である。元軍人・軍属や徴用者への個別補償として総額三億六四〇〇万ドルを請求してきた韓国に対し、日本側の意図は個人補償をしないかわりに韓国政府への経済協力をすることであったから、今後請求権に関連した法的問題が再度提起されたり裁判となったりしないよう、周到な予防措置をとった。すなわち、請求権協定のなかで、この問題を含むすべての請求権問題は「完全かつ最終的に解決され」たと確認し、さらに協定の合意議事録で、今後韓国は「いかなる主張もなしえない」ことを明確にしたのである。

　このため、韓国政府は一九七一年に対日民間請求権申告法、七四年に同補償法を制定し、日本からの無償供与三億ドルの一部で補償を実施した。ただし、一九四七年八月から日韓条約調印までの間日本に居住した者、すなわち在日韓国人は補償対象からはずされた。一方、戦後の日本において、帰化した旧植民地出身者は遺族援護法の適用を受けていたが、日本政府は請求権協定を理由に、韓国籍の者は帰化しても遺族援護法は適用されないと通達した。在日韓国人は、日本と韓国の戦争犠牲者援護の空白に放置されたのである。元軍人・軍属や徴用者の補償などの対日請求問題を協定締結時にきちんと検討しておけば、一九九〇年（平成二）前後から相次いだ戦後補償関係裁判の噴出は避けられたであろうし、その提訴を「日韓条約で解決済み」と

39

◉金大中救出を訴える大会
一九七三年八月、のちの韓国大統領金大中は、韓国中央情報部（ＫＣＩＡ）により東京のホテルから拉致《らち》された。公然たる主権侵害であり、議員や市民グループは救援運動を組織した。

して植民地支配の清算を先送りしつづける日本政府の主張も成り立たなかっただろう。

後者の在日韓国人の法的地位協定は、永住許可の範囲・強制退去の条件・永住許可者に対する社会保障などの処遇を取り決めたものである。永住権の範囲を限定したい日本政府と、在日本大韓民国居留民団の要望を背にした韓国側が対抗し、戦前から引き続き居住している者および協定発効の五年後までに生まれた者に限定した日本側の提案に対し、五年後以降に生まれた者まで範囲が拡大され、「さらにその子」については協定後二五年以内に再協議することが盛り込まれた（一九九一年の再協議で、「さらにその子」の永住権が認められた）。ただし、この永住権は韓国籍であることが条件であり、朝鮮国籍の場合は、永住権取得には朝鮮国籍を放棄するしかなかった。

在日韓国人の強制退去についても条件が緩和されたが、これも植民地支配の責任と在日韓国人の生活実態からみれば、問題を残していた。生活保障関係では、調印間際の折衝で在日韓国人への国民健康保険の適用が決定され、協定条文には教育・生活保護・国民健康保険に関し、日本国政府は「妥当な考慮を払う」とされた。

条約締結の背景

日韓会談の最終局面で条約の成立を強力に推し進めたのは、一九六四年（昭和三九）一〇月に首相となった佐藤栄作《さとうえいさく》であった。東アジアの冷戦型安全保障の構築に消極的だったといえる池田勇人《いけだはやと》政権に対し、佐藤政権は対米関係を主軸とする安全保障体制の構築を重視した。一九六五年一月の日米首脳会談の主要議題は、中国核問題・ベトナム問題・沖縄問題とともに、韓国問題であった。そしてそのすべては、ベトナム戦争へのアメリカの本格的な関与の準備に連動していた。同年二月、椎名《しいな》悦三郎《えつさぶろう》外務大臣が訪韓し日韓基本条約に仮調印した際、過去の「不幸な時期」に対して「深く反省している」として、日本政府高官としてはじめて「謝罪」的発言を行なったが、このようなハイレベルの謝罪使節派遣を前提とする会談の妥結は、強力な反対運動に直面していた朴《パク》政権の要請であると同時に、日韓条約の締結を強く求めるアメリカの意向でもあった。日本は、日韓条約締結以降、インドネシアのスカルノ政権など親米的な政権への援助を進め、円借款を中心に東南アジアへの対外経済進出を急速に拡大していく。そしてこれを追って三井物産・三菱商事などの総合商社主導の民間投資が増大し、一九七〇年代の海外進出ブームの下地をつくった。

一方韓国にとっては、日本の経済援助は不可欠ではあるが、その結果日本の政治的・経済的影響力が拡大し、アメリカの影響力が低下するのは避けたかった。そこで韓国政府は、対韓安全保障にアメリカが責任をもつことを確認させるために、アメリカのジョンソン政権が一九六四年から各国に打診していたベトナムへの軍事的援助に応じて、韓国軍戦闘師団をベトナムに派遣した。一九六五年五月のジョンソン・朴首脳会談の共同声明では、日韓条約締結以後も「アメリカの対韓軍事経済援助が継続される」ことが明記されていた。朝鮮植民地支配の清算とは遠い、日本・韓国・アメリカの現実的外交利害がぶつかりあうなかで日韓条約は締結されたのである。

戦闘部隊派遣に伴い締結された米韓覚書（一九六六年）により、アメリカは韓国から衣類や履物《はきもの》、鉄板などの軍事物資輸入を拡大した。しかし、そうした韓国の輸出用製品の原資材は、大部分を日本からの輸入に依存していた。日本からの輸出―韓国での加工―戦場のアメリカ軍へ、という三角の貿易構造が形成され、それが経済的に朴軍事政権を支えていた。

沖縄の施政権返還が合意された一九六九年一一月、日米共同声明で朝鮮半島の軍事的緊張状態と「韓国の安全は日本自身の安全にとって緊要」という確認がなされた背景には、以上のような日韓条約以来緊密化しつづけた日韓関係とアメリカの極東アジア冷戦戦略があった。そして、自由世界第二位のGNP大国という物質的豊かさへの道を歩んでいる日本の歴史過程にあったのは、植民地支配の忘却とアジアの戦争による経済的利益であった。

在日韓国・朝鮮人の状況

日韓条約で考慮の対象となった在日韓国・朝鮮人は、およそ六〇万人存在した。日本政府は、これらの人々は一九五二年（昭和二七）のサンフランシスコ平和条約によって日本国籍を失ったとした。当時の在日韓国・朝鮮人は、七割近くが日本生まれで、すでに朝鮮半島での生活経験がなく日本社会に定着して生きざるをえない二世以下が多数派であった。婚姻関係からみても、日本人との結婚生活を送る割合が三分の一を占めていた。しかしそうした状況にもかかわらず、平和条約後は一般外国人同様に外国人登録法適用の対象となり、日本国憲法の人権規定の及ばない、戦後日本的国民国家の外の存在とされた。

戦前と比較して鉱山・炭鉱の雇用が減ったため、戦後の在日韓国・朝鮮人の居住分布は、阪神・東京圏を中心とする大都市集中をいっそう高めた。都市就業者の職業では、単純労働者や古鉄・屑物《くずもの》売買従事者の割合が多く、安定的な職業への就職差別はむしろ戦後のほうがひどくなり、それに起因する貧しさ、および居住などを含む諸差別は、朝鮮人集住地区（「朝鮮人部落」）での共同体的生活による自衛・相互扶助を不可欠にした。集住地区とは、戦前からの劣悪な環境地域や河川敷など国有地での不法占拠的な集落が高度経済成長期なかばまで残ったものだが、差別と抑圧に対抗する同胞の共同性のなかで、民族的意識が培養されつづけたのである。地域的共同性を急速に解体しつつあった高度経済成長期の日本社会のなかで、形成過程にあった「企業社会」の周辺に置かれた在日韓国・朝鮮人の共同体世界では、民族文化環境が維持されていたのである。この状況で、日本への帰化は、平和条約後一九六六年までで四万人という水準にとどまった。

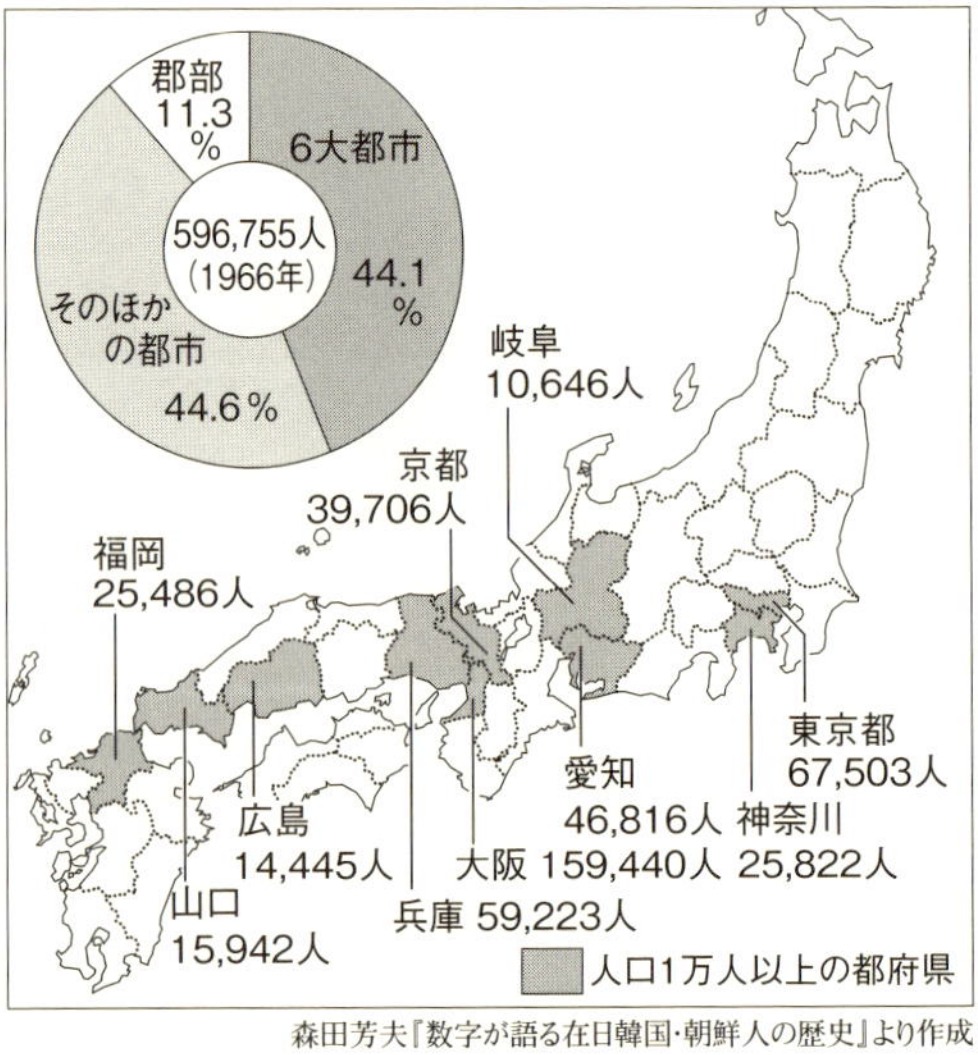

森田芳夫『数字が語る在日韓国・朝鮮人の歴史』より作成

◉在日韓国・朝鮮人の居住分布（一九六六年）
阪神圏・東京圏のほか、朝鮮半島に近い福岡や山口に居住者が多いのが注目される。六大都市集中度は、当時の日本総人口の六大都市集中度の二倍以上の比率を示した。

就職困難な環境下での失業率はきわめて高く、低所得だった。当然、生活保護率も高く、一九六〇年の在日韓国・朝鮮人生活保護率は対外国人登録者比で一三パーセントを超え、同年の日本総人口に対する生活保護率一・八パーセントを大幅に上まわった。多くの人々が北朝鮮への帰国運動に向かった背景には、このような貧しさと差別があった。

　日韓条約締結から三年後の一九六八年二月、男性二人をライフルで殺害した男が、静岡県寸又峡《すまたきょう》の旅館にダイナマイトとともに籠城《ろうじょう》し、マスコミを通じて命を賭《と》して韓国・朝鮮人への差別を糾弾し、警察に謝罪を要求した。金嬉老《キムヒロ》事件である。第一審の静岡地裁では、たんなる刑事事件として扱おうとする検察側に対し、高史明《コサミョン》・李恢成《イフェソン》ら多くの在日朝鮮人や朝鮮問題専門家が証人として出廷し、日本社会の底辺にあった戦前在日朝鮮人の生活、朝鮮語も日本語も満足に習得できなかった社会環境など、個人の動機だけでは説明できない在日の歴史的条件のなかに存在する事件の根の深さを明らかにしていった。静岡地裁は一九七二年六月、無期懲役判決を下し、高裁・最高裁を経て一九七五年に刑は確定した。金は一九九九年（平成一一）に仮出獄し、韓国に送還された。

40

◉立てこもった金嬉老
この裁判では、弁護団と、金嬉老公判対策委員会を結成した知識人・文化人・朝鮮問題研究者、金達寿《キムタルス》など在日朝鮮人が広く協力した点が注目される。

コラム2

田中角栄と越山会

一九一八年（大正七）、新潟県の農家に生まれた田中角栄《たなかかくえい》は、戦時中に土建会社を設立し、一九四七年（昭和二二）の総選挙で初当選する。以後、強固な組織力を誇った後援会組織・越山会《えつざんかい》に支えられて、連続一六回当選を果たした。

一九七二年の首相就任まで郵政大臣、大蔵大臣、通産大臣など高度成長期の政治的中枢としての経済関係の閣僚ポストを歴任し、自民党では政策と組織の要《かなめ》となる政調会長、幹事長を務めた。郵政大臣時代にはマスコミを掌握し、その後は、道路・港湾・空港など高度経済成長期の公共事業・産業基盤整備に辣腕《らつわん》をふるい、族議員のリーダーとして官僚を動かした。

五四歳で首相に就任すると、機を見てただちに日中国交回復を実現し、持論の開発主義を全面展開した日本列島改造論を実現すべく、積極予算を組んだ。しかし、列島改造論が土地騰貴をあおってインフレが進行し、これに一九七三年の石油ショックが重なり、物価上昇は「狂乱」状態となった。さらに田中金脈問題が暴かれ、一九七四年一二月に内閣は総辞職した。次いで、首相時代に航空機売り込みにからんでアメリカのロッキード社から五億円を受け取ったとして逮捕・起

◉田中角栄バンザイ！　田中新首相がはじめて登院する一九七二年七月七日朝、東京・目白《めじろ》の田中私邸に越山会会員が多数押しかけた。彼らの喜びようが角栄人気を物語る。

訴され、八三年に実刑判決となった。しかし、その過程でも田中の政治的な力はゆるがず、最大派閥田中派を率いる「闇将軍《やみ》」として、一九八五年に脳梗塞で倒れて政治的影響力を失うまで、政界に隠然たる勢力を保持しつづけた。一九九〇年（平成二）に政界を引退し、九三年に七五歳で死亡した。

織田信長《おだのぶなが》が好きだった岸信介《きしのぶすけ》は、「今太閤《いまたいこう》」ともてはやされた田中を、総理としては教養が足りず「軽卒《けいそつ》」だと、評価しなかった。しかし、田中内閣発足直後の支持率は六二パーセントと、それまでの内閣支持率の最高を記録した。国民の「角さん」人気は圧倒的だった。政権末期には不支持率も記録を更新するなど、支持率は乱高下したが、田中の地元新潟三区での得票は、ロッキード事件で逮捕され保釈中だった一九七六年総選挙でも一六万八〇〇〇票と、二位当選者の三倍を上まわり、七九年、八〇年の二度の総選挙でも一四万票台という圧倒的な得票を維持した。田中人気は、なぜこれほど根強かったのだろうか。

その田中人気の背景を地元新潟の支持構造から解明しようとした、朝日新聞新潟支局のルポルタージュ『田中角栄と越山会深層の構図』は、〈僻遠《へきえん》の地に生を受け、そこから抜け出すことのできない人々にとって、その土地を少しでも便利にすることが政治の役割だった〉としたうえで、こう指摘する。少し長いが、本書のテーマである「豊かさ」にかかわる内容なので、要約的に紹介しよう。

越山会の人々にとって、政治とは第一に利害であり、橋や道路など地元利益の追求であった。政治活動とは、少しでも豊かな生活を、という諸々の努力のことだ。第二は、そのために権力機構への依存もいとわない。リスクの多い「抵抗」よりは「願い」によって、目的をはかる。第三は、「戦後」の時代精神と合致していたことだ。「戦後」は、国のためにでなく、自分たちのために生きることを教えた。そして「民主主義」は、下からの主張と欲望の解放を許した。国のためでなく、国から利益を引き出し、自分たちの生活に役立てる、それは正当な行為だった。ただひたすら「豊かに」という思想は、おそらく戦後の民衆の最大のイデオロギーであったかもしれない。若き角栄は、それをもっとも忠実に反映した。しかし、越山会型政治はその延長上に金権政治を生み、国家予算の配分拡大は野放図な赤字財政を残した。

第三章

豊かさの成熟とゆらぎ——一九七五年頃〜

経済大国と過労働社会

五五年政治体制の変容

第二章で扱った時期の首相が、池田勇人《いけだはやと》・佐藤栄作《さとうえいさく》・田中角栄《たなかかくえい》の三人だけであったのに対し、この章の時期にかかわる首相は、一九七四年（昭和四九）一二月に首班指名された三木武夫《みきたけお》首相から、一九九六年（平成八）一月早々に退陣した村山富市《むらやまとみいち》首相までとして、一二人となる。この間、五年間続いた中曾根康弘《なかそねやすひろ》内閣時代を例外として、一六年間を一一人の首相がめまぐるしくつないだ。政治体制は不安定となり、保守一党優位の体制は変容した。そして保革対立の政治構造も、革新の変容と分裂を主因として、皮肉にも社会党首班の村山内閣を最後に解体し、小選挙区制導入（一九九四年）と相まって、九〇年代なかばから政治体制は新たな模索の時代に入った。

超高度経済成長政策を推進した田中内閣の列島改造政策と石油ショックが相乗して引き起こされた「狂乱物価」現象は、一九七四年七月参議院議員選挙での保革伯仲の出現と、田中金脈問題にも影響された内閣支持率急落（一二パーセント）という自民党政治の危機に一挙に行きついた。しかもそれは一内閣の危機ではなく、企業ぐるみ選挙批判に象徴される大企業批判の世論高揚とあわせると、自民党と財界の癒着《ゆちゃく》という高度経済成長期型保守支配の構造そのものが批判の俎上《そじょう》に載っていた。このため、窮余の一策として、自民党首脳陣は、金権政治のイメージとはもっとも遠く、議会制民主主義と政治倫理を重視してきた小派閥出身の三木を首相に抜擢《ばってき》した。しかしこの三木内閣時代に、公労協のスト権スト（一九七五年）を敗北に追い込み、労働運動の方向転換と減量経営の成功を決定づけ、外交・防衛面ではベトナム戦争後の日米軍事関係協議のなかで、日米共同作戦体制の具体的検討が開始された。防衛費の対GNP一パーセント枠という歯止めは、三木時代の設定だが、それは日米関係が日米共同作戦体制の質的強化をめぐる防衛力増強に動きはじめたなかで、三木内閣の精いっぱいの抵抗であった。

しかし一九七六年に明らかになり、前首相田中の逮捕に行き着いたロッキード疑惑は、政治家・大企業の癒着と、児玉誉士夫《こだまよしお》ら政界の黒幕的右翼人脈の介在を明らかにし、保守政治支配体制の危機感と先行きへの不安感はいっそう高まった。そのなかで、新自由クラブ結成という小さいながらも保守分裂が起こり、七六年総選挙では自民党公認候補の過半数割れという自民党結党以来の選挙の敗北となる。参議院に続き衆議院でも保革伯仲となり、政権は福田《ふくだ》赳夫《たけお》に交代した。

この自民党政権の維持をめぐる危機に対して、共闘を維持してきた野党間に亀裂が入り、公明・民社の中道化路線の鮮明化、中道と共産党の間に立った社会党の左右対立が生じる。その結果、自民党政権は安定化

1

◉石油ショックと買いだめ騒ぎ　列島改造政策によるインフレの進行と、投機的な商品買い占めに原油生産削減という産油国の石油戦略の結果、品不足感が強まった。写真は七三年一一月、人々が殺到しパニック状態となったスーパー。

し、地方政治レベルでは、全野党共闘で成り立ってきた革新自治体がつぎつぎと崩壊し、保革相乗りの首長の時代に急速に転換した。この時期、経済的には石油ショック後の不況から景気回復に向かいはじめ、不況が長期化していた欧米諸国を尻目《しりめ》に、日本経済は成長軌道に乗っていった。この政治的安定と経済成長への自信が、日本の経済力にふさわしい日米軍事関係の構築、その前提としての防衛力増強に結びつき、一九七八年、日米両軍の共同行動計画を「日米防衛協力のための指針」(ガイドライン)としてまとめ、福田内閣はこれを承認した。これは日本周辺の有事の際の日米共同作戦の具体化であり、新安保条約の共同作戦条項が、本格的に動きはじめたのである。

その政治的影響として、戦争への国家総動員に端を開く有事立法制定が検討課題として浮上し、有事に備えた国防意識、その前提としての国家意識を涵養《かんよう》する目的で、元号《げんごう》法制化やスパイ防止法制定がめざされた。そしてこの政治的動向は、「草の根保守」といわれた民間の国家主義的運動を活性化させた。現職の総理大臣としてはじめて官職名を記帳し、終戦記念日の靖国《やすくに》神社参拝を行なったのは福田首相であり、アジア太平洋戦争の時代をどうとらえるかという歴史観が急速に政治問題となっていった。そして、この福田時代に公然となった国家主義的政治路線の浮上に

2

◉三木武夫首相の靖国参拝
戦後三〇年目の一九七五年八月一五日、三木首相は「私人」としながらも、現職総理大臣として戦後初の靖国参拝を行なった。自民党内タカ派の三木批判への対策と思われるが、福田・中曾根と続く首相の靖国参拝の口火となった。

より、一九六〇年代に定着した戦後憲法体制を前提にした自民党主流の保守政治路線に対する改憲・国家主義的政治潮流が力をもちはじめ、この政治路線対立を伏線に、派閥対立、野党との連携戦略が複雑にからんだ自民党内の政治抗争が、こののち、時に激しく噴出することになる。

「戦後政治総決算」から自民党単独政権の終焉

一九七八年（昭和五三）、初の自民党員全員の投票による総裁予備選が行なわれ、一位となった大平正芳《おおひらまさよし》が内閣を組閣した。池田《いけだ》勇人《はやと》直系の大平は、福田《ふくだ》赳夫《たけお》的な政治的対抗色を弱めつつ、折から問題となっていた財政再建を重視した。一九八〇年の総選挙中に大平が急死すると、同派の鈴木《すずき》善幸《ぜんこう》が引き継いで組閣した。この大平・鈴木の財政再建路線において誕生したのが、八一年発足の臨時行政調査会である。池田内閣以来二度目の調査会設置ということで第二臨調と呼ばれ、前経団連《けいだんれん》会長の土《ど》光敏夫《こうとしお》を会長とし、財界有力者を中心に学者・官僚をそろえた。イギリスのサッチャー、アメリカのレーガンを筆頭とする世界的な新保守主義思想の流れを汲《く》んで、「小さな政府」論を旗印に、「増税なき財政再建」をめざした。

しかし、ソ連のアフガニスタン侵攻（一九七九年）を受けたレーガン

3

◉首相急死で自民党圧勝
史上初の衆・参両院議員同日選挙となった一九八〇年の総選挙は、大平首相の急死もあって投票率が上昇し、自民党の大勝となった。

政権の「多発報復戦略」という強硬な対ソ軍事戦略、史上空前ともいわれた国防支出を前に、鈴木内閣は日米同盟関係を強調し、いっそうの防衛努力を対米公約とした。この結果、財政再建路線によりゼロ・シーリング（伸び率ゼロ）に押さえられたほかの費目を尻目《しりめ》に防衛費のみが突出し、その後も防衛費を「聖域」とした軍事拡大が九〇年代まで続くことになった。そしてこうした軍拡は、福田内閣時代同様に国家主義を刺激し、一九八一年、自民党大会は、六〇年代以来影をひそめていた自主憲法制定準備を運動方針に掲げた。「侵略」を「進出」と変更し、南京《ナンキン》大虐殺や朝鮮三《さん》・一《いち》運動の記述修正で外交問題化した一九八二年の教科書検定問題は、このような政治的脈絡のなかで発生した。

一九八二年一一月、突然辞意を表明した鈴木にかわり中曾根康弘《なかそねやすひろ》内閣が成立した。中曾根は、少数派閥の領袖《りようしゆう》で、国会で自身を改憲論者と断言する人物であった。中曾根は、七八年以来進んできた日米共同作戦体制の整備を前提にしつつ、さらにレーガン政権の対ソ強硬策に積極的に同調し、日米「運命共同体」、「日本列島不沈空母」化、さらに改憲をめざす「戦後政治の総決算」などの刺激的発言を繰り返した。また、一九八三年には、宇宙空間で敵軍事力を撃破するアメリカの戦略防衛（ＳＤＩ）構想に対し、先端技術を中心とする武器技術を供与する道を開き、六七年の佐藤栄作《さとうえいさく》首相以来の武器輸出三原則という政治的姿勢を崩した。さらに、一九八五年の終戦記念日には首相としてはじめて靖国神社への献花料の公費支出を含む公式参拝を行ない、同年、防衛費の対ＧＮＰ一パーセント枠突破となる中期防衛力整備計画を閣議決定した。

一九八六年七月の衆・参両院議員同日選挙で自民党は大勝して絶対多数を握り、社会党は大敗した。その余勢を駆って中曾根は総裁任期を延長して八七年まで内閣を組織し、竹下登《たけしたのぼる》に引き継いだ。ちょうどこの時期、ゴルバチョフ書記長率いるソ連のペレストロイカによる民主化路線を背景に、米ソ間の核軍縮交渉が進んでおり、八七年末、米ソは中距離核ミサイル全廃条約に調印した。中曾根政権を支えたレーガン政権のもとでの新冷戦構造は、急速に変化しつつあった。

竹下政権は一九八八年末、与野党を巻き込んだリクルート贈収賄事件による政界混乱のなかで、自民党念願の消費税を導入したが（実施は翌年四月）、竹下自身へのリクルート疑惑によって辞職し、後継の宇野宗佑《うのそうすけ》内閣も女性スキャンダルで早々に辞職し、以後、政権は短期の間に、海部俊樹《かいふとしき》・宮沢喜一《みやざわきいち》と引き継がれる。その間に、一九八九年（平成元）の冷戦崩壊・東西ドイツの統一で世界的な軍縮が急激に進み、九一年末、ソ連邦も解体した。

そこに現われたのは、一九九〇年の湾岸戦争に示されたアメリカを唯一の超大国として世界の安全保障を維持する体制であり、この新たな世界安全保障体制のなかで極東の冷戦にどっぷり浸《つか》ってきた日本がどのような方針をとるかということが、内閣の課題となった。一九九二年、宮沢内閣はＰＫＯ（国連平和維持活動）協力法を成立させ、同年、自衛隊

4

●変化する新冷戦構造
一九八七年一二月、ホワイトハウスで中距離核ミサイル全廃条約にサインする、レーガン（中央）とゴルバチョフ（左）。

創立以来はじめての正式な海外派遣となるカンボジア派遣が実施された。池田内閣で確立した護憲的保守本流路線は、その直系である宮沢自身が舵《かじ》を切って、決定的な変容の第一歩を踏み出したのである。

この間、自民党は一九九二年の佐川《さがわ》急便汚職事件、田中《たなか》派のドンであった金丸信《かねまるしん》のヤミ献金事件など相次ぐ贈収賄事件の発覚で分裂し、この時期につぎつぎ誕生した新政党の合従連衡《がっしょうれんこう》のなかで、細川護熙《ほそかわもりひろ》・羽田《はた》孜《つとむ》・村山富市《むらやまとみいち》政権が生まれては短期で消えていった。一九五五年の保守合同による自民党誕生から四〇年近く続いた、自民党単独政権の時代が終焉《しゅうえん》したのである。

一方で、冷戦崩壊による社会主義政権崩壊の影響を受け、戦後革新の担い手であった社会党・共産党は不振をきわめ、村山内閣による自衛隊のザイール派遣承認など保守党との政治的対立軸を失った社会党は、一九九六年一月党名を社会民主党（社民党）に変更した。保革対立の構造は、少数派として対立軸を示しつづけることを選択した共産党を除き、自由主義市場経済を前提とする政治諸グループが、形式上は分離・結合を繰り返しつつも、実質的には対立的政治概念を失ったことで消滅した。

◉ベルリンの壁崩壊
ソ連の民主化は東欧の民主化を促進した。東ドイツでも民主化要求と西ドイツへの出国が拡大し、東ドイツ政府は一九八九年一一月、壁を撤廃した。冷戦の崩壊を象徴する事件であった。

日本的経営と経済大国

一九七三年（昭和四八）の第一次石油ショックを契機とする世界的経済危機のなかで、日本経済も深刻な状況に陥り、高度経済成長期を通じて高水準を保った経済成長率は鈍化した。しかし、七四年から九三年（平成五）に至るアメリカ・EC諸国の経済成長率が年平均二パーセント台だったのに対し、日本は年率三・六パーセントと、先進資本主義国中では高い成長率を維持しつづけた。

日本の景気を支え、経済成長に寄与したのは、堅調な輸出である。二度にわたる石油ショック後の不況期に減量経営を強行した自動車・家電などの大企業は、一九七〇年代末の円高にもかかわらずアメリカ市場を中心に輸出を伸ばし、その後も、アメリカ政府のドル高政策のなかで輸出を伸ばしつづけた。七〇年代末にアメリカ乗用車市場で一〇パーセント前後だった日本車のシェアは、九〇年代にはほぼ三〇パーセントに達した。この間、八〇年代なかばの日本の対米輸出依存度は、戦後日米貿易関係のなかでも例のない約四割という高水準まで増大し、こうした貿易動向と貿易黒字の累積を背景に日米貿易摩擦問題が激化した。日本の貿易黒字、とくに日米貿易不均衡は、アメリカの財政赤字と相まってさらなる円高・ドル安を促進した。

最小限の人員で、最大限の生産効率発揮を目標とする減量経営は、輸

6

●日本車バッシング
アメリカ自動車産業は、日本車輸入で打撃を受け、反日感情が高まった。そこで登場したのが、日本車をハンマーで叩《たた》きつぶすという珍商売。叩くのは、自動車会社を一時解雇された労働者だという。

出業種のみならず、製鉄・造船など構造不況業種を含む各分野で展開された。構造調整・経営体質転換の名のもとに、新規事業分野への進出などに伴い部門再編成・新設が進められ、あるいは子会社が設立され、機構再編に対応して配置転換、出向、転籍が大規模に実施された。ただし、企業収益を労働者へどれだけ配分したかを示す労働分配率の推移をみると、一九七〇年代前半の労働運動の高揚を背景に上昇し、その後もほぼ高水準を維持し、バブル期にいったん減少した。この労働分配率の水準維持が、一九七〇年代後半から八〇年代に一定の経済的豊かさ感が続いた背景だろう。勤労者世帯の実収入（世帯員全体の現金収入）の対前年比伸び率でみても、七〇年代後半は不安定だが、八〇年代からバブル崩壊までの九〇年代初頭まではプラスを記録しつづけ、実収入・実支出ともに伸びつづけた。もっとも、同時代の欧米諸国と比べると、労働分配率はなお一〇ポイント程度低かった。

また、一九七〇年代末以降、先端技術の急速な発展に伴い機械設備更新・システム化が進められ、OA機器導入など職場事務の効率化・合理化（ハイテク化による人員抑制・削減）、情報処理の迅速化が図られた。不況の乗り切り、あるいは急速に進んだ円高のもとで輸出競争に勝ち抜くために、各企業で経営の効率化が最大限に追求されたのである。その経営効率化の論理は、高度経済成長期以上に徹底し、かつ社会に深く浸透した。後述の働きすぎによる過労死の社会問題化が、こうした事態の深刻さを象徴している。第二臨調による行政改革推進は、経営効率化論理・減量経営を国家財政・公共部門にまでもちこむための仕掛けであり、社会保障費の削減、公務員賃金抑制、清掃職員など技能労務職員の人員削減と業務の民間委託、特殊法人民営化などがつぎつぎと進められた。

このような「企業努力」を通じて経済成長は維持され、その結果、一九八八年の一人あたりＧＮＰ（国民総生産）は世界のトップに立った。また経常収支（貿易収支に海外投資の収益などを加えたもの）黒字額は二位をはるかに引き離した世界一となり、対外純資産額では、債務国に転落したアメリカをよそに、八七年にイギリスを抜いて世界最大の債権国家となった。

一九八〇年代後半には、八五年以降加速した円高のなかで、日本企業の海外進出・多国籍企業化が進んだ。製造業対外直接投資の中心は機械・電機・輸送機などの加工組み立て産業であるが、その対外直接投資額は、一九五一年から七九年度の累計二九億ドル、八〇年代前半の累計六二億ドルに対し、八〇年代後半には二一〇億ドルと急増した。世界的にみても日本の対外直接投資の伸びは突出している。日本企業の海外現地法人の現地従業員数は、八六年の九四万人から九〇年には一五一万人（アジア六七万人、北米四五万人、ヨーロッパ二一万人ほか）に拡大した。

こうして世界各地に生産拠点を設置しはじめた日系メーカーは、海外から原材料を輸入し、加工品を輸出するというかつての垂直分業から脱皮し、世界最適地生産の名のもとに、世界的な生産・販売の分業体制をつくり、世界的なスケールでのネットワーク化を推進した。しかし、こうした海外での事業展開は国内工場の閉鎖、下請け企業の工場閉鎖、地場産業低迷による産業空洞化、雇用削減、失業増加などを招いた。また、海外での事業展開は、現地法人からの逆輸入拡大を通じて日本の輸入額も増加させたが、そのうちのかなりの比率を同一企業グループ内取り引きが占め、貿易は国際取り引きという外見とは逆に、閉じられた市場のなかで行なわれていた。当時のアジア諸国との国際分業の場合、アジアの子会社は親企業との貿易で中枢部品を輸入し、製造された最終製品を輸出する。すなわちアジアから世界に向けた製品販売が拡大すればするほど、日本企業からの中枢部品輸入が増える仕組みであり、アジア諸国の対日貿易赤字は構造的なものであった。

こうした輸出にかかわり、減量経営を推進し、大規模な海外展開のできる企業はほとんどが大企業である。高度経済成長期に確立した六大企業グループ(三井・三菱・住友・芙蓉・第一勧業・三和)を中心とする巨大企業集団の支配力は、この時期に経済的・社会的にさらに強まったのである。

この時期の対外経済援助については、ODA(政府開発援助費)が一九七〇年代後半から急速に伸び、八九年にアメリカを抜き世界最大の援助供与国となった。地域的にも、アジア一辺倒から各地へ拡大しつつあり、九〇年代前半のアジアの比率は六割程度である。ただし、対GNP比では八〇年代後半から九〇年代前半でも〇・三パーセント前後で、開発援助委員会加盟国中上位の諸国の一パーセント前後に比べるとかなり低かった。また、開発援助総額に占める政府援助の比率が国際的にみて低く、民間主導型でしかも利益追求的性格をもったものが多いこと、公的経費による援助のうちでも贈与比率が低いことなど、援助の質の面では多くの問題を抱えた。

また、この間の顕著な変化は国際移動の増加である。海外旅行を中心とする出国日本人数は一九七〇年代後半から増加し、とくに八〇年代後半の円高のなかで急激に増え、九〇年代には年間一〇〇〇万人を超えた。在外邦人数(長期滞在者および日本国籍の海外永住者)も、一九七〇年の二七万人が、九二年には六八万人となっている。一方、入国外国人数は九二年に約四〇〇万人に達し、外国籍の女性との結婚を中心に国際結婚も八〇年代後半から急速に増えていった。

減量経営と終身雇用

人口増加が続き、とくに一五歳以上の労働可能な年齢層の比率が拡大するなかで、就業者数は増大しつづけた。とりわけ雇用者の増加ぶりは大きかった。一五歳以上の人口に占める雇用者率は、一九七五年（昭和五〇）の四三パーセントから九五年（平成七）には五〇パーセントに増加し、九〇年代前半には労働力人口（就業者数と失業者数の合計）の八割、約五〇〇〇万人以上が雇用者となったが、以後雇用者増加傾向は頭打ちとなった。

就業者数を産業別にみると、第一次産業は高度経済成長期の激減の時代は終わったものの、引き続き緩やかに減少しつづけた。就業者実数でみると、一九七〇年代なかばに六〇〇万人を超えていた農業者は、九五年には三四〇万人とほぼ半減、就業者に占める第一次産業の比率はわずか二〇分の一に低下した。第二次産業は絶対数は増えているが、構成比率は一九七〇年代以降やや低下傾向にある。第二次産業中、製造業労働者は、第一次石油ショック後に減量経営・雇用調整の影響でいったん減

7

◉東京・上野駅地下道の「野宿者」
当時は「ホームレス」という言葉はまだなく、野宿者・路上生活者と呼んだ。七〇年代の不況は、寄せ場や駅付近の野宿者を増加させた。

少したが、八〇年代に入って増加に転じ、九〇年代前半に一四〇〇万人台のピークを迎え、以後ふたたび急減した。一方建設業は、八〇年代末から九〇年代なかばにかけて増大した。こちらは景気対策の公共事業の影響をみることができる。第三次産業は高度経済成長期に引き続き増加し、なかでも卸売・小売業およびサービス業両部門の伸びが著しく、九〇年代初めには両部門とも製造業の就業者比率を上まわった。とくに、社会福祉・医療・情報・教育などを含むサービス業は、七〇年代なかばから九〇年代なかばまでに倍増し、一五〇〇万人を超えた。

減量経営の影響は、主要企業（東証一部上場企業約九〇〇社）の雇用者数にもよく現われている。雇用者数は一九七四年の三八五万人をピークに、八〇年には三四三万人まで減少した。その後ふたたび増加したが、雇用者全体に対する比率は低下しつづけた。八〇年代における日本の企業の就業構造の特徴として、大企業の正社員が早期退職・関連企業（子会社など）への出向など従来以上に厳しく選別・制限される一方で、パートタイムに代表される非正社員が急増したことがあげられる。

非正社員の一形態である派遣労働者（派遣業者との雇用関係をもち、実際に勤務している企業とは雇用関係がない）は、ソフトウェア開発やビル管理・清掃の下請け化に伴い需要が広がり、一九八六年に労働者派遣事業が公認されてから急増した。労務の請負、外注化・下請け化は、従来製造業の生産現場や建設現場に限られていたが、人員削減のために企業の基幹的業務や行政部門にまで拡大した。派遣業者に登録された労働者数は一九九二年に約五〇万となり、派遣労働者数の最初のピークを迎えた。雇用者数の増加は、非正社員の急増という質的変化を伴っていたのである。正社員社会内部でも、国外を含む配置転換が大規模に行なわれ、その結果、単身赴任が大量に生じた。一九九二年の総務庁調査で国内勤務単身赴任者は四八万人（うち四〇～五〇歳代が全体の七割）、男性雇用者全体の一・五パーセントにあたる。単身赴任者自身は、単身赴任の許容限度を三年と考えているが、実際には三年以上が三割にのぼり、単身赴任回数も平均三回に達していた。だが単身赴任拒否はきわめて困難で、かりに拒否して離職となると、大企業の場合大きな経済的損失が伴う。同じ時期の労働省の試算では、一〇〇〇人以上規模の製造業勤務の四〇歳男性の場合、転職による所得減は生涯で三〇〇〇万から四〇〇〇万円にも達する。

また新入社員を対象とする企業帰属意識調査をみても、本来帰属意識が相対的に低い若い世代でも、減量経営が激しかった七〇年代後半から八〇年代中ごろまでは、高度経済成長期に比べ帰属意識が強まっており、個々の労働者に対する企業の人格支配力が強まった時期であった。

年齢階層からみた日本の労働力人口の特徴は、若年層で低下傾向を見せ、逆に高齢者の比率が高まったことである。ある年齢層において働いている者の割合（労働力率）をみると、一五歳から二九歳の労働力率は、アメリカやドイツなどがおおむね維持傾向なのに対し、日本では進学率の向上に反比例して低下した。その一方で、五五歳以上の労働力率は、

8

◉行革審答申を受ける中曾根首相 第二臨調解散を受けて一九八五年に発足した臨時行政改革推進審議会（行革審）は、土《ど》光敏夫《こうとしお》会長（右）のもと、電電公社をＮＴＴ、専売公社をＪＴ、国鉄をＪＲに改組するなどの民営化を推進した。

先進資本主義国が七〇年代から八〇年代前半に軒並み大幅な低下傾向を見せたのに対し、日本ではほとんど変化しなかった。男性の場合、九〇年現在で、六〇歳から六四歳層で四人中三人、六五歳以上層でも一〇人中四人が働いている。

パートによる女性雇用者の増加

雇用構造からみたこの時期のもうひとつの特徴は、女性雇用者の増加であった。女性雇用者は一九六〇年代に三六〇万人、七〇年代の不況期にも二六〇万人、八〇年代に四八〇万人もそれぞれ増加し、一九九三年（平成五）の女性雇用者総数は二〇〇〇万人を突破した。雇用者中の女性比率は、一九七五年（昭和五〇）の三二パーセントから九〇年代前半では四割近くまで達した。それに対して、高度経済成長期に増加しつづけた雇用者世帯の専業主婦は、一〇〇〇万人を超えた七五年頃をピークとして、九〇年代なかばまでに二〇〇万人減少した。それでも、七〇年前後の水準に戻ったにすぎず、専業主婦家庭をモデルとする戦後家族の規範は、なお堅固だったといえる。

だが、専業主婦家庭の減少率を大きく上まわる共働き世帯の急増により、一九九〇年代初頭には両者が拮抗《きっこう》状態となり、両方の動向を総合すれば、八〇年代における戦後家族の雇用面での変容は大きかった。男女雇用機会均等法公布（一九八五年）など雇用における男女の平等が課題になり、性別役割分業観がゆらぎ、八〇年代末から職場のセクシャル・ハラスメント（男性による女性の労働権および人権侵害）が社会問題となった背景には、急激に進んだ女性の社会進出により、男性の差別意識が職場・家庭両面での性別役割分業克服の大きな障害として認識されたことがあった。

日本の女性の職場進出の特徴は、年齢別労働力率によく現われている。一九六〇年から九〇年の年齢別女性労働力率の変遷をみると、いずれの時期も軌跡は、二〇歳代後半から三〇歳代前半が落ち込むM字型を描いている。いったん就業した女性が、結婚や出産のために離職し、育児負担が軽くなる三〇歳代後半ごろから職場に復帰するわけである。家事専業者の増加と中高年主婦の労働者化の同時進行は、六〇年代を通じて進み、七〇年のM字型はいっそう明瞭になった。その後、継続雇用労働者の増加により二〇歳代後半から三〇歳代前半の谷（労働力率の低下）はやや浅くなったが、四〇歳代の山（労働力率の上昇）は高さを増し、八〇年代にM字型はより完全なかたちになった。

一方、当時の先進資本主義国の労働力率をみると、二〇歳から三〇歳代の谷は、アメリカ、スウェーデン、ドイツ、フランスではみられず、いずれも逆U字型を描いている。また、女性労働力率の推移をみても、七〇年代から八〇年代の日本が低下気味ないし横ばい状態であったのに対し、アメリカ、スウェーデン、イギリス、フランスは上昇している。

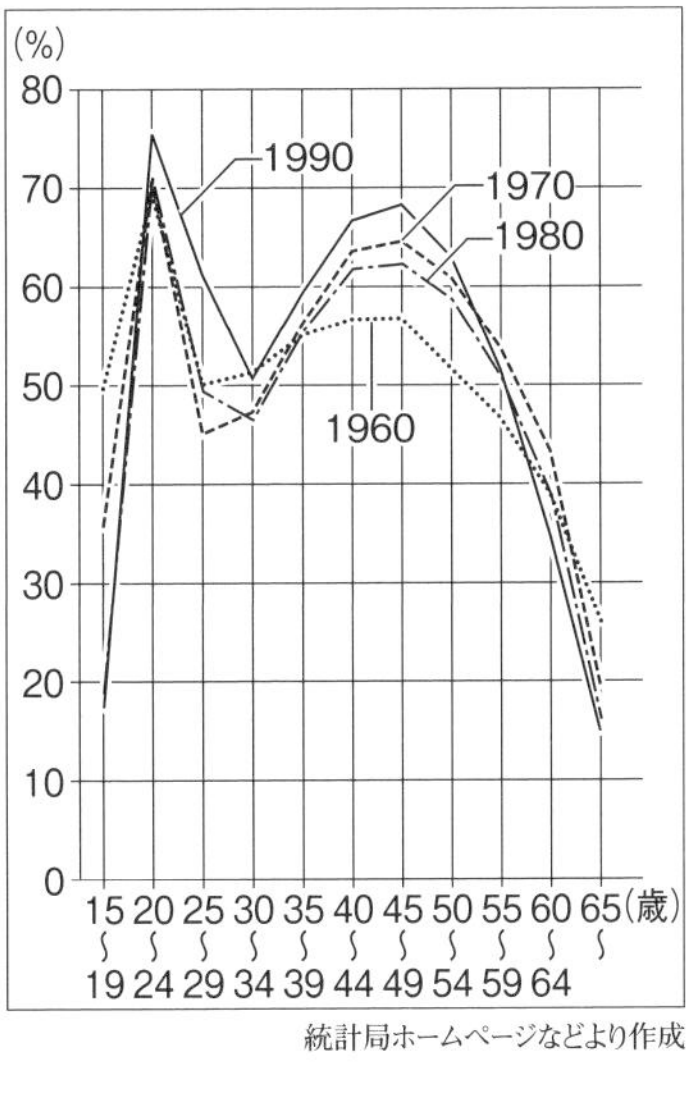

統計局ホームページなどより作成

◉日本の年齢別女性労働力率のM字型グラフ
以前は欧米でも、イギリスなど浅いM字型を示す国があったが、その後M字型解消に向かったのに対し、日本はM字が明瞭に残り、顕著な違いを見せている。

他国と異なり、日本の女性が継続して就業することが困難な原因は、長時間労働と性別役割分業意識の強さに求められるが、後者との関連では、若い世代では育児、中高年齢層では介護が女性就業の最大の障害であった。そこには育児休業制度・保育施設・介護休暇制度・公的介護制度などの施策の遅れが影響していた。また、配偶者手当・配偶者控除の「一〇〇万円の壁」など、妻が扶養されている世帯に有利な税・社会保障制度が存在し、しかも遺族年金改革など、正社員として就業しつづけるより、パート程度の収入で夫の被扶養者となったほうが有利な方向での改正が、八〇年代に相次いだことも、女性の就業意欲を妨げた要因となった。

女性の中高年労働力率を高めた要因は、短時間雇用者（週三五時間未満）の増加であった。男性を含む短時間雇用者総数は一九七〇年の二一六万人から九四年には九六七万人、雇用者総数に対する比率も六・七パーセントから一八・八パーセントとなった。短時間雇用者に占める女性の割合は、六〇年代は五割以下だったのが、八〇年代後半以降は七割となった。女性短時間雇用者の増加は女性雇用者増加の推進力となった。その多くはパートタイム労働者だった。八〇年代末の女性雇用者のうち、正社員は六割、パートタイムが三割、残りがアルバイトや派遣労働者などである。八〇年代末のEC諸国でも、女性雇用者の場合、パートタイムの比率は二割

9

◉『とらばーゆ』創刊号
一九七〇年代後半からの女性雇用者増加に対応して、一九八〇年、リクルートが創刊した求職情報誌。誌名の「とらばーゆ」はフランス語で仕事のことだが、転職を意味する語としても流行した。

から四割に達していた。

このように女性雇用者が増大したのは、経営効率化・正社員削減・サービス業分野における必要に応じた必要量の雇用などのために非正規労働力が利用されたことや、各種作業の平準化・技能のマニュアル化が進んだことなどによるものだが、こうした非正規労働力は、雇用調整の際には真っ先に標的とされた。たしかにこの時期に女性の職場進出は大きく進んだが、日本の労働力の構成という面からは、大企業の男性正社員社会を女性の非正規労働力が補う構造の深まりでもあり、性別役割分業は、企業社会の労働力面からも深刻になっていったのである。このような女性の職場進出の特異性を背景にして、「男は仕事、女は家庭」という考え方はゆらぎはじめたものの、就業継続派は女性の場合でも一九九〇年前後で二割弱と、少数派でありつづけた。

急増した外国人労働者

外国人登録者数は一九八二年（昭和五七）で八〇万人だったが、八〇年代末から九〇年代にかけて急激に増え、九〇年（平成二）に一〇〇万人を突破、九二年に一二八万人となり、日本の総人口比一パーセントを突破した。一九八〇年代中ごろまでは、戦前に来日した在日韓国・朝鮮人および中国人とその子弟が圧倒的であったが、八〇年代末から、円高によって進んだ日本と第三世界との賃金格差、あるいは当時のブラジル経済の停滞を背景として、中国、ブラジル、フィリピン、ペルー（南米の場合日系人）からの新規流入者が増加した。彼らは九〇年代初めには六〇万人を超えたが、その半数の三〇万人が、観光ビザで入国して仕事に就く、あるいは滞在ビザの期限が切れたのちも在留して労働する、「不法就労」外国人といわれた。彼らは外国人登録者に含まれない「未登録の外国人」であり、通常の就労は困難なため、人材派遣会社に雇われ、男性の場合は三K（きつい、きたない、危険）職場で建設作業員・工員などとして働き、女性の場合は、この時期はおもにホステスとなった。しかも労働条件は劣悪で差別的なことも多く、人材派遣会社の賃金ピンハネ、賃金不払い、人権無視、労働災害、餓死などが相次ぎ、社会問題となった。

ブラジル人の在留は、日系人に合法的な滞在と就労への道を開いた一九九〇年六月の入管法（出入国管理及び難民認定法）改正施行を期に急増した。ブラジル人はとくに愛知県、神奈川県、静岡県の三県に集中した。これは、トヨタ・ニッサン・スズキ・ホンダの拠点地域である。

この時期、自分たち以外の存在を意識してこなかった戦後日本の同質的な社会が、急速な外国人の流入によってゆらぎつつあったといえるが、彼ら外国人労働者が、保育や教育の国際化を含めて、日本でどの程度の社会生活・家族生活を送ることができるかによって、日本社会の開放性・平等性、豊かさが試される時代を迎えていた。

国外からの「出稼ぎ」増加に対し、高度経済成長期に建設業や製造業の低賃金の現場労働力を提供してきた国内の出稼ぎ者は、高度成長が終

◉日系ブラジル人の教育
公立小学校に通う日系ブラジル人児童。言葉の壁から外国人学校就学者も多く、不就学も少なくない。

わると急速に減少した。山形県を例にとると、かつて年間四万人を超えた出稼ぎ者は、農家人口の減少と農林就業者の高齢者化に伴い、一九九〇年には一万人を割るに至った。低賃金労働力の供給源が、外国人に置き換えられ、労働市場が日本人と第三世界の外国人の間で格差をもって分けられているという、戦前の「帝国」の時代に類似する事態が進行したのである。

過労死社会

一九八〇年代初めから、働きすぎから脳や心臓の健康障害を起こし死に至る事件が、「過労死」として語られはじめた。一九八八年（昭和六三）六月に、過労死の労災補償運動に取り組んできた弁護士や医者、労働運動家が電話相談「過労死一一〇番」全国ネットを設置すると、過労死問題は大きな社会的問題として光を当てられるようになった。八〇年代末の年間過労死は一万人を下らないと推定されている。「企業戦士」の死を続出させている日本社会は、「働きすぎ・働かされすぎ社会」として国際的にも注目されるようになり、過労死はKaroshiとして英語でも使われるようになったのである。このような事態を生んだ社会は、

●製造業の年間労働時間国際比較
総実労働時間と年間通勤時間の多さ、逆に休日の少なさと、すべての点で日本は働きすぎを示す。フランスとの年間拘束時間の差は、約四週間分に相当する。

	日本	アメリカ	イギリス	西ドイツ	フランス
①総実労働時間	2,189	1,962	1,961	1,642	1,647
所定内労働時間	1,936	1,759	1,774	1,559	—
所定外労働時間	253	203	187	83	—
②年間休日などの日数	117	139	147	155	154
③1日あたり労働時間	8.79	8.64	8.95	7.78	7.77
④年間通勤時間	281	214	—	159	187
⑤拘束時間(①+④)	2,470	2,176	—	1,801	1,834

『労働白書』平成2年版より作成

「過労働社会」と呼べるだろう。

「過労死一一〇番」が設置された一九八八年の製造業労働者の年間労働時間を国際比較すると、総実労働時間で二〇〇時間から五〇〇時間以上の差があり、通勤時間を加えた勤務関連拘束時間ではさらに差が開く。所定外労働時間（残業）も多いが、欧米に比べ出勤日数が多いため年間所定内労働時間が長くなることが、日本の長時間労働の原因である。

しかし、この国際比較の資料でもある労働省の統計で総実労働時間の推移をみると、高度経済成長期の二三〇〇時間台に比べると、一九七五年以後はほぼ二一〇〇時間前後で推移し、労働時間は減少している。それならば、なぜ一九八〇年代に過労死が問題になるのだろうか。じつは、この労働省統計には、「サービス残業」といわれる残業手当が支払われていない労働時間（残業手当が支払われた残業時間の約二倍と推定される）が調査対象に含まれていないのである。そこで、サービス残業を含む調査である総務庁の調査をもとに労働時間の推移をみると、男性の場合、一九七〇年代にいったん減少した労働時間は、八〇年代に入り高度経済成長期並みの年間二六〇〇時間以上の水準まで

◉増えた超長時間労働

週六〇時間以上の男性雇用者の人数と全雇用者に対する割合をみたもの。割合では、八〇年代後半に五〇年代並みに戻っている。

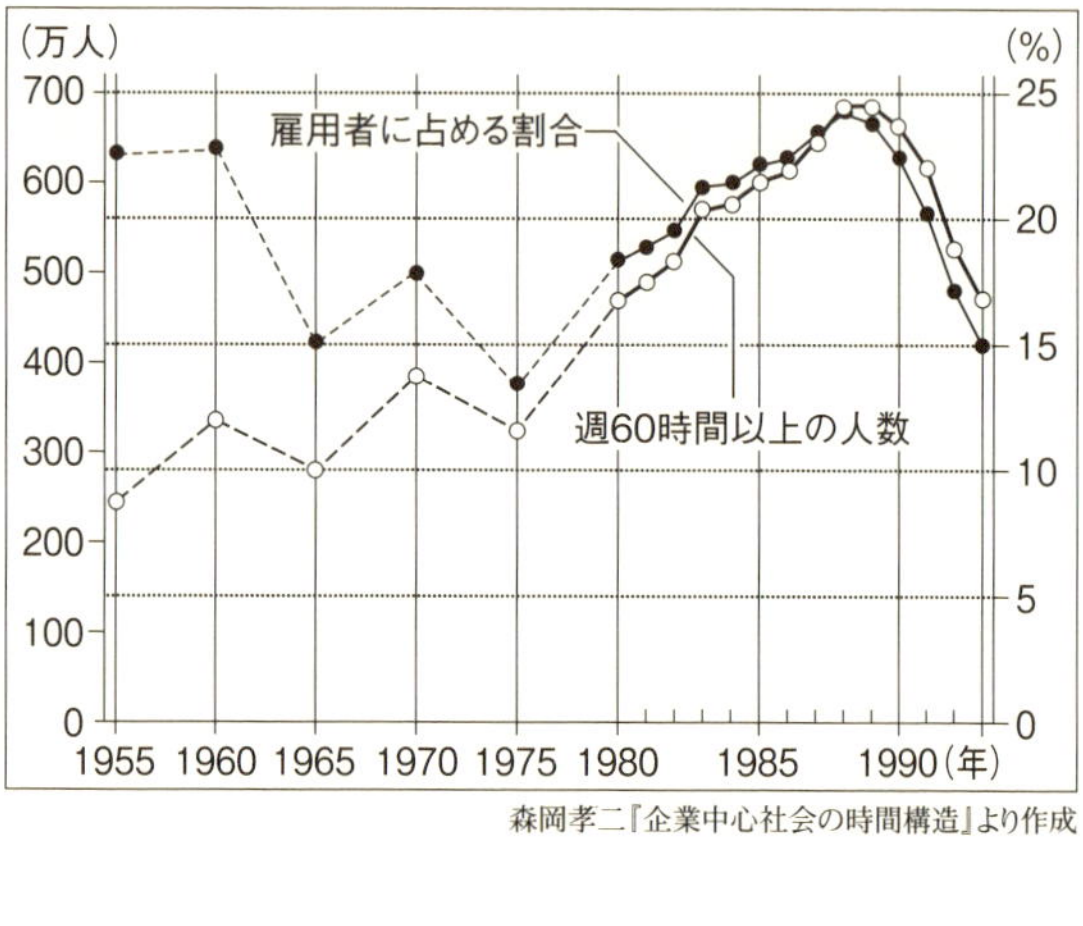

森岡孝二『企業中心社会の時間構造』より作成

増加している（女性の場合は、短時間雇用者の増加で、労働時間は減少している）。

もう一歩詳しく、週間就業時間別に労働者数の推移をみていくと、男性の場合、週四九時間以上（一日八時間×六日以上）の長時間労働の割合が増加しており、とくに、週六〇時間以上の超長時間労働者が一九七五年以降急増し、八〇年代末には、高度経済成長期に比べて約三〇〇万人も増えたのである。女性の場合も、週六〇時間以上労働者は七五年の五七万人から八八年には九二万人に増加した。男女合わせて、一九八八年時点の週六〇時間以上労働者数は七八〇万人に達した。週六〇時間の労働は、年間にして約三一〇〇時間にあたる。このような、ドイツやフランスの二倍近くに及ぶ超長時間労働者数が大幅に増えたことが、過労死が社会問題化した最大の要因であった。

日本の労働時間が、実態としては一九七〇年代以降の二〇年間変化しなかったのに対し、フランス、ドイツ、北欧諸国などではかなりの時間短縮が進んだ。日本と同じく働きすぎが指摘されるアメリカの場合も、同じ時期の流れでみれば、労働時間は減少傾向にある。過労死の深刻化と自由時間の拡大という日欧の明暗を分けたのは、七〇年代以降の各国の労働政策の差異であった。

働けど、働けど

長時間労働の原因のひとつは、残業の多さであり、大企業ほど残業時間が長い。企業の側が残業を求めた理由は、雇用を増やすより残業させるほうが、コスト的に有利だからである。たとえば、フランスなどでは年間残業時間についての規制があるが、日本ではこうした規制はない。また、残業手当の割増率は、五〇パーセント以上の国も多いが、日本の場合は二五パーセントである。その結果、企業は残業時間をはじめから見越した仕事量を設定することになる。また、サービス残業の年間不払い賃金総額は二〇兆円以上に達するという推計もあり、この点でも、企業にとってコスト的に申し分のない仕組みがつくられているのである。

国際比較でみた労働時間の長さは、パートタイムの場合も同様である。一九九〇年のEC諸国パートタイムの週間労働時間の平均は、男性で一八時間、女性で一九時間であるが、日本の場合、パートタイム労働者の約半分が三五時間以上、それ以外のほとんども二二から三五時間労働と、日本の長さはきわだっている。先ほど、短時間労働者の増加とパートタイムの関係に触れたが、パートタイム全体では短時間労働者より長時間労働者のほうが多かったのである。

休日・休暇については、一九七〇年代前半に急速に広まった週休二日制の普及速度が鈍り、完全週休二日制は一〇〇〇人以上規模の大企業でも五割程度にとどまった。そのため、国際比較では週休日が年間二〇日程度少ない状況となる。もうひとつの問題は、年休である。年休の取得率は一九八〇年の六一パーセントから八八年に五〇パーセント（取得日数七・六日）まで下がり、その後もほとんど増えなかった。取得できない理由は「あとで多忙になる」「同僚に迷惑をかける」「休暇をとりにくい職場の雰囲気」などであり、やはり仕事量の過大な設定が問題であった。

当時、収入よりも労働時間短縮を期待する比率は高まったが、四〇歳代以上の仕事志向はなお高かった。家庭生活の面からみても、男女労働者の職業生活と家庭生活の両立を妨げているのは日本固有の長時間労働であり、その結果としての女性への家事・育児労働の集中、パートなどの差別労働拡大（性別役割分業の再生産）という循環につながった。

日本の労働者がこれだけ働いても、この間の実質賃金は微増にとどまった。円高のなかで、為替レートで換算すると日本の賃金水準は世界最高水準に達した。だが、生計に必要な同量の財・サービスがいくらで得られるかを国ごとに比較して換算してみると、アメリカ・ドイツ・イギリスと比べて日本の賃金は低く、とくに時間あたりでは、一九八八年の比較で日本を一〇〇とすると三国の指数は一二〇～一六〇程度であり、日本の賃金はかなり低い水準にある。一戸建て住宅価格の平均年収に対する倍率を国際比較しても、日本は三国の一・五～二倍近かった。

企業規模別に賃金の推移をみると、高度経済成長期に縮小した格差が、一九七〇年代から八〇年代にかけて再拡大する傾向を示した。大企業正社員の賃金面での優位性は、先にみた企業帰属意識の深まりと関連するだろう。男女間の賃金格差（パートを除く）も、この間ほとんど変化はない。一九九〇年の女性平均賃金は男性平均賃金の五七パーセントであり、ドイツの七割以上、フランスの八割以上と比べると、男女格差は先進資本主義国としては大きかった。

学校から会社へ

一九七〇年代なかばから九〇年代なかばの高校進学率および高等教育（大学・短大・専門学校）進学率は、その前後の時期に比べるとほぼ安定的・横ばいだった。高校進学率は一九七五年（昭和五〇）に男女ともに九〇パーセントを超え、その後も上昇傾向を保って九〇パーセント台を維持した。そして、男子の三分の一以上、女子の五分の一以上が大学に進学した。短大を含めると、女子も男子の大学進学率に近い進学率を保ちつづけた。

この時期の高等教育進学率が横ばいとなった背景として考えられるのは、家計に占める教育関係費がこの時期を通じて上がりつづけたことである。夫婦と子ども二人のモデル世帯での教育関係費支出をみると、一九七〇年代なかばから九四年まで上がりつづけ、そこで上昇は停止した。

教育費増加の理由としては、一九九〇年代なかばまで急速に上がりつづけた小・中学校の学習塾利用比率、および七〇年代なかばから九〇年代初めまでで三倍に達した大学の授業料の連続しての値上げなどが考えられる。日本は、初等・中等教育における私費負担割合はＯＥＣＤ（経済開発協力機構）諸国の平均ラインであるが、高等教育の私費負担割合は国際的にもきわめて高い水準であった。

新規学卒者の就職者数は、高卒者の場合一九七〇年代なかばから九〇年代初頭まで、毎年六〇万人程度の水準で安定しており、その後急減する。大卒は、七〇年代なかばの二〇数万人から九〇年

11

◉寸暇を惜しんで勉強
一九七八年、深夜の電車の中での塾帰りの子どもたちの姿。七〇年代以降に激化した、学歴競争社会を象徴する光景である。

代前半は三〇数万人へ漸増《ぜんぞう》した。就職率は、男子学生は八〇年代に八〇パーセント弱でほぼ一定し、女子学生は八〇年の六五パーセントから九〇年には男子と同率に上昇した。全体としてこの時期は、学校経由の就職の安定期だったといえる。

しかし一九九〇年代前半には、バブルの崩壊とともに高卒・大卒ともに求人倍率が低下し、同時期の大学・短大進学率上昇とも関連しつつ、短大卒・大卒の就職者割合の低下が始まり、無業者比率が急上昇した。戦後日本の労使関係の根幹をなす終身雇用と年功賃金制度の入り口であった、学校経由の就職に異変が生じたのである。そして、同じ時期に男性雇用者の年功賃金の上昇（賃金カーブ）にも分化と変容が生じはじめていた。

また、大卒女性の場合、男性ほどではないが勤続と年功による賃金カーブが保障されており、結婚・子育てによりそれが中断した場合の生涯賃金の損失は多大である。この逸失した所得を「機会費用」というが、大卒女性の増加により、結婚・子育てによる高いリスクが膨大な機会費用として意識されはじめたのが、一九九〇年前後の時期であった。

12

◉第一回大学入試共通一次学力試験
国立大学入学志願者の基礎学力を見るための共通試験として一九七九年に始まったが、結果として偏差値による大学序列化が進んだ。

公共事業と国債の累積

現在のわれわれの生活は、戦後を通じて営々と資金が投じられてきた産業的社会資本や上下水道・衛生などをはじめとする生活関連の物的社会資本のうえに成り立っており、そのような公共事業の累積が現代的「豊かさ」の一面の基盤をなしている。しかし、その公共事業は、じつは公債という借金への依存によって大規模に継続されてきたのであり、その借金の合計は、中央政府の発行する国債発行残高だけで六八〇兆円（二〇〇八年〔平成二〇〕）を超える。近年の日本の一般会計税収（約五〇兆円程度）の一〇数年分であり、ほかの先進国に比べて対GDP（国内総生産）比はきわめて高い状態が続いている。その意味で豊かさは、借金生活の危うさと裏腹なのである。

そもそも、アジア太平洋戦争の膨大な戦費が国債によってようやく支えられていたという歴史的経験から、戦後日本国家は国債発行を原則として禁止してきた。それがなぜ、国債漬けの国家財政になってしまったのだろうか。そのからくりの一因は、財政法（一九四七年〔昭和二二〕施行）第四条の但《ただ》し書きにある建設国債である。そこでは公共事業の財源として、国会の議決を条件に公債発行を認めている。もうひとつは、財政法にもない赤字国債（特例国債）である。そのため、発行にあたっては、発行年度ごとに国会における公債発行特例法の制定が必要となる。戦後の国債発行は、まず一九六五年、補正予算で後者の特例国債が一時的に発行され、翌六六年から前者の建設国債が発行され、以後建設国債の発行が恒常化し、均衡予算主義から借金依存に転換した。

建設国債依存は一九六〇年代後半に下がるが、七〇年代初頭の田中角栄《たなかかくえい》内閣がふたたび押し上げ、七五年の特例国債復活とその恒常化とともに、それ以前の時代とは質を異にする国債依存の時代に入った。七〇年代後半からの中央財政の国債依存度は、国際的にも例外的な突出ぶりであり、バブル期の税収増によりいったん依存度を下げたのも束《つか》の間、九〇年代なかばからふたたび国際的に異例の依存度上昇を示している。その結果、公共事業費のほぼ全額を建設国債でまかない、特例国債で他費目の赤字財政の補塡《ほてん》をするという歳出構造が、一九七五年を起点に定着した。

国債返済のための中央一般会計歳出中の国債費支出は、一九七五年には歳出全体（決算）の五パーセントであったのが、七九年に二桁《ふたけた》を突破し、八〇年代後半以降二〇パーセント台で定着した。それは、歳出の二割を国債返済にあてつつ、それ以上の国債依存で歳出をやりくりするという借金財政構造の定着でもあった。その結果、国債残高は雪だるま式に増え、一九八〇年には七〇兆円を超え、財政再建が緊急課題として意識されはじめた。しかし、その後も残高上昇はとどまるところを知らず、八三年に一〇〇兆円を、九四年に二〇〇兆円を突破した。ちなみに九四年の国債残高を全人口で割ると、一人あたり一六〇万円を超える。豊かさのツケは、半端な額ではなかった。

しかし、一九七〇年代から八〇年代の日本は、なぜ国際的にも例がないほどの高い国債依存を続けたのだろうか。建設国債は、七〇年代後半

13

●戦後初の赤字国債発行
一九六五年に売り出された赤字国債は、高額にもかかわらず売れ行きは好調だった。写真は、証券会社での赤字国債売り出し風景。

の日本の景気回復が集中豪雨的ともいわれた輸出拡大によって成し遂げられたことから、各国との間で貿易摩擦が生じ、その批判をかわすために内需拡大策として公共投資を拡大しつづけたためである。一方の特例国債は、一九七〇年代後半期に急増した社会保障をはじめとする諸費目の増加に対応するものだろう。

一九八〇年代初頭は第二臨調答申の影響で歳出総額増加が抑制された時期だが、そのなかで国債費と防衛費は例外的に増加しつづけ、公共投資については、建設国債の発行による公共事業費の総額維持を容認した。八〇年代後半になると、八五年のプラザ合意による円の対ドルレート急上昇にもかかわらず増加しつづける対米輸出と貿易黒字対策として、主要先進国から内需拡大の総合対策実施を迫られ、日米構造協議を中心とする対外政策協調の手段として、建設国債による大規模な公共事業が維持されつづけた。そしてこの公共事業に民間活力を利用する構想がからみ、不動産・建設・観光事業などへの民間投資活動の活性化を図った。バブル景気はその結果としてあおられ、巨大な不良債権を残して崩壊した。建設国債という借金依存の公共事業は、放漫経営を生み出し、経営破《は》綻《たん》による不良債権は巨額の公的資金投入を余儀なくさせた。こうしてバブル後の不況は、ふたたび景気対策としての長期の建設国債依存を必要とさせ、税収減は特例国債を復活させたのである。

14

◉ジャパンマネーでゴッホ購入　円高と金あまりを背景に、バブル期の日本資本は世界の美術品をつぎつぎと購入した。写真は、一九八七年に落札された『ひまわり』。

総中流の時代と深部の変動

東京の構造転換

今度は、一九七五年（昭和五〇）頃から九五年（平成七）頃までの首都圏の動向を、東京・埼玉・千葉・神奈川を中心に取り上げたい。それは、先に触れたこの時期の経済・就業構造を規定する重要な要因であるとともに、階層構造の変容との関係で後述する中流意識のありようにつながり、さらに都市再開発政策の登場をめぐって公共投資領域とも深く関連するなど、さまざまな諸問題の結節点的な意味をもつからである。

日本の総人口に占める東京・名古屋・大阪の三大都市圏人口の比率は、この時期も引き続き増加しつづけた。この時期の自然増は、大都市圏・地方圏とも大差がないので、影響を与えたのは高度経済成長期と同じく社会増（転入超過）である。しかし、同時期の三大都市圏をみると、首都圏だけが大幅な社会増を維持しつづけていた。

高度経済成長期以来の首都圏人口の動きをみるために、首都圏人口を都心（二三区）とそれ以外の地域に分け、都心以外の首都圏地域をひとまず「郊外」と規定して、話を進めることにする。人口変化では、都心地域は一九六〇年代後半に引き続き社会減（転出超過）が自然増を上まわり、総体として緩やかな減少が続いた。この人口減は、自然増がほとんどなくなった九〇年代なかばから社会増の回復によって人口増に転じ、「都心回帰」が注目された。それに対し、郊外人口は高度経済成長期ほどの勢いはないものの、平均して年間数十万規模での増加が続いた。この時期の都心からの転出先の大半は郊外であり、八〇年代後半のバブル期に規模は小さいながら六〇年代に次ぐ郊外化の戦後第二の山をつくった。そして、都心回帰の裏返しとして九〇年代なかばに増加のテンポはようやく弱まった。高度経済成長以来日本列島を覆った郊外化の時代は、九〇年代以降、首都圏においても終息しつつあるようにみえる。

こうした人口動態の変化を、社会階層別の居住状況からみてみると、ホワイトカラー居住地区が都心の西半分から郊外の広い領域にかけて広がっており、そのぶん、ブルーカラー居住地区・工業地域が縮小したと考えられる。ホワイトカラー層の増大によって、首都圏はこの低成長期下でも名古屋・大阪圏に倍する高い労働力の伸びを示しつづけ、地域別一人あたり県民所得では最高水準を維持するとともに、一九八〇年代には他地域が低下傾向であるなか、上昇傾向を示した。

ではなぜ首都圏でホワイトカラー層が増加したのだろうか。まず考えられるのは、高度経済成長期に引き続き大企業の管理中枢機能が集中しつづけたことである。とくに円高と経済のグローバル化が進むなかでの一九八〇年代の日系企業の多国籍企業化の過程で、東京本社の管理・営業中枢、あるいは研究開発部門の人員は、製造部門の人員比率の低下を尻目《しりめ》に拡大しつづけた。そして中枢部門の拡大と東京集中は、製造業だけでなく、商社や金融・保険業でも進展した。

このような東京の管理中枢機能の肥大化に対応して、そうした機能を支える新たな事業が発展した。ソフトウェア開発などの情報サービス業、広告業、調査業、ビル・メンテナンスや警備などの現業サービス業、事務機器リースなどの事務支援サービス業などである。これらのサービス関連業種は、一方で年齢のわりにやや賃金が高いシステムエンジニア・プログラマーなど、その一方でビル清掃・警備業・給仕などの非熟練低賃金労働者の需要を拡大した。前者の情報技術者需要は、派遣業などの発達も促したが、この時期の首都圏の産業的変化は、相対的に高給の大企業管理中枢部門のホワイトカラー層と、情報・販売サービス関係の中間的給与の労働者層を増やし、製造業の熟練労働者を減少させつつ、非熟練の低賃金労働者・非正規雇用の不安定労働者を拡大した。そして、この非熟練の労働者層の需要拡大に応じて、東京でも外国人労働者が増加していった。一九八〇年代に、東京を中心に首都圏の新しい階層分化が進展したのである。

そして、このホワイトカラー層・知的技術者層・情報サービス部門労働者を中心として郊外転出が続き、彼らの多くは持ち家を購入していった。一九七〇年代後半から八〇年代は、戦後のベビーブーマーが結婚から子育て、そして住宅取得にさしかかった時期でもある。住宅需要の規模は大きかった。それに対し政府は、七〇年代は石油ショック後の景気浮揚策として、八〇年代後半のバブルに向かう時期は貿易摩擦批判をしのぐ内需拡大策の一環として、バブル崩壊後はふたたび景気刺激策として、持ち家政策を推進した。その一方で、公団住宅・公営住宅の建設戸数は減少する。こうして住宅所有の方法は、持ち家へと特化していった。

一九七〇年代後半から八〇年代初めまで、住宅金融公庫は融資契約戸数・融資契約額を急激に拡大し、その後も高い水準を維持しつづけた。新築住宅着工戸数の水準は金融公庫によって維持された。このうち東京都だけでも住宅着工戸数は二〇万戸前後を維持しており、全国の住宅着工戸数のなかで首都圏は高い比率を占めたと思われる。

持ち家政策の崩壊と都市再開発

同時期の首都圏郊外に視点を戻すと、そこでも持ち家化を背景に、経済的に豊かな郊外型生活様式がこれまで以上に厚い層を形成して広がっていった。住宅資本によって供給され、つくられた地域社会は、年齢構成や階層が似通った家族による均質的な持ち家住宅地であり、もともとそこに住んでいた人々とはあまり交わることなく、独自の郊外型生活文化を維持していった。ファミリーレストランなど、近年の郊外風景には欠かせないロードサイド・ビジネスの最初の享受者は、この層であった。彼らは以前からの憧《あこが》れであったアメリカ的な生活を日常的に楽しむ、新たな段階の豊かな物質世界の居住者となった。

しかし、バブル経済の頂点から崩壊の過程で持ち家需要は急速に冷え込んだ。一九八〇年代末から九〇年代初頭の首都圏では、住宅価格が年収の八年分を超えるなど、調達可能な金額をはるかに上まわり、無理して購入した住宅の資産価値はバブル崩壊で大幅に下落した。郊外に持ち家を取得して中流生活を楽しむ夢は実現困難になった。同じ時期に、財政難のなかで金融公庫に政府一般会計から支出されていた補給金の負担が問題になりはじめる。金融公庫は、国庫からの利子補給金によって低利融資を成り立たせていたのだが、景気対策や内需拡大の手段として公庫融資を拡大しつづけた結果、利子補給金も一九七五年（昭和五〇）の五〇〇〇億円から増大し、八〇年代なかば以降三〇〇〇億円台が続いていたのである。七〇年代なかばに始まった住宅政策を経済対策として利用する政治方針は、財政負担の増大によって、公庫中心の戦後的持ち家政策を内部崩壊に導いた。

　ふたたび郊外から都心に目を移すと、一九六二年の全国総合開発計画に始まる高度経済成長期以来の日本の国土政策の根幹は、大都市に過度に集中した機能を太平洋岸を中心とする諸地域に分散させ、それを高速交通体系で結ぶ地域開発政策であった。この国土開発方針が、中曾根《なかそね》康《やす》弘《ひろ》内閣時代に大きく転換する。中曾根内閣は、貿易摩擦対策としての内需拡大と民間資本活用（民活）・市場の重視を両立させる方法として、公共事業分野への民間資本の導入を推進したが、その対象は大都市の都市再開発が中心だった。その結果、公共投資は東京をはじめとする大都市に比重を移し、これに民間資本の巨大な投資が加わって、東京と地方の投資の格差はいっそう深刻化した。

　中曾根の都市再開発・民活では、国鉄用地売却を前提とする国有地の民活プロジェクトや東京臨海部開発などの大プロジェクトが、情報通信ネットワーク完備による高度情報社会に対応した都市整備方針と重なり

15

◉売れ残った郊外高級住宅地
一九八九年に一戸五億から一五億円で売り出された、千葉県あすみが丘の高級住宅地。バブル崩壊と重なり、半数が売れ残った。

合いながら、つぎつぎに打ち出された。国鉄の分割民営化は、経営改善や労働対策だけでなく、都市再開発と民活政策にとっても不可欠なものだったのである。こうして都市再開発は、財界・政界だけでなく、関係諸省庁と東京都を巻き込んだ国家政策となっていく。企業の管理中枢機能の飛躍的上昇を背景に、都市再開発による空間の大量供給が課題とされ、都心を有効に利用すべく、土地利用規制とビル建設の容積率制限がしだいに緩和されていった。そして資本市場の規制緩和で融資先を失った金融機関が不動産市場に流れ込み、止まらなくなった地価バブルは都心部に地上げ騒ぎを続出させた。

この都市再開発の強行は、一九九五年（平成七）に都知事に就任した青島幸男《あおしまゆきお》による臨海副都心開発の見直し方針などでいったん中断し、都心のあちこちに不良債権化した不動産が残された。再開発による都心マンションの増加が生んだ大量の新住民は、自営業者に支えられてきた町内会などの地域組織や日常的人間関係を大きくゆるがせた。自民党の政治的地盤でもあった地域統合メカニズムは、この時期に弛緩《しかん》したと思われる。都市再開発は、五五年体制を深部からゆるがしたのではないだろうか。

また、バブル崩壊後の東京に段ボール生活者が急増したのは、不況という経済的な事情もさることながら、彼らの生活の場であった安アパート・安宿が、地上げ・再開発により都心から消えたか

16

◉地上げの跡
両隣が地上げで空き地となり、一軒の古い家がぽつんと残る。一九九〇年、東京・銀座の風景。

らである。彼らは新宿など駅周辺の路上や公園に追いやられ、やがてそこからも追い払われると、五〇年代のように河川敷へと野宿の場を広げていく。一方、大都市再開発のあおりで公共投資を縮小された地方経済は「自立」を迫られ、その後の市町村合併の呼び水となった。

農業・環境危機

高度経済成長期の農産物輸入の拡大と食料自給率の急落に続いて、一九七五年（昭和五〇）頃から九五年（平成七）頃にかけても、総合食料自給率（水産物を含むすべての食料を集計した自給率）・穀物自給率は、ともにおおむね緩やかな低下傾向が続いた。日本の農林行政が注目するカロリー（熱量）ベースの主要先進国食料自給率比較でみると、この間日本は最下位にとどまりつづけた。それだけではなく、他国が食料自給率を向上させているにもかかわらず、日本のみが下げつづけたことも見てとれる。この時期の日本の食料行政についてのスタンスは国際的にもきわめて特異であり、それを受けて、二一世紀初頭の日本の穀物自給率は、一七〇を超える世界諸国中で一〇〇位にも入れず、とくに人口一億人以上の国のなかでは、他国を断然引き離して最下位であった。

近年続発している食品の信頼性にかかわる不祥事との関係では、円高

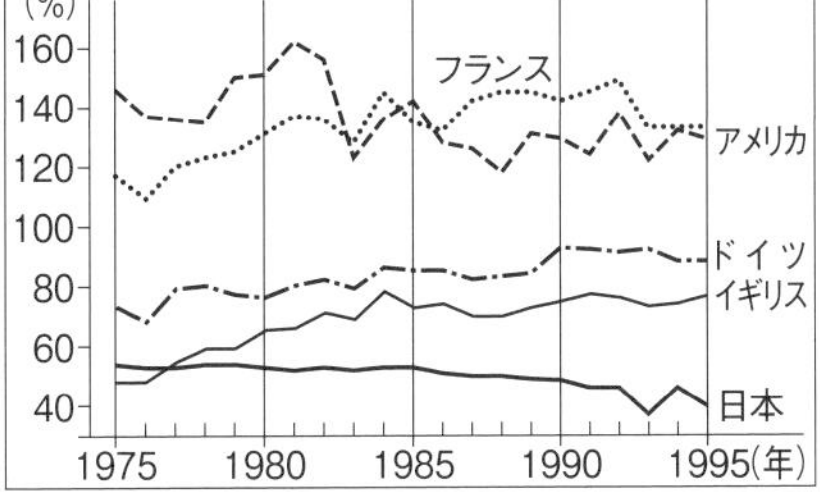

＊統合前のドイツは、東西ドイツをあわせて計算している
農林水産省ホームページより作成

◉食料自給率の国際比較
カロリーベースで比較したもの。一九九三年に米の不作で一度四〇％を切った日本の自給率は、その後二〇〇六年にふたたび四〇％を切り、問題となった。

を契機に進んだ食料輸入増大による日本の食のグローバル化、および農林水産業と消費者をつなぐ多数の食品産業の介在が相まって、食と農業・水産業の生産者との距離が拡大し、食の安心・安全などの信用情報が得にくくなる仕組みが進展した。消費者の飲食費支出が食品関係産業のどの部分に分配されたのかという調査によれば、一九七五年には三三パーセントを占めていた農業・水産業の割合が、九五年には一九パーセントまで低下し、食品流通業と外食産業がそのぶん拡大した。参考までに、二〇〇〇年の年間飲食費支出は八〇兆円である。一九七〇年代初頭に日本に上陸したマクドナルドなどの外資系外食チェーンや、すかいらーくなどの国内チェーンレストランの全国展開によって、外食産業がまず急成長を遂げ、八〇年代に入るとコンビニ弁当など持ち帰り用調理済み食品を提供する「中食《なかしょく》食品」が拡大し、外食・中食をあわせた「食の外部化率」は上昇しつづけた。

　生産者との乖離《かいり》を伴った、たんなる消費としての食への変容と、円高により安価に提供されるようになった輸入食料、そして賃金の継続的上昇は、人々を飽食化に導いた。年間の一人あたり食料供給量の推移では、一九七〇年代以降、米の消費量は大きく低下し、肉類・乳製品・油脂類・魚介類が増加した。そして拡大品目の多くは、輸入の急増によって支えられ

17

◉コンビニエンスストア時代の到来　一九七四年に東京・豊洲《とよす》にオープンしたセブン-イレブン一号店。当初は二四時間営業ではなく、店名どおり朝七時から夜一一時までの営業だった。

ていた。八〇年代から九〇年代の日本人は、世界中の肉やエビ・マグロ・カニ・ウナギなどを、資源の限界を思うこともなく、石油ショック後の日本の漁業の衰退を気にかけることもなく、胃袋に収めていった。

ここで、あらためて食料自給率に注目すると、一九七〇年代末から八〇年代なかばまでの自給率は、カロリーベースでは横ばい傾向で、生産額ベースでみれば上昇さえしている（123ページ参照）。この時期に自給率低下が一時的に止まった背景はなんだろうか。

じつは、この二〇年間の肉類を含む農業生産物の品目別自給率をみると、自給率がさほど動いていない米・麦・豆・イモなどの部類と、一九九〇年頃から明確に低下傾向を示した野菜・果実・畜産物などに分類できる。前者は消費量が減少する部門、後者は急増した部門であり、八〇年代前半までの日本の農業は土地面積あたりで収益性の高い後者の生産部門を大幅に拡大していた。日本農業の経営努力は続いていたわけである。しかし畜産の拡大は、飼料穀物の輸入拡大と裏腹の関係である。トウモロコシなどの飼料の大半がアメリカからの輸入であり、穀類をはじめとした食料輸入が、自給率横ばいの時期も拡大した。

しかし、一九八〇年代後半、食料自給率は後退局面に入り、成長部門だった果実の生産は低下し、野菜・畜産の生産も、頭打ちないしは低下傾向となった。農業生産が全体として縮小に転じる転機となったのは一九八六、八七年頃であるが、ちょうどこの時期は、自動車などの輸出増による貿易摩擦を背景に、国内的には財政再建の観点から中曾根《なかそね》康弘《やすひろ》内閣時代の「前川《まえかわ》レポート」によって農業予算削減・農産物開放政策が提言され、海外からも農産物の市場開放をめぐって外交圧力が高まった時期である。国債による公共投資の維持と同じく、貿易黒字批判を回避すべく、農産物輸入制限がしだいに解かれ、円高と相まって食料輸入はふたたび急増した。食料輸入の増加は世界的傾向でもあるが、日本の特色は、食料輸出とのバランスを欠き、輸入に一方的に頼っているところにある。これでは農業が生きる道をせばめざるをえなかった。

行政による農産物価格抑制政策のもとで、一九七〇年代なかばと九〇年代初めの農産物価格を比べてもほとんど変動はない。農産物買い取り価格の低下に加え、平均的耕地面積が一ヘクタールあまりという日本の農業の収穫量では、農家のほとんどは暮らしていけなかった。九〇年代初めの全国の農家の一戸あたり平均農業所得は一〇〇万円あまりであり、その数倍の農外所得が確保されなければ、農家経営継続も日常生活も成り立たない。このような状況で農家戸数は七〇年代から減りつづけ、八〇年代にはさらに減少が加速していった。農外所得が農業所得を上まわる第二種兼業農家は戸数を維持したが、家計がもっとも不安定な専業農家は、七〇年代から九〇年代にかけて半減した。そして、農業就業人口に占める女性と高齢者の割合が増え、若年・壮年層の減少は著しかった。

18

◉原子力船「むつ」出航を阻止する漁船軍団
一九六九年完成の「むつ」は、青森県むつ市大《おお》湊《みなと》港を母港とした。七四年八月に漁船包囲を突破し出航するが、放射能漏れ事故が発生し、帰港を拒否された「むつ」は、一九八八年につぎの受け入れ港が決まるまで漂泊を続けた。

日本の耕地面積のピークは一九六一年の六〇九万ヘクタールで、それが約三〇年後の九二年には五一六万ヘクタールとなった。この数字は造成による増加分も含めた結果なので、非農業用への転用・耕地放棄などを合わせた潰廃《かいはい》面積だけをみると、列島改造下の七〇年代前半だけで五〇万ヘクタールを超え、さらに七五年からの二〇年間で一〇〇万ヘクタールに達する。その四割が耕地放棄で、その割合は九〇年代なかば以降さらに五割近くに上昇しているが、耕地放棄は「中山間《ちゆうさんかん》地域」でも激しく進んだ。山間部、および平野部と山間部の中間地帯をあわせて指す中山間地域は、一九九〇年の総農地面積・総農家数の四二パーセントを占め、米の三六パーセント、畜産の四六パーセント、果実の四四パーセントがこの地域で生産されていた。中山間地域での農業活動は、環境論の立場からみれば、食料生産だけでなく山林田畑の保水により災害を防ぎ、水源林を守り、緑を育て、二酸化炭素を吸収して酸素を供給してきた。またこの地域には全国水田面積の半分があり、それだけでも棚田にイメージされる巨大なダム機能を果たしていた。中山間地域の急速な過疎化・高齢化と農業の放棄拡大は、食料問題を超えた環境と国土保全の問題を含んでいたのであり、この時期になって日本農政もようやく、この点に注目しはじめた。

少子化と高齢化

日本の人口は一九七〇年（昭和四五）に一億人、八四年に一億二〇〇〇万人を突破した。しかし、高度経済成長期に人口一〇〇〇人あたり一七から一九人の水準にあった出生率は、一九七五年以後低下傾向にあり、九一年（平成三）には一〇人を割った。敗戦後のベビーブーム時代の出生率（三三～三四人）の三分の一以下である。女性ひとりの平均出生児数（合計特殊出生率）も、一九七〇年の二・一人から九二年には一・五人まで減少した。出生率低下の原因としては、子育ての費用の負担の大きさと育児施設や制度の不足が二大原因として意識されている。

一方で、一九八〇年代後半に、平均寿命は男性で七五歳を、女性で八〇歳を超えた。一九六〇年と比べてともに一〇歳の伸びであり、六五歳以上の老年人口は七〇年からの二〇年間で倍増した。老年人口の比率は、一九六〇年五・七パーセント、七〇年七・一パーセントから、八四年に一〇パーセントを超え、九五年には一四・五パーセントに達した。日本の高齢化社会への動きは、先進資本主義国ではこれまでに例をみない、急速なものであった。

高度経済成長期を通じて安定していた婚姻率は、一九七〇年代なかばからの一〇年間で急落した。それに対して、二〇歳代後半の未婚率が男女ともに七〇年代後半から上がりはじめ、九五年には男性の三人に二人、女性の二人に一人が未婚と、晩婚化・非婚

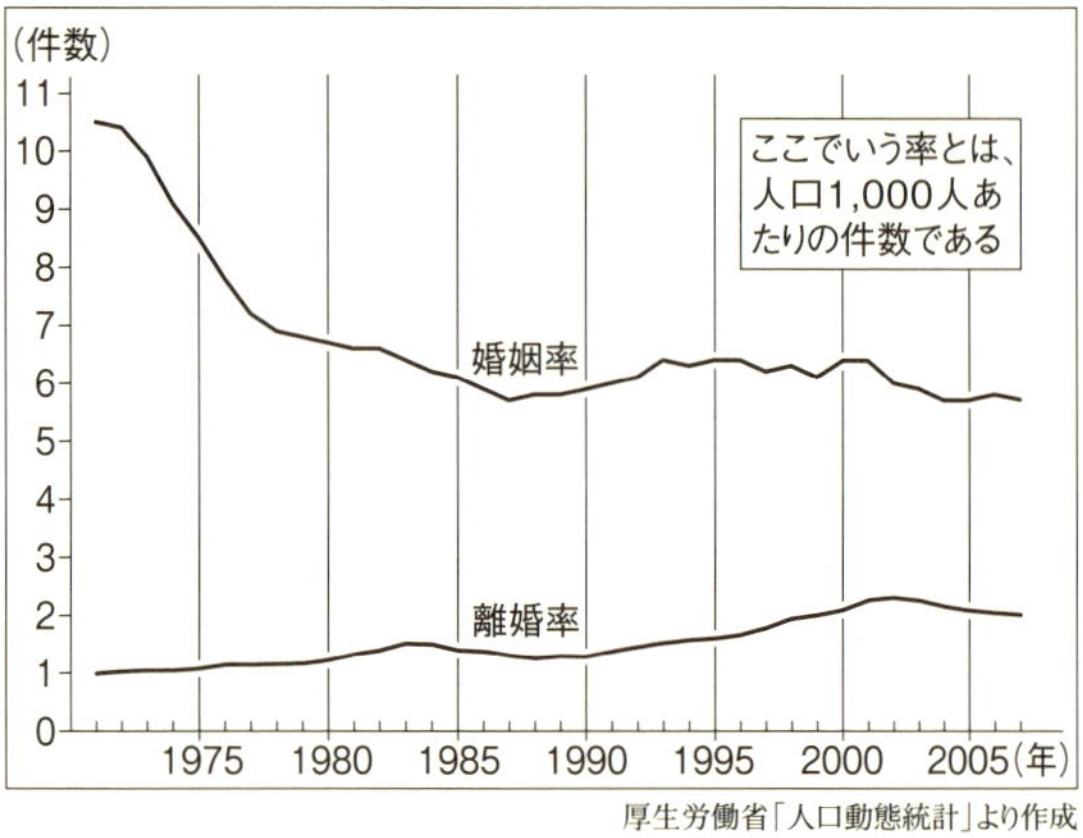

厚生労働省「人口動態統計」より作成

◉婚姻率と離婚率の推移

婚姻率は、一九九〇年代にやや回復傾向を見せるが、二〇〇〇年代に入ってまた減少する。離婚率は、九九年に二を超してなお増えつづけたが、近年やや減少を始めている。

化傾向が進んだ。三〇歳代の未婚率も、男性は顕著に上昇し、女性も八〇年代後半から上昇傾向がみえはじめた。一九八七年の総理府調査では、「女の幸せは結婚にある」という考えに対する女性の支持率が、七二年の四〇パーセントから二八パーセントに下がり、一方で「独り立ちできればあえて結婚しなくてもよい」という意見の支持率が一三パーセントから二四パーセントに増大し、結婚観が大きく動いたことを示している。また、離婚率も一九七〇年代から増加した。とくに、一九九〇年の調査では結婚歴一五年以上の離婚が離婚全体の四分の一となっている。中高年夫婦の離婚率急増が八〇年代以降の顕著な傾向であった。

こうした年齢構成や婚姻の変動を背景に、世帯のあり方も変化している。「三世代世帯」の一貫した減少や、一九八〇年代から進んだ「夫婦と子どもの世帯」の減少と、「単親（主として母子）世帯」「夫婦のみ世帯」「単独世帯」の増加である。また、六五歳以上の一人暮らしが、八〇年の八八万人から九五年には二二〇万人へと急激な伸びを記録するなど、高齢化は、高齢夫婦世帯および高齢単独世帯の増加を招いた。

それに伴い、老人介護が大きな社会問題になった。日本の場合、公的あるいは企業の介護のための福利制度が遅れていることもあり、外部の公的・私的サービスへの依存度が先進資本主義諸国のなかではきわめて低く、実質的な介護の担い手が妻や息子の配偶者・娘など、圧倒的に女性の肩にかかっていたからである。

戦後家族のゆらぎ

前述したように、女性雇用者の増加によって共働き世帯が急増した。夫も妻も雇用者として働く共働き世帯は、一九八〇年代後半からの一〇年間で一挙に二〇〇万世帯増加して九〇〇万世帯に達し、妻が無職（専業主婦）の世帯数を若干だが超えた。こうした動向を背景に、「男は仕事、女は家庭」観はゆらぎ、家庭内協力意識という面でも、七〇年代前半から九〇年代初頭の約二〇年間で大きな変化がみられる。

しかし、こうした意識の変化は、必ずしも家庭内での男女平等や公平な家事負担につながってはいない。一九九〇年（平成二）の、既婚者に対する家庭での地位の平等感に関する総理府調査では、男性の五二パーセントが平等と答えているのに対し、女性では三四パーセントにすぎず、逆に「平等になっていない」という答えが四五パーセントなのである。先に職場の視点から男女平等社会促進の障害をみたが、今度は生活時間の面から性別役割分業の現状をみてみたい。

すでに述べたように、日本人の余暇活動の特色としてテレビ視聴時間の長さがあるが、一九九〇年代初頭の生活時間調査では、男性労働者のテレビ視聴時間は、平日・日曜日ともいっそう増加した。欧米で広くみ

19

◉管理された戦争報道
湾岸戦争では、巡航ミサイルの発射シーンなど、テレビを通じて茶の間に否応なく戦争が入り込んできた。だがその映像はアメリカ政府によって管理されたものであり、戦下の民衆の姿は隠された。

られる同僚・家族・友人・地域社会とのコミュニケーションの時間は逆に減少しており、男性労働者の余暇生活は、さらにテレビに特化していたのである。しかし、それは生活時間に余裕ができたためではなく、平日の男性労働者の睡眠時間はさらに減少している。活動空間が、職場と核家族という限定的な世界に閉じ込められ、さらにその核家族のなかでひとりテレビに時間を費やす、孤独な像が浮かび上がってくる。

第二章で専業主婦の家事労働時間をみたのに続いて、一九八〇年代後半の共働き世帯の妻の生活時間を夫と比べてみると、平日の自由時間の少なさは共通だが、妻の自由時間を奪っているのは家事負担である。週三五時間以上働く妻の場合、勤務関連拘束時間と家事労働時間の合計は夫より長く、自由時間と睡眠時間は短かった。妻の家事労働時間の多さは日曜日も同様で、したがって週あたりの勤務関連拘束時間と家事労働時間の合計では、妻は夫より一〇時間程度多くなった。

すなわち、当時の日本の夫たち（男性労働者）は、妻が専業主婦であろうが、共働きであろうが、家事はほとんど負担していなかったのである。たしかに、日本の男性の休日家事負担も増加傾向を示してはいたが、その多くは買い物時間であり、成熟しつつあった日本社会の消費文

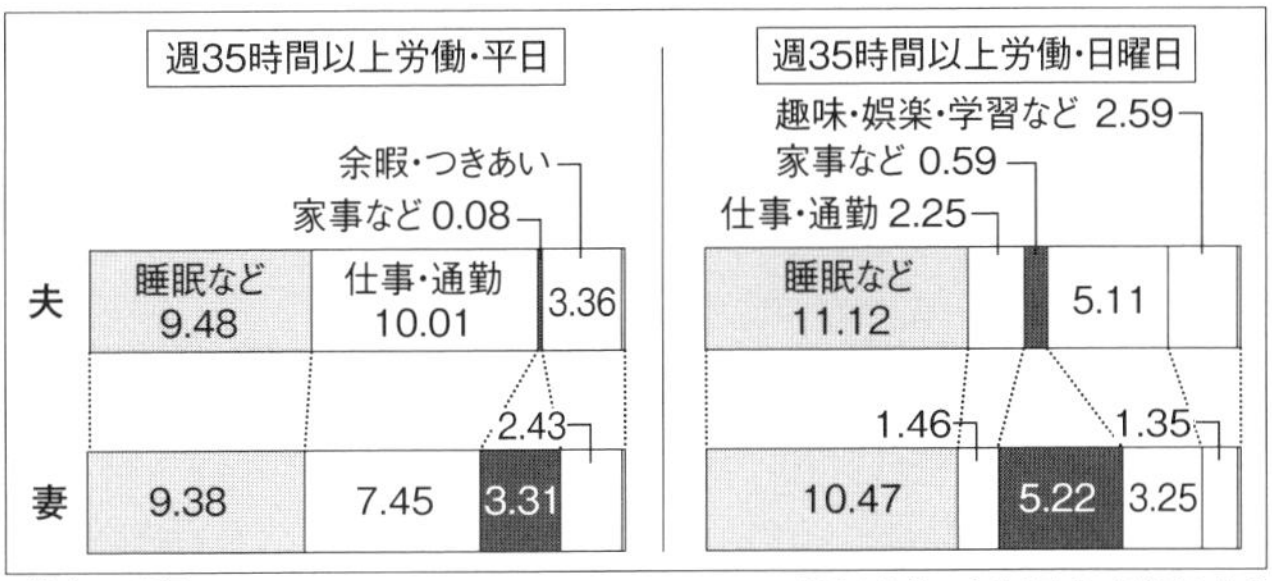

＊数字は時間

『婦人労働の実情』平成1年版より作成

◉家事をしない日本人男性
ともに週三五時間以上働く日本人夫婦の生活時間を比較したもの。欧米では日曜日は女性の家事負担が減るのに対し、日本では日曜日は女性の休息日にならなかった。

化の刺激を享受する気楽さを伴ったものであった。結局、炊事や掃除などの家事負担がほとんど不可能な日本の男性労働者の長時間勤務は、家事の性別分業を前提に成り立っており、その結果、妻は男性以上の長時間労働を強《し》いられていたわけである。こうなると、性別役割「分業」ではなく、性別役割「分離」と形容したほうが適切であり、性による不平等性が、高度経済成長期にも増して異常なかたちで進んだのが、この時期の特徴であった。「男は仕事、女は家庭」観は、日本の企業社会の現状と男性の強固な性差意識を通じて、再生産されていた。

このように男女の生活時間を比較してくると、結婚と出産で生活時間が急変する女性と、家事の依存相手が母親から妻になるだけで生活時間がさほど変わらない男性との違いが、以前にも増して明瞭化したことがわかる。非婚化・晩婚化とは、このことに気づいた独身女性たちが、このリスクを回避する、あるいはできるだけ遅らせるために選んだ道だったといえるだろう。

また、この時期を通じて大卒女性が増加したが、生活時間調査をみると、女性全体ではテレビ視聴時間がやはり長いなかで、配偶者をもつ大卒女性層（専業主婦・有職女性双方）はテレビ離れして自由時間を社会的・文化教養的な活動に割く傾向を明確に示していた。家事負担を背負った女性たちは、その制約のなかで職場の領域とは異なる社会的領域との接触を開発しつつあったのである。

「物の豊かさ」より「心の豊かさ」へ

家計の動向では、この時期を通じて収入増加率は低かったが、消費者物価の上昇率も低く、可処分所得はわずかずつではあるが増加した。一九六〇年代末にほぼ行き渡った家庭の耐久消費財は、家族の個別化に伴う複数所有、あるいはマイコン装備の家電製品時代に入り、また情報機器も普及した。しかし、後述のように税金・社会保障費などの非消費支出可処分所得はかなり高い増加率を続け、教育費・医療保険費などの負担も増えており、生活の豊かさは、国の経済力・企業の豊かさを少しずつ後追いしている状況であった。生活程度意識では、七〇年代に六割を占めた「中の中」が八〇年代にはやや減少し、かわって「中の下」と「下」が増えた。

生活満足度調査では、一九八五年（昭和六〇）をピークに満足度が低下し、不満を感じる労働者の割合は、八五年の三二パーセントから八九年（平成元）の四四パーセントに増加した。その背景には、バブル経済のなかで現われた所得格差の拡大（とくに土地資産格差）、また国の豊かさと国民の豊かさの乖離《かいり》についての不満がある。一九八八年の総理府調査では、「日本は高い経済力をもっている」が八五パーセントに対し、「国民は豊かである」は五〇パーセントという結果であった。ただし、八〇年代に入り、「物の豊かさ」より「心の豊かさ」、衣食住よりレジャー・余暇生活の充実、あるいは収入増加より自由時間という志向が明確に増えている。この時期に消費社会、家族の消費生活に質的な変化があったことの

20

●「おいしい生活」
一九八二年の西武百貨店広告。当時、西武・セゾングループは、消費を通じた解放感、創造意識をかき立てる文化戦略を展開した。この年、西武池袋店の年間売上げは業界一位となった。

反映と思われるが、現実には自由な時間もお金も足らず、生活の満足度は先進資本主義国中では低い水準であった。

生活満足度の変化は、日本の社会保障水準、今日でいうセーフティネットの整備状況とそれによる安心感ともかかわっている。一九六〇年代末から七〇年代初頭にかけて、財政優先から福祉優先の世論が形成され、七三年は福祉元年といわれたが、その後の推移をここで検討しておこう。

一九七〇年代なかばから八〇年代前半まで、国民所得に対する年金や医療費など社会保障給付費の割合は急速に上昇し、給付費の額は数兆円から九〇年代なかばには七〇兆円前後まで、うなぎ昇りに増大した。当初は医療費の割合が最大であったが、一九八〇年を境に年金が最大費目となった。給付費を機能別に分けると、九〇年代後半では年金給付が四割、医療費が四割弱で、この両者で全体の八割を占めている。欧米と比べて両者の比率が高いのが日本の特徴となっている。

それは、全住民への税金を中心とした平等な社会保障給付を理念とした北欧やイギリスなど福祉国家型の国々と異なり、日本の社会保障が職域をベースとした社会保険料中心で、年金については所得比例の給付になるからである。いわば企業社会の総合的な福利厚生システムとして、社会保険を中心とした社会保障給付制度が設計されていたのである。そして高度経済成長期に就職した雇用者の退職と高齢化に伴い、年金支給額は飛躍的に膨張した。

そしてこのような給付の特質の裏面として、給付費中の年金と医療費以外の「その他の福祉」に含まれる部分、具体的には障害・雇用対策・生活保護・家族サービスなどの割合は、欧米諸国との比較ではきわめて低くなる。児童・家族給付金の割合は、一九七〇年代後半以降一貫して給付総額の数パーセント程度で、その低さが日本の女性の雇用形態や雇用の維持に大きな影響を与えていたことは、容易に見てとれるだろう。

生活保護については、一九八〇年度と九〇年度を比較すると、一九一二万人から一二一七万人（毎月計上者の累計）に減少している。これは、企業社会の外部に置かれた生活保護対象者への低水準な公的扶助が、一九八〇年代の福祉行革路線によってさらに削減された影響と考えられる。九〇年代前半の日本の生活保護割合（全人口比）は、アメリカ・イギリス・スウェーデンの一〇分の一、ドイツの五分の一以下であった。企業社会の外部、あるいは周辺領域ではきわめて弱いセーフティネットしか用意されていないという日本の状況が、生活の安心感に大きな影響を与えていた。

「日本型福祉国家」の実態

ではこの給付費は、どのようにまかなわれていたのだろうか。社会保障給付費の財源は、二〇〇〇年代の構成割合でみると、社会保険料が約六割、税が三割、残りは資産収入である。すでに述べた社会保険料中心の制度とは、このような財源の構成状態を指す。税は中央財政と一部は地方財政からなるが、中央一般会計歳出（決算）をみると、一九七五年（昭和五〇）に総歳出の二割を超えた社会保障関係費は、比率においてはほぼ二割前後を維持し、額では同年の四兆円台から九五年（平成七）には一七兆円に増加している。そして、この国税（国費）による多額の社会保障関係費の六割が社会保険費に投入されているところに、この時期の日本の社会保障関係費の構成の特徴がある。年金・医療などの社会保険制度を国費で支援するかたちで拡充しつづけ、そのぶん、生活保護費・失業対策費・保健衛生対策費が相対的に削減されていったのである。

　社会保障関係費が、絶対額では増加しても、とくに一九八〇年代以降割合としては抑制された背景には、第二臨調答申の影響があった。七〇年代後半の財政危機のなかで、財界・政府サイドから福祉見直し・「ばらまき福祉」批判が行なわれ、第二臨調の八二年答申で、日本の福祉社会化の方向として自立・互助・民間活力を基本とすることが提唱され、受益者負担、ボランティア活動の利用が指摘された。その趣旨は、国民の自己負担増加・給付水準引き下げという国家責任の回避であり、こうした提言は、六五歳への支給開始年齢の引き上げ・学生の国民年金加入義務化などの年金制度改革（一九八九年）、児童手当の支給対象制限、医療保険における国家負担削減と国民の自己負担引き上げなどのかたちで、つぎつぎと実施された。これらの政策実施を支えたイデオロギーが、日本型福祉国家論である。

21

◉三%の消費税導入で一円玉不足
一九八九年に導入された消費税は、「高齢者」「福祉」のためとうたわれたが、実態は異なった。当面の問題は釣り銭の一円玉不足で、デパートなどは一円玉集めに知恵を絞った。

　こうした社会保障の個人負担増は、国民所得比での社会保障負担割合がこの時期を通じてじわりと増加していったことにも反映されている。一九七五年における社会保障負担率七・五パーセントは、九五年には一二・五パーセントに上昇した。この間、租税負担率も上昇し、両者をあわせた国民負担率は、八〇年に三割を超え、九〇年まで上昇傾向が続いた。財政赤字の潜在的負担を加えた「潜在的国民負担率」は、九〇年代には五割近くに及んでいる。

ところで、こうした政策的提言を通じて、ボランティアが大量に出現した。ボランティア活動者数は、一九八〇年の一六〇万人から九〇年には四一一万人に増加しているが、その中心は女性、とくに専業主婦である。ボランティアの活力は、今後の社会にとって不可欠であるが、ボランティア提唱の政策意図は、本来公的に提供されるべき福祉サービスを、低廉な報酬の女性によって満たそうとするもので、パート労働力としての利用と同様、女性の役割の固定化である。行政側の努力、公的福祉の充実や、男性にもボランティアを担わせる条件の整備が同時に不可欠である。

ただし、余暇観調査によれば、先進資本主義国と比較して、余暇を社会のために役立てる時間ととらえる比率がきわめて低いことが日本の特徴である。総理府社会意識調査によると、現在の世相は平和であるが、自分本位で無責任、連帯感が乏しいという評価が多数であり、企業社会の弊害はこのようなかたちでも現われていた。

労働運動の再編

高度経済成長期に一定水準を保っていた労働組合の組織率は、一九七五年（昭和五〇）を契機に一路低下し、九一年（平成三）には二五パーセントを割った。六〇年代から七〇年代初めにかけて増加傾向にあったストライキ件数・争議行為参加者数も、七四年をピークに低下傾向を見せつづけた。一九九二年のスト件数七八八件・参加者四一万人は、どちらも七四年の九五八一件・五三三万人の一〇分の一以下である。組合運動の力量を反映する春闘賃上げ率も、一九七四年をピークに急落し、七〇年代末以降、低水準で推移した。七九年以後は組合側の要求額も低く抑えられ、春闘そのものの意義がゆらいでいくなかで、実質賃金は微増にとどまっている。労働組合運動は、七〇年代なかばを境に急激に低迷期に入ったといえるだろう。

労働組合中央組織の動向では、一九七五年の春闘敗北をきっかけに、労資協調的な民間大企業労働組合主導の労働戦線統一運動が進んだ。そして、一九七九年に総評が官民あわせての労働戦線統一から民間先行の統一の受け入れという方針転換を行なうことによって、民間主導が決定的となった。七〇年代初頭の労働運動高揚期をリードした公務員の労働運動が押さえ込まれ、そのことは総評そのものの地盤沈下につながったのである。次いで一九八二年に、まず全日本民間労働組合協議会（全民労協）が結成され、八七年に全日本民間労働組合連合会（連合）として日本最大の労働運動ナショナルセンターにのしあがった。内外の政府・経営サイドからの「日本的労使関係」への賛美が起こったのは、このころである。連合は、一九八九年に官公労

22

◉「スト反対」の落書きを消す駅員
一九七五年の公労協スト権ストの際の光景。乗客の、労働組合運動への連帯意識や共感が薄まったことをうかがわせる。

働組織も加えた日本労働組合総連合会として脱皮し、同年、創立四〇周年にして総評は解散した。

一方、連合結成を「労使協調的」労働戦線再編と批判し、階級的ナショナルセンター結成をめざしてきた潮流は、時を同じくして全国労働組合総連合（全労連）を発足させた。連合は一九九二年一一月で七八〇万人、かつての労働四団体を合わせた数に匹敵する組合員組織比率となる一方、全労連は同年七月で一三五万人（組合発表）であった。労働組合運動は新しいナショナルセンターの対抗の時代に入った。

この時期に、日本の労働組合運動がこのように組織率を低下させ、経営側との交渉力を弱めるとともに、労働組合中央組織の再編が起こったのはなぜだろうか。日本の組合員数そのものはこの時期に大幅には減っていないので、組織率の低下は雇用者数の激増によるともみえる。だが企業規模別に組合員数の推移をみると、一九七五年から七九年の間に、雇用者一〇〇〇人以上の大企業では組合員数が三九万人も減少している。同じ時期の全体の組合員数の減少は二八万人であるから、大企業以外では組合員は一〇万人程度増えていることになる。七〇年代後半はとくに激しく組織率が低下した時期であるが、そのおもな原因は大企業組合員の減少であり、それは、大企業で吹き荒れた減量経営の展開に伴って起こったものであった。

次いで、一九八〇年代には公務員労働運動も大きな圧力を受けた。八二年九月の閣議は、四九年以来三三年ぶりの人事院勧告の凍結を決定した。人事院勧告制度は、公務員に対する労働基本権制限の代償であり、勧告実施は本来政府の義務であった。しかし、一九七八年の日経連による国家公務員賃金批判を経て、八一年の第二臨調発足とともに公務員給与抑制が緊急課題として打ち出され、人事院勧告凍結という事態になった。また、この臨時行政調査会で行政改革の重要な柱として国鉄分割・民営化問題の審議が始まり、翌年から国鉄労働者批判キャンペーンが本格化し、分割民営化・国鉄労働組合批判の世論形成が進んだ。国鉄の職場荒廃・規律の乱れが叫ばれるなかで、一九六〇年代の生産性向上運動批判を受けて六八年に国鉄当局と国労との間ではじめて結ばれ、国鉄労使関係の基礎となった現場協議制が八二年末に消え、国鉄の職場は無協約状態になった。

以後、職場の組合活動も大幅に制限され、大量の人員削減にあわせて繰り返しダイヤ改正が実施された。一九八二年三月の国鉄職員数四〇万人に対し、八六年の国鉄分割民営化法成立を経て翌年に発足した新会社の職員は二〇万人。この間の定年退職者を除いたとしても、九万人以上が国鉄改革の名のもとに職場を離れなければならなかった。かつて国鉄職員の七割以上を組織した最大組合であった国労は、八七年初めの調査で六万二〇〇〇人と組織率が三割を下まわり、旧国鉄の労働組合は四分五裂し、労働組合員総数も激減した。

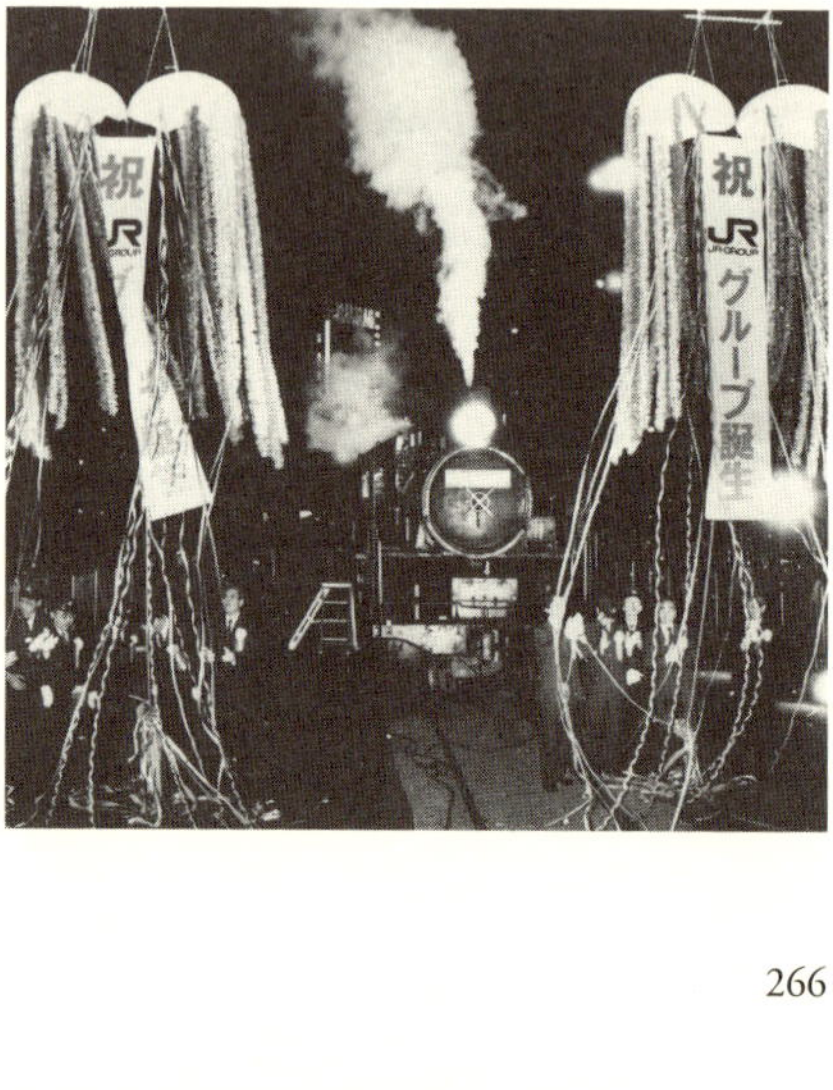

23

◉国鉄の分割民営化の光と影
一九八七年のＪＲ発足は、ＳＬの吹鳴《すいめい》式など祝賀ムードに包まれたが、一方で解雇者の一部は、「不当解雇撤回」の長期闘争に入る。

公務員と大企業で組織率が高いのは戦後日本の労働組合の特質である。一九九〇年の労働組合基礎調査では、組織率は公共部門が七五パーセント、従業員一〇〇〇人以上の大企業が六一パーセントで、両者に組合員の七割近くが集中していた。その労働運動の二大勢力をねらって、減量経営と行政改革を旗印に、労働者の削減と労働組合運動への抑圧が同時に進んだのである。それに対し、労働組合自身が新規の職場の組織化やパートタイム労働者の組織化の取り組みへの消極的姿勢を続け、その結果日本の労働組合運動は停滞状態に追い込まれ、労働運動全体が後退するなかで、先に述べた組織の再編が進んだのである。

こうして、労働組合は労働者の間で影響力を著しく弱め、信頼感を低下させた。一九九三年の日本労働研究機構の調査によれば、未組織企業労働者の六割が「労働組合はないほうがよい」と答えている。またＮＨＫの世論調査によって一九七三年と八八年を比較すると、職場の「静観」派が三七パーセントから四八パーセントに増え、「活動」派が三二パーセントから二二パーセントに減少している。こうした事態は、団結権など個々人が能動的に社会にかかわるための権利意識の低下、さらに政治行動意欲の減退や、地域の問題への取り組みの消極化などと並行しており、労働運動停滞の根には、より大きな問題が横たわっていたように思われる。

「戦後日本」への問い

被爆者の国家補償要求

第一章に続き、広島・長崎の原爆被爆者と国家補償の問題をみてみよう。日本被団協の一九六〇年代の運動の成果として、六八年（昭和四三）に原爆特別措置法が制定された。原爆症と認定された被爆者に医療手当と特別手当を支給し、未認定の被爆者が癌《がん》などになったときに健康管理手当を支給するというものだが、認定・未認定を区分した制度の導入によって、原爆症と認定される際の被爆者の基準が、以前にも増して問題となる。原爆症の認定制度は、被爆者健康手帳をもつ被爆者を二分し、当時の基準によれば、爆心地から近距離にいた被爆者を認定し、それ以外の被爆者を「一般被爆者」として被爆者対策を差別化し、原爆被害を過小に見積もる制度だったからである。

それゆえ、認定却下処分を受けた広島の被爆者が、一九六九年、七三年と相次いで却下処分の取り消しを求めて裁判を起こした。また、被団協は、被爆者対策を社会保障の枠内に押しとどめる国家の姿勢に対し、一九七〇年代前半には野党と協力して援護法制定運動を展開した。これらの運動は、七〇年代なかばの被爆者健康診断の公費補償対象の拡大として、部分的な成果を得ている。

被爆者援護の枠組みを揺さぶったのは、韓国から密入国した被爆者・孫振斗《ソンジンドゥ》による被爆者健康手帳交付要求の裁判であった。孫は大阪で生まれて広島で被爆し、外国人登録令違反で韓国に強制送還されたが、原爆症で悩まされ、日本への密入国で逮捕されたのち、福岡県に被爆者健康手帳の交付を申請する。外国人への交付はできないとして県が却下したため、一九七二年、韓国原爆被害者援護協会（現・韓国原爆被害者協会）などの支援を背に、提訴した。最高裁は一九七八年、原爆医療法はその人道的目的から救済において内外人を区別すべきでなく、同法は国家補償の趣旨をあわせもつ、という注目すべき判決を下し、孫の全面勝訴となった。このため、日本政府は、在韓被爆者問題への対応を迫られ、渡日治療制度の整備に向かうことになるが、それとともに重要だったのは、日本政府が認めてこなかった被爆者への国家補償に、司法が踏み込んだことだった。

判決後、政府は厚生大臣の私的諮問機関として原爆被爆者対策基本問題懇談会を組織した。同会は、一九八〇年、戦争という非常事態においては、なんらかの犠牲を余儀なくされたとしても、すべての国民は一般の犠牲者として受忍しなければならない、として被爆者援護法の制定を否認する答申を出した。こうして問題は、被爆者固有の領域を超えて、国が一般市民の戦争被害に受忍を強《し》いることを公然と表明した事態をどう考えるかという、戦争犠牲者共通の領域まで及んでいった。

この答申に対し、被団協は全国の被爆者に討論を呼びかけつつ検討を重ね、一九八四年に「原爆被爆者の基本要求」をまとめる。そのなかで、国家補償の原爆被爆者援護法のもっとも重要なねらいは、核戦争被害を国民に受忍させない制度を築き、国民の「核戦争を拒否する権利」を打ち立てるものと位置づけた。戦争犠牲受忍政策への対抗としての援護法制定は、日本国憲法の平和主義の具体化であり、他方で、外国人被爆者への補償制度の根幹としての意義ももっていた。

続いて被団協は、受忍できない被爆の惨状をあらためて明らかにするために、全国一万三〇〇〇人あまりの被爆者を対象にした、大規模な原爆犠牲者調査を一九八五年に実施した。その結果からは、幾重のつらい体験、そして生きる意欲・生きる意味の喪失感の深さを味わった被爆者ほど、生きる意思の喪失感と闘いつつ、反原爆の思想と行動に生きる支えを見いだし、国の責任を鋭く問う姿がみえてくる。戦後四〇年を生き抜いた被爆者体験は、被爆死者たちへの思いを背負いつつ、生き残った被爆者たちと能動的に生きつづける人間群像をつくりだした。

そして一九八七年には、韓国原爆被害者が、韓国人被爆者を生んだ背景には強制連行政策があるとして、日本政府の韓国人強制連行と被爆、戦後の放置責任を問い、総額二三億ドルの国家補償を求める要求を、日本政府に提出した。

一九九〇年代に入り、自民党の下野と連合政権時代という新たな政治状況下で、被団協の被爆者援護法制定国会請願署名は一〇〇〇万を超え、援護法制定促進決議も、地方議会の四分の三に及んだ。この世論の高揚を背景に一九九四年（平成六）、

被害	0	Ⅰ	Ⅱ	Ⅲ	Ⅳ	Ⅴ	Ⅵ	Ⅶ
被爆者数 (合計6,744人)	677	889	1,117	1,304	1,223	832	502	200
①	0.4	1.7	2.8	4.2	5.6	7.3	9.1	11.7
②	4.3	11.2	17	22.8	35	45.2	57.8	70.5
③	18.9	24.7	31.6	37	45.1	58.2	70.1	81.5
④	21.1	26.8	40.4	48.2	61.2	71.8	81.3	87
⑤	63.5	57.5	44.7	34.4	24.1	15.5	10	5.5

①「つらかったこと」1人あたり件数
②生きる意欲の喪失体験のある者の割合
③国の責任を問うている者の割合
④反原爆の思想や行動に重きをおく者の割合
⑤仕事や宗教など個人的な要素を生きる糧とする者の割合

濱谷正晴『原爆体験』より作成

◉原爆犠牲者調査の結果

被害欄のローマ数字は、心身を総合した傷害類型を示し、数字が上がるほど被害が重く複合的になっていることを意味している。すべての項目について、被害の程度と回答の比率に相関関係が現われている。原爆が人々の人生に与えた影響の大きさがわかる。

村山富市《むらやまとみいち》内閣のもとで「原子爆弾被爆者に対する援護に関する法律」が制定された。それは、被団協の要求でもあった死没者への弔慰金支給など国家補償的側面も含んでいたが、基本的には従来の被爆者関連法の統合であり、国家補償の原爆被爆者援護法には遠かった。だがその後、二〇〇〇年の最高裁・大阪地裁判決は、相次いで原爆症認定訴訟の原告側訴えを支持する判決を下し、厚生労働省は、原爆症認定に関する審査方針の再検討に入る。

しかしながら、この新方針でも認定制度の枠の狭さは変わらず、認定患者数が被爆者手帳保持者数の一パーセントにも満たない審査実態は変わらなかった。これに対し、被団協は原爆症認定制度の抜本的な転換を求めて全国一斉に原爆症認定申請を行ない、却下されたら処分取り消しを求めて集団で訴訟するという方針を提起し、二〇〇三年から全国で集団訴訟が始まった。集団訴訟は、二〇〇八年一一月時点で二二都道府県、一五地裁、八高裁にのぼっている。

戦後補償裁判と「従軍慰安婦」問題

一九九〇年（平成二）以降、まずはアジア諸国の人々・在日韓国人、やや遅れてオランダ人・アメリカ人など連合国の人々を原告とする、戦後補償裁判が続出した。戦後補償裁判とは、アジア太平洋戦争において、日本がこれらの地域においてなした非人道的戦争行為および占領行為などによって被害を与えたことに対し、謝罪と賠償を求める裁判である。一九八〇年代までの戦後補償裁判の先駆としては、七五年（昭和五〇）のサハリン残留者帰還請求訴訟（取り下げ）と、七七年の台湾人元日本兵戦死傷補償請求訴訟（九二年最高裁敗訴、その後政治的処理）があるが、一九九〇年という年を契機に戦後補償裁判はまさに「噴出」した。提訴数は、戦後五〇年の一九九五年末までで三二件を超えた。アジア諸国の戦争被害者が声を上げはじめた背景には、冷戦終結とともに、韓国、フィリピン、台湾、そして中国でも政治的民主化が進み、個人の権利を主張する市民社会が形成され、成熟していったことがある。そして国境を越えた市民的交流が自由化されたことで、個人の戦争被害を加害側国家に請求する発想が広がり、それを阻む物理的障壁も低くなった。

日本の側では、一九八五年の戦後四〇年における西ドイツ大統領ヴァイツゼッカーの追悼演説が日本に広く紹介されたことを契機に、ナチス犯罪による他国被害者に対する西ドイツの補償政策の実情が周知されはじめ、また、八八年にアメリカが戦争中の日系人への迫害に対し謝罪と補償を行なったことも、戦後補償運動・裁判支援に取り組む弁護士集団や市民団体を励ました。

これらの裁判を原告の性格によりおおまかに分類すると、軍人・軍属など国家となんらかの特別の関係にあった人たちの裁判と、それ以外の民間人として軍の違法・犯罪的行為により被害を受けた人たちの裁判に分けられる。前者に関し、戦後日本が制定した援護法は、その対象を国籍および

24

◉初の「従軍慰安婦」訴訟　一九九二年、第一回口頭弁論のために東京地裁に入る原告団。訴訟は最高裁まで争われたが、二〇〇四年に原告敗訴が確定した。

戸籍法により日本人とされる者に限定し、元日本軍の軍人・軍属であった外国人を含めようとはしなかった。年金の受給資格はありながら、国籍差別によりその支給がなされていなかったのである。後者でもっとも注目されたのは、「従軍慰安婦」訴訟である。「従軍慰安婦」問題は、一九九〇年から韓国の女性団体の取り組みが強まり、九一年には韓国人女性の金学順《キムハクスン》がはじめて名のりをあげて体験を告白し、衝撃を与えた。金は同年、「従軍慰安婦」訴訟の最初の原告のひとりとなる。

中国では、一九九二年の中国人国際法学者の論文を契機に対日戦争賠償請求への関心が高まり、九四年から中国側と日本人弁護士との戦争被害調査が始まる。被害領域は、「慰安婦」被害者・強制連行被害者・七三一部隊による虐殺者・南京《ナンキン》事件の被害者・無差別爆撃まで多岐にわたり、九五年八月から、日本政府への裁判が提起されていった（以下、「従軍慰安婦」はかぎ括弧なしで使用する）。

一九九四年提訴のオランダ人裁判は、アジア以外からは初の訴訟であった。オランダ人裁判の原告は一九九〇年に設立された対日道義賠償請求財団の会員であるが、同会は、日本政府の行為により抑留、あるいは収容され犠牲を受けたオランダ人捕虜、民間人遺族七万六〇〇〇人を会員とし、日本政府への早期解決の行動を求めたあと、請求の法的根拠をハーグ条約など国際人道法に置き、国家間の政治的な戦争賠償と区別される、被害者本人の賠償請求権を主張した。戦争責任、あるいは戦争被害の問題をより普遍化させる問題提起であった。

被告は主として日本という国家であるが、戦争政策に協力した企業も訴追の対象となった。一九九五年提訴の鹿島花岡《かじまはなおか》鉱山中国人強制連行等損害賠償訴訟は、中国人戦争被害者による日本国内裁判所への初の提起である。数年間にわたる鹿島建設との自主交渉が最終的に決裂したのを受けて、中国人強制連行が政府・軍と日本企業が一体となった戦争犯罪であることを裁判で明らかにして、企業責任を追及するものであった。一九九〇年七月、鹿島建設は強制連行・強制労働の歴史的事実だけでなく、企業責任をも認めて謝罪していたが、その後の賠償交渉は進まなかったのである。

これらの裁判の多くは、国家に対しては私人同様の民法の不法行為は適用されず、したがって国に対しては賠償の請求はできない、という旧憲法下の「国家無答責」の論理で退けられた。さらに、かりに現行民法の不法行為を適用するにしても、請求権の時効は三年であり、かつ二〇年が経てば理由の如何《いかん》によらず請求ができない、という「除斥《じょせき》」の理論が加わる。これに従えば、半世紀前の行為に対する請求は、国家無答責とこの除斥期間の途過により、請求が棄却されることになるのである。除斥論は、とくに企業に対する請求の場合の壁となった。花岡事件訴訟でも、一九九七年一二月の東京地裁判決は除斥期間を機械的に適用して、中国で大きな批判を生んだ。

従軍慰安婦問題への国際的注目

一九九三年（平成五）八月、従軍慰安婦問題についての日本政府の調査結果が報告され、それに関する河野洋平《こうのようへい》内閣官房長官の談話が発表された。談話では、慰安所の設置と慰安婦の存在を認めたうえで、〈慰安所は、当時の軍当局の要請により設営されたものであり、慰安所の設置、管理及び慰安婦の移送については、旧日本軍が直接あるいは間接にこれに関与した〉と述べ、募集における本人たちの意志に反した〈強圧〉、生活における〈強制的な状況〉を認めた。

　強制の事実を認めれば、なんらかの措置をとる必要が生じるが、日本政府は国家補償に踏み込めず、国家責任を曖昧《あいまい》にした代替措置として、一九九五年に女性のためのアジア平和国民基金がスタートした。国民の募金を原資とする償い金支給、国庫支出を原資とする医療福祉事業など、国民の善意を動員し、国家補償を棚上げする政策であった。しかし、支給対象とされた韓国・台湾・フィリピンの参加国の被害者からは、日本政府の公式謝罪と補償を求め猛烈な反対が起き、韓国では、被害者の大半とＮＧＯ、政府が一体となって国民基金反対運動が展開された。事業対象には、医療福祉の枠で、インドネシア・オランダが追加されたが、中国人被害者は対象外であった。アジア女性基金は二〇〇七年、償い金を二八五人に届けたが、国別受取者数も公表できないままに終わった。

　従軍慰安婦問題に対しては、国連の規約人権委員会や女性差別撤廃委員会、ＩＬＯ（国際労働機関）などの国際機関も関心を寄せたが、もっとも精力的な取り組みを行なったのは、各種人権条約の起草や人権の促進・保護を任務とした国連人権委員会、そしてその下にある人権の促進および保護に関する小委員会（人権小委員会）である。一九九二年の人

25

◉**指紋押捺問題**
外国人登録する際に義務づけられていた指紋押捺《おうなつ》は、一九八〇年に押捺を拒否する在日韓国人が現われて政治問題化した。写真は、一九八五年に川崎市の区役所支所で指紋押捺を拒否する、在日韓国人やフランス人たち。

権委員会で、日本軍性奴隷制の問題が国連ではじめて議題となり、翌九三年のウィーン会議では東西の戦時下における性暴力の被害女性たちの交流成果として、人権委員会に特別報告者が設置された。そして、一九九六年に特別報告者クマラスワミの「日本軍『慰安婦』報告書」が提出され、日本政府に対し、慰安所制度が国際法に違反したことを認め、法的責任を受諾するよう勧告した。

人権小委員会現代奴隷制作業部会でも一九九二年から慰安婦問題を取り上げ、九八年にゲイ・マクドゥーガルの報告書が出された。それは、戦争終結から半世紀以上たっても問題が解決できていないことは、女性の生命がいまだにいかに過小評価されているかを示す証拠であり、日本政府は十分な救済のために不可欠な決定的措置をとる責任がある、と結論づけた。二〇〇〇年の追加報告書では、慰安婦問題を〈性奴隷制が記録されたケースで最もひどい事件の一つ〉と位置づけ、〈被害者には何の賠償もなされていない〉として、日本政府に国際法上の義務を果たすように促した。

さらに二〇〇〇年には女性国際戦犯法廷が開催され、翌年判決が出る。そこでは、慰安婦問題はあくまで軍のシステムのなかに組み込まれた犯罪であることが認定されると同時に、そもそもなぜ慰安所というものがつくられ女性が被害にあわなければならなかったのか、そしてそれがなぜ戦後まったく明らかにされなかったのか、という側面が問われた。すなわち、慰安婦問題における女性性、すなわちジェンダーの問題に視野が及び、ジェンダー的な偏見が法体系にも歴史認識にも存在することが浮き彫りにされたのである。こうして人道に対する罪という問題にジェンダー的視点が重なりつつ、慰安婦問題が広く深くとらえ返されていった。

関釜裁判判決と個人請求権問題

国家無答責と除斥《じょせき》を武器にほとんどの訴えが退けられた戦後補償裁判のなかで、初の一部勝訴となったのが、一九九二年（平成四）、元従軍慰安婦と元勤労挺身《ていしん》隊の四人の韓国人女性を原告とし、日本国に対し公式謝罪と賠償を求めて山口地裁下関《しものせき》支部に提訴した関釜《かんぷ》裁判である。一九九八年の判決では、従軍慰安婦制度の事実関係につき、徹底した女性差別、民族差別思想の現われである「性奴隷」と踏み込んで認定し、日本国憲法制定以前の帝国日本の国家行為であっても、被害者に、より以上の被害の増大をもたらさないよう配慮、保障すべき条理上の法的作為義務が課せられている、として国に立法義務を認め、立法不作為による国家賠償を認めた。このほか、いくつかの慰安婦裁判を通じて、請求自体は棄却されたものの、慰安婦被害の事実認定が積み重ねられていった。

関釜裁判判決の時期は、戦後補償裁判がアメリカに上陸し、日本政府が戦時被害の個人請求権について新たな見解を持ち出した時期でもあった。一九九九年、第二次世界大戦中のドイツおよび同盟国などによる強制労働被害者は、強制労働によって利益を得た企業および関連会社がアメリカ国内にあれば、同州裁判所に提訴できるというカリフォルニア州へイデン法の成立で、時効の壁が取り払われると、アメリカを中心とする連合国捕虜ら強制労働・虐待の被害者、さらに韓国人・中国人強制労働被害者が原告となり、日本企業を被告とする訴訟がいっせいに提起された。驚いた日本企業は、外務省の支援のもと、サンフランシスコ平和条約で日本側と締約国の双方とも「国民の請求権」は消滅したと主張し、日本政府は意見書をアメリカの裁判所に提出した。

日本政府は戦後一貫して、原爆訴訟などにみるように、サンフランシスコ平和条約での国民の請求権放棄は、国民の請求権を基礎とする国の請求権、すなわち外交的保護権のみの放棄にとどまり、個人の請求権まで放棄したのではないと主張してきた。にもかかわらず、戦争における重大な国際人道法違反の被害者は加害国により個人として補償される、というハーグ条約の精神が復活しつつあるこの時期に、日本は、逆に国民の請求権を消滅させる方向で動いたのである。

しかし、二〇〇四年の西松《にしまつ》建設訴訟広島高裁判決は、日中共同声明で中国国民の請求権は放棄されたとはいえないとし、〈本来、外国人の加害行為によって被害を受けた国民が個人として加害者に対して損害賠償を求めることは当該国民固有の権利であって、条約をもって請求権を放棄させることは原則としてできないと言うべき〉と述べている。翌〇五年一二月の国連総会での、重大な国際人道法違反の被害者個人は加害国に賠償請求できるという原則を含む「重大な国際人権法、国際人道法違反被害者救済のための基本原則とガイドライン」の議決時には、日本も賛成している。

二〇〇七年七月、アメリカ下院本会議は、慰安婦問題に関する決議を採択した。そこには、〈日本政府は、一九三〇年代から第二次大戦継続中のアジアと太平洋諸島の植民地支配および戦時占領の期間において、世界に「慰安婦」として知られるようになった若い女性たちに対し日本軍が性奴隷制を強制したことについて、明確かつ曖昧《あいまい》さのない形で歴史的責任を正式に認め、謝罪し、受け入れるべきである〉とある。靖国《やすくに》の精神と、国籍で閉じた戦後国家の援護・慰霊体系は、国際社会の新しい戦争観と人権感覚のなかで激しく揺さぶられている。

水俣病患者と司法・国家

ここまで、国内外の戦争被害者の立場からの「戦後日本」への告発を追ってきた。つぎは、高度成長政策のもっとも深刻な被害者である水俣《みなまた》病患者による行政と経営への責任追及に焦点を当て、戦後経済政策の結果への向き合い方という面から、「戦後日本への問い」をみていきたい。

一九七〇年代以降の水俣病患者の補償・救済運動は、やはり訴訟を中心的手段としつつ、会社との直接交渉の運動（自主交渉派）も並行して展開された。一九六九年（昭和四四）に提訴され七三年に確定した水俣病第一次訴訟は、チッソ（一九六〇年に新日本窒素肥料から改称）の企業責任を厳しく指摘し、患者とその家族一一二人の原告に対し、総額九億円あまりの損害賠償支払いを命じた。この判決確定後、勝訴した原告と自主交渉派の患者グループは共同して会社側との交渉を進め、慰謝料に加えて、医療費と年金的な生活手当支給制度を盛り込んだ補償協定を締結した。以後、水俣病認定患者は、この補償給付を受けることができるようになった。

しかし、そこには原爆症認定問題と同質の問題があった。患者の認定は認定審査会が行なうが、その認定基準が厳しく、判決の前後から申請患者が増加した結果、認定患者の数は増加したものの、棄却者も急増したのである。このため、未認定患者とその家族の一部は、一九七三年に第二次訴訟を起こした。この訴えに対し、一九七九年、熊本地裁は認定枠の拡大と原告の一部の水俣病認定、および損害賠償を認める判決を下し、さらに八五年の福岡高裁判決は、認定基準を見直し、患者認定を広げる判断を示した。判決は、患者認定の限定は支払い予定の補償金総額に見合った患者数に抑えるためであり、審査会が公害患者救済という趣旨にそった医学的判断をゆがめている、と厳しく指摘した。

しかし、一九七七年を第二次の認定者数のピークとして、以後急激に減少した認定患者の審査動向を前に、八〇年の未認定患者と家族の熊本地裁への提訴を皮切りに、八八年にかけて大阪、東京、京都、福岡の水俣病患者がつぎつぎと地元の地裁へ訴訟を提起し、二〇〇〇人を超える原告集団を組織した、水俣病第三次訴訟に発展した。第三次訴訟では、国と県に対しても、水俣病の発生・拡大を防止する義務を怠ったとして、はじめて国家賠償法上の行政責任を問題にした。

第三次訴訟の最終グループの提訴が行なわれた一九八八年、チッソとの直接交渉路線をとる患者集団（二四六名）は、潜在患者の発見救済、患者救済への配慮などを求めて交渉に入り、九月から会社正門での座り込みに入った。座り込みは、翌年の会社との覚書締結まで、二〇四日にわたった。

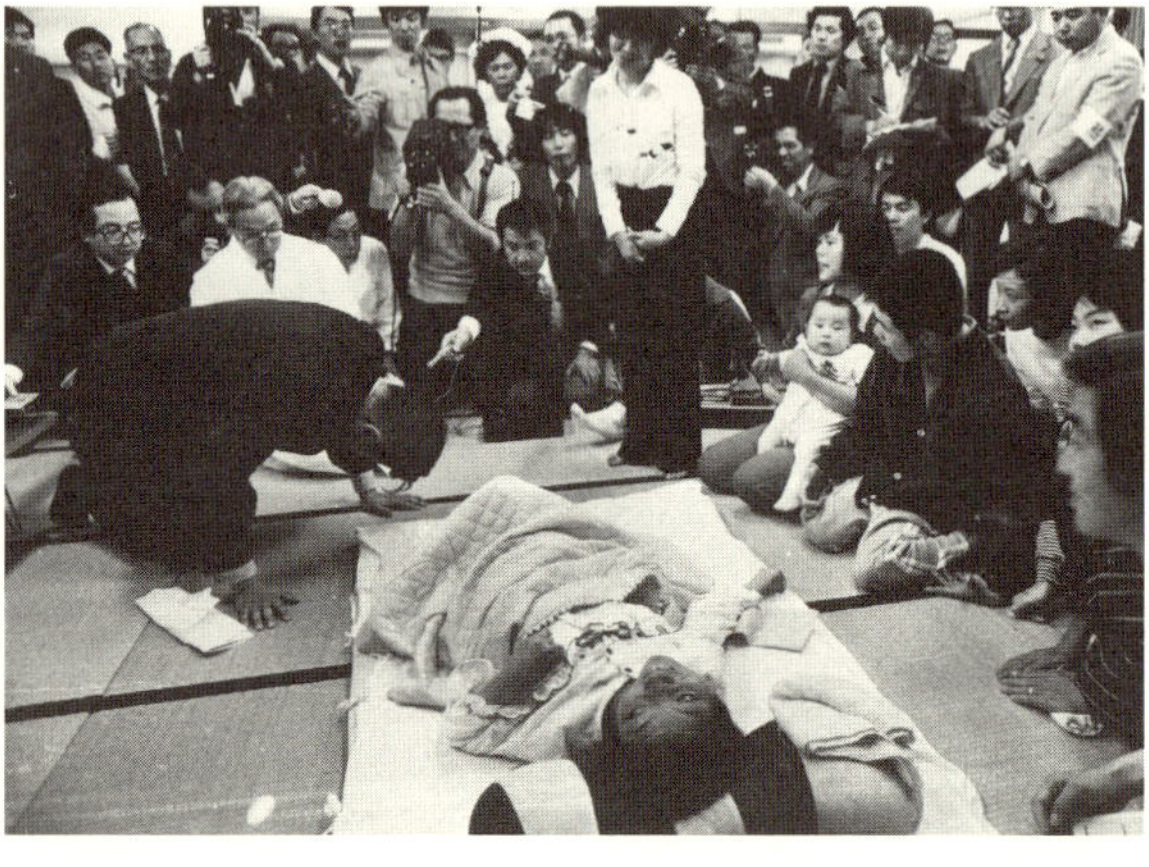

26

◉水俣病患者に頭を下げる石原慎太郎環境庁長官
一九七七年、環境庁長官としてはじめて患者を見舞うが、同年環境庁が策定した認定判断基準は、今も多くの患者を放置させる結果を生む。

一九九〇年（平成二）、第三次訴訟が争われているいくつかの地裁で和解勧告が出され、直接交渉問題の最終決着とあわせて、九四年からは高齢化した患者の救済を掲げた政治決着への動きに展開した。最終的に一九九六年、一時金二六〇万円の支払いなどで合意し、総合対策医療事業対象者一万人あまりが支給対象者となった。そしてこの政治決着に伴い、関西訴訟以外は訴えを取り消した。継続した関西訴訟に対し、二〇〇一年大阪高裁は、患者認定を拡大する症状認定法を提案するとともに、国と県が一九六〇年以降工場廃水対策や漁業対策を怠ったことにつき、賠償責任を認めた。二〇〇四年、最高裁が国と県の賠償責任を認めた高裁判決を支持し、原告勝訴が確定する。

しかし最高裁判決後も、厳格すぎる患者認定を見直し、患者認定を拡大することに対しては、環境省はいっさい譲歩しなかった。ここにも原爆症認定の際の被害受忍論と同質の戦後行政の被害者救済観が現われている。それは、政治決着の際も行政が死守した、国・熊本県には賠償責任がない、という主張と裏腹の関係にある。高度経済成長政策の強行に伴う被害者の発生を黙認した責任を、当事者としての行政自身が認めることはなく、行政は賠償責任を果たす対策を講じていない。そして損害賠償責任はあくまで加害企業のチッソだけに限定され、補償責任の限定は、水俣病患者としての人権回復を妨げる状況を続けさせることになった。

その結果、二〇〇六年までに、熊本県内での累計約一万六〇〇〇人の申請に対し、認定は一八〇〇人弱と、一割を少し超える程度である。鹿児島県の場合は、認定患者率は一割を切る。この状況を前に、認定申請者を組織する水俣病不知火《しらぬい》患者会は二〇〇五年以降、国・県・チッソを相手に、ふたたび集団的な損害賠償請求訴訟を展開した。原告は二〇〇八年に一五〇〇人に達する。原爆症認定の集団訴訟と時期を同じくして、水俣病認定をめぐる集団訴訟が組織されたのである。

その一方で、行政によるチッソへの公的支援は惜しむことなく行なわれた。一九七八年から、経営が悪化したチッソへの支援策として熊本県債の発行が始まり、それ以降、患者補償金は結果としてすべて県からの融資でまかなうことになった。患者救済は公害源の巨大企業への公的支援によって継続したのである。公的支援は、さらに公的債務の返済猶予、補助金の返還免除などの経営基盤強化策まで踏み込んでいく。こうして二〇〇〇年代に入り、チッソは公的債務の返済を猶予されたまま、過去最高の経常利益を上げるまで業績を好転させていく。

「沖縄のこころ」の構築

沖縄県平和祈念資料館（新資料館）は、二〇〇〇年（平成一二）四月、それまでの沖縄県立平和祈念資料館（旧資料館）を移転改築し、理念を継承・発展させるかたちで開館した。年間約四〇万人の入館者のうち、約三〇万人は沖縄県外の全国各地・外国からの訪問者である。沖縄戦の教訓の継承と平和の創造という、明確な目的意識をもった拠点施設であり、入館者数の数と広がり・メッセージ性の強さ・その受容度という面からみても、新資料館は広島平和記念資料館などと並ぶ、国内有数の平和資料館といえるだろう。ここでは、旧資料館開館後の展示への批判と展示再構築の検討を通じて、沖縄戦体験と戦後占領体験のうえに立つ「沖縄のこころ」の形成過程を追い、復帰後の沖縄の人々が発掘し洗練させていったアイデンティティの普遍的な意味に触れてみたい。

旧資料館は、一九七五年（昭和五〇）六月、復帰記念三大事業の最大イベントであった海洋博覧会開催にまにあうようオープンした。資料館設立の直接の動機は、佐藤栄作《さとうえいさく》内閣当時の復帰問題対策担当大臣であった山中貞則《やまなかさだのり》総務長官（初代沖縄開発庁長官）の意向であったという。沖縄戦資料館の設立運動は民間サイドで一〇年前から進められていたが、それらの運動とは無関係に、学識経験者の参画もなく、企画委員会、運営委員会も設置されぬままに、生活福祉部の援護課を主管として、館の建設工事から展示に至るまですべて閉鎖的な行政ペースで推進された。また、資料館の管理運営は、財団法人沖縄県戦没者慰霊奉賛会に委託された。

このため、できあがった資料館は「旧陸軍の記念館」となった。入り口を入ると、正面に大きな日の丸が掲げてあり、牛島《うしじま》満《みつる》司令官ゆかりの遺品や軍服、軍刀、辞世の歌などが導入部になり、その奥には、銃器・刀剣・鉄かぶと・弾薬・軍装品など、おびただしい旧軍関係の遺品がガラスケースの中にうやうやしく陳列されていた。それにひきかえ、一般住民の戦場体験に関する展示品は一点も見当たらず、解説すらなかった。

このような展示となった理由を、『沖縄県史』や『那覇市史』

27

◉皇太子に投げつけられた火炎瓶
沖縄では復帰後の自衛隊配備反対運動を契機に沖縄戦と天皇制を関連づける議論が広がり、一九七五年の海洋博で皇太子が沖縄を訪問した際に、天皇制への批判行動が起こった。

に携わっていた研究者たちは、沖縄戦とはなんだったのか、それをどう展示すればいいのかという明確な展示理念なしに、これまで奉賛会に寄託されてきた遺品をただ羅列したためである、と考えた。そして彼らは「沖縄戦を考える会」を結成し、屋良朝苗《やらちょうびょう》知事と県議会に対し展示内容の問題点を指摘し、展示改善を求める意見書を提出した。この意見書を契機に、ほかの研究団体・教育団体・平和団体からの展示改善要望が相次ぎ、地元マスコミの注目も集めた。

これらの改善要求の高まりに対し、県は「県立平和祈念資料館運営協議会設置要綱」を制定し、一九七六年六月、学識経験者と県の関係機関職員からなる運営協議会が発足した。委員会の最初の仕事は、資料館設立の基本理念を策定することだった。委員会は同年九月、県知事に設立理念を答申した。その設立理念では、沖縄県民は〈想像を絶する極限状態の中で戦争の不条理と残酷さを身をもって体験しました〉と述べる。そしてこうした戦争の体験こそが〈戦後沖縄の人々が、米国の軍事支配の重圧に抗しつつ、つちかってきた沖縄のこころの原点であり〉、その「沖縄のこころ」とは〈人間の尊厳を何よりも重く見て、戦争につながる一切の行為を否定し、平和を求め、人間性の発露である文化をこよなく愛する心であります〉と宣言した。

短い文章のなかに、沖縄戦の位置づけ、特徴、沖縄戦体験から生まれ、占領体験を通じて育てられた「沖縄のこころ」、そしてその沖縄のこころを〈県民個々の戦争体験を結集して〉アピールするという展示の基本姿勢が凝縮されて表現されている。この設立理念は資料館入り口に掲げられ、ここで定式化された「沖縄のこころ」は、以後三〇年間にわたり繰り返し確認されつづけ、沖縄県民の認識に定着し、若干の修正がされたうえで新資料館の設立理念として受け継がれた。

「証言」展示という試み

展示改善の具体的な作業メンバーは、展示批判の口火を切った「沖縄戦を考える会」会員が中心であった。その展示再構築の作業は、一九七六年（昭和五一）末からまる二年間に及び、その作業量は、一回の会議が平均六時間から八時間、現地調査やキャプション作成作業日数は延べ二〇〇日を超える。作業委員のすさまじいエネルギーが投入された結果、七八年一〇月、改装展示がオープンした。旧資料館独自の「証言」展示という方法は、この展示再構築作業のなかで発見、開発された。

この証言展示創造の過程について、総合プロデューサーの中山良彦《なかやまよしひこ》は、モノの選択も、そしてその展示方法も、「資料館で何を語るべきか」の明確な認識によって決定される、その何を語るべきかが決まったときいちばん苦労したのは、思い出そうとすると失語症に陥るほど恐ろしい住民の戦争体験を的確に伝達できるモノが、はたしてあるのだろうか、という問題であった、と回想している。資料収集に出かけても成果は乏しかった。そこで行き着いたのが、「モノに語らせる」という資料館展示の原則の問い直しであった。自分たちは資料館をつくっているのか？　そうではなくて、「住民の視点で語る館」をつくるのが本来の作業目的ではないか。これが中山たちの結論だった。証言を展示物にしよう、という方向はこの認識を確認するなかから生まれた。

もちろんその際には、本来実物展示を原則とする資料館で文字を読ませるのは正統な方法ではなく、また住民証言は個々人の視野でしか対象をとらえきれないから歴史展示としての客観性が弱い、という問題が意識されていた。そして、展示作業グループはこの難問を、実際の証言記録を徹底的に読み込むことで突破しようとした。『沖縄県史』の沖縄戦記録、『那覇市史』戦時記録、民間出版物などの基本文献を全員で輪読し、そのなかから沖縄戦の本質に迫る証言を抽出して、沖縄戦の全体像が浮かび上がるような構成を工夫した。

集団的な読み込み作業を一〇〇時間あまり重ねて、まず第一次証言集を作成し、さらに推敲《すいこう》を重ね第四次証言集まで作成し、最終的にそこから二〇〇人の証言を選び出した。次いで、南部撤退、ガマ（避難場所となった自然洞窟《どうくつ》）、汚辱の戦場、スーサイド・クリフ（県民が飛び降り自決した絶壁）など、時期、場所、戦況の進捗《しんちょく》度や緊迫度などに応じて約三〇の分類項目を作成し、二〇〇人の証言をその分類項目に基づいてバラバラに分解したのである。

そうして断片となった証言を今度は項目別にグルーピングし、できあがった約三〇の証言断片の束を、一本のストーリーになるように並べていった。それからアメリカ軍資料や防衛庁資料と照合して推敲を重ね、証言のリアリティ（記憶の確かさ）を確認していった。このことが歴史展示としての客観性につながった。中山たちは、この方法で仕上げた証言集を使って、証言を展示物にする、という〈前代未聞の、暴挙とも言える展示方法〉をやってのけた。

展示再構築の最後の仕上げは、旧資料館の展示全体を締めくくる「むすびのことば」の作成であった。住民の証言と二年間つきあってきた展示演出専門委員は、証言にこたえるかたちで、ひとりつぶやくような、自分たちなりの率直な言葉でアピール文を合作した。

沖縄戦の実相にふれるたびに　戦争というものは　これほど残忍で　これほど汚辱にまみれたものはない　と思うのです
この　なまなましい体験の前では　いかなる人でも　戦争を肯定し美化することは　できないはずです
戦争をおこすのは　たしかに　人間です　しかし　それ以上に戦争を許さない努力のできるのも　私たち　人間　ではないでしょうか
戦後このかた　私たちは　あらゆる戦争を憎み　平和な島を建設せねば　と思いつづけてきました
これが　あまりにも大きすぎた代償を払って得た　ゆずることのできない　私たちの信条なのです

日本国憲法序文の平和創造の精神を、地域の言葉として見事に表現したアピールである。新資料館は、先の設立理念と沖縄戦体験の「証言」展示とともに、この「むすびのことば」も旧資料館から引き継ぎ、沖縄

28
●新資料館の証言展示
沖縄では、ひめゆり平和祈念資料館でも、証言展示室が展示の中心となっている。来館者は、さまざまな戦争体験と静かに向き合う。

戦展示が終わったニュートラルゾーンにそのまま掲げている。
なお、沖縄戦体験の再構築は、展示作業グループとして集まった沖縄戦研究者だけによるものではなく、県民意識としての広がりを基盤としていた。資料館展示の再検討が始まった一九七六年六月の慰霊の日の『沖縄タイムス』社説は、沖縄戦観について、「戦争体験」というよりは「戦場体験」であり、この戦場体験を呼び戻す必要がある。これはたんなる過去の体験ではなく、アメリカ軍基地と自衛隊の存在によって、今後もありうべき可能性として継続している。戦争体験を反戦に集約していくためにも、戦場体験を次代に伝える必要がある、と指摘している。戦場体験への注目は、沖縄戦が、戦場化という戦時世界と収容所という戦後世界の同時進行であったことから、必然的に「戦時・戦後」体験となり、それは以後に続く基地の問題と結びついた。

翌一九七七年の慰霊の日の式典には大きな変化があった。平良《たいら》幸市《こういち》知事が、従来の式辞ではなく「平和宣言」というかたちで追悼を行なったのである。そのきっかけは、前年の慰霊の日に陸上自衛隊一〇〇〇人が独自の慰霊祭を挙行し、未明の行進を行なったことに対する、反戦平和の立場から

29

◉三三回忌の焼香
魂魄《こんぱく》の塔（糸満《いとまん》市）の焼香風景。この慰霊塔は、一九四六年に沖縄住民が数万の遺骨を住民・軍人・敵味方の区別なく収集し建立したもの。

の危機感であった。以後、慰霊の日の平和宣言は恒例となり、慰霊の日の前後に、県原水禁大会や平和学会が開催されるなど、沖縄戦体験・戦後体験・基地問題の意味を、原爆体験・核戦争の危機を視野に入れてとらえ、あるいは広く平和問題のなかで沖縄問題の占める位置を探る試みが始まっていった。また、この七七年からは、戦争体験発掘の対象を沖縄戦の前後まで広げ、地域的にもアジア・太平洋各地における沖縄民衆の戦争体験として広げ、市民参加による戦争体験記録運動として推進された、画期的な『那覇市史』戦時・戦後体験記の編集が進展していた。

沖縄戦と教科書問題

沖縄で「戦場体験」が注目されるのと同じ時期に起こったのが、沖縄教科書問題であった。一九八二年（昭和五七）、高校日本史教科書への検定で、沖縄戦における日本軍の住民虐殺事件が削除され、住民虐殺の論拠となった『沖縄県史』も「第一級資料ではない」とされたのである。検定による修正要求はさらに、沖縄戦犠牲者の数や犠牲の性格にかかわる叙述にも及んでいたことが明らかになった。このときの検定では、ほかにも「侵略」という表現や南京《ナンキン》大虐殺など加害、戦争の評価、さらに人権にかかわる修正要求も多く、沖縄戦の叙述への修正要求もその重要な一環であった。

教科書検定による沖縄戦での住民殺害という史実の削除は、『沖縄県史』の沖縄戦記録や旧資料館の証言展示などに示された県民の沖縄戦の記憶の否定であり、沖縄県民の世論を刺激した。マスコミの連載報道や諸団体の抗議行動が始まり、九月四日沖縄県は臨時議会を開催し、「教科書検定に関する意見書」を採択した。その前後には、県内の市町村議会でも意見書採択が相次いでいる。

この県議会において全会一致で可決された意見書は、沖縄戦の評価について、〈県民殺害は否定することのできない厳然たる事実であり、特に過ぐる大戦で国内唯一の地上戦を体験し、一般住民を含む多くの尊い人命を失い、筆舌に尽くしがたい犠牲を強いられた県民にとって、歴史的事実である県民殺害の記述が削除されることはとうてい容認しがたいことである〉と指摘している。日本軍の県民殺害は沖縄戦評価の根幹にかかわる、沖縄戦体験では譲ることのできない部分であることが、県議会の総意として確認されたのである。県議会の総意は、県民の沖縄戦認識の集約といえる。

そこには、あえて一般的に考えれば、県議会という「政治」が、県民の戦争認識にある枠をはめるという問題性を含んでもいるだろうが、沖縄では、多くの沖縄戦体験者の戦後を生きつづけた意味にもかかわる性格をもっている。形に現われたのは議会の議決という政治であるが、事は政治を超え、沖縄戦において起こったまぎれもない事実を事実として認識し、県民の代表者集団として対外的に表明したということになるだろう。

30

◉沖縄を訪れた家永三郎（中央）
家永は、一九六五年以降教科書検定を憲法と教育基本法違反として訴えつづけた。写真は、八八年の沖縄での第三次訴訟出張法廷時のもの。

しかし日本軍による住民殺害という事実は、日本軍の評価に直結する問題であり、国の戦争責任にもかかわる。そのため以後の検定では、沖縄戦での集団自決を強調して書かせることで、県民殺害の印象を薄める指導が行なわれることになった。そして、このような検定のあり方に異をとなえ、第三次訴訟を起こした家永《いえなが》教科書裁判では、沖縄戦関係の叙述も主要な争点となった。沖縄戦の基本的特徴を、「国内が戦場化して国民が地上戦闘に巻き込まれたとき、軍事がすべてに優先して、自国軍隊が自国民の生命・財産を守るどころか、それを奪ったという事実」に求め、その立脚点から従来、住民の集団自決と表現されていた事態を「日本軍の強制による集団死」としてとらえるのか、それとも集団自決は「崇高なる犠牲的精神による自発的な死」だと強調し、日本軍の責任、国家の戦争責任を不問に付すのか、という問題である。これらの点は、沖縄戦認識をめぐる沖縄県民の記憶と政治＝国家の対抗軸であり、この対抗軸を背景に平和資料館の具体的な展示のあり方が模索、展開されていったわけである。

31

●沖縄での展示修正指示問題
二〇〇〇年四月の沖縄県平和祈念資料館開館を前にして、監修者の展示設計に対する沖縄県上層部による展示修正指示問題が明らかになり政治問題となった。写真は、多くの修正指示のうち、沖縄戦認識の本質にかかわる問題として最大の焦点となった、ガマ展示。

コラム3　天皇の代替わり

一九八八年（昭和六三）九月一八日、八七歳の昭和天皇が大量吐血による重体であることが公表された。癌《がん》ということは伏せられたまま、以後毎日、宮内庁と内閣から体温・脈拍・出血量が発表された。政府は率先して天皇の病気に際しての自粛ムードを盛り上げ、全国各地に平癒祈願の記帳所が設けられた。秋祭りをはじめ、運動会や企業の各種イベントは中止され、忘年会も自粛となった。お笑い番組や派手なCMも中止となり、単調な番組構成に飽きた人々はビデオショップに走った。

この間、日本のメディアは、戦時期の天皇制と天皇の役割についての議論を規制した。それに対して、アジアやヨーロッパの海外メディア報道は、ほとんど昭和天皇の戦争に対する役割と、日本国内での過去との向き合い方に集中した。海外メディアの天皇報道は、日本で系統的に紹介された数を示せば、『朝日ジャーナル』の紹介記事として一九か国二一紙、記事数二三、『文藝春秋』一八か国二三紙、記事数二三、『世界』一〇か国一八紙、記事数二〇に及ぶ。韓国、北朝鮮、中国、東南アジアでは天皇の戦争責任は自明であり、韓国『東亜日報』社説の

●天皇葬儀と政教分離
一九八九年二月二四日の昭和天皇の葬儀では、皇室行事「葬場殿の儀」と国の儀式「大喪《たいそう》の礼」の区別が問題となった。写真は、葬場殿へ向かう葱華輦《そうかれん》（天皇の棺を乗せた輿《こし》）。

〈降伏の終戦を自ら決定したと騒ぎ立てる「天皇」がどうやって戦争挑発の責任だけを免れようとするのか〉という指摘は、日本政府と日本メディアの論調批判として手厳しい。

海外メディアの分析・批判は、日本人の意識構造や日本社会の権力作用にまで及んだ。フランス『ル・モンド』は〈彼の名において、数多くの犯罪がなされてきた。彼の共犯者だった人々も与えられた命令を実行するだけであった人々も、過誤と悔恨を二つながら象徴するこの人物と、漠然とながら結びついていると感じ、共犯者意識を共有しているのだ〉と、日本人の戦後意識をえぐった。また、日本の若者たちの歴史への無知、すなわち歴史の継承への取り組みの弱さも海外メディアが注目した点であった。イギリスの『デイリー・テレグラフ』は、〈天皇の無罪証明は、学校教科書を無害なものにし、皇軍の残虐行為の記述を削除しようとする試みと結びついている。西ドイツのように自責の念にかられて戦争体験を直視するのを日本人が避けたがっていることの一例である〉と批判する。内外の日本天皇観の落差は大きかった。

しかしそのなかで、一二月七日、自民党員でカトリック信者の本島等《もとしまひとし》長崎市長は、歴史的事実と自分自身の軍隊生活体験に照らし、市議会で〈天皇の戦争責任はある〉と発言した。一二日には、この発言への憤激・批判行動に対し、〈今の政治情勢は異常な感じがする。天皇について発言すると何か感情的になる〉と表明し、言論の自由と民主主義の精神の遵守を訴えた。市長には七〇〇〇もの支持・激励の書信が寄せられたが、その励ましに挑戦するかのように、一年後、右翼は市長を狙撃した。

天皇は年明けの一九八九年一月七日に死去した。即日皇太子明仁《あきひと》が即位し、政府は七九年に制定された元号法に基づき、政令で新元号を平成と定め、翌日施行した。一連の即位儀式は、慣例により一年間の服喪後とされた。即位式典は昭和の大典同様、すべて国費で行なわれた。儀式は一九九〇年（平成二）一一月、皇居での即位礼で最高潮に達し、続いて大嘗祭《だいじょうさい》が催された。新憲法下では大嘗祭についての規定は何もないが、公的な皇室行事として費用は宮廷費から支出された。大嘗祭の執行には、政教分離に違反するとの異論も強く、式典には社会・公明・共産の各党が欠席した。また、宗教色が明白な即位儀式への国費支出を問題として、一〇〇〇人近い原告団による違憲訴訟も起こされた。

第四章

#「戦後」からの転換

——一九九五年頃～

国内外の転換と新秩序

阪神・淡路大震災が見せた社会断層

一九九五年（平成七）という年は、一月の阪神・淡路大震災、三月の地下鉄サリン事件およびオウム真理教関連事件という、大災害・無差別テロ事件からスタートした。ここでは、ちょうど半世紀を経た戦後という時代の社会的断層を見せ、さらに政治的問題点と課題、他方で戦後社会が蓄積してきた社会的力量のありようを示した阪神大震災について考えるところから、始めてみよう。

この年一月一七日午前六時前、兵庫県南部をマグニチュード7・3の直下型地震が襲い、死者六二八一人（一九九六年三月現在）、全壊九万棟（一八万世帯）・半壊一〇万棟（二三万世帯）・焼失家屋八〇〇〇戸、建築物・道路・港湾などの被害総額一〇兆円という大被害をもたらした。死者の八割は建物倒壊などによる圧死であり、それこそが、この地震被害の特徴を示している。これらの死者は、震度7の「震災の帯」に沿って分布しているが、それは、戦前の木造長屋や終戦後高度経済成長期までに建設された木造共同低層住宅の分布と重なる。こうした木造共同住宅が集中する地域でとくに高い死亡率を示したのが、六〇歳以上の高齢女性であった。すなわち、戦前以来、軟弱な地盤の上に形成された労働者集住地区への有効な住宅改良対策がとられず、かつ青年層が脱出し、高齢化率の高い地域となったインナーシティ（都心部の過疎地域）で、大きな被害が発生したのである。

また、この地域における大地震発生に関しては、すでに一九七〇年代に、兵庫県や神戸市による委託研究の結果、その可能性が指摘されていた。以上をあわせれば、震災被害は、都市政策と低所得者層への住宅政策、さらに地震対策が十分に展開されなかった戦後都市行政の結果、つまり「人災」という側面があるだろう。大震災はまず、死者の社会における属性の分布のなかに戦後社会が目をつぶってきた社会の断層の所在を示し、そして戦後の大都市行政は何を放置してきたのか、という問題をえぐってみせた。

これほどの圧死者を生んだ建物倒壊被害に際し、必死の生存者救出活動と防火活動が展開されたが、救出劇の多くは近隣住民によるものであり、消防・警察・自衛隊による救出をはるかに上まわった。震災後の神戸市民を対象とした神戸市消防局調査では、震災直後に救出活動にあたったのは誰か、という設問に対し「近所のもの」が六割、消火活動でも消防隊が二割を下まわるのに対し、近所の人が五割を超えた。

こうした救助力の強さは、近隣関係の緊密度が大きく左右し

1

◉地下鉄サリン事件
三月二〇日朝、都心の複数の地下鉄で、無差別に神経ガスのサリンがまかれ、乗客など一二人が死亡し、重軽傷者は五五〇〇人に及んだ。犯行はオウム真理教によるもので、教祖の麻原《あさはら》彰《しょう》晃《こう》（松本智津夫《まつもとちづお》）や実行犯が逮捕された。写真は、事件当日の地下鉄築地《つきじ》駅出口での救助作業。

た。それを示す事例が、神戸市長田区《ながた》真野《まの》地区の救出活動である。同地域は、戦前に建設された長屋家屋を多く含む住宅と商店、零細町工場が入り交じった住工商混在の密集地域で、高齢者が多く、低所得者が滞留し、生活保護率が神戸市のなかでも高い地区であった。この地域では、高度経済成長期の公害反対運動に端を発した福祉をめざす住民運動の成果のうえに、長屋の共同建て替え・地域の空間創出などを課題とした住民参加の修復型まちづくりが、一九八〇年代初めから進められていた。そのまちづくりの途上に起こった震災による被害は、住宅戸数二七一一戸中、全半壊六〇九戸。この激しい被害のなかで、生き埋めになった被災者の数日にわたる救助活動、一人暮らしの老人の安全確認、防火活動が住民自身の手により行なわれた。この地区の死者は一九人である。災害の非常時には、近隣レベルの日常的交流＝コミュニティという資源が、生活構造の基盤として不可欠であることがよくわかる。

避難者・避難所とボランティア

震災による避難者は、発生からほぼ一週間後の一九九五年（平成七）一月二三日で三二万人、同三〇日には転校児童が一万五〇〇〇人に達した。それに対し、一月二六日までに神戸市が開設した避

2

◉淡路の被災地
写真の淡路島北淡町《ほくだん》（現・淡路市）富島《としま》は古い漁師町で、狭い路地を挟んで人家が密集していた。親類縁者が近くに住み救助には効果を発揮したが、ともに住居を失い、公的施設に避難者が集中した。

難所は六〇〇か所であった。当初の避難所は、学校をはじめ公民館・児童館・公園・広場・河川敷に及び、テント村も発生した。なかでも地域との密着度が高い小学校を中心とした学校施設への避難割合が五六パーセントに達し、地域の対策本部もおもに学校を中心に設置された。

しかし、避難所となった学校施設などの多くで、厳冬期であるのに体育館でのストーブ使用は禁止され、それ以前に、避難生活に必要な備蓄も設備もなかった。それらの避難所は、長期にわたる避難生活場所として想定されていなかったのである。当時の国の防災計画では、避難所開設期間を最大七日間という小規模・短期型でしか想定しておらず、それを反映して各自治体でも、避難所となる施設になんら備蓄や設備も用意していなかった。だが現実には、震災発生から三か月たった四月なかばでも、兵庫県の発表で避難者はなお五万二〇〇〇人を超えていた。

さらに、当初の神戸市の規定では「避難者」という概念がなかった。あったのは、避難所収容の対象者という概念である。その対象者は家屋全壊・半壊の罹災《りさい》証明をもつ人に限られたため、被災者全体のうち、これらの証明を得られた人だけが、行政レベルの救助対象とされた。この考え方では、ホームレスや不法滞在状態の外国人は救助対象に含まれなくなる。さらに間借り同居者、および持ち家をすぐに手放した人々も排除されることになった。

避難所の三分の二では、自治組織が結成された。この避難所運営で注目したいのは、自治会・町内会組織が果たした役割が概して低いことである。自治会などの組織やそのリーダーが運営の中心にあたった避難所は、神戸市の調査によれば一五パーセントであり、少し広げて自治会が有効活用されたというケースを加えても、三割程度とされる。第三章で、一九八〇年代の東京を例に、都市再開発により自治会・町内会組織が急激に弱体化したと指摘したが、東京の先を行く都市経営論と地域開発主義に立つ神戸市でも、この種の地域組織の衰退ぶりは、震災時に顕著に現われた。

　かわって、阪神大震災では、地域のニューリーダーたちが避難所での自治組織形成とその継続的運営、さらには復興期の地域組織をリードした。彼らの多くは、自治会以外の地域諸組織や市民グループでの活動経験があり、こうした地域組織力にかかわる経験の有無が、避難所の自主的運営の成否に大きく影響した。戦後社会は、人々にPTAや子ども会から消費運動、市民運動、まちづくり運動などさまざまな活動領域への参加の間口をつくりだし、多くの人々がそこでの役職や活動を経験してきた。こうして少しずつ、多くの人々に蓄積された能力が、非常時に、数多くの地域でコミュニティのリーダーを輩出させる背景になった。

　近年の社会は、行政と市場、そして家族などの自助によって動いており、近隣社会を結ぶコミュニティの力量は著しく低下していた。しかし震災時の経験は、救出場面だけでなく、その後の避難生活でもコミュニティにおける自治力量の重要性を再認識させ、そこでの自治経験は、復興まちづ

3

◉新潟県中越地震の避難所
二〇〇四年一〇月、新潟県中越地方を中心に、阪神・淡路大震災以来の震度7を記録する大地震が起こった。避難所となった小千谷《おぢや》市総合体育館では約二三〇〇人の被災者が寝泊まりしてパンク状態となり、毛布も不足した。

くりという、住民参加型で創造性を必要とする新たな段階の自治経験につながっていった。

そして、地域コミュニティの維持や形成を外部から支援したのが、ボランティアである。この震災で活躍したボランティア数は一二〇万人といわれる。これほどの数のボランティアが集まり協同作業をしたことは、日本では前例がなく、一九九五年は「ボランティア元年」といわれる。コミュニティは地域の社会関係の範囲内で援助する機構であるが、ボランティアは相手を選ばず、共感を媒介に全国レベルで援助者と非援助者をつなげる、インフォーマル（非定型的）なシステムである。日本でも新しいこの社会システムが、類例の少ない都市大災害体験を契機に本格的に動きはじめた。ボランティアがカバーした活動領域は、医療、救助・避難、建築、物資の搬入から配布、炊き出し、避難所運営支援、情報の収集と発信、精神的支援のイベント、仮設住宅訪問、社会的弱者支援、まちづくり支援まで、多様である。ボランティアは被災地内部からも、被災地の外からも、そして個人の参加としても、またＹＭＣＡ（キリスト教青年会）やピースボートなどの団体としても展開し、それぞれの特性に応じた活動を行なった。

コミュニティとボランティアの意義を考える事例として、「情報」を取り上げてみよう。被災者の立場から情報の質をみると、全体状況・交通・余震などについてはマスコミ情報が有効だった。しかし、現実の被災生活を生き抜くために必要不可欠な、炊き出し・風呂・医療・ボランティア・学校や受験などの情報については、阪神大震災では地域団体や情報ボランティアによるニュースなどが重要な役割を果たした。コミュニティレベルの各種メディアが意識的に立ち上げられ、被災者を結んだ。被災者が生きるのを支えたのは、こうした地域情報であり、その発信の担い手は、コミュニティやボランティア団体であった。

震災直後の行政が有効な機能を果たせない段階で、大きな役割を演じたのが、広域ネットワークと共同性という目的を掲げた非営利団体である。コープこうべは各地避難所への物資の供給を、震災後すぐに開始し、政府の救援物資が到着するまで避難者の生活を支えた。さらに全国の生協ネットワークからの救援活動、応援を受けつつ、地区ごとに従来のボランティアグループを発展・拡充した組合員のボランティアグループを組織し、仮設住宅などを対象とした訪問・福祉活動を展開した。医療生協も全国ネットワークの支援を受けつつ震災時医療活動を展開し、同時に組合員グループによる、地域住民を対象とした安否確認のローラー作戦などのボランティア活動を組織した。戦後日本社会が育ててきた生活協同組合運動をはじめとする市民共同運動が、こうした非常時に底力を発揮したのである。

復興都市計画と仮設住宅

神戸市は震災後まもない一九九五年（平成七）一月二九日、復興計画基本方針を発表し、二二三ヘクタールを建設制限地域に指定した。多くの被災者は避難所生活のさなかにあり、情報が行き渡りにくい状況下での計画発表であり、復興計画への住民参加と住民の合意形成への配慮を欠いたままの、強行的な決定であった。市の姿勢に対し、三月九日、神戸・西宮《にしのみや》・芦屋《あしや》各市の住民団体は被災自治体の復興計画に反対する市民連絡会を結成し、神戸市東灘区《ひがしなだく》森南《もりみなみ》地区住民は、一万六〇〇〇人あまりの署名を添えて、大幅な減歩と長期的立ち退きを迫られる区画整理事業反対の意見書を市に提出した。四月九日、神戸市東灘区魚崎《うおざき》地区でまちづくりシンポジウムを開催し、まちづくり憲章を制定するなど、当時すでに住民自身からのまちづくり構想も出はじめており、復興へ向けての動きは、行政と被災住民の意向が噛《か》み合ないまま、きわめてちぐはぐな状態でスタートした。

他方、当面の行政の重要課題は仮設住宅の建設であった。仮設住宅は、災害救助法の規定に基づいて建設され、戸数は全壊・半壊世帯数の三割以内に制限されている。また、入居資格は生活保護世帯などの経済的弱者とされ、一戸あたりの基準面積は二六平方メートル（1Kまたは2K）で、建設費用の限度額も定められていた。法の趣旨は、経済的弱者への一時的な居住の場の提供ということになる。しかし、家を失い、仮設住宅が必要な世帯数は、当初推計でも六万世帯と見積もられた。三月までに完成した仮設住宅は、その半分の三万戸であった。

二月上旬に行なわれた第一次募集の応募者は六万人で、このうち六〇歳以上の高齢者だけの世帯・障害者のいる世帯・母子世帯という、法の趣旨から最優先ランクとなる応募者だけで二万人を超えた。また、仮設

4

◉神戸市長田区の仮設団地住宅
震災後の仮設住宅生活実態調査では、一人暮らし世帯が四割以上、夫婦のみの世帯が四分の一を占めていた。

住宅の広さは、単独世帯か小家族の生活を想定しており、居住権を得ても家族数が限界以上であれば、家族生活の分離を強《し》いられた。その結果、仮設住宅は、住民の大半が保護を必要とし、当然ながら近隣との互助的関係形成が困難な、通常の地域社会がもつ相互扶助機能を果たせない人工的な地域社会となった。それは、政策によって弱者を空間的に隔離した管理社会であり、復興に向けてともに協力・協同するというコミュニティ形成とはほど遠いものであった。

こうした、被災生活にさらに厳しさを強いる仮設住宅の問題性は、仮設住宅での「孤独死」（誰にも看取《みと》られず亡くなった人）が、震災後の三年間で一八八人も生じたことに示されているだろう。仮設住宅には、一九九八年段階で一六〇人の寝たきり、一三〇人の認知症の高齢者、三四〇人の心身障害者が存在し、その介護は、ホームヘルパーが部分的に担うほかは、家族の肩にかかっていた。

一九九五年八月二〇日、神戸市は災害救助法に基づく避難所の運営を打ち切った。地震発生から二一六日目である。当時の避難所生活者は、なお一九六か所に六六七二人もいたが、これらの人々を避難所にかわる待機所一二か所に統合する計画であった。しかし、待機所の収容定員は二〇〇〇人であり、待機所の場所の発表が遅れたこともあり、移動しなかった人も多かった。

避難所打ち切りの根拠になったのは、仮設住宅が充足しているという点であった。だが、この時点での仮設住宅数は、先述の災害援助法の戸数規定にそって全・半壊数の三割弱で、しかも、市内の仮設住宅の約半数は、被災者にとって遠方の西区・北区などに建てられた。この状況で、避難所生活者を仮設住宅に移すには無理があった。この直後の一九九五年九月に被災者の居住状況を視察した国際機関は、日本政府も批准していた国際規約を論拠に、避難所からの移動の選択権が避難者にあることなどを指摘して、震災後の災害対策が居住権の侵害にあたるとの勧告を出している。

しかし神戸市は、避難所打ち切りに際し、生活保護法申請の条件として、「安定した住居地」としての仮設住宅への移動を求めた。仮設住宅の入居基準からみて生活保護を必要とする人々の割合は高く、その状況下で、生活保護申請が仮設住宅への移動強制の手段として利用されていたといえる。ここにも居住権への行政的な強制の姿があった。そして、こうした地方行政の判断の背景には、生活保護申請に際して居住地や家族の存在を前提とする厚生行政の考え方があった。

それから二年以上たった一九九七年一一月段階でも、仮設住宅の居住者は二万七〇〇〇世帯、同じ時期の県外避難者は、広報を送付している世帯だけで二万世帯である。被災者の厳しい生活はなお続いていた。他方で、震災後の市街地再開発地域に新築された民間の高層マンションは、多くの被災者には高嶺《たかね》の花で、売れ残りが目立ち、市場原理に基づいた政策対応の問題点を見せていた。

共生のまちづくりとしての震災復興

外国人の被災にも目を向けてみよう。民団（在日本大韓民国民団）の調査によると、兵庫県下の在日韓国・朝鮮人の一般家屋の被害は、全壊三一一七棟、半壊二六二八棟、死者一三一人である。神戸市長田《ながた》区は在日韓国・朝鮮人の居住拠点地区のひとつで、区内外国人居住者一万人のうち九割が韓国・朝鮮籍で、残りは中国籍とベトナム籍がほぼ半数ずつであった。長田区の在日韓国・朝鮮人の死者五五人は、長田区全体の死亡者の六パーセントを占める。長田区での在日韓国・朝鮮人救助は、民団や朝鮮総連という在日韓国・朝鮮人組織の支援を受けて行なわれたが、その際の救援・支援活動は、在日に限定せず、長田区の地域住民全体を対象にして展開された。それは一面で、在日が日本人社会に埋没しており、在日の人々に限って救援することが困難な状況をも反映しているのだが、民族を超え、日本人との区別なく、地域住民として共生・共存する社会を意識的に志向する活動として位置づけられていたことも重要であった。

その長田区の重要地場産業はケミカルシューズであるが、関連業者の六割から七割は在日韓国・朝鮮人であった。長田区の在日韓国・朝鮮人にとって、生活圏としてのまちづくりをどう進めるかという課題と、生業をどう再建するかという課題を、同時に解決する必要があったのである。ここから浮かび上がってきたのが、外国人居住者の集住地区としての特性を生かす「アジアタウン」構想である。在日に限定しなかった震災の共同救援のなかで、地域住民としての在日の存在が見えはじめ、それが地域復興戦略としてのアジアタウン（共生のまちづくり）構想へ結びついていった。

神戸市の中心部に集住する中国人の場合も、被害は大きかった。神戸の中国人は華僑《かきょう》総会と神戸中華同文学校という民族学校を中心にネットワークを結んでいるが、震災時には大陸系・台湾系を超えて中華社会全体として、同文学校を救助活動の拠点として震災対策に取り組んだ。しかしその際、中国人たちの多くは、中国人としての集団避難行動をとらず、日本人と同様に住居の近隣地域への分散型の避難行動をとった。その背景には神戸の中国人が在日中国人のうちでもとりわけ定住者率が高いこともあったが、彼らは中国人としてのアイデンティティを保持しつつ、日本人と良好な関係にある地域住民として支援を行ない、救助を受けた。震災体験は、関東大震災時の排外主義と異なり、エスニック集団との共生をめざす地域づくりへの展望をも示していたのである。

震災の最後に、ふたたび長田区真野《まの》地区に戻ろう。真野地区は、震災前からのまちづくり運動の過程で、居住者や事業者を失った地区内の土地を神戸市に取得させ、地区内小公園やまちづくりの原資とする活動を展開していたが、この蓄積されてきた公共用地が震災時に最大限活用され、真野住民自身が構想を積み上げてきたまちづくり計画を実現させる契機となったのである。

真野地区では当初、地区内のおもな避難所に一三五〇人が避難したが、この避難者を含めた地区住民五〇〇〇人の食事と救援物資の確保と配布を、真野地区災害対策本部という住民の自治組織で成し遂げた。避難所で生活を送る「認定」避難者と一般被災者を断絶させない救助方針を、独自に貫いたわけである。この災害対策本部はその後、真野地区復興・まちづくり事務所に展開し、地区内の復興まちづくり業務を推進する。その際、被災者を助けるだけで

5

◉長田地区の復興
JR鷹取《たかとり》駅付近の、震災直後と五年後の復興状況を比べたもの。震災直後の写真からは、地区中心部の公園が防火帯の役割を果たしたことが確認できる。

はなく、かつて地域に暮らした人が、ふたたび地域で生活できるようにすることを基本姿勢とした。そのために、まず一九九五年（平成七）三月から、地区外（県外を含む）へ出た住民をも対象とした地域情報提供のまちづくりニュース『真野っこガンバレ』を毎週一回発行し、地域住民をつなぎ、地域の復興まちづくり情報を提供しつづけてきた。そして、地区外に出た住民へもともとの地区に住宅を保障するべく、共同建て替えに際しては、従前の借家人もできるだけ加えての合意形成に努めた。さらに、まちづくり運動の成果である小公園をつぶしてまで地区内に仮設住宅計画を引き込み、かつ、地区内の仮設住宅や恒久的な災害公営住宅に地元住民の優先入居を要求したのである。

神戸市は当初、旧市街地には仮設住宅をつくらない方針であったが、真野住民は、神戸市や国の震災担当大臣に地区内への仮設住宅建設を要望しつづけ、東京の工芸家や建築家ボランティアなどの支援を受け、実際に地区内小公園への低価格仮設住宅の建設を独自に計画するというデモンストレーションまで行なった。その結果、神戸市の仮設住宅建設方針は変更され、市内小公園への仮設住宅建設に道を開き、現実に真野地区へも仮設住宅が建設された。さらに、震災の翌年の一九九六年三月、真野地区復興・まちづくり事務所は低家賃の災害公営住宅の建設を長田区内に求める署名運動の事務局となり、六万六〇〇〇人の署名を集め、神戸市議会と県知事に請願・陳情した。この動きに対して国は、大幅な災害公営住宅追加建設を決定し、真野地区へも災害公営住宅や、ケアつき高齢者公共住宅併設の地域福祉センターが建設された。

以上のような、地域の情報共有と地域への共感を基礎とする真野地区の地域復興へのまちづくりは、神戸市の大規模再開発型復興まちづくりの対極をなしており、隔離・管理型の仮設住宅方針に対しても、共生型・ノーマライゼーション〈障害者や高齢者を排除しない〉型の復興まちづくりという、もうひとつの復興のあり方を示していた。

冷戦後の新世界秩序の模索

この時期の国内政治体制と社会的動向は、冷戦後の国際的動向のなかでみていく必要がある。そこでまず、一九九〇年代なかばからの国際的動向を概観しておこう。

一九九〇年〈平成二〉前後に東西対立の世界秩序が崩壊してから起こったことで重要なこととしては、まずアメリカの政治・軍事・経済にわたる一人勝ち状況、そしてボスニア・コソボ・東チモールなど世界各地でたがが外れたように噴き出した民族・地域紛争、さらに民族や国家の相違を超えた地域統合や連帯の動きなどがある。その一方で、「国境なき医師団」など、非政府組織NGOが国際政治で活躍するようになったこともあった。

このうち、地域統合や連帯の動きは、一九九〇年代なかばまでに民族・地域紛争の多発状況が克服され、和平が回復した九〇年代後半から動きはじめ、二一世紀になってから本格的に新

6

◉八年後の発効
一九九七年に議決された地球温暖化対策の京都議定書は、ようやく二〇〇五年に発効条件である五五か国以上の批准を果たした。写真は、NGOなどによる発効記念パレード。

しい世界秩序を形成しうる潮流として姿を見せることになる。その先端としてモデルを切り開いているのは、いうまでもなく九三年に成立したヨーロッパ連合（EU）である。

一九九六年にボスニア紛争の解決への見通しがつくと、翌九七年、EU首脳会議は、東ヨーロッパ諸国への加盟を開く新欧州連合条約（アムステルダム条約）を採択した（発効は九九年）。片や、北大西洋条約機構（NATO）においても、東方拡大への承認が進んだ。だが、それがもたらすNATOの新しい役割については、地域紛争や国際テロ、核兵器などの脅威をめぐる総合的な安全保障体制への衣替えをめざしつつ、欧州の範囲外への介入をめぐってアメリカと欧州の思惑《おもわく》は対抗的構造を見せていた。

EU統合は、一九九九年一月の域内単一通貨ユーロの誕生によって、一段高い水準に進んだ。一一か国がユーロを用い、欧州中央銀行により統一金融政策が開始され、九〇年からの欧州通貨統合は人口三億人、国内総生産（GDP）で六兆五〇〇〇億ドルの通貨圏を形成する局面に入った。二〇〇二年、NATOは東ヨーロッパへ第二次の拡大を進める。この安全保障の一体化にやや遅れて、二〇〇四年、中・東欧を中心に一〇か国が新たにEUに加盟し、ユーロ圏以外も含む二五か国からなる拡大EUが発足した。この段階で旧社会主義国家のEU加盟がようやく実現したのであり、東ヨーロッパを含めて全欧州統合への動きが加速された。また、大統領職や外務大臣の新設を規定した欧州憲法が採択され、以後新憲法草案の批准手続きが本格化する。拡大EUの域内GDPは約九兆ドル余で、アメリカの一〇兆ドル余に迫り、世界GDPの四分の一を占めるまでに拡大した。

このEU統合の成果は、世界の他地域にも大きな影響を与えた。まず東南アジアでは、一九九七年、東南アジアの自由世界の結束を目的に結成された東南アジア諸国連合（ASEAN）にラオスとミャンマーが加盟し、二年後の九九年、カンボジアも加盟して一〇か国・人口五億人を擁する地域共同体が誕生した。これは、ベトナム戦争後に始まったベトナムとカンボジアの対立という、インドシナ半島の動乱と冷戦の歴史が終わったことを示していた。

これを受け、二〇〇〇年、ASEANに日本・中国・韓国の三国を加えて開催された拡大首脳会議は、東アジア自由貿易圏の創設に向けた作業部会の設置、東アジアサミット開催などで合意し、北東・東南アジアを枠組みとした経済協力体制が動き出す。次いで二〇〇四年、ASEAN一〇か国と日本・中国・韓国は首脳会議を開き、そこでの合意の成果として、〇五年にASEANと日・中・韓、インド、オーストラリア、ニュージーランドの計一六か国首脳がマレーシアのクアラルンプールに集まり、初の「東アジアサミット」を開催し、東アジア共同体の構築に向けて第一歩が踏み出された。また、インドなど南アジアでは、二〇〇六年に経済統合をめざして自由貿易圏が発足し、南アジア七か国で関税が制限された。

二〇〇〇年代に入ると、中南米社会でも経済成長を背景に地域共同体

7

◉第一回東アジアサミット
各国首脳が一堂に並ぶ。左から六人目が小泉首相。二〇〇七年の第二回サミットには、インドやオーストラリアも参加した。

の形成が進んだ。二〇〇四年、ブラジルなどでつくる南米共同市場とアンデス共同体加盟の九か国は、自由貿易協定の締結文書に署名し、さらにチリなど三か国を加え、EU型の南米共同体が発足した。翌〇五年、南米共同体の初の首脳会議が開催され、非アメリカ化の動向を含みつつ地域的結束が進んだ。アフリカでも、コンゴ紛争の解決などアフリカ各地の内戦・紛争が停戦にこぎつけ、和平プロセスが達成されはじめたことを背景に、二〇〇二年、アフリカ統一機構首脳会議でアフリカ連合を発足させ、五三か国の参加により経済的自立をめざしはじめた。

こうした世界レベルでのさまざまな地域統合の動きにからんでくるのが、非政府組織NGOの国際政治への参加で、一九九九年に発効した対人地雷全面禁止条約実現に大きな役割を果たしたのもNGOである。二〇〇一年にイタリアで開かれたジェノバサミットでは、市場経済の地球規模での広がりが貧富の格差を拡大し、環境の破壊につながると主張する反グローバル団体から激しい抗議行動が展開され、NGOなども参加して一〇万人を上まわるデモが連日繰り広げられた。この時期にNGOは、一九世紀以来の国民国家の地位を外から揺さぶりながら、国際政治上の無視できないファクターとして活躍するようになった。

アメリカの単独行動主義

二〇〇一年（平成一三）にアメリカ大統領に就任したブッシュは、世界のこのような動向のなかで、ショッキングなテロ事件を契機として、単独行動主義を貫こうとした。同年九月一一日、アメリカ国内で四機の航空機がハイジャックされる事件が発生し、そのうち二機がニューヨークの世界貿易センターに激突し、ツインタワーが崩壊した。このテロの犠牲者は三〇〇〇人、ブッシュ政権は犯人をイスラム原理主義組織アルカイダと断定し、アフガニスタンのタリバン政権が彼らをかくまっているとしてその引き渡しを求めた。タリバンの要求拒否を受けたアメリカは、同時多発テロは戦争行為と宣言してアフガニスタンへの報復軍事作戦を開始し、一〇月七日から始まった戦争はほぼ一か月で終結した。ブッシュ政権は、政権発足当初から国際間の約束を無視する単独行動主義的外交・軍事路線を示していたが、アフガニスタン攻撃はアメリカに必要な限りでは国際協調を組織しつつも、アメリカの国益により単独行動主義を貫く外交路線を見せつけた。

二〇〇二年、アフガン戦争で自信を得たブッシュ政権は、イラン・イラク・北朝鮮を「悪の枢軸」と名指しし、これらの国との対決を国際社会に訴えた。なかでも、イラクと北朝鮮問題が国際政治の争点として浮上した。とくにイラクに対しては外

8

●世界貿易センタービルに突っ込む航空機
アメリカの領土が外部からの攻撃を受けたのは、一九四一年の日本軍による真珠湾攻撃以来である。ブッシュ大統領はただちに対テロ戦争を宣言し、イラク戦争の泥沼化へと続く、長い戦時に突入した。

交的圧力を強め、先制攻撃戦略への転換姿勢を示した。イラクが大量破壊兵器を開発・保有していると国連総会で批判したアメリカに対しイラクは、国連による大量破壊兵器に関する無条件査察の受け入れを表明した。こうして国連査察団の査察が始まったが、アメリカはイラク周辺に大部隊を集結させ、武力攻撃の構えを示した。

アメリカの武力行使の姿勢をイギリスや日本は支持したが、フランス・ドイツ・ベルギーなどはそれに反対し、査察継続を求めるなど、国際社会は分裂した。二〇〇三年一月にはワシントンで二〇万人規模の反戦行動が行なわれ、ヨーロッパ七か国の首都の市長がイラク攻撃に反対する共同アピールを発表した。二月には世界六〇か国・六〇〇以上の都市でデモや集会が行なわれ、ロンドンの二〇〇万人・ニューヨークの五〇万人を筆頭に一〇〇〇万人以上が参加するなど、戦争前から大規模な反戦運動が展開された。この反戦運動の展開の仕方は、EUの一部諸国の結束と、EUによる国民国家の分権化のなかで活性化した地方自治体の自律的判断と、世界的ネットワークで結ばれる市民的平和運動の定着を示していた。

しかし、この反戦運動の広がりにもかかわらず、三月二〇日、国連の了解を得ないままアメリカ・イギリス両軍のイラクへの武力攻撃が開始され、五月の戦争終結宣言をよそに、イラク情勢は泥沼化の様相を深めていった。二〇〇四年、アメリカ調査団が、イラクに大量破壊兵器は存在せず具体的な開発計画もなかったとする最終報告書を議会に提出し、ブッシュ政権によるイラク戦争の大義が覆された。イラク派遣国は、最大時の四〇か国から二〇〇五年末には二七か国に減少し、アメリカ外交の影響力は低下し、アメリカ国内でも反戦機運が高まった。二〇〇六年の中間選挙ではイラク戦争が最大の争点となり、イラクからの撤退を主張した民主党が上下両院で圧勝、戦争で支持率を高めたブッシュ政権は、今度は戦争の泥沼化のなかで支持率を急落させていった。

この間、アメリカは好景気を維持し、世界中の資本を集め、各国経済をアメリカへの輸出に依存させるほど、旺盛な個人消費を拡大しつづけてきた。継続的な大型減税と政策的な低金利の結果、アメリカ国民は貯蓄よりも消費や住宅購入に走ったのである。世界経済を左右するこの力が、アメリカの単独行動主義を支えていた。しかし、減税は当然ながら歳入を減少させ、巨額のアフガン・イラク戦費は、財政赤字を過去最高レベルに押し上げた。他方で、中国や日本などからの輸入増加は、貿易赤字を拡大しつづけた。こうしてアメリカ経済の土台は、大きくゆらいでいった。

国内政治体制の再構築へ

世界規模での政治経済秩序の再編と同様に、一九九〇年代後半からの国内政治は、冷戦崩壊を受けた九〇年代前半の政治的混沌状況をしだいに整理・再編していく、本格的な次期政治構造形成への模索期に入った。その政治構造をめぐる動きを、ここでは選挙結果とからめながらみていこう。その際、まず政界再編過程を中心に追ってから、この時期の重要な政治的争点となった軍事的再編に触れることにしたい。

一九九〇年代後半からの政治状況で顕著となったのは、絶対多数の一党支配が成り立たなくなるなかで、分立する諸政党が随意に連合するようになり、その結果、安定多数派の与党体制が形成可能となったことである。一九九六年（平成八）、二年前の選挙法改正で導入された小選挙区比例代表並立制による初の総選挙が実施された。小選挙区導入の最大のねらいは二大政党制であり、自民党一党支配崩壊後の新しい政治構造がどうみえてくるか期待された。しかし結果は、二大政党の一方の当事者として目された新進党は不振で、自民党も過半数には達しなかった。橋本龍太郎《はしもとりゅうたろう》内閣は総選挙後の入党工作で衆議院の過半数を回復したが、参議院では過半数に達しないため、村山富市《むらやまとみいち》政権以来の自民・社民・新党さきがけによる三党連立の枠組みを維持する一方で、ほかの野党との部分連合も成立させ、重要法案を軒並み成立させた。

自民党政権の相対的安定をよそに、一九九七年、新進党は小沢一郎《おざわいちろう》党首への不満などからあっけなく解党し、六党に分裂した。この結果、非自民中道勢力結集は、前年に社民党とさきがけの一部が結成した民主党を軸に進むこととなる。自民党は安定するかにみえたが、九八年の参議院議員選挙で、経済政策失敗を主因として惨敗、橋本首相は辞任し小渕恵三《おぶちけいぞう》政権が誕生した。選挙前にほかの政党と合併・拡大した民主党は、議席を増やし野党第一党となった。その影響は、参議院の首班指名選挙で、菅直人《かんなおと》民主党代表が一位となっ

9
◉青島幸男（右）と横山ノック（中央）　当時の政治のわかりにくさに、有権者は一九九五年の東京・大阪の知事選挙で、ほぼ全政党が相乗りで支持した官僚候補ではなく、青島と横山を当選させるという選択をした。二人は、それ以前の六八年の参議院議員選挙でも、同時に初当選していた。

たことに現われた。

その過程で、側面から連立政権を支えてきた社民・さきがけは連立を離脱し、自民党は復活した公明党および自由党との政策協議を始め、一九九九年に自自公政権を誕生させる。その結果、衆議院の議席の七割以上、参議院でも議席の五六パーセントを占める巨大与党が誕生し、数の力で、一府二二省庁を一府一二省庁に再編する中央省庁改革関連法成立（二〇〇一年施行）、労働者派遣を原則自由にした労働者派遣法改正、民間の職業紹介を原則解禁した改正職業安定法など、与野党の対立法案をつぎつぎに成立させた。諸政党の連合によって多数派の与党体制が形成されるという国内政治状況が、ここでもみられたのである。

こうした巨大与党体制の成立は、野党側の動向に影響した。自自公政権誕生に対し、民主党は、共闘面では公明党との関係を重視する方向から共産・社民両党との提携へ、運動面では政策提言型から批判対立を含む路線への修正を行なった。ネクストキャビネット（「次の内閣」）を設置して迅速な政策決定をめざしつつ、新ガイドラインや通信傍受法、年金改革法、国歌・国旗法などをめぐり自自公政権への対立姿勢を強めたのである。同じ一九九九年、これまで政党支持をめぐって内部に対立を

10

◉アイヌ民族は先住民族
一九九七年、札幌地裁は、アイヌ民族の聖地である北海道二風谷《にぶだに》へのダム建設差し止め訴訟で、アイヌ民族は先住民族と認める画期的な判決を下した。政府は北海道旧土人保護法を廃止し、アイヌ文化保護を目的としたアイヌ文化振興法が同年成立した。写真は、萱野《かやの》茂《しげる》（右）ら原告団。

抱えていた連合は、民主党を基軸とする政党支持を決定した。

また同じ時期に共産党では、一九五八年（昭和三三）の書記長就任以来、三九年にわたり党指導の中心にあった宮本《みやもと》顕治《けんじ》議長が九七年に退任、翌年には暫定政権構想として、安保廃棄の凍結、現憲法下での天皇の存在と役割の容認など新たな方針が提起された。対外的にも、三一年ぶりに中国共産党と関係を正常化し、対抗的立場をとってきた韓国との関係改善にも道を開くなど、ポスト冷戦型への路線変化が進んでいた。

そして、このような民主党・共産党・連合の政治的変化が、労働者派遣法改定、国歌・国旗法など与野党の対立法案の際に、連合と全労連、全労協という政治的立場の異なる労働組合ナショナルセンターの共同行動を新たに成立させる条件をつくりだしていた。

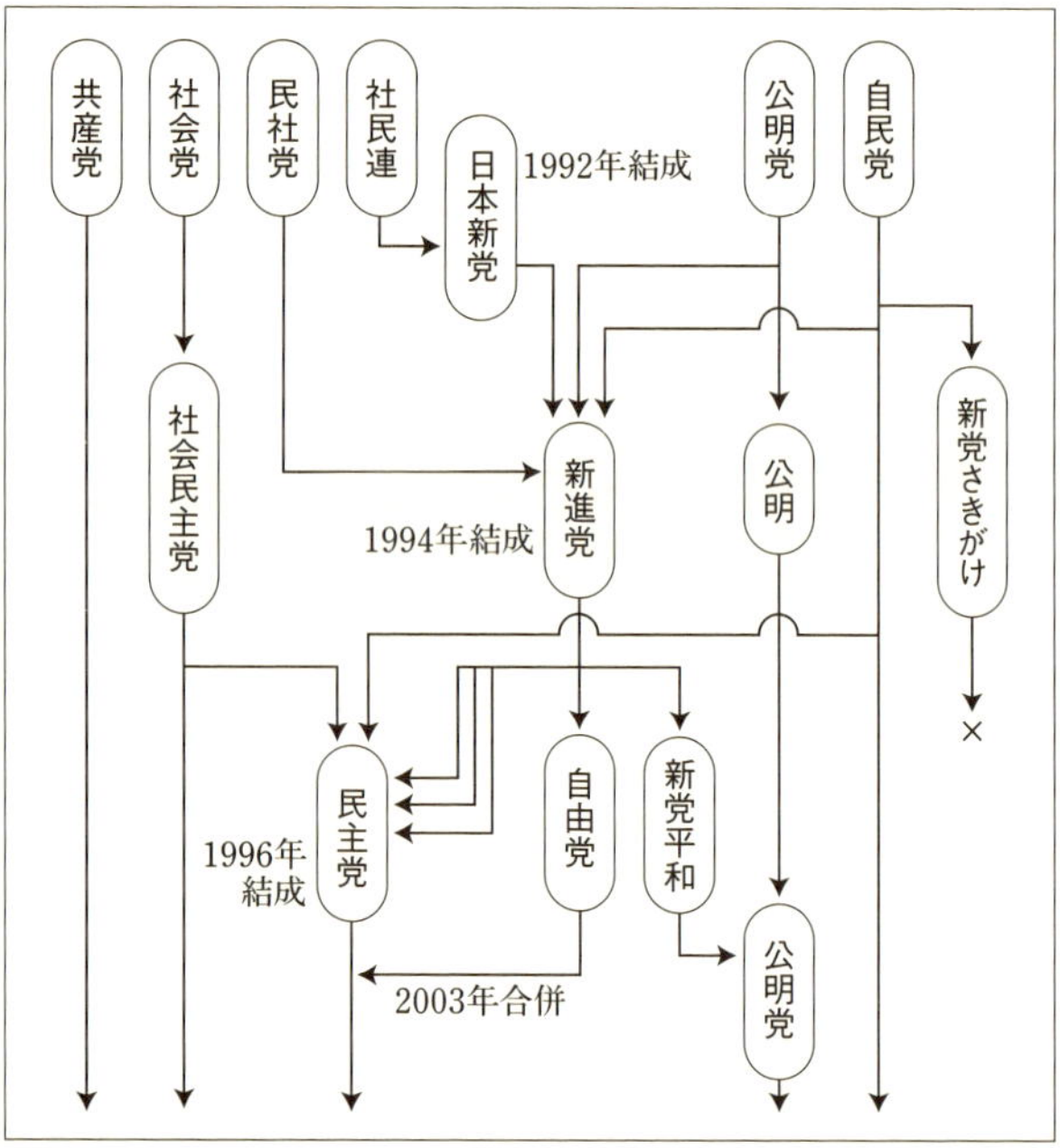

◉一九九〇年代以降のおもな政党変遷図
この時期の政党の変遷はひじょうに複雑で、すべてを追うのは難しい。離合集散の軸となるのは、新進党と民主党である。二〇〇三年の民主党と自由党の合併で、自民党対民主党という枠組みができあがった。

二〇〇〇年に入り小渕首相は病気で退任し、「日本は天皇を中心とする神の国」と述べた森喜朗《もりよしろう》首相が内閣を率い、総選挙に打って出た。この選挙で連立与党は大幅に議席を減らしたが、全常任委員会で委員長を確保し、委員会の採決で過半数を占める絶対安定多数は維持した。野党第一党の民主党も、大都市部で健闘し大幅議席増を果たした。この年は、長野県知事選挙で、無党派でタレント的要素が強かったものの、明確な地方自治構想をもった作家の田中康夫《たなかやすお》が大差で当選し、さらに大阪と熊本では初の女性知事が当選した。有権者は、自治・ジェンダー・環境などの観点から、政治の新しいスタイルを求めはじめていた。

「自民党をぶっ壊す」とは

ここで登場したのが、小泉純一郎《こいずみじゅんいちろう》である。二〇〇一年（平成一三）、不人気の森《もり》内閣は退陣し、総裁予備選で「自民党を壊してでも」と派閥政治を批判し構造改革を訴えた小泉が、党内最大派閥を基盤にした橋本龍太郎《はしもとりゅうたろう》を押しのけて内閣を組織した。小泉内閣は、従来型の派閥均衡人事をとらず、女性閣僚や無派閥、非議員を大胆に起用し、ハンセン病国家賠償訴訟での控訴断念などで期待が広がり、発足直後の内閣支持率は八割前後という、驚異的な数字を記録した。「聖域なき構造改革」をとなえ、改革の手順や優先順位を示す改革工程表を発表し、国債の三〇兆円以下への抑制、公共事業の圧縮、特殊法人改革、民営化・規制緩和を推進する方針を表明した。

しかし振り返れば、構造改革の旗を最初に高く掲げたのは、橋本内閣であった。一九九七年、橋本内閣は行政・財政構造・金融システム・経済構造・社会保障構造・教育に及ぶ六大改革の断行を表明し、介護保険法などの医療保険制度改革、一府一二省庁再編、財政構造改革法などを打ち出した。しかしこの公約は、郵政民営化、赤字公債縮減などで後退する。景気対策としての所得税減税や、金融システム安定化策としての三〇兆円の公的資金投入を可能とする銀行救済策を決定せざるをえず、財源としての赤字公債発行は、財政構造改革の趣旨と矛盾した。結局、都心の建築容積率緩和、大手スーパーの郊外展開を促進した大規模小売店舗立地法（大店法《だいてんほう》）緩和など、規制緩和策を中心とする景気対策だけが進展した。続く小《お》渕恵《ぶちけい》三《ぞう》内閣は、橋本時代の財政方針から一転して従来型の積極財政方針をとり、結果として一九九八年度の国債発行額は三四兆円と過去最高となり、九九年度予算歳入の国債依存度は三八パーセントに達した。小泉内閣は、このように橋本内閣で挫折《ざせつ》した構造改革路線を推進し、橋本・小渕内閣を通じて推進された規制緩和政策を継続・拡大したのだった。

　膨大な国債残高の改善を含む財政構造改革を待ったなしで進めようとすれば、公共事業費削減など、自民党の伝統的な選挙地盤と利権構造に抵触せざるをえず、党内からの強い反発は必至であった。そこでつくられたのが、小泉構造改革路線対橋本派など与党内の

11

◉控訴断念に感極まる原告団
ハンセン病患者への隔離政策は、「らい予防法」廃止の一九九六年まで続いた。元患者らは国の謝罪や賠償を求め、九八年にまず熊本地裁へ提訴した。二〇〇一年五月、原告の全面勝訴の判決が下されると、小泉首相は控訴を断念した。

「抵抗勢力」、という構図である。自民党は内部に深刻な紛争要因を抱え込んだが、小泉内閣の構造改革路線に政策的に近かった民主党は対応に混迷した。さらに小泉政権は、民主党を支持する連合との関係修復を重視した。

構造改革は、これまで述べたように自民党自身が避けることのできない重要課題として認識したものであった。しかし、その実現に際し、橋本政権は緒戦で挫折し、小泉政権は邁進《まいしん》した。この差異はどこにあったのだろうか。あらためて一九六〇年代以降の歴代首相をみると、自民党政権は、吉田茂《よしだしげる》派の流れを汲《く》む池田勇人《いけだはやと》系と佐藤栄作《さとうえいさく》系の派閥有力者が、ほぼ一貫して握ってきたことがわかる。そこからはずれるのは、岸信介《きしのぶすけ》派系の福田赳夫《ふくだたけお》、河野一郎《こうのいちろう》派系の中曾根康弘《なかそねやすひろ》、石橋湛山《いしばしたんざん》派系の三木武夫《みきたけお》だけであった。吉田派はいうまでもなく自民党結成前の旧自由党系、後者はいずれも旧民主党系である。すなわち自民党の主流は、岸内閣が一九六〇年安保闘争で退陣したあと、吉田系自由党がほぼ独占し、民主党系は傍流に位置しつづけた。

前者は、六〇年安保の経験から憲法体制を認めたソフトな保守路線を開発して踏襲しつづけ、後者は、石橋系の三木を例外として、この主流的保守路線への挑戦を標榜《ひょうぼう》してきた。そして、二〇〇〇年を前後するこの時期に、橋本・小渕という佐藤・田中角栄《たなかかくえい》的潮流から、森・小泉・安《あ》倍《べ》晋三《しんぞう》・福田康夫《ふくだやすお》と四代続けて岸派の潮流に内閣が切り替わったこと

12

●相次ぐ首相交代
二〇〇八年八月、福田改造内閣で自民党幹事長に就任した麻生太郎《あそうたろう》(左)。翌月、福田首相が突然辞任し、麻生が首相に就任する。

は、高度経済成長期以来の自民党主流派路線が、一九九〇年代後半に急速に力を失い、自民党自身が再構築の段階に入ったことを意味していた。小泉の〝自民党への挑戦〟の背景には、このような自民党の歴史的再編過程があった。

一九五〇年代の民主党系、とくに岸系は、自由党系の経済主義に対し国家主義的イデオロギー色の強い政治集団である。その歴史的伝統は、福田内閣や中曾根時代、さらに森首相の発言にもよく現われている。執《しつ》拗《よう》な靖国神社参拝問題、「つくる会」の教科書問題、そして憲法・教育基本法改正問題は、軍事外交的側面と同時に、こうした政治集団の交代との関係においても浮上する要因があった。佐藤・田中系の宮沢喜一《みやざわきいち》や後藤田正晴《ごとうだまさはる》がこの時期、突然のように護憲派としてマスコミに登場しはじめた背景には、こうした戦後保守政治における政治思想的な軸の移動があった。

小泉流政治の展開と郵政民営化

二〇〇二年（平成一四）に入り、小泉純一郎《こいずみじゅんいちろう》首相は持論の郵政民営化や道路公団など特殊法人改革に着手した。七月に郵政公社四法が成立し、郵政三事業を日本郵政公社に移管したうえで、郵政事

13

◉「つくる会」教科書の波紋　一九九六年に結成された「新しい歴史教科書をつくる会」は、国家主義的歴史教育・歴史教科書普及を求め、議論を呼んだ。韓国では、二〇〇一年の「日本歴史教科書韓国史歪曲特別展」で、「つくる会」教科書を拡大展示した。

業に民間業者の参入を認めることとした。公社は基本的には国営だが、民間企業の経営者が初代総裁となった。また、特殊法人等改革四六法が成立し、民営化や独立行政法人への移行が決まった。

しかし内閣の看板であった田中眞紀子《たなかまきこ》外務大臣解任や景気停滞で、内閣支持率は低下しつづけた。それを一挙に逆転したのが、二〇〇二年九月の小泉首相の北朝鮮訪問である。小泉は日本の首相として戦後はじめて平壌《ピョンヤン》を訪問し、金正日《キムジョンイル》総書記と初の首脳会談を行ない、日朝平壌宣言に署名した。この宣言では、日本側が過去の植民地支配を謝罪し、国交正常化後に経済協力を行なうこと、北朝鮮側からは核開発問題に関する国際合意の遵守や、ミサイル発射実験凍結の継続などが約束され、日朝間で安全保障協議を行なうことも明記された。首脳会談で金総書記は、日本人拉致《らち》事件をはじめて認めて謝罪した。北朝鮮との交渉については、クリントン時代の米朝関係の好転、韓国の金大中《キムデジュン》政権の「太陽政策」(南北対話推進)を背景に、一九九九年末、村山富市《むらやまとみいち》前首相を団長とする超党派の国会議員団が訪朝し、国交正常化交渉の再開に関し合意を得ていたという前提があった。

平壌宣言を前に、北朝鮮側から日本人拉致事件被害者の消息について回答があり、同年一〇月に五人の帰国が実現した。彼らは当初一時帰国とされたが、日本にとどめたまま家族の帰国を要求したことから北朝鮮

14

◉日朝首脳会談を終えて
日朝首脳会談終了後握手する、小泉首相と金総書記。アジアの平和形成に期待が高まったが、その後両国関係は進展していない。

側が硬化し、事態は膠着《こうちゃく》し、国交回復交渉も暗礁に乗り上げた。この後日本国内では、拉致被害者への同情と真相究明の世論が高まり、北朝鮮への反発が高まった。同じころ、先に述べたようにアメリカのブッシュ政権は北朝鮮を悪の枢軸の一国と名指しし、国際社会に対決を訴えた。北朝鮮は対抗的に核開発を再開し、日本政府は対米関係に配慮して、改善の兆しを見せた日朝関係は一挙に暗転した。翌二〇〇三年から北朝鮮をめぐる初の六か国協議が開始され、日本政府は拉致問題の解決を働きかけるが、膠着した外交関係に制約され、先に帰国した五人の家族は〇四年に帰国を果たしたものの、その後は事態打開への扉は開けないままである。

二〇〇三年の総選挙を前に民主党は自由党と合併し、「マニフェスト選挙」という攻勢に出て躍進を果たした。しかし連立与党は絶対安定多数を上まわる議席を確保する。このときの総選挙での自民党候補は、一九八の小選挙区で公明党の推薦を受け、約八割の一三三人が当選した。自民党の公明党依存は深まり、自公連立政権内での公明党の発言力が高まった。政治基盤を掘り崩しつづけた自民党は、公明党の選挙協力なしに議席を安定的に確保しにくい状況になったのである。選挙での自民党と民主党の拮抗《きっこう》状態は、二〇〇四年の参議院選挙でも同様であった。政権への批判票の多くは民主党に吸収され民主党は大幅に議席を増やしたが、与党全体では過半数を占めた。

しかし、この状況を大きく変えたのが、二〇〇五年の郵政選挙である。郵政民営化関連法案成立に執念を燃やす小泉首相に対し、自民党内反対派と野党は激しく抵抗し、参議院で法案は否決された。これに対し小泉首相はただちに衆議院の解散・総選挙を決断し、この選挙を「郵政選挙」と位置づけ、「郵政民営化、是か非か」を争点に、自民党内反対派の全員に対立候補(「刺客」)を立てた。小泉政権の選挙戦術は功を奏し、自民党は二九六議席を獲得して圧勝し、与党合計で衆議院の議席の三分の二以上を占め、参議院で否決されても衆議院の再議決で法案を成立させることができる巨大与党が誕生した。一方民主党は大都市部の票を自民党にさらわれ、初の惨敗を喫した。民主党は二〇〇七年の参議院選挙でふたたび躍進し、野党が参議院の過半数を制したが、再議決可能な衆議院の絶対多数状態が、与党の政治運営を支えつづけている。

沖縄の怒りと日米軍事関係の再編

一九九五年(平成七)九月、沖縄で三人のアメリカ兵が小学生の少女を車で拉致《らち》し暴行する事件が発生した。それまでにもアメリカ軍による犯罪は多発していたが、その衝撃性は沖縄県民の心を深く揺さぶった。沖縄県警の容疑者の身柄引き渡し要求が日米地位協定を盾に拒否されると、県民の怒りは爆発し、九五年一〇月、八万五〇〇〇人の県民総決起大会が開かれた。基地の縮小・撤去を求める声は高まり、冷戦後の日米安保体制の存続意義も問題とされるに至った。

この県民意識を背景に、大田昌秀《おおたまさひで》沖縄県知事は、基地の縮小を要求すると同時に、地主が署名を拒んでいる米軍基地使用のための代理署名拒否を表明した。その後も知事は署名拒否の姿勢を崩さず、村山富市《むらやまとみいち》首相は知事にかわり代理署名をするのに必要な法的措置をとらざるをえなくなり、同年一二月、大田知事に対し職務執行命令の行政訴訟を起こした。沖縄県民の基地縮小世論は、その後住民投票で日米地位協定の見直しと基地整理縮小の賛否を問う運動に展開し、翌一九九六年六月、県議会で県民投票条例が可決され、九月八日に投票実施となった。投票結果は、有権者九一万人に対し、投票総数五四万、賛成票が投票総数の八九パーセントにあたる四八万あまりに達した。軍事国策が全県規模の住民投票に付されたという点でも、その賛成率の高さという点でも、注目すべき県民の政治的意思表示であり、歴史的に蓄積されてきた基地問題への沖縄県民の関心の高さと広さを表現していた。

しかし、日米両政府はこの沖縄県民の怒りを、冷戦後のアジア情勢に即応した在日米軍の再配置、在日米軍の役割の再定義の契機として利用していく。一九九六年、まず日米安保共同宣言が署名され、日米安保条約の適用範囲の拡大に向けた一連の過程がスタートした。宣言に署名した橋本龍太郎《はしもとりゅうたろう》首相は、アメリカ軍基地用地の契約期限切れ問題に対処すべく、引き続き基地用地を強制収用するための代理署名を要請したが、大田知事はこれを拒否し、県民世論を背に基地撤去のための「アクショ

15

◉少女暴行事件糾弾の沖縄県民集会　事件はちょうど四〇年前の由美子ちゃん事件を思い起こさせた。「基地・軍隊を許さない行動する女たちの会」が生まれ、県民規模の抗議世論形成に女性が大きな役割を果たした。

ンプログラム」を提示した。この対抗のなかで宜野湾《ぎのわん》市の普天間《ふてんま》基地（飛行場）移転問題が動きはじめたが、移転先候補地は県内の名護《なご》市キャンプシュワブ沖の海上だった。それに対し、名護市民は基地受け入れの賛否を問う住民投票の直接請求を組織し、一九九七年一二月市民投票が実施された。投票結果は、反対が賛成を小差で上まわったが、市長は基地建設受け入れを表明して辞職した。

またこの年、日米両国は新ガイドライン（日米防衛協力のための指針）に合意した。一九七八年当時の旧ガイドラインにない「周辺事態」という概念が打ち出され、日本が攻撃された場合だけでなく、周辺事態における幅広い日米軍事協力が明記された。その際の「周辺」とは、地理的概念ではなく、事態の性質に注目したものと説明され、日米軍事協力は、東南アジアから中東やアフリカまで含める可能性を開いた。九九年に国会で可決された周辺事態安全確保法（周辺事態法）・改正自衛隊法などの新ガイドライン関連法は、この新ガイドラインを実施するための国内法の整備である。

16

●都市のなかの基地
普天間基地は、宜野湾市のちょうど中央部に位置し、市域の四分の一を占める。一九九六年に移転が決まったが、現在も実現していない。

自衛隊の戦場派遣始まる

二〇〇一年（平成一三）のアメリカ同時多発テロに際し、小泉純一郎《こいずみじゅんいちろう》首相は訪米してブッシュ大統領と会談し、自衛隊がアメリカ軍の軍事行動を後方支援する新法の制定などを約束した。この約束に基づき、政府は臨時国会にテロ対策特別措置法などのテロ対策関連三法案を提出し、憲法論争を避けながら新法成立を強行した。新ガイドライン、周辺事態法を地ならしに、このとき、衆参合わせてわずか一九日間の審議で、自衛隊の海外派遣への道は開かれた。一一月、政府はテロ対策特措法に基づく後方支援のため、自衛艦三隻を出航させ、アフガン戦争に対応して自衛隊創設以来初の戦時における軍事的支援が実施に移された。冷戦後、国連の平和維持活動の一部隊として停戦後の紛争地に派遣されはじめた自衛隊は、このとき、国連の要請とは無関係に、アメリカとの二国間軍事協力関係により、かつ戦時に対応して海外での活動を開始したのである。

次いで二〇〇二年、政府は優れた防空能力をもつ最新鋭のイージス艦をインド洋に派遣し、自衛艦の対テロ活動を強化した。その派遣時期は、ちょうどアメリカ・イギリス軍の対イラク攻撃準備期と符合していた。二〇〇三年に入り現実にイラクへの武力攻撃が始まると、小泉内閣は一貫して

17

◉イラクでの日本人人質事件
二〇〇四年四月、イラク武装勢力が三人の日本人を拘束し、自衛隊の撤退を要求した。国内ではテロに屈するなという世論が形成され、さらに「自己責任論」から人質を非難する議論も広がった。三人は無事解放され、帰国の途に。

アメリカを支持し、占領統治や戦後復興のためにイラクに自衛隊を派遣するためのイラク特別措置法は、内戦化するイラクにおける戦闘地域と非戦闘地域の判断などをめぐる与野党の対決を経て成立した。小泉首相は、与党勝利となった同年一一月の総選挙結果をふまえて自衛隊の派遣を決め、まず年内に航空自衛隊の先遣隊を、次いで翌年陸上自衛隊本体をイラクのサマワに派遣した。自衛隊の活動は、給水や道路の補修・アメリカ軍物資の輸送などで、その内容に憲法第九条の制約がみられるが、〇六年七月の撤退完了まで派遣された陸上自衛隊隊員は合計で五五〇〇人にのぼった。航空自衛隊の撤退は、〇八年である。こうして多くの隊員が、憲法論議もないままに、多国籍軍の一部隊として、戦後はじめて国外の戦地・戦場を体験した。

有事法制の中核である国民保護法など有事関連七法は、この陸上自衛隊が戦地派遣された二〇〇四年に成立した。国民保護法は、武力攻撃が生じた場合の国民や地方行政の協力義務を盛り込んだ法律である。これ以外の六法には、アメリカ軍支援を円滑にする米軍行動円滑化法、自衛隊などが空港や港湾などを優先的に使用できるようにする特定公共施設利用法などが含まれる。新ガイドライン以後の日米軍事協力と有事国民動員体制の整備は、ブッシュ政権の戦争政策も手伝って、それまでの政治状況ではありえなかったテンポで、急速かつ広範囲に行なわれたのである。

有事法制の整備と並行して二〇〇三年から始まった、アメリカ軍の世界的再配置計画の一環としての在日米軍再編協議は、〇五年一〇月の中間報告から〇六年の最終報告で全貌が示された。焦点の普天間《ふてんま》飛行場の移転先は、名護《なご》市のキャンプシュワブ沿岸部であることが再確認され、在沖縄海兵隊八〇〇〇人のグアム移転などを日本側の費用負担七〇〇〇億円で実施することとした。再編の第一の特色であるアメリカ軍による自衛隊基地の共同使用では、嘉手納《かでな》基地のF15戦闘機の訓練の一部を千歳《ちとせ》（北海道）、百里《ひゃくり》（茨城県）、小松《こまつ》（石川県）、築城《ついき》（福岡県）、新田原《にゅうたばる》（宮崎県）の五基地に分散移転することとし、普天間飛行場のKC130輸送機の海上自衛隊鹿屋《かのや》基地（鹿児島県）移転なども盛り込まれた。第二の特色である日米共同作戦指揮体制の整備では、キャンプ座間《ざま》へのアメリカ陸軍新司令部の移転と陸上自衛隊中央即応集団司令部の設置、航空自衛隊航空総隊司令部の横田《よこた》基地移転とアメリカ第五空軍司令部との共同統合運用調整所の設置で合意した。

しかし原子力空母の横須賀《よこすか》配備については、地元への説明や了解なしに決定されたこともあって、強力な反対運動を引き起こした。さらに、アメリカ海軍厚木《あつぎ》基地（神奈川県）の空母艦載機部隊の海兵隊岩国《いわくに》基地への移転に関しても地元の反対運動が組織され、二〇〇六年三月実施の岩国市の住民投票では、有権者の過半数が、艦載機の移転に反対した。しかし、この日米合意によって、在日米軍再編のねらいが自衛隊とアメリカ軍の一体化と融合であることは明確となり、そのような軍事再編のなかで、二〇〇六年には、防衛庁を防衛省に昇格させる法律が成立した。

憲法をめぐる論議

新ガイドラインに始まる日米有事態勢・有時国民動員体制の整備と自衛隊の戦場派遣の現実化という事態は、憲法改正と愛国心涵養《かんよう》の必要性をあらためて促した。周辺事態法が成立した一九九九年（平成一一）、小《お》渕《ぶち》恵三《けいぞう》内閣のもとで憲法についての広範で総合的な調査のための憲法調査会が設置され、憲法条文の見直しに向けて論議が始まる。また同年、国歌・国旗法が成立した。教育現場で日の丸・君が代強制につながるとの危惧《きぐ》が示されたが、その後実際に東京都では、日の丸・君が代を強制する旨の教育委員会通達が出され、従わない教員に対して大量の処分が行なわれた。

二〇〇〇年には憲法調査会の活動が開始され、各政党が憲法論を展開しはじめるなかで、アメリカの超党派のアジア専門家が集団的自衛権の合法化を日本に要求するなど、改憲がアメリカの対日要求の一部であることがあらためて示された。新しい歴史教科書をつくる会の中学歴史公民教科書が教科書検定で合格し、小泉《こいずみ》純一郎《じゅんいちろう》首相が執拗《しつよう》に靖国神社参拝を繰り返すという事態は、この文脈のなかで発生しており、いずれも中国・韓国両国から批判を受け、国内でも反対・批判の声が盛り上がった。

陸上自衛隊がイラクに派兵された二〇〇四年、自民党は翌年の結党五〇周年に向けて憲法改正草案の策定を始め、二〇〇五年、結党五〇年記念党大会で新憲法草案が発表された。草案は、前文で「帰属する国や社会を」「自ら支え守る責務を共有する」として自主防衛の精神を明記し、公共の福祉にかわる「公益及び公の秩序」を提案した。第九条については、現行の第一項を残し、戦力不保持を宣言した第二項にかわり自衛軍保持を明記し、改憲発議に関しては、衆参両院の過半数に引き下げる内容であった。二〇〇四年には、民主党も一月の党大会で独自の憲法改正草案を策定する方針を決定した。共産・社民両党は憲法改正に反対し、「九条の会」も同年発足し、市民運動として成長していった。こうして、自衛隊の海外派兵に並行して憲法は国内政治の中心的争点となっていく。

憲法論議にかかわったのは政党と市民運動だけではない。二〇〇四年、日本経団連（経団連と日経連が〇二年に合併）は、憲法改正を含めた国のあり方の検討を目的とした「国の基本問題検討委員会」を設置し、武器輸出三原則の見直しや、自衛隊保持の明記と憲法改正要件の緩和などを提案した。また日商（日本商工会議所）も憲法改正についての意見を発表し、自衛のための戦力の保持の明記などを主張した。この時期は、改憲論議以外でも財界が政治に対する発言を強めた時期で、日本経団連は各企業の献金の指針として自民党と民主党を対象とした第一次政策評価を発表し、経済同友会は二大政党制実現などを盛り込んだ政治改革推進の提言を発表した。

二〇〇五年、小泉首相は靖国神社の秋季例大祭にあわせて就任以来五度目の靖国参拝を行なった。これに中国・韓国が抗議し、同年マレーシアで開かれた第一回東アジアサミットの際の日本・中国・韓国首脳会談は直前に中止となり、日中・日韓二か国間での首脳会談も開かれなかった。また、相互訪問形式で開催が予

18

◉平和憲法擁護の「九条の会」
二〇〇四年、改憲論が高まるなか、井上《いのうえ》ひさし・大江《おおえ》健三郎《けんざぶろう》・加藤周一《かとうしゅういち》・小田実《おだまこと》らの呼びかけで生まれ、以後各地に自発的な組織が広がった。写真は、翌年の東京・有明《ありあけ》での講演会。

定されていた日韓首脳会談も、韓国側の来日中止で中断した。アメリカとの軍事・外交関係に拘束され、そこから独自の愛国心育成を課題とした自民党政権は、世界で広がりつつあった地域共同体へ参加する障壁を、みずからつくりつづけていたことが見てとれる。

そして、アメリカの軍事的単独行動主義への忠実な追随も、イラクの現実とアメリカ政治の内部からの転換の動きのなかで、限界をあらわにしはじめていた。小泉政権を継いだ安倍晋三《あべしんぞう》内閣は、この世界的動向を認識しきれずに、「美しい国日本」「戦後レジームからの脱却」をめざして、集団的自衛権の行使を中心とする改憲論議を進め、教育再生に力を注ごうとした。小泉内閣時代からの継続審議となっていた教育基本法改正への執念は、この世界的動向とはずれた、一国主義的政治姿勢を端的に示すものであった。

19

◉参議院で可決された国民投票法
二〇〇七年成立。改憲の際の国民投票の手続きを定めた法だが、投票率に関する規定がないなどの点から、参議院での投票では反対票も多かった。施行は二〇一〇年予定。

再編のしわ寄せ

成長維持のＧＤＰと細る消費生活

一九九〇年代なかば以降の日本経済のおおまかな動向は、実質国内総生産（ＧＤＰ）成長率の国際比較を含めた推移で確認できるだろう。日本は他国以上に激しい変動を見せ、この期間二度にわたりマイナス成長となったが、平均的には先進諸国とほぼ変わらない経済成長水準を維持した。しかし、その成長は国内経済に対する輸出入構成比の拡大に依拠するところが大きかった。とくに輸出の割合の増加は大きく、一九九五年（平成七）当時の対実質ＧＤＰ八パーセント台から、二〇〇五年には一四パーセント近くまで高まった。

企業の業績好調に関しては、この時期に電子・電機・自動車など製造業の生産の海外移転が拡大した。自動車の北アメリカ向け輸出は現地生産に切り替えられ、海外での売り上げは海外生産で対応する生産体制へと移行していった。トヨタを例にすると、国内生産の規模にはあまり変化がないなかで輸出台数を増やしつづけ、かつ海外生産を国内生産と同等水準になるまで急速に拡大し、「勝ち組」の座を確保していった。現地法人をもつ製造業の海外現地生産比率は、一九九〇年代前半の二割台から、二〇〇〇年代初頭の四割台へと急上昇し、他方で国内の工場立地面積を大幅に縮小した。産業の空洞化が進み、国内生産を支えていた多重下請け構造のリストラが進んだのである。

しかし、経済成長が輸出に依存したことは、経済成長率維持に国内消費が寄与しなかったことの裏返しであった。個人消費の背景となる給与の動向を事業所の規模別にみると、大規模から中小零細まで含め、軒並み一九九〇年代末から低下傾向にあり、とくに一〇〇人規模以下の中小企業の低下が大きかった。産業の空洞化と内需の縮小がもっとも激しく表われていたのである。そしてその影響は、この時期の物価下落にもかかわらず、勤労者世帯の実収入・可処分所得および消費支出のほぼ継続的な低下として直接的に反映した。収入の減少は所得税・住民税の減少をもたらしたが、社会保険料は増加傾向にあり、実収入に対する非消費支出（税金や社会保険料・貯蓄）の割合が、九〇年代なかばに比べやや高かったからである。なお、医療費負担の関係では、健康保険法の改正で一九九七年から被保険者本人負担が一割から二割へ、二〇〇三年にはさらに三割へと連続的に引き上げられ、健康保険料徴収は、ボーナスを含む総報酬制として実施されることになった。

家計の黒字も連続して減少し、他方で可処分所得に占める住宅ローン返済額の割合が相対的に増え、一九九〇年代末から住宅ローン破綻《はたん》（債務不履行）が急増した。これでは国民の生活不安は高まらざるをえない。「生活が前年に比べて向上しているか」という内閣府調査によると、二

20

◉メリルリンチ、日本へ
一九九七年、日本の四大証券会社のひとつだった山一證券が破綻《はたん》した。翌年、アメリカの投資銀行メリルリンチはその営業基盤を引き継ぎ、営業社員を大量採用して、日本に本格進出した。

〇〇〇年代初頭には、全年齢層にわたって生活の低下感を共有した。その際、もっとも多く低下感を示したのが五〇歳代である。その五〇歳代は、一九九〇年代末から自殺者を急増させた年齢層でもあるが、その背景にあったのは、自殺の動機からみると「経済生活問題」、そして雇用調整が進むなかでの「勤務問題」であった。

　家計黒字の減少は、貯蓄の減少をも引き起こした。一九七〇年から八〇年代に五～七パーセント台を保ってきた「貯蓄残高ゼロ」の世帯割合は、九〇年代に一〇パーセント前後に上昇し、さらに二〇〇〇年代に一挙に二〇パーセントを超えた。この結果、世界的にも高い水準を誇ってきた日本の貯蓄率は、一九九〇年代後半からヨーロッパ先進国と同水準となった。この貯蓄の減少は、生活保護開始にもつながっている。生活保護開始の理由のうち「貯蓄などの減少・喪失」の割合は、二〇〇一年ですでに一〇パーセントあまりを占めていたが、〇五年には一五パーセント近くに達した。

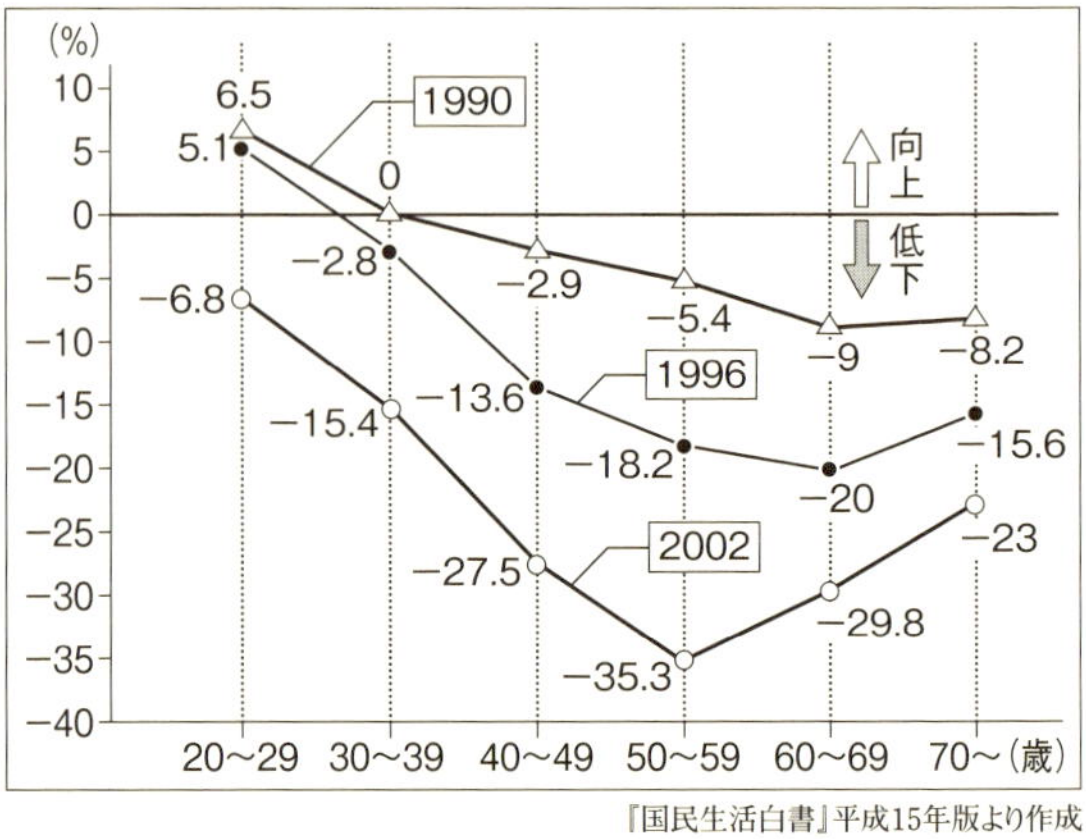

『国民生活白書』平成15年版より作成

●強まる生活低下感
生活が前年に比べて「向上している」という回答の割合から、「低下している」という回答の割合を引いたもの。マイナスになるほど、低下感の強まりを意味する。

正規雇用の変貌

雇用者総数がほぼ拡大傾向を示すなかで、正規雇用者は実数では一九九七年（平成九）の三八一二万人をピークに、二〇〇五年までに四七九万人減少し、雇用者総数に占める割合では、八割を超えていた九〇年代初めの水準から、二〇〇七年の六六パーセント台まで、ほぼ一貫して下がりつづけた。五分の四だった正規雇用者の割合は、短期間で三分の二まで減ったのである。一九九〇年代後半には、八〇年代に肥大化した管理・事務部門を中心に激しいリストラが実施され、中高年労働者や管理職が対象となった。管理職ユニオンが組織されはじめ、会社側に団交権を確認させはじめるのも、このころからである。

四年制大学を卒業した学生の正社員就業率は、一九九〇年代初めの九割近い水準から、九七年に八割を切り、さらにその後七割を下まわった。中高年のリストラと同時に、正社員社会への入職規制を行ない、正社員を減らしたのである。就職はとくに女子学生に厳しかったと思われるが、就職浪人の多くが、パート・アルバイトに、そして無業者となった。高卒の場合はさらに厳しく、一九九〇年代初めにすでに正社員就業率は六割台であったが、九〇年代後半に五割台となり、二〇〇〇年代には四割に下がった。これらは大卒・高卒ともに卒業直後の数字であり、その後正社員割合は高くなるが、いずれにしても、大量の非正規雇用者と無業者が輩出されたのである。このため若年のパート・アルバイトなど、いわゆるフリーターが急増し、同時に若年無業者が六〇万人台の規模に達した。

若年層の雇用対策・失業対策は、当時のヨーロッパでも重要な課題であった。一九九〇年代後半から、フランス・イギリス・ドイツなどは失業者への職業対策やワークシェアリングを重視した。とくにフランスでは週三五時間制法を制定し、企業と就業時間短縮協定を結んで失業率を改善し、正規雇用者を増加させた。日本の場合、こうした雇用対策ではEU諸国に遅れをとり、雇用から婚姻、少子化につながる諸問題を深刻化させた。

正規雇用の減少において少なからぬ割合を占めると思われるのが、公務員の削減である。この時期、構造改革の掛け声のもとで国家公務員の定員が削減され、さらに一九九〇年代末だけでも、地方公共団体の正規職員が数万人規模で削減された。

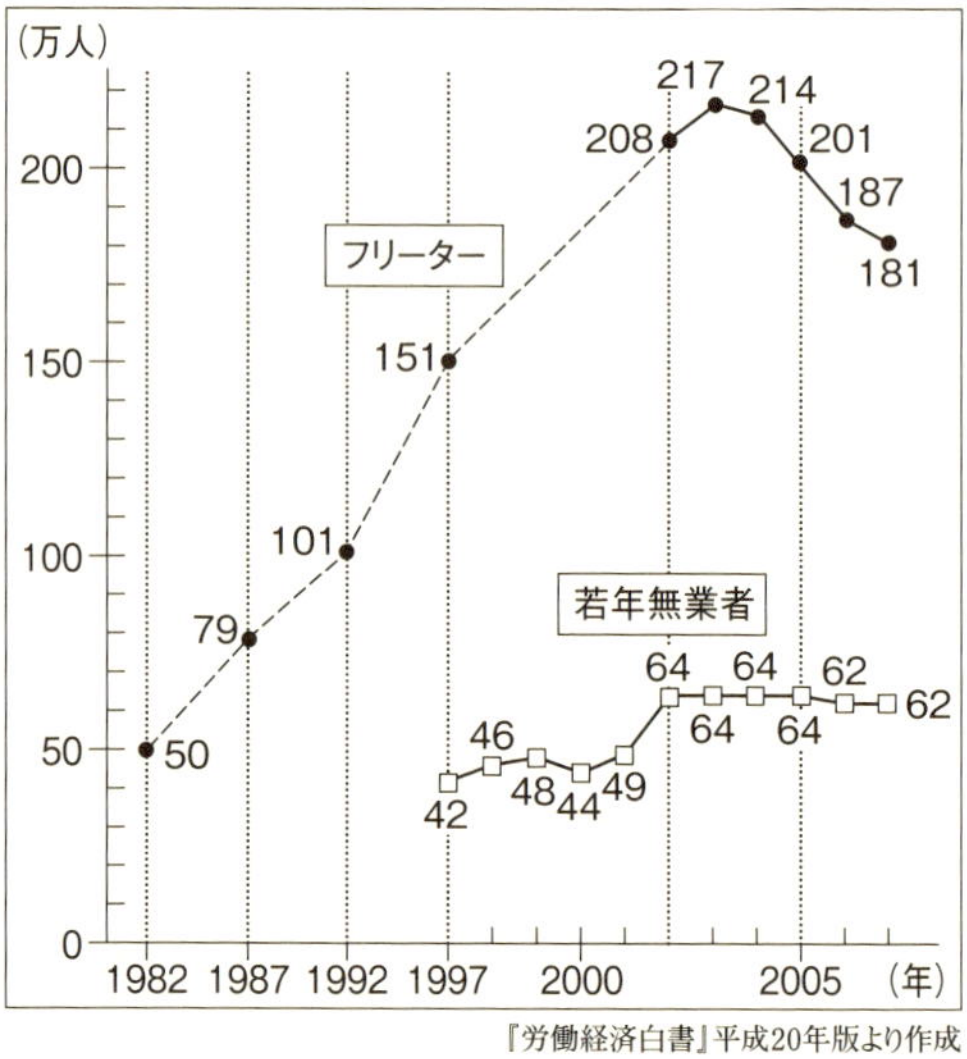

●フリーター・若年無業者の増加
両者とも一五～三四歳。フリーターには、無業で家事・通学もせずに、パート・アルバイトを希望する者も含む。無業者は、非労働力人口のうち家事も通学もしていない者。

『労働経済白書』平成20年版より作成

このリストラのなかで生き延びた民間企業正規雇用者の賃金は、春闘賃上げ率の動向でおよその傾向をみることができる。バブル期に五パーセントを超えていた賃上げ率は、一九九〇年代なかばに三パーセントに、さらに九〇年代末に二パーセントに下がり、以後、二パーセントの水準を超えていない。二〇〇〇年代初期の連合が、ベア要求なしの「春闘」を続けざるをえなかった結果である。この賃上げ率も総体としてのものであり、個々の労働者に対してはこの時期、多くの企業で成果主義賃金制度が導入され、年功賃金の廃止や見直しが進んだ。高度経済成長期に定着した男性正規雇用者の年功カーブ賃金制度は、この時期に大きく変容したのである。

公務員賃金の水準を決めてきた人事院勧告でも、一九九九年の勧告での一時金引き下げにより、国家公務員の年収が戦後はじめて前年比でのダウンとなり、二〇〇二年には基本給を引き下げる初のマイナス勧告となった。こうして国家公務員の年収は、この時期連年でダウンし、賃下げは地方公務員にも波及した。こうして、戦後の正規雇用者の賃金制度の骨格をつくってきた春闘と人事院勧告が、時期を同じくして形骸《けいがい》化した。

この状況では、労働組合の組織率は低下して当然である。一九七五年（昭和五〇）以来の組織率低下は食い止めることができず、八三年の三〇パーセント割れから二〇年を経た二〇〇三年には二〇パーセントを切り、パート労働者の必死の組織化にもかかわらず、組織率は引き続き低下した。

賃金の停滞・低下をよそに、正規雇用者の長時間労働割合は拡大傾向を示した。五〇〇人以上の大規模事業所の所定外労働時間は、一九九〇年代初めを底としてジグザクな増加傾向を示していたが、二〇〇〇年代に入りとくに増加した。男性雇用者のうち週六〇時間以上働く者の割合の推移を年齢別にみると、三〇～四〇歳代前半で一九九五年に二〇パーセントだったのが、二〇〇五年には数ポイント上昇している。壮年層の長時間労働化が確実に進んだのである。しかし、この長時間労働が、賃金に反映していたかどうかは疑わしい。二〇〇〇年代に入るとサービス残業が社会問題化し、二〇〇一年度から〇四年度の四年間に労働基準監督署の指導によって是正支払いをした企業は三六〇〇社、対象労働者は五〇万人、支払い賃金総額は六〇〇億円を超えた。

また、リストラによる厳しい人員抑制や人事労務管理の厳格化、長時間労働の常態化などにより、労働者の過重労働・メンタルヘルス問題が深刻化し、過労死や精神障害の請求・認定件数は、一九九〇年代末から二〇〇〇年代初めにかけて急増した。

正社員社会での収入格差という点で、企業の役員報酬の動向にも触れておこう。一九九〇年代なかばからの一〇年間で従業員給与が抑えられてきたのに対し、役員一人あたりの給与・賞与は、二〇〇〇年代に入って九〇年代のほぼ倍額まで上昇した。その結果、従業員一人あたりの給与に対する役員一人あたりの報酬の倍率は、一九七〇年代なかばから二〇〇〇年頃まで三倍以下だったのが、〇五年には五倍近くなった。

非正規雇用者の急拡大と戦後日本型雇用の転換

非正規雇用者は、一九九五年（平成七）の一〇〇一万人（対雇用者総数比二〇・九パーセント）から、二〇〇七年には一七七六万人（同三三・七パーセント）まで急増した。九〇年代なかばでは、非正規雇用者の八割をパート・アルバイトが占めていたが、二〇〇〇年代に入り派遣社員・契約社員などが急拡大し、二〇〇八年には非正規雇用者の三分の一に達した。企業規模的にみれば、大企業が非正規雇用の比率を飛躍的に高めたことが急増をもたらした。大企業の雇用に対する考え方が、二〇〇〇年代に入り非正規に大きく依存する方向へと急変したのである。

非正規雇用者の賃金は、時給ではいずれも一〇〇〇円から一五〇〇円程度であり、年齢や勤続による昇給は少ないが、年収は、非正規の形態で相当異なる。パート・アルバイトの年収分布をみると、五〇万円から九九万円の層を大きな山とし、二〇〇万円前後まで分布するが、年齢層別では、年齢が高くなるに従って年収の山が高いレベルに移動する正規雇用者に対し、年齢層による変化が小さいことが特徴である。これに対し派遣労働者は、高年齢層ではパートと同様に五〇万円から九九万円に山があり、三〇〇万円程度まで広く分布するが、四〇歳以下では二〇〇万円から二四九万円の層が山をなす。就職氷河期以降、学卒時に非正規の道を選ばざるをえなかった若者たちが、年収二〇〇万円台で正社員並みに働かせることのできる、安価な労働力の供給源として利用されたわけである。そうなれば、職業訓練的な雇用対策は不要であった。

若年層のワーキングプアーの一群は、この派遣労働者から生まれた。派遣労働者は、一九八六年（昭和六一）の労働者派遣法施行に端を発するが、九六年および九九年の対象業務の拡大、さらに二〇〇四年の期間

21

◉会社面談会に殺到する学生
就職氷河期が続く一九九九年、福岡市で開かれた合同会社面談会には、前年の一・五倍の六〇〇〇人の学生が参加した。

制限の一年から三年への拡大と製造業への解禁、と続いた規制緩和で急増し、二〇〇〇年代には二〇〇万人を超える水準に達した。それに伴い、労働者派遣事業の総売上高は、四兆円規模にまで加速的に拡大した。

派遣と並ぶ非正規雇用者は、請負労働である。二〇〇六年に、請負労働者が業務の遂行にあたって請負先企業の管理者など従業員から直接指揮命令を受けたという「偽装請負」が、キヤノンをはじめとする電機業界や、トヨタ系など自動車産業を中心に発覚し、社会問題化したことで、請負労働は注目を浴びた。請負労働者は二〇〇四年の厚生労働省調べで八七万人、その七割が男性で、またそのうち五一万人が機械関連製造業である。派遣と請負の相違は、労働者が現実に就労している事業所が、その労働者に直接に指揮命令できるか否《いな》かであり、派遣では可能だが請負ではそれが禁止されている。

そもそも、労働者供給事業が強制労働や中間搾取の温床となっていた戦前労働事情への反省から、戦後労働行政では労働者供給事業が厳しく制限され、労働者供給事業の隠れ蓑《みの》となりうる請負契約にも厳しい制限が課せられた。このため、一九八六年の労働者派遣法に際し、派遣と請負・労働者

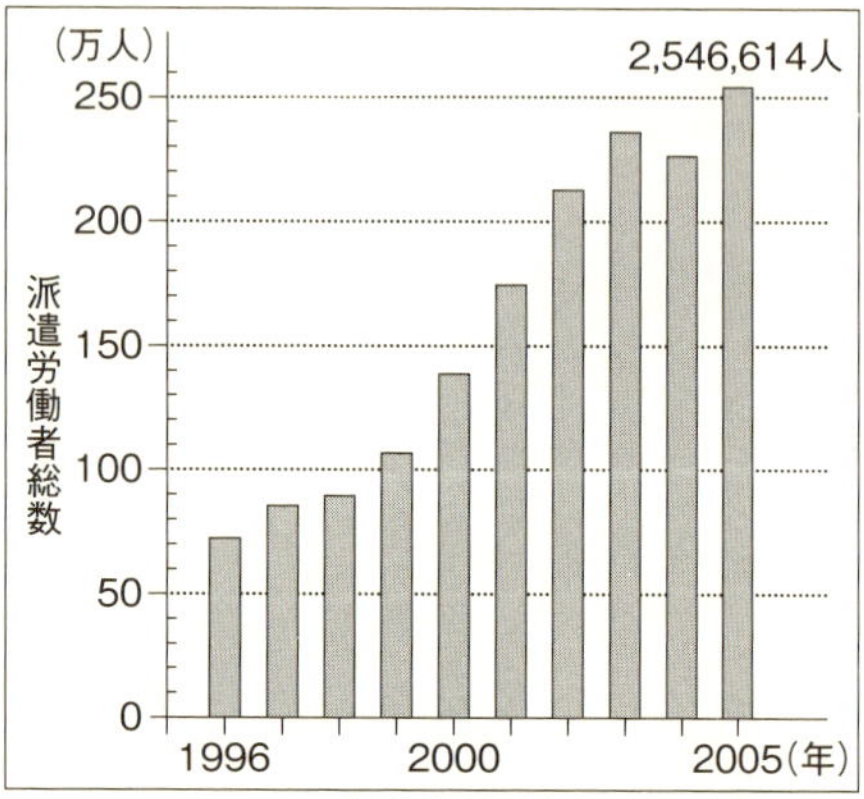

『男女共同参画白書』平成19年版より作成

●急増した派遣労働者
派遣労働者は、約一〇年で三倍以上に増えた。年齢別にみると、三五歳未満の若い層が圧倒的に多いのが特徴である。

供給事業との相違を明確にするため、前記の請負の基準があらためて明確に打ち出された。すなわち、偽装請負は戦後の労働行政で排除されてきた労働者供給事業の復活を意味しており、それは労働者派遣事業における労働契約をゆがめ、就業条件を悪化させる可能性を開くものだった。

一方、受け入れ企業にとっては、偽装請負は派遣労働的な法的制約すらもなく、かつ採用から解雇までなんら手間も責任ももたずにすむ、便利な労働力となる。大手製造業は、労働者を完全なモノとして扱える禁断の領域に足を踏み入れた。これら請負労働者の多くは高卒者であり、大卒以上に正社員への道が遠くなった高卒の就業環境が、このような請負労働を拡大した。若年層のワーキングプアーの第二のグループは、ここにあった。

意識化された賃金格差

つぎに、非正規労働の世界を性別でみてみると、二〇〇五年（平成一七）時点での正規雇用者の男女比は七対三、非正規雇用者の男女比は三対七である。これだけでも、正規労働の世界が男性中心で、女性は非正規の周辺労働に置かれていることが一目瞭然である。さらに、男女別に正規・非正規比率をみてみると、男性雇用者に占める非正規雇用者の比率は一九九〇年代なかばの一〇パーセントを切る水準から上昇し、二〇〇六年にはほぼ一八パーセントとなった。これに対し女性雇用者の場合、すでに九〇年代なかばに四〇パーセント近かった非正規雇用者が、二〇〇〇年代初めには五〇パーセントを超え、半数以上を占めた。その上昇ぶりは男性非正規雇用者以上であり、この一〇年間の女性労働力は、安価で便利な非正規雇用者として活用される方向で伸びたのである。

その女性非正規雇用者を年齢層別に分けてみると、従来から非正規の割合が高かった既婚者パートを中心とする中高年層に対し、一九九〇年代末から二〇〇〇年代にかけて若年層、とくに二五〜三四歳層が三〇〇万人を超えるほどの急激な伸びを示している。ここでも、就職氷河期に正規雇用の世界に入れなかった若年女性層が、非正規雇用の巨大な新戦力となったことが見てとれるだろう。こうして、若年女性の非正規雇用の拡大は、同一労働同一賃金というパート労働への賃金平等化政策が進まないなかで、男女共同参画・男女雇用機会均等の掛け声とは裏腹に、労働における性差別化を固定し、拡大した。

こうしてリストラが生んだ雇用情勢と規制緩和政策が相まって、安く、しかも能力も高く、体力もある男女の若い労働力が大量に出現したとき、企業は彼らを、正社員と同等の仕事をさせる「基幹的」非正社員として使いはじめた。正社員並みに非正社員を活用する職場は、二〇〇〇年代に入って急速に増加している。彼ら基幹的非正社員は、正社員と同じ仕事をし、正社員並みの責任をもたされ、正社員並みの努力を求められた。だからこそ、彼らは正社員との隔絶した賃金

22

◉客室乗務員の契約社員化反対デモ
航空業界では、一九九四年の日本航空を手始めに、女性客室乗務員を契約社員とすることによる経営合理化が図られた。契約社員は期間雇用の非正規労働者だが、派遣と異なり直接雇用契約を行なう。

格差に強い不満と疑問をもつ。学生アルバイトや主婦パートが非正規雇用の主体だった時代にはさほど問題とならなかった賃金格差が、自活・自立を求められる若年層が非正規雇用の主体となったとき、大きな社会問題となりはじめた。ワーキングプアーに象徴される格差社会という現象は、こうした広がりをもった新しい格差が意識されるなかで、人々の関心を集めていった。

非正規労働のもうひとつの構成要素は、高齢者である。第三章でも触れたように、日本の、とくに六〇歳代の男性高齢者の労働力率は、欧米の先進諸国に比べて格段に高い。女性も、六〇歳代後半では高い水準である。働く理由は、経済的理由が性別・年齢層を問わず過半を占める。高齢者世帯の年間所得は、一〇〇万円以下が一五パーセント、一〇〇万円から二〇〇万円層が二七パーセントであり、こうした老後の生活の厳しさが、高齢者を労働に駆り立てている。その際、六〇歳代では男性でも非正規雇用が四割から五割に達した。そうしたなか、第三章でも触れた労働分配率は、一九九〇年代にいったん高まったが、二〇〇〇年代に急低下している。それには、非正規雇用割合の上昇が大きく影響しているといわれている。非正規雇用の拡大は、付加価値をより多く企業の側へもたらす梃子《てこ》となったのである。

失業率は、このような不安定労働の拡大のなかで深刻化した。一九九〇年代末から急激に拡大した失業率は、二〇〇二年に五・四パーセントまで上がり、同年の完全失業者は三五九万人を数えた。とくに注目されるのが、非自発的離職者の割合が急増し、二〇〇〇年代初めの数年間、自発的離職者を上まわったことである。企業の激しいリストラの影響が如実に現われ、失業率の上昇と失業者の堆積《たいせき》は、非正規労働の予備軍となり、非正規労働者の賃金を抑制する要因となっていった。

この時代の労働市場で起こったことの意味を、簡単にまとめておこう。輸出依存度がさほど高くなかった時代には、量産組立型産業は内需、すなわち国内の個人消費に支えられて伸びてきた。それには国内消費市場が安定して拡大する必要があったが、それは雇用と生活の安定的な基盤を前提としていた。だからこそ企業は、雇用者のほとんどを正規で雇い、年齢が上がるほど賃金が上昇する年功的賃金を維持してきた。そしてそれは、有効な人材活用の方法でもありつづけた。

しかし、一九九〇年代以降、輸出、さらに海外生産に拠点を移した製造業にとっては、グローバルな競争戦略をどう立てるかが最大の課題となり、国内の消費市場の安定的な維持は必要ではなくなった。したがって安定的な消費市場を支えうる雇用と賃金の安定も第二義的となり、企業の発展は、個人の雇用・生活の安定と切り離されたのである。こうなれば、非正規雇用者拡大の制約は低くなり、正規雇用者を安い非正規に置き換え、非正規雇用者に正規並みの業務を行なわせる可能性も開けてくる。そして自国の若者の未来を考える必要が薄まれば、非正規雇用者の中核として、中高年女性とともに若者層を活用することにも躊躇《ちゅうちょ》はなくなった。

23

◉「派遣切り」抗議集会
二〇〇八年一二月、不況による派遣労働者など非正規雇用者の解雇に反対して、東京・日比谷《ひびや》公園音楽堂に二〇〇〇人が集まった。

こうしてワーキングプアーが大量に生まれ、正規と非正規の間は、格差として意識されるようになったのである。

女性の社会的地位の現在

日本における男女平等化政策は、一九八六年（昭和六一）の男女雇用機会均等法施行に始まり、九〇年代以降、積極的に取り組まれた。九二年（平成四）には育児休業法を施行し、九五年にはその育児休業法を改正するとともに介護休業制度を法制化、九七年には募集・採用などの差別禁止を盛り込んで男女雇用機会均等法を改正した。そして一九九九年に男女共同参画社会基本法を制定し、翌二〇〇〇年に男女共同参画基本計画を公表した。さらに二〇〇六年、男女雇用機会均等法が再改正され、差別禁止範囲の拡大、妊娠・出産などを理由とする不利益取り扱いの禁止、セクハラに関する事業主の雇用管理上の義務の強化などが盛り込まれた。

しかし、こうした政策の結果としての現代日本女性の社会的地位は、国際的にはどの程度の水準なのだろうか。国連開発計画（UNDP）が発表する「人間開発報告書」の生活の質を測る指標のひとつに、GEM（ジェンダー・エンパワーメント指数）がある。これは、国会議員に占める女性割合、専門職・技術職に占める女性割合、管理職に占める女性割合、男女の推定勤労所得（賃金格差）などから、政治および経済活動において、女性の能力を活用する機会がどの程度保障されているのかをみたものだが、二〇〇六年の順位では、上位には北欧諸国をはじめとする欧米諸国が並ぶなかで、日本はといえば、測定可能な世界七五か国中、四二位であった。

民間企業の管理職割合は、緩やかな増加傾向を示しているが、二〇〇六年現在で課長比率は六パーセント、係長でも一一パーセントである。それに対し、欧米・アジア主要国の管理職割合は、おおむね二〇～三〇パーセント台である。国家公務員に占める女性職員比率は、欧米各国ともすでに一九九〇年代に高い比率に達し、二〇〇〇年代では五割前後、上位役職者比率もこの間に二〇パーセント前後から四〇パーセント台へと、顕著に増加しているが、日本では、女性職員比率が二〇パーセント、上位役職者比率に至っては一～二パーセントで、変化もほとんどみられない。

もうひとつの指標である賃金格差をみていこう。正社員の現金給与額と賞与額を合わせた賃金について、男性賃金を一〇〇とした場合の国際比較によれば、二〇〇〇年代日本の女性賃金指数は六〇台で、八〇台に達する欧米諸国との格差はなお大きい。格差形成に大きな影響を与えているのは、職階、次いで勤続年数である。管理職への登用の狭さと職業中断の影響が大きく現われている。近年の勤続年数別賃金カーブを男女別、正規・非正規に分けてみると、正規の場合、女性の賃金上昇は男性に比べて弱い。これは明ら

24

◉女性昇格差別訴訟で和解成立
一九八七年、芝信用金庫の女性職員一三人が男女昇格差別の是正と差額賃金の支払いを求めて起こした訴訟は、一五年後の二〇〇二年に、二億円あまりの解決金と差別是正で和解が成立した。写真は、記者会見する原告団。

かに、昇進・昇格の差異が反映している。こうした事態を反映して、女性社員の不満は第一が賃金差別、第二は能力を正当に評価しないこと、第三は昇進・昇格差別である。

この職業差別に対し女性社員は、司法を利用して異議申し立てをし、変革を試みた。裁判では女性社員側の主張にそった和解や勝訴が相次いだが、それでも、非正規雇用者の割合が過半を超えている女性労働の実状を反映して、給与階級別の構成割合をみると、男女の賃金分布の差異はひじょうに大きい。二〇〇五年調査で、男性の年収三〇〇万円以下が二〇パーセントに対し、女性では六六パーセント、七〇〇万円超は、男性の二一パーセントに対し女性の三パーセントである。

すでに触れたように、女性労働の特色をなすパートはこの時期も増加を続け、その結果二〇〇〇年代なかばまでに女性雇用者中のパートの比率は四〇パーセント以上に高まり、世界のトップ水準に達した。問題なのは、パート比率以上に賃金の水準である。女性フルタイム労働者に対する女性パートタイム労働者の賃金水準（二〇〇〇年前後）をみると、女性パートタイム労働者比率の高い北欧諸国やドイツ・イギリスの七割から九割に対し、日本は六割台である。

結婚・出産と育児による就業中断

日本の女性パート労働の厚さは、これまでも述べてきたように、育児による就業中断を要因としている。その要因はこの時期にどうなったのだろうか。現在の年齢別女性労働力率をみると、なお女性育児期の労働力率が低下するM字型労働力率の構造を残している。そしてM字の谷（落ち込み）

は、従来どおり正規雇用者の激減と連動している。

いまなおM字に日本の女性労働力率を下げる要因は、有配偶者の労働力率の低さである。日本の二〇歳代後半から三〇歳代の女性の労働力率は約五割程度で、フランスの七割台、スウェーデンの八割、ドイツの六割台の水準と比べて低い。また、三歳未満の子をもつ母親の就業率を国際比較すると、二〇〇二年（平成一四）の調査で、日本が二八・五パーセントであるのに対し、調査対象となった欧米諸国では五割を切る国はなく、とくにスウェーデン・オランダでは七割を超える。

要するに、職業継続が困難な理由は育児である。二〇〇五年の女性労働者調査では、就業継続を困難にする理由として女性労働者の七五パーセントが育児、四七パーセントが介護をあげた。また、同年の別の調査から、第一子を出産した妻が出産後も就業を継続した割合をみると、育児休業制度自体は少しずつ広がっているにもかかわらず、就業継続者の割合は、一九八〇年代後半から四分の一程度のまま、ほとんど変化がない。育児支援政策は、就業中断割合を減少させるという点ではほとんど効果を上げていないのである。

●女性労働力率と出生率の関係
欧米では、労働政策によって労働力率と出生率が同時に向上するようになった。それに対し日本は、労働力率が伸びないまま、出生率も下がりつづけている。

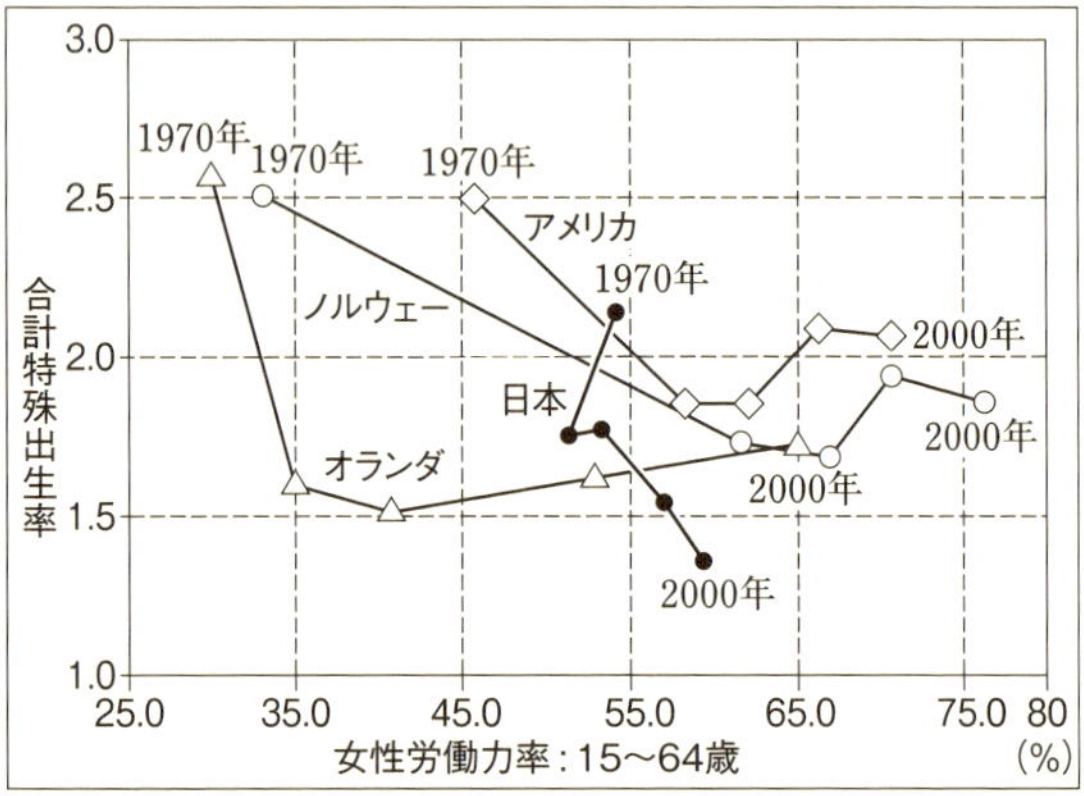

『少子化と男女共同参画に関する社会環境の国際比較報告書』より作成

仕事と家事が両立できず、出産退職せざるをえない理由は、「職場の要員配置が厳しいので育児休業がとりにくい」「労働時間が長い」「男性が育児に参加しにくい」などである。この理由からは、バブル崩壊後の雇用状況のなかで、職場の労働力に育児休業をとれるだけの余裕がますます縮小している状況がみえてくる。

しかもいったん退職すれば、日本の労働市場では、就業復帰するとしても仕事はパートに限定されてくる。二〇〇二年の調査では、育児のために転職した女性のうち、一年未満で就業復帰したのは一三パーセントだが、正社員として復帰したのはそのうち二割である。この二割の女性たちは、せっかくつかんだ正社員の座を守るため、第二子をあきらめる可能性が高い。少子化はこうしたところからも進んだ。

就業継続の保障として、ヨーロッパ諸国では、ひじょうに長期の育児休業制度や育児期間中の短縮労働保障など、雇用継続を可能とする制度が整備され、とくに、父親の出産休暇保障、あるいは父親への育児休暇割当制といった育児休暇取得の促進策など、夫婦（パートナー同士）が協力して育児ができる制度が重視された。これに対し、日本の男性の育児休業取得率は一パーセント未満が続いている。

育児への直接的な経済支援として、各国は児童手当制度も拡充した。児童手当は、日本では所得制限つきで、就学前まで支給される。アメリカでは児童手当はないが、イギリス・ドイツ・スウェーデン・フランスなどでは、日本の二倍から三倍程度の児童手当が、一六歳ないし二〇歳まで支給される。基本的に所得制限はない。

性別役割分業の現状

日本の男性の仕事中心は変わらない。家事・育児時間総計に占める男性の負担割合は、二〇〇〇年代の国際比較において、三割から四割台に達する欧米諸国に対し、日本は一〇パーセント台前半の水準である。パリ、ストックホルム、東京の父親の帰宅時間に関する二〇〇〇年前後の調査では、東京の場合、六割が二〇時以降の帰宅であるのに対し、パリでは半数が一九時までに帰宅し、ストックホルムでは一七時までに半数が帰宅する。東京の父親の帰宅時間の遅さは、ソウル・北京《ペキン》・上海《シャンハイ》・台北《タイペイ》などアジアの大都市との比較でも顕著である。しかもその長時間労働は、妻子がいる場合、さらに長くなる。二〇〇一年総務省調査において、四〇歳代以下の正社員につき、六〇時間以上働く男性を妻子の有無で分類すると、末子六歳未満の子どもをもつ男性の割合が、子どものいない既婚者、独身者よりも明らかに高い。子どもをもつことで妻が専業主婦化し、他方で教育費負担を考慮して長時間労働に呪縛《じゅばく》される、正社員の父親像が浮かび上がる。

では、子どもを抱えて就業を継続した女性の正社員の生活はどうだろうか。二〇〇二年（平成一四）の総務省就業構造基本調査では末子三歳未満、末子三歳から五歳の既婚正社員女性の四割が残業をしている。正社員の女性の場合、育児負担のうえに、職場の労働負担が重なる状況は改善されておらず、これが就業継続を妨げる壁となっていた。

就業継続を困難にする第二の理由にあげられた介護の問題にも触れておこう。高齢化の進展により、介護を理由とした離職者が二〇〇〇年代に入り急増し、一九九〇年代の年間三〇万人前後の水準から、五〇万～六〇万人という水準に倍増した。その八割から九割が女性である。一九九九年の介護休業制度の法制化や二〇〇〇年の介護保険法施行は、介護を理由とした離職の増加を抑制する機能を十分に果たしていないことがうかがえる。

家族と労働の現実が性別役割分業意識を再生産しつづけた結果、内閣府の国際調査（二〇〇二年）では、「夫は仕事、妻は家庭」という考え方を、日本の男性の四七パーセント、女性の三七パーセントが支持していた。一九九二年の調査での男性六六パーセント、女性五六パーセントに比べれば、この一〇年間の意識の変化は注目されるが、なお、欧米諸国との役割意識の差は大きかった。

戦後家族の夢がしぼみつづけ、家族の形成も困難な労働市場と賃金水準であるならば、未婚化・晩婚化が継続したのも無理はないだろう。三〇歳代前半の未婚率は、男女とも一九九〇年

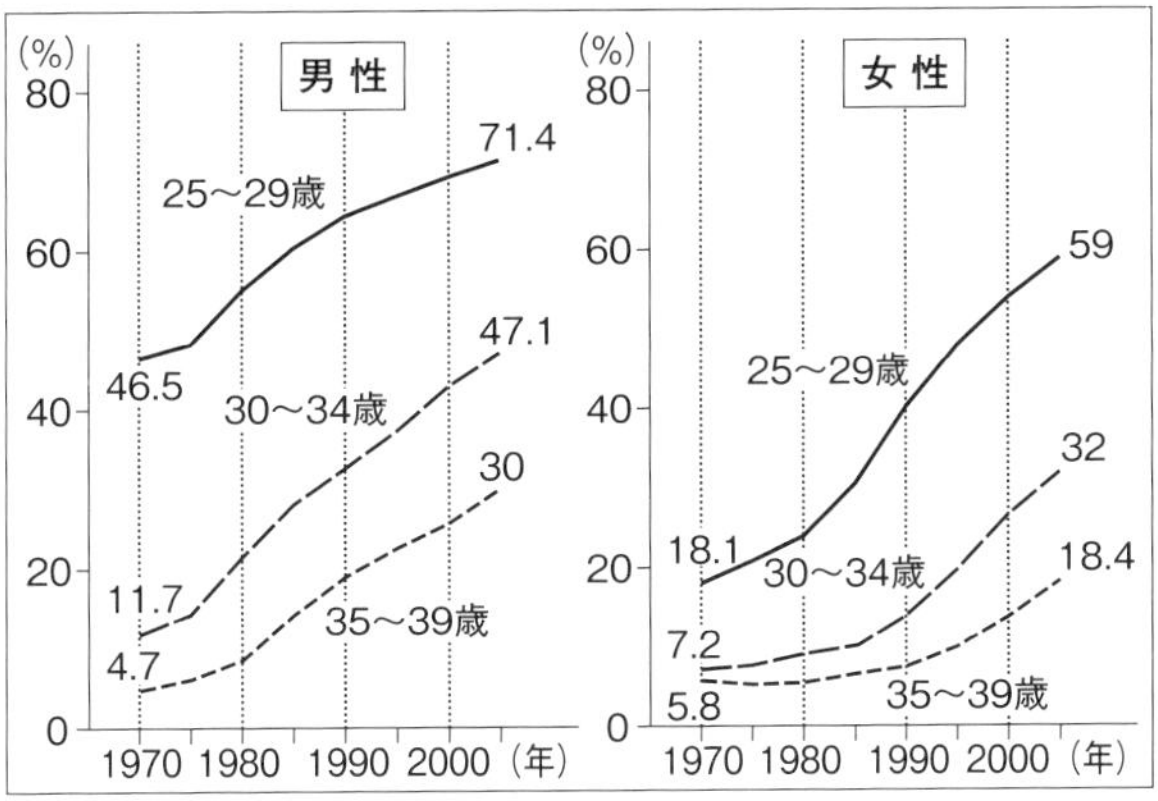

総務省統計局ホームページより作成

●性別・年齢別の未婚率推移
二〇歳代後半の男女と三〇歳代男性の未婚率は八〇年前後から上昇しはじめ、三〇歳代女性は八〇年代後半から急激に上昇している。

からの一〇年間で一〇ポイント以上上昇し、男性は二〇〇〇年には四割を超えた。女性の場合、二〇歳代後半から、三〇歳代前半の未婚率も大幅に上昇している。未婚の理由としては、相手との巡り会いの問題もあるが、それと同時に金銭的な問題も大きい。男女ともに、正社員に比べてパート・アルバイトで金銭的な理由をあげる割合はかなり高く、非正規労働の拡大が、未婚化を促進していることがうかがえる。また、一九九五年と二〇〇五年を比較して、男性の初婚年齢は二八・五歳から二九・一歳へ、女性は二六・三歳から二八・〇歳へと、晩婚化も進展した。

子どものいる世帯数は、一九八〇年代後半から九〇年代前半にかけての減少率に比べると緩やかにはなっているが、一九九五年の三三・三パーセントから二〇〇五年二六・三パーセントまで減少しつづけ、とくに、子ども二人以上の世帯が引き続き減少した。夫婦に出生率を抑制させる最大の原因は、引き続き子育ての経済負担であった。この教育負担軽減にも効果的な政策は講じられず、前章で指摘した教育費の負担感は、その後も軽減されなかった。

大卒女性が増加した現在における少子化の理由として考慮すべきは、前章でも触れた「機会費用」の問題である。『経済財政白書』二〇〇三年版の推計では、就業を継続した場合と、出産・育児によりいったん退職した後に正社員として再就職した場合を比べると、生涯で受け取れる所得差は八五〇〇万円、退職後パートなどで就業した場合は二億円以上の差額となる。大卒の増加に伴い、女性たちの機会費用＝就業中断による所得逸失額の意識は高まったと思われる。女性労働への、正当な能力評価が行なわれなければ、非婚も少子化も解決できないだろう。

規制緩和による都市再生政策

第三章で述べたように、一九八〇年代の中曾根康弘《なかそねやすひろ》内閣時の民間活力導入による都市再開発は土地高騰を引き起こした。それに対し、一九八九年（平成元）、土地の公共性を重視した土地基本法が制定され、九二年には、全国の市町村に都市計画マスタープラン（包括的な土地利用計画）策定を義務づけた都市計画法改正が行なわれ、また九四年には土地利用に制限をかけることを目的とした建築基準法改正が実施された。その過程で、二六〇〇ヘクタールに及ぶ旧国鉄用地の売却計画は、いったん棚上げとなった。

マンション乱開発に苦しんだ神奈川県真鶴《まなづる》町が、まちづくり条例制定による建築規制に取り組みはじめたのもこの時期である。同町では、さまざまな内外の文献をもとにした、建物建築にあたっての「美の基準」提示を核とするまちづくり条例を一九九三年に制定した。これは、建築規制を通じた町並みと自然環境の保全と創造の方法として注目を集め、地方自治体による景観条例策定の有力な契機となった。その流れは、二〇〇四年の景観法制定に至る。一九九六年に制定された同町のまちづくり計画では、基本目標の第一に、人口一万人の小さな町として自立した発展を促すことを掲げており、まもなく展開した平成の大合併への対抗的内容をすでに含んでいた。

しかし、一九九七年の橋本龍太郎《はしもとりゅうたろう》内閣の「新総合土地政策推進要綱」は、地価抑制策から土地の有効利用への転換を打ち出し、市民自治的な土地・建築規制の方向に真っ向から対抗した。その流れは、不良債権化した膨大な土地を、都市再生を通じて流動化させ有効活用を図るという小渕恵三《おぶちけいぞう》内閣の「経済戦略会議」に引き継がれ、二〇〇一年四月、小泉純一郎《こいずみじゅんいちろう》内閣が成立すると、早くも同年五月の閣議で全閣僚を構成員とする都市再生本部設置が決定され、東京都心再開発を軸とする全国主要都市の再開発路線が本格的に展開しはじめた。

こうして都市再生は、経済対策と景気回復政策の切り札として位置づけられるが、この都市再生には二つの方向があった。第一は、環状線・港湾・空港整備など大型公共事業への展開であり、都市への集中的な道路建設投資が行なわれた。同時にＰＦＩ（プライベート・ファイナンス・イニシアティブ＝公共事業の民営化）が推進され、公的建築物を取り壊して高層化し、空いた土地を民間事業者に払い下げ・貸し下げし、民間ビジネスを援助する方法が広く行なわれはじめた。第二は、民間事業者の要望を組織化し、それを集約して政策化したことである。大都市の再開発事業にあたって、民間事業者から広くプロジェクト提案を募集したうえで、その開発案を実現するための要望を汲《く》み上げ、そこで要求された規制緩和策を、二〇〇二年に都市再生特別措置法として法制化したのである。これによって、都市再生緊急整備地域で大規模開発をする民間事業者に対して、容積率大幅緩和など都市計画法・建築基準法の規制の適用を除外し、金融支援を実施することが可能になった。

25

◉品川グランドコモンズ
オフィスビル五棟と住宅二棟からなる、超高層ビル群。二〇〇三年に完成し、品川を一挙にビジネスセンターへと変貌させた。

そして同年、都市再生緊急整備地域が指定されるが、東京だけで七地域二三七五ヘクタールに及び、全国整備地域の約四割を占めた。東京の主要な開発地は、旧国鉄用地を大手企業集団が再開発し、三菱系など大手企業本社ビルが入居した品川《しながわ》のグランドコモンズとインターシティ、旧国鉄用地三〇ヘクタールに就業人口六万、居住人口六〇〇〇人を計画した汐留《しおどめ》シオサイト、晴海《はるみ》トリトンスクエア・豊洲《とよす》・東雲《しののめ》地区を総合した臨海ニュータウンなどであり、再開発地域へは地下鉄・道路などの公共交通網が敷設された。空中権を独占したかのような超高層ビルで仕事をし、職場に近い高級ホテル並みの共用施設を完備したタワーマンションでの生活を楽しむ人々に対し、社会的インフラが優先的に整備されたのである。東京都心部への人口回帰は、こうした都市再生政策と規制緩和の結果として起こった。

平成の大合併と地方からの問い直し

平成の大合併政策は、都市再生政策とほぼ同時に開始され、二〇〇六年（平成一八）三月末をもって第一段階を終了した。その結果、市町村数は一九八九年三月末の三二三二から一八二一に縮小した（二〇〇六年三月末段階）。地方自治の分野でも、一九九九年の地方分権一括法は機関委任事務を廃止するなど自治・分権を拡大する制度的内容を含んでいたが、都市政策と同様に、実際にはその自治・分権の基盤は、財政上の優遇措置を盛り込んだ市町村合併政策と地方財政改革によって大きくゆらいでいた。

市町村合併は、合併によって市町村の財政基盤が強化され、住民の利便性向上、サービスの高度化などが期待されるということで推進された。しかし小泉《こいずみ》内閣は、地方分権と合併による地方財政基盤の強化を理由として、国から地方への財源の移譲・国庫補助金負担金の改革・地方交付税の改革という三要素の一体的改革（三位一体改革）を二〇〇四年度から推進した。これで十分な税源が保障されれば問題なく地方自治の強化につながるのだが、三位一体改革の第一期（二〇〇四〜〇六年度）では、地方自治体には、三兆円の税源が移譲されるかわりに、四・四兆円の国庫補助金が削減され、さらに実質三・四兆円の地方交付税の削減が行なわれたため、差し引き四・八兆円の収入減となった。結局、地方の実状と分権強化の趣旨を無視し、国家財政の再建が優先され、税源移譲ははなはだ不十分だったのである。

この地方財政改革の方法では、経済力が集中して十分な税源をもつ大都市はさほど影響を受けないが、税源に乏しく国庫補助金と地方交付税に頼ってきた多くの地方自治体、とくに農村地帯ではすぐに厳しい地方財政危機にみまわれることになる。合併に伴い地方行政の三役（市町村長・助役・収入役）や議員の経費を削減することは可能だったが、その効果は、三位一体改革で地方が失った財源の大きさとはとうてい引き合わなかった。合併した多くの新自治体では、行財政改革のため、学校・保育所・幼稚園、さらに住民の健康基盤である地域病院や診療所などで統廃合が推進された。事態は都道府県でも同様で、基金を取り崩し、公債を発行してしのいだ。当然、都道府県の財政構造は急速に悪化し、公務員数の削減と行政サービスの民間委託や休止・廃止を加速させた。都道府県と市町村への三位一体改革の影響は、農林業、福祉、教育などで深刻に現われ、農林業衰退を加速し、福祉や教育などの基本的な住民サービス水準を押し下げたのである。

　こうした事態を都市再生とからめてみると、市町村合併と地方財政改革は、結果として大都市の財政基盤をさほど損なうことなく、しかも公的資金と民間資本を大都市に集中的に投資する構造を可能にさせる手段として利用されていたことになるだろう。三位一体改革は、地方の犠牲のうえに、限られた国家財政の集中投下によって民間投資を呼び込み、大都市社会生活の物的豊かさをさらに充実させる結果となったのである。

　しかし、平成の大合併は、市町村を一〇〇〇まで減らす政府の目標には到達せず、政府が重視した人口一万人未満の小規模自治体の解消に関しても、約五〇〇の小規模自治体が残った。そのなかには先の真鶴《まなづる》のように、非合併での自立の道を選択した町村も少なくない。

　福島県矢祭町《やまつり》の場合は、二〇〇一年、「いかなる市町村とも合併しない」ことを宣言し、矢祭町のほかに北海道ニセコ町、長野県栄村《さかえむら》などが呼びかけ団体となり、二〇〇三年から「小さくても輝く自治体フォーラム」を継続開催した。矢祭町の宣言は、〈市町村は戦後半世紀を経て、地域に根ざした基礎的な地

26

◉財政破綻した夕張市
かつて炭鉱でにぎわった北海道夕張《ゆうばり》市は、炭鉱閉山とその後のリゾート開発失敗に、産炭地閉山後支援の廃止や三位一体改革も重なり、二〇〇六年に財政再建団体の適用を申請した。壊れたプールの屋根も放置されたまま。

方自治体として成熟し、自らの進路の決定は自己責任のもと意思決定をする能力を十分に持っております〉という自負と、〈国が押し付ける市町村合併〉に対して〈将来に禍根を残す選択はすべきでないと判断いたします〉という意思を告げている。

呼びかけ団体のひとつ北海道ニセコ町は、二〇〇一年に全国ではじめて、町のすべての条例の基本となる地方憲法としての「まちづくり基本条例」を施行した町として知られている。「情報共有」と「住民参加」を二大柱にニセコ町が進めた町政改革は、新たな地方自治のあり方を指し示し、この条例は、以後全国に広がる自治基本条例のモデルとなった。

都市を中心としたかつての革新自治体運動が、財政危機で衰退してから二〇年。地方の小さな自治体を中心に、厳しい地方財政危機のなかで、基礎自治体として自負をもち、住民のための組織として自立を貫こうとする意思の強い自治体運動が育っていた。

おわりに

閉塞状況を打開するには

二〇〇八年（平成二〇）暮れから年始、東京・日比谷《ひびや》公園の「年越し派遣村」には五〇〇人の失業者が身を寄せた。日本の輸出をリードした自動車産業が集中し、派遣切りがもっとも激しく行なわれた東海地域では、名古屋市のホームレス一時保護施設である自立支援センターに七〇〇人の失業者が集まり、サポート業務はパンク状態となった。このように職と住まいを失った困窮者が一挙に大量な規模で表面化したとき、この国の厚生労働行政の動きは鈍く、当面の実効ある対策を提起できたのは、派遣支援の市民活動・ＮＰＯであった。本巻で取り上げた、阪神・淡路大震災直後の救援活動の経緯をも想起させるこの事態は、現在の国家行政が市民生活的課題への対応力を失っていること、他方で課題を解決するには何に依拠する必要があるのか、を考えさせてくれる。

本巻で述べてきたさまざまな指摘を振り返るまでもなく、二一世紀の日本は、国家レベルでも地方行政のレベルでも、政治的・社会的諸課題が山積し、出口がたやすくはみえない閉塞状況にある。この閉塞状況を長引かせている大きな原因は政治・行政能力の劣化であり、それはとくに国レベルで著しい。解決策としては政府・地方行政の課題への取り組み能力を高めることであるが、派遣村の事態が示したことは、その解決策の策定にあたって、市民の政策能力・活動能力に大胆に依拠する必要があるのではないか、ということである。

本巻の問題設定は、私たちは歴史の主体として戦後社会をどのようにつくりあげてきたのかということであった。戦後日本の民衆的経験は、ある時は行政や企業に真っ向から対抗し、しだいに現実的な提案能力を高め、拒否と批判による政治への影響だけではなく、提案と創造による社会の改良・変革の能力をも蓄積してきた。

現在の歴史の転換期において、日本をどういう方向に向けていくかは、私たちが蓄積してきた市民的経験、能力をどう生かすかにかかっているだろう。一九五〇年代後半の民衆は、強力な政治的対抗を組織し時代の形成に深くかかわったが、現代の私たちも、新しい時代をどう選択し、何をなすべきか、問われる時代に入っている。

社会を切り分けてきた仕組みへのメスを

その選択肢を考える素材として、私は本巻で、家族・労働と、そのなかにひそむ性や民族的出自による差別、諸地域・諸産業を切り分ける極端に不均衡な政策、そして沖縄に代表される戦後平和国家の巨大な「軍事空間」に注目して、戦後史像を描いてきた。

最初の家族・労働にひそむ差別という点は、社会関係における平等・公平の達成という課題であった。この面ではさまざまな課題や遅れを抱えつつも、長い目でみれば、相対的には戦後社会はある一定の水準を達成してきたといえるだろう。しかし、基本的には、一家の主たる稼ぎ手と主婦で構成される戦後家族を前提にした雇用システム、および国籍による労働の価値の分断という構造を見直さないかぎり、根本的な改善はない。そして、近年の新自由主義的市場原理が、この雇用システムの不公平要素を最大限に押し広げ、貧困・格差問題を浮かび上がらせたように、この構造を放置しておくと、雇用と生活の破壊はさらに進行する可能性さえあるだろう。

この面で、各種の先進モデルを提供してくれるのがヨーロッパ諸国である。すなわちヨーロッパ諸国では、労働時間の短縮・雇用の安定・同一労働同一賃金という均等待遇原則にそって雇用システムを見直し、みなで働くことでそれぞれが自分の価値を確認し、経済的にも精神的にも自立した個々人が支え合える社会の仕組みを長期的に模索しはじめている。現在の日本社会は、この問題を解決できるだけの社会の力量と市民としての能力をもっているだろうが、市場原理主義が蔓延《まんえん》した結果として政治家と官僚の無責任さが広く醸成され、閉塞状況を深刻にしている。社会的システムの転換には、政治・行政制度の見直しも伴ってくる。

第二の点は、経済成長にひたすら邁進《まいしん》する過程で傷めつづけてきた国土をどう再生できるかという課題だといえる。それは、第一次産業の再生や食料自給、環境整備、地方自治の強化までかかわり、国土全体の豊かさを保障する必須の条件である。だが、この点の基盤は危うく、対抗・再生力はいまだ萌芽《ほうが》的で弱い。それでも戦後社会は、過疎と対抗し、あるいは水俣《みなまた》のように公害問題との格闘を通じて、地域環境再生を推し進めてきたさまざまな経験をも蓄積してきた。この課題への取り組みには、旺盛《おうせい》な市民参加を保障する政治体系である分権と自治が、その前提をなすだろう。分権的要素を無視したひたすらな自治体合併、統合政策への邁進は、戦後社会が培ってきた市民的活力を削《そ》ぐことが危惧《きぐ》される。

第三の「軍事空間」の点からの課題を、新たな平和的枠組みの創出であるとすると、日米軍事同盟の行方という点に帰着する。それは同時に、本文で述べてきた東アジアにおける日本の位置をどう定めていくかという外交課題に直結する。世界規模での地域統合による平和体制創出という歴史的実験が始まっているなかで、日本がどう位置取りをし、どのような日米関係・対アジア関係をつくるのか、その選択を迫られる時期は遠くないだろう。

「終わらない戦後」を終わらせる

このうち最後の外交的政治課題は、「終わらない戦後」を抱えつづける日本、という戦争責任問題・戦後補償問題に密接にかかわっている。戦後補償裁判が、二〇〇二年（平成一四）末までにアメリカの裁判所への提訴事件も含めて七〇件を超えた状況が示すように、アジアの人々との戦後補償問題は解決していない。そしてその戦後補償裁判自体が、日本の司法の場を超えた国際的な司法判断の場へ拡大し、日本とアジアの枠を超えた注目を集めつづけている。

なかでも「従軍慰安婦」問題は、日本軍性奴隷制問題として、本文で指摘したようにいくつかの国連機関がそれぞれの所掌範囲から強い関心を示し、アジアの被害者を結びながら実態究明を行ない、日本政府への勧告を繰り返してきた。冷戦崩壊後の世界で、戦争犯罪への国際的司法体制構築が課題となるなかで、日本の戦争責任問題は、戦後世界での戦争犯罪問題に直結する先行事例、かついまだに解決をみない戦後処理問題として再認識されたのである。

この問題は、アメリカでも、アジア太平洋系のエスニック集団が多いカリフォルニア州からまず批判が起こった。一九九九年八月、カリフォルニア州議会で「第二次大戦中に日本軍により犯された戦争犯罪」に関する上下両院合同決議が成立し、日本政府に対し、「戦争中の残虐な戦争犯罪」について、「明確で曖昧《あいまい》でない謝罪」を公式に行なうこと、被害者に対し、「ただちに賠償を行なうこと」を求めた。そしてその批判が、約一〇年で全米を巻き込み、本文でも触れたように、二〇〇七年に「慰安婦」問題に関する決議がアメリカ下院本会議で採択されたことにより、戦後日本政治がもっとも重視してきた日米関係への影響にも及んだ。さらにこのアメリカの決議を皮切りに、同年末には、オランダ下院・カナダ下院・欧州議会で「慰安婦」問題に関する決議がつぎつぎと採択され、翌〇八年には、国連諸機関でもあらためて日本政府に対しこの問題の解決を迫る勧告が出されている。

「終わらない戦後」として戦争責任を放置しつづけていては、日本の未来は開けない。そのような曲がり角に私たちは立っている。ポスト戦後社会の方向性は、すでにあげた諸課題への取り組みと同時に、被爆者問題の解決を含む戦争責任・戦後補償への真摯な向き合いを果たしたときに、開けてくるものと思われる。

• 基礎経済科学研究所編『日本型企業社会と家族』青木書店、1995
• 熊沢誠『女性労働と企業社会』岩波新書、2000
• 熊本日日新聞社編『水俣から、未来へ』岩波書店、2008
• 倉沢進・浅川達人編『新編東京圏の社会地図』東京大学出版会、2004
• グローバルヒバクシャ研究会編『ヒバクシャと戦後補償』凱風社、2006
• 生源寺眞一『農業再建』岩波書店、2008
• 白石克孝ほか『現代のまちづくりと地域社会の変革』学芸出版社、2002
• 全建設省労働組合編『問われる公共事業』大月書店、1982
• 濱谷正晴『原爆体験』岩波書店、2005
• 原剛『日本の農業』岩波新書、1994
• 原田正純編『水俣学講義』日本評論社、2004
• 原田正純・花田昌宣編『水俣学研究序説』藤原書店、2004
• 原田正純編『水俣学講義』3、日本評論社、2007
• 久冨善之『競争の教育』労働旬報社、1993
• 法政大学大原社会問題研究所編『日本労働年鑑』48－66、労働旬報社（旬報社）、1977－96
• 堀内圭子『〈快楽消費〉する社会』中公新書、2004
• 本田由紀『若者と仕事』東京大学出版会、2005
• 町村敬志『「世界都市」東京の構造転換』東京大学出版会、1994
• 町村敬志・西澤晃彦『都市の社会学』有斐閣、2000
• 松本康編『東京で暮らす』東京都立大学出版会、2004
• 水俣病センター相思社編『もう一つのこの世を目指して』2004
• 宮澤信雄『水俣病事件と認定制度』熊本日日新聞社、2007
• 村井吉敬『エビと日本人』岩波新書、1988
• 森岡孝二『企業中心社会の時間構造』青木書店、1995
• 矢野眞和編『生活時間の社会学』東京大学出版会、1995
• 矢野眞和・連合総合生活開発研究所編『ゆとりの構造』日本労働研究機構、1998
• 横山文野『戦後日本の女性政策』勁草書房、2002

第四章

• 五十嵐仁『労働再規制』ちくま新書、2008
• 五十嵐敬喜・小川明雄『「都市再生」を問う』岩波新書、2003
• 生田武志『ルポ最底辺』ちくま新書、2007
• 岩崎信彦ほか編『阪神・淡路大震災の社会学』1－3、昭和堂、1999
• NHKスペシャル「ワーキングプア」取材班編『ワーキングプア』ポプラ社、2007
• 厚生労働省雇用均等・児童家庭局編『女性労働の分析』2005－07年、21世紀職業財団、2006－08
• 小杉礼子編『フリーターとニート』勁草書房、2005
• 今野裕昭『インナーシティのコミュニティ形成』東信堂、2001
• 白川一郎『日本のニート・世界のフリーター』中公新書ラクレ、2005
• 橘木俊詔『格差社会』岩波新書、2006
• 平山洋介『東京の果てに』NTT出版、2006
• 広原盛明編『開発主義神戸の思想と経営』日本経済評論社、2001
• 法政大学大原社会問題研究所編『日本労働年鑑』67－77、旬報社、1997－2007
• 保母武彦『「平成の大合併」後の地域をどう立て直すか』岩波ブックレット、2007
• 本田由紀編『女性の就業と親子関係』勁草書房、2004
• 本田由紀・内藤朝雄・後藤和智『「ニート」って言うな！』光文社新書、2006
• 三浦展『ファスト風土化する日本』洋泉社新書、2004
• 宮本みち子『若者が《社会的弱者》に転落する』洋泉社新書、2002
• 山口二郎『ポスト戦後政治への対抗軸』岩波書店、2007
• 山田昌弘『少子社会日本』岩波新書、2007
• 渡辺治編『変貌する〈企業社会〉日本』旬報社、2004

全編にわたるもの

• 新崎盛暉『戦後沖縄史』日本評論社、1976
• 石川真澄『戦後政治史　新版』岩波新書、2004
• NHK世論調査部（放送文化研究所）編『現代日本人の意識構造』3－6版、日本放送出版協会、1991－2004
• 沖縄県編『沖縄　苦難の現代史』岩波書店、1996
• 鹿野政直『現代日本女性史』有斐閣、2004
• 後藤道夫編『岐路に立つ日本』吉川弘文館、2004
• 暉峻淑子『豊かさとは何か』岩波新書、1989
• 暉峻淑子『豊かさの条件』岩波新書、2003
• 中村政則『戦後史』岩波新書、2005
• 中野好夫・新崎盛暉『沖縄戦後史』岩波新書、1976
• 兵藤釗『労働の戦後史』上・下、東京大学出版会、1997
• 広井良典『定常型社会』岩波新書、2001
• 藤井治枝『日本型企業社会と女性労働』ミネルヴァ書房、1995
• 藤原彰・荒川章二・林博史『日本現代史』大月書店、1986（新版、1995）
• 『ポリティーク』05・09、旬報社、2002・05
• 見田宗介『現代社会の理論』岩波新書、1996
• 歴史学研究会編『高度成長の時代』青木書店、1990
• 歴史学研究会・日本史研究会編『戦後日本論』東京大学出版会、2005
• 渡辺治編『高度成長と企業社会』吉川弘文館、2004

研究社、2004
• 乾彰夫『日本の教育と企業社会』大月書店、1990
• 今井幸彦編『日本の過疎地帯』岩波新書、1968
• 岩田正美『消費社会の家族と生活問題』培風館、1991
• 岩田正美『戦後社会福祉の展開と大都市最底辺』ミネルヴァ書房、1995
• 宇沢弘文編『三里塚アンソロジー』岩波書店、1992
• 宇沢弘文『「成田」とは何か』岩波新書、1992
• 後房雄『グラムシと現代日本政治』世界書院、1990
• NHK放送世論調査所編『図説戦後世論史』日本放送出版協会、1975
• 遠藤聡『ベトナム戦争を考える』明石書店、2005
• 太田修『日韓交渉』クレイン、2003
• 岡沢憲芙・宮本太郎編『比較福祉国家論』法律文化社、1997
• 岡田正章ほか編『日本保育史』1・2、フレーベル館、1980
• 岡本宏編『「1968」時代転換の起点』法律文化社、1995
• 奥田道大『都市型社会のコミュニティ』勁草書房、1993
• 奥田道大『都市コミュニティの理論』東京大学出版会、1983
• 小熊英二『〈日本人〉の境界』新曜社、1998
• 小田実・鈴木道彦・鶴見俊輔編『脱走兵の思想』太平出版社、1969
• 小田実『「ベ平連」・回顧録でない回顧』第三書館、1995
• 我部政明『沖縄返還とは何だったのか』日本放送出版協会、2000
• 苅谷剛彦『学校・職業・選抜の社会学』東京大学出版会、1991
• 木本喜美子『家族・ジェンダー・企業社会』ミネルヴァ書房、1995
• 権学俊『国民体育大会の研究』青木書店、2006
• 功刀俊洋「地方政治における戦後体制の成立」『年報・日本現代史』13、現代史料出版、2008
• 小宮昌平・吉田秀夫編『東京問題』大月書店、1979
• 小山陽一編『巨大企業体制と労働者』御茶の水書房、1985
• 沢山美果子ほか『「家族」はどこへいく』青弓社、2007
• 清水知久『ベトナム戦争の時代』有斐閣新書、1985
• 鈴木道彦『越境の時』集英社新書、2007
• 隅谷三喜男『成田の空と大地』岩波書店、1996
• 高崎宗司『検証日韓会談』岩波新書、1996
• 高崎宗司・朴正鎭編『帰国運動とは何だったのか』平凡社、2005
• 田中宏『在日外国人』岩波新書、1991
• D・E・アプター、澤良世(澤良世訳)『三里塚』岩波書店、1986
• 『東京百年史』6、東京都、1972
• 都丸泰助ほか編『トヨタと地域社会』大月書店、1987
• 西澤晃彦『隠蔽された外部』彩流社、1995
• 朴根好『韓国の経済発展とベトナム戦争』御茶の水書房、1993
• 広井良典『日本の社会保障』岩波新書、1999
• 舩橋晴俊・長谷川公一・飯島伸子編『巨大地域開発の構想と帰結』東京大学出版会、1998
• 文京洙『在日朝鮮人問題の起源』クレイン、2007
• 松原治郎・似田貝香門編『住民運動の論理』学陽書房、1976
• 松村秀一『「住宅」という考え方』東京大学出版会、1999
• 道場親信『占領と平和』青土社、2005
• 源川真希『東京市政』日本経済評論社、2007
• 宮本憲一・遠藤晃編『都市問題と住民運動』汐文社、1971
• 宮本憲一『地域開発はこれでよいか』岩波新書、1973
• 宮本憲一編『沼津住民運動の歩み』日本放送出版協会、1979
• 宮本憲一『経済大国』小学館、1983
• 宮本忠編『公害と行政責任』河出書房新社、1976
• 森田芳夫『数字が語る在日韓国・朝鮮人の歴史』明石書店、1996
• 山田正吾/述、森彰英/聞き書き『家電今昔物語』三省堂、1983
• 湯沢雍彦『図説家族問題』日本放送出版協会、1973
• 山田昌弘『近代家族のゆくえ』新曜社、1994
• 横山和彦・田多英範編『日本社会保障の歴史』学文社、1991
• 吉岡健次・崎山耕作編『大都市の衰退と再生』東京大学出版会、1981
• 吉川勇一『市民運動の宿題』思想の科学社、1991
• 吉澤文寿『戦後日韓関係』クレイン、2005
• 吉澤南『ベトナム戦争』吉川弘文館、1999
• 吉田克己『四日市公害』柏書房、2002
• 『四日市市史 19　通史編現代』2001
• 若林幹夫『郊外の社会学』ちくま新書、2007
• 和田春樹・高崎宗司『検証日朝関係60年史』明石書店、2005

第三章

• 新崎盛暉『沖縄現代史』岩波新書、1996
• 飯島伸子・舩橋晴俊編『新版　新潟水俣病問題』東信堂、2006
• 飯島伸子・渡辺伸一・藤川賢『公害被害放置の社会学』東信堂、2007
• 五十嵐敬喜ほか『美の条例』学芸出版社、1996
• 生井英考ほか『零の修辞学』リブロポート、1992
• 伊藤直子ほか『被爆者はなぜ原爆症認定を求めるのか』岩波ブックレット、2006
• 江崎雄治『首都圏人口の将来像』専修大学出版局、2006
• 大沢真理『企業中心社会を超えて』時事通信社、1993
• 金澤史男編『現代の公共事業』日本経済評論社、2002
• 『季刊　戦争責任研究』(戦後補償裁判関係)、日本の戦争責任資料センター、1993-2007
• 基礎経済科学研究所編『日本型企業社会と女性』青木書店、1995

参考文献

はじめに

• 岩田正美『現代の貧困』ちくま新書、2007
• 武田晴人『高度成長』岩波新書、2008
• 間宏『経済大国を作り上げた思想』文眞堂、1996

第一章

• 明田川融『日米行政協定の政治史』法政大学出版会、1999
• 明田川融『沖縄基地問題の歴史』みすず書房、2008
• 浅井良夫『戦後改革と民主主義』吉川弘文館、2001
• 阿波根昌鴻『米軍と農民』岩波新書、1973
• 岩崎信彦ほか編『町内会の研究』御茶の水書房、1989
• 色川大吉編『水俣の啓示』上・下、筑摩書房、1983
• 宇井純『公害の政治学』三省堂新書、1968
• 上野千鶴子編『主婦論争を読む』Ⅰ・Ⅱ、勁草書房、1982
• 大城将保『昭和史のなかの沖縄』岩波ブックレット、1989
• 大畑裕嗣ほか編『社会運動の社会学』有斐閣、2004
• 小川政亮編『社会保障裁判』ミネルヴァ書房、1980
• 落合恵美子『近代家族の曲がり角』角川書店、2000
• 落合恵美子『21世紀家族へ 第3版』有斐閣、2004
• 小内透『戦後日本の地域社会変動と地域社会類型』東信堂、1996
• 加瀬和俊『集団就職の時代』青木書店、1997
• 片寄俊秀『千里ニュータウンの研究』長崎総合科学大学生活空間論研究室、1979年
• 我部政明『日米関係のなかの沖縄』三一書房、1996
• 苅谷剛彦『大衆教育社会のゆくえ』中公新書、1995
• 苅谷剛彦・菅山真次・石田浩編『学校・職安と労働市場』東京大学出版会、2000
• 川口和正編『道遠くとも－弁護士相磯まつ江』コモンズ、2008
• 川崎昭一郎『第五福竜丸』岩波ブックレット、2004
• 北区飛鳥山博物館編『団地ライフ』2003
•『新修大阪市史』8、1992
• 住田昌二編『日本のニュータウン開発』都市文化社、1984
• 瀬地山角『東アジアの家父長制』勁草書房、1996
• 竹内洋『日本のメリトクラシー』東京大学出版会、1995
• 田間泰子『「近代家族」とボディ・ポリティクス』世界思想社、2006
•『千代田区史』下、1960
• 同時代史学会編『戦争と平和の同時代史』日本経済評論社、2003
• 同時代史学会編『朝鮮半島と日本の同時代史』日本経済評論社、2005
• 富田八郎『水俣病』水俣病を告発する会、1969
• 中村剛治郎『地域政治経済学』有斐閣、2004
• 中村牧子『人の移動と近代化』有信堂高文社、1999
• 西川祐子『住まいと家族をめぐる物語』集英社新書、2004
• 西川祐子編『戦後という地政学』東京大学出版会、2006
•『日本団地年鑑 首都圏版』日本だんち新聞社、1967
• 日本生活学会編『生活学第二十六冊　住まいの一〇〇年』ドメス出版、2002
•『年報・近代日本研究』19、山川出版社、1997
•『年報・日本現代史』6・11・12、現代史料出版、2000・06・07
• 野村正實『雇用不安』岩波新書、1998
• 野村正實『終身雇用』岩波書店、1994
•『母親運動十年のあゆみ』日本母親大会連絡会、1966
• 原彬久『岸信介』岩波新書、1995
• 原田正純『水俣病』岩波新書、1972
• 平井陽一『三池争議』ミネルヴァ書房、2000
• 広川禎秀・山田敬男編『戦後社会運動史論』大月書店、2006
• 深井純一『水俣病の政治経済学』勁草書房、1999
• 藤井信幸『地域開発の来歴』日本経済評論社、2004
• 藤原修『原水爆禁止運動の成立』明治学院国際平和研究所、1991
•『部落解放史』下巻、部落解放研究所、1989
•『報道写真集水俣病50年』熊本日日新聞社、2006
• 本間義人『戦後住宅政策の検証』信山社出版、2004
•『松下電器宣伝70年史』松下電器産業株式会社、1988
• 水俣病研究会編『水俣病にたいする企業の責任』水俣病を告発する会、1970
• 宮本憲一編『公害都市の再生・水俣』筑摩書房、1977
• 牟田和恵『ジェンダー家族を超えて』新曜社、2006
• 室山義正『日米安保体制』上、有斐閣、1992
•『焼津市史　漁業編』2005
•『焼津市史　通史編』下、2006
• 山田昌弘『希望格差社会』筑摩書房、2004
• 米田佐代子編『母さんに花を－山家和子と母親運動』ドメス出版、1981
• 李鍾元『東アジア冷戦と韓米日関係』東京大学出版会、1996

第二章

• 秋谷重男・吉田忠『食生活変貌のベクトル』農村漁村文化協会、1988
• 麻生誠・潮木守一編『学歴効用論』有斐閣、1977
• 安達生恒『"むら"と人間の崩壊』三一書房、1973
• 石川弘義『欲望の戦後史』太平出版社、1981
• 石田頼房『日本近現代都市計画の展開』自治体

スタッフ一覧

口絵レイアウト	姥谷英子
校正	オフィス・タカエ
図版・地図作成	蓬生雄司
写真撮影	西村千春
索引制作	小学館クリエイティブ
編集長	清水芳郎
編集	田澤泉
	阿部いづみ
	宇南山知人
	水上人江
	一坪泰博
編集協力	青柳亮
	小西むつ子
	林まりこ
月報編集協力	㈲ビー・シー
	関屋淳子
	藤井恵子
制作	大木由紀夫
	山崎法一
資材	横山肇
宣伝	中沢裕行
	後藤昌弘
販売	永井真士
	奥村浩一
協力	株式会社モリサワ

所蔵先一覧

所蔵先と写真提供者、撮影者が異なる場合は、（　）内にその旨を明記した。

カバー・表紙

藤子プロ

口絵

1撮影：木村盛綱／2フォート・キシモト／3朝日新聞社／4・5 ©PAOS ／6・7撮影：畠山直哉／8撮影：今森光彦

はじめに

1撮影：土門拳／2撮影：英伸三

第一章

1〜3・5・6・8・9・12・16・19・20・22毎日新聞社／4撮影：芳賀日出男／7渋谷区／10都市再生機構／11パナソニック／13〜15朝日新聞社／17 © 東宝／18撮影：佐伯義勝／21・27共同通信社／23熊本日日新聞社／24・28時事通信社／25・26・29・30沖縄タイムス社／（コラム）撮影：清水寛（提供：新潮社）

第二章

1・2・6・11・13〜16・21・22・29・31・37・39毎日新聞社／3・33・34・36沖縄タイムス社／4三井不動産／5藤子不二雄Ⓐ／7・8・26〜28・32共同通信社／9日本自動車工業会／10・23朝日新聞社／12 © 梶原一騎・川崎のぼる・講談社／17撮影：澤井余志郎／18西岡昭夫／19撮影：伊藤昭一／20・38撮影：桑原史成／24撮影：北井一夫／25撮影：栗原達男／30朝日新聞社（協力：イングラム）／35沖縄市総務課市史編集担当／40在日韓人歴史資料館編著『写真で見る在日コリアンの100年』より／（コラム）毎日新聞社

第三章

1・3・7・8・16・18・22・23・26毎日新聞社／2・13〜15・21朝日新聞社／4・5 AFP= 時事通信社／6 UPI= 共同通信社／9リクルート／10・12共同通信社／11撮影：小松健一／17セブン＆アイ・ホールディングス／19ロイター＝共同通信社／20浅葉克己デザイン室／24・25時事通信社／27・29・30沖縄タイムス社／28・31沖縄県平和祈念資料館／（コラム）朝日新聞社

第四章

1〜3・6・10・11・13・14・19・21・23朝日新聞社／4・5・17時事通信社／7・20・22・24共同通信社／8 AFP= 時事通信社／9・12・25・26毎日新聞社／15・16沖縄タイムス社／18九条の会

＊写真・図版掲載に際しましては、所蔵者ならびに撮影者の了解を求めましたが、古い史料のため、関係者を知ることができなかった場合がございます。ご理解ご容赦くださいますようお願いいたします。また、お心当たりがございましたら、編集部までご一報ください。

西暦	年号 干支	内閣	日本	世界
1999	11 己卯	第1次小渕恵三 第2次小渕恵三	1 自民・自由連立内閣発足。4 石原慎太郎、都知事に就任。5 日米防衛協力のガイドライン関連法成立。7 中央省庁改革関連法・地方分権一括法・新農業基本法成立。8 国旗・国歌法・通信傍受法成立。9 茨城県東海村のJCO東海事業所で、国内初の臨界事故。11 自衛隊を西チモールへ派遣。この年、完全失業率最悪を記録（4.7%）。	EUの単一通貨ユーロ、11か国で導入。対人地雷全面禁止条約発効。トルコで大地震。世界人口、60億を突破。
2000	12 庚辰	第1次森喜朗 第2次森喜朗	3 年金改革関連法成立（公的年金の給付水準抑制）。4 自民・公明、自由党との連立解消。介護保険制度発足。5 森喜朗首相、「日本は神の国」と発言。7 伊豆諸島三宅島噴火。第26回主要国首脳会議、沖縄で開催（沖縄サミット）。9 ロシア大統領プーチン初来日。11 石器発掘の捏造発覚。銀行の合併相次ぐ。	プーチン、ロシア大統領に就任。南北朝鮮、初の元首会談。滞日中のペルー大統領フジモリ、辞任。
2001	13 辛巳	第1次小泉純一郎	1 中央省庁、1府12省庁制に再編。2 宇和島水産高校の「えひめ丸」、米原子力潜水艦と激突、沈没。東京都の消費者物価指数、99.9と過去最大の下落。7 第19回参議院議員選挙で自民圧勝。8 小泉純一郎首相、靖国神社参拝。9 日本で初めて狂牛病感染を発表。10 テロ対策特別措置法案成立。11 海上自衛隊、インド洋に向け出航。12 皇太子妃雅子、敬宮愛子を出産。	インドで大地震。アメリカで同時多発テロ。米・英、アフガニスタンを報復攻撃。世界貿易機関（WTO）、中国の加盟を承認。
2002	14 壬午		1 ハンセン病訴訟、国と遺族和解合意。5 サッカーワールドカップ、日韓共同開催。8 住民基本台帳ネットワークシステム（住基ネット）が稼働。9 小泉首相、訪朝し「日朝平壌宣言」に署名。10 小柴昌俊・田中耕一、ノーベル物理学・化学賞受賞。北朝鮮の拉致被害者5人が帰国。12 海上自衛隊のイージス艦をインド洋に派遣。	ユーロ、流通開始。アフリカ連合（AU）が53か国で発足。インドネシアのバリ島で爆弾テロ。
2003	15 癸未	第2次小泉純一郎	3 小泉首相、対イラク武力行使支持を表明。宮崎駿監督の映画『千と千尋の神隠し』、アカデミー賞受賞。4 市町村、大合併。5 個人情報保護関連5法成立。6 有事関連3法成立。7 イラク復興支援特別措置法成立。11 イラクで日本大使館員2人殺害。12 航空自衛隊先遣隊、クウェートへ出発。	アメリカのスペースシャトル「コロンビア」が空中分解。米・英軍、イラク攻撃開始。北朝鮮をめぐる6か国協議。
2004	16 甲申		1 山口県で鳥インフルエンザ発生。4 イラクで日本人3人が人質となるが解放される。6 年金改革関連法・有事関連7法成立。自衛隊の多国籍軍参加を決定。10 新潟県中越地震発生。この年、中国、アメリカを抜き日本の最大貿易相手国となる。	マドリードで列車爆破テロ。スマトラ沖で大地震、大津波で被害多数。
2005	17 乙酉	第3次小泉純一郎	2 ライブドア、ニッポン放送株35%取得。温暖化防止の「京都議定書」発効。3 愛・地球博開幕。4 ペイオフ全面凍結解除。個人情報保護法施行。JR福知山線脱線事故。9 第44回衆議院議員選挙で自民圧勝、与党が議席の3分の2に。10 郵政民営化関連法案成立。11 耐震強度偽装事件発覚。	北京で大規模な反日デモ。フランス、国民投票でEU憲法拒否。アメリカのハリケーン「カトリーナ」被害甚大。
2006	18 丙戌	安倍晋三	1 ライブドア社長堀江貴文、証券取引法違反容疑で逮捕。携帯電話9000万台突破。5 行政改革推進法など成立。沖縄で太平洋・島サミット開催。6 医療制度改革関連法・金融商品取引法成立。7 陸上自衛隊イラク撤収完了。9 秋篠宮悠仁親王誕生。10 日中・日韓首脳会談。	イスラエル軍ガザ侵攻。タイでクーデター、タクシン政権崩壊。北朝鮮で地下核実験。
2007	19 丁亥	福田康夫	1 防衛省発足。新国立美術館開館。2 公的年金保険料納付記録5000万件の不明発覚。4 中国首相温家宝来日、初の国会演説。海洋基本法成立。5 改正児童虐待防止法・改正少年法成立。6 教育3法成立。7 第21回参議院議員選挙で与党惨敗。10 郵政民営化スタート。	イラクでテロ頻発、難民220万人。サブプライム問題で日・米・英が協調資金供給。
2008	20 戊子	麻生太郎	1 中国製冷凍餃子から有毒成分検出。3 円高で12年ぶりに1ドル＝100円を割る。社保庁、年金記録の特定困難2025万件と発表。10 政府、27兆円規模の新総合経済対策を発表。田母神俊雄航空幕僚長、過去の侵略を否定する論文発表により更迭。11 政府・与党、定額給付金で合意。航空自衛隊、イラクより撤収。12 東京・日比谷公園に「年越し派遣村」開設。	チベットで中国政府への抗議運動激化。リーマン・ブラザース倒産、世界金融危機始まる。アメリカ大統領にオバマ当選。

西暦	年号 干支	内閣	日本	世界
1990	2 庚午	第1次海部俊樹 第2次海部俊樹	1 初の大学入試センター試験実施。天皇戦争責任発言の本島等長崎市長、銃撃される。6 礼宮、川嶋紀子と結婚。9 平成2年防衛白書、ソ連の「潜在的脅威」を削除。自民・社会両党の北朝鮮訪問代表団、植民地支配を謝罪。共同声明を発表。11 天皇即位の礼。現憲法下で初の大嘗祭。12 TBS記者秋山豊寛、ソ連のソユーズTM 11号で日本人初の宇宙飛行。	ラトビア・リトアニア・エストニア独立。イラク、クウェート制圧（中東危機）。韓国、ソ連と国交樹立。ドイツ統一実現。
1991	3 辛未	第2次海部俊樹 宮沢喜一	1 多国籍軍の90億ドル追加支出決定。日朝国交正常化交渉第1回本会議、平壌で開催。2 関西電力美浜原発2号機、冷却水漏れ事故。4 牛肉・オレンジの輸入自由化実施。ソ連ゴルバチョフ大統領来日。ペルシャ湾岸へ海上自衛隊の掃海艇派遣。5 福井県に高速増殖炉「もんじゅ」完成。12 衆議院本会議、国連平和維持活動（PKO）協力法案可決。	湾岸戦争始まる。ワルシャワ条約機構解体。ソ連邦消滅し、11の共和国の独立国家共同体となる。
1992	4 壬申	宮沢喜一	3 日本医師会、尊厳死を容認。青森県六ヶ所村で国内初のウラン濃縮工場が操業開始。6 PKO協力法と国際緊急援助隊派遣法改正を可決、成立。9 日本人初の宇宙飛行士毛利衛ら搭乗のスペースシャトル「エンデバー」、アメリカで打ち上げ。自衛隊のカンボジアPKO派遣部隊第1陣出発。10 天皇・皇后、初の訪中。	ユーゴスラヴィアのボスニア・ヘルツェゴビナ共和国、非常事態宣言、内戦へ。中国・韓国国交樹立。
1993	5 癸酉	宮沢喜一 細川護熙	3 モザンビークPKOへの自衛隊派遣を決定。4 カンボジアで日本人ボランティア射殺される。6 皇太子徳仁親王、小和田雅子と結婚。新党さきがけ・新生党結成。7 第19回主要先進国首脳会議、東京で開催。8 細川護熙の8派連立の非自民党内閣成立。細川首相、先の戦争は「侵略戦争」と明言。11 環境基本法成立。この年、冷害で米不作。	EC統合市場発足。イスラエル・PLO、相互承認、暫定自治協定調印。ロシアの反大統領派、最高会議ビルを占拠、軍が武力制圧。
1994	6 甲戌	細川護熙 羽田孜 村山富市	1 政治改革4法成立。6 ニューヨーク市場で1ドル= 99.85円を記録（戦後初の100円割れ）。松本サリン事件。日本人女性初の宇宙飛行士向井千秋搭乗のスペースシャトル「コロンビア」打ち上げ。7 村山富市首相、自衛隊は合憲と答弁。社会党、「自衛隊は合憲」「日の丸・君が代を国旗・国歌」と認める。11 国際法律家委員会、慰安婦問題で日本の賠償義務を勧告。	ロサンゼルスで大地震。国際原子力機関、北朝鮮の核関連施設の査察開始。英仏間のユーロ・トンネル開通。
1995	7 乙亥	村山富市	1 阪神・淡路大震災発生、死者6425人。3 純国産ロケットH2打ち上げ成功。地下鉄サリン事件。オウム真理教に一斉捜査。三菱銀行・東京銀行、合併に合意（世界最大の金融機関）。4 東京・大阪にタレント知事誕生。東京外国為替市場、1ドル= 79.75円を記録。6 原爆ドームを史跡に指定。11 新食糧法施行。食糧管理法廃止（米の生産・流通・販売自由化）。12 新中期防衛力整備計画（次期防）決定。	アメリカ、オクラホマで連邦政府ビル爆破テロ。フランス、地下核実験。イスラエルとPLO、パレスチナ自治拡大で合意。ボスニア和平協定調印。
1996	8 丙子	第1次橋本龍太郎	1 日本社会党、社会民主党と改称。3 薬害エイズ訴訟、国と製薬会社が謝罪、和解。4 日米首脳会談、「日米安全保障宣言」（「日米防衛協力のための指針」の見直しなど）に署名。6 住専処理法成立。9 民主党結成。10 第41回総選挙（初の小選挙区比例代表並立制）。12 原爆ドーム、世界遺産に登録。	イギリスで狂牛病問題。国連、包括的核実験禁止条約（CTBT）採択。ペルーのゲリラ、日本大使館公邸を襲撃。
1997	9 丁丑	第2次橋本龍太郎	3 三井三池炭鉱閉山。4 消費税5%開始。5 アイヌ文化振興法成立。6 改正独占禁止法成立、持ち株会社解禁。改正男女雇用機会均等法成立。11 橋本龍太郎首相とロシア大統領エリツィン、クラスノヤルスクで会談。財政構造改革法成立。12 地球温暖化防止京都会議開催。この年、金融機関の破綻相次ぐ。	香港、イギリスから中国に返還。国連安保理、イラク制裁採択。金大中、韓国大統領に就任。
1998	10 戊寅	第2次橋本龍太郎 第1次小渕恵三	2 第18回冬季オリンピック長野大会開催。4 民主・民政・新党友愛・民主改革連合、民主党を結成。失業率、初めて4%台に。6「日本版ビッグバン」を具体化する金融システム改革法成立。日中両共産党、31年ぶりに関係正常化。金融監督庁発足。11 中国国家主席 江沢民、初めて日本を公式訪問。	インドネシアでスハルト政権への抗議暴動。パキスタン、初の核実験。北朝鮮、テポドン1号発射。

西暦	年号 干支	内閣	日本	世界
1981	56 辛酉	鈴木善幸	3 中国残留孤児 47 人、厚生省の招待で初の正式来日。第 2 次臨時行政調査会（会長土光敏夫）、初会合。4 インドの修道女マザー・テレサ来日。5 アメリカ元駐日大使ライシャワー、核積載のアメリカ艦船は日本に寄港していると発言。政府、これを否定。10 北炭夕張新鉱でガス突出事故。11 東京地裁、ロッキード事件で小佐野賢治に懲役 1 年の判決。	中国で4人組に死刑判決。エジプト大統領サダト、暗殺される。ポーランド戒厳令、「連帯」弾圧され、ワレサ軟禁。
1982	57 壬戌	第1次中曾根康弘	6 鈴木首相、ヴェルサイユでの主要先進国首脳会議に出席。東北新幹線、大宮― 盛岡間開通。7 昭和 58 ～ 62 年度防衛力整備計画を決定（防衛費の GNP1%枠超過確定的）。中国政府、中・高校社会科教科書の歴史記述に抗議。8 公職選挙法改正（参議院全国区に拘束名簿式比例代表制を導入）。11 上越新幹線、大宮― 新潟間開通。	イギリス・アルゼンチン、フォークランド紛争。第2回国連軍縮特別総会。アラブ首脳会議、フェス憲章採択。
1983	58 癸亥		1 中曾根首相訪米、「日本列島を不沈空母とする」と発言。3 国立歴史民俗博物館開館。4 東京ディズニーランド、千葉県浦安市に開園。5 日本海中部地震。7 免田事件の再審裁判で、死刑囚に初の無罪判決。10 東京地裁、ロッキード事件で、田中元首相に懲役 4 年の実刑判決。11 奈良県のキトラ古墳、石槨内の彩色壁画を確認。	フィリピンでアキノ議員暗殺される。ソ連空軍機、大韓航空機を撃墜。アメリカ軍、グレナダに侵攻。
1984	59 甲子	第2次中曾根康弘	1 島根県の岡田山古墳出土の鉄製太刀から「額田部臣」解読。中曾根首相、「戦後政治の総決算」を声明。2 植村直己、世界初マッキンリー冬期単独登頂成功後、消息を絶つ。5 自民党、防衛費 GNP1%枠を再検討。8 日本専売公社民営化関連 5 法成立。臨時教育審議会発足。9 韓国全斗煥大統領来日。12 電電公社民営化 3 法成立。	アメリカ大統領レーガン、「強いアメリカ」を強調。アフリカで飢餓深刻化。インドのガンジー首相暗殺される。
1985	60 乙丑		2 改正風俗営業法施行。3 国際科学技術博覧会（科学万博― つくば'85）開幕。4 日本電信電話株式会社（NTT）・日本たばこ産業株式会社（JT）発足。6 大鳴門橋開通。8 中曾根首相、戦後首相初の靖国神社公式参拝。8 日航ボーイング機、御巣鷹山に墜落、世界最大の航空事故。9 日本・アメリカ・イギリス・フランス・西ドイツ 5 か国のプラザ合意、円高時代の到来。11 過激派による同時多発ゲリラ、首都圏などで国電麻痺。	ゴルバチョフ、ソ連共産党書記長に就任。メキシコで大地震。米ソ首脳会議、ジュネーヴで開催。エイズの恐怖、世界に広まる。
1986	61 丙寅	第3次中曾根康弘	4 男女雇用機会均等法施行。天皇在位 60 年記念式典挙行。5 第 12 回主要先進国首脳会議（東京サミット）、東京で開催。7 衆参同日選挙、自民党圧勝。8 新自由クラブ解散。9 土井たか子、社会党委員長に就任（日本の大政党初の女性党首）。11 伊豆大島三原山が 209 年ぶりに大噴火。	フィリピン大統領にアキノ就任（マルコス、亡命）。チェルノブイリ原子力発電所で大事故。米ソ首脳会談。
1987	62 丁卯	竹下登	1 防衛費の GNP1%枠を外して総額明示の新基準を決定。4 国鉄、分割・民営化。JR グループ 7 社が開業。9 税制改革法案、参議院で可決。10 利根川進、ノーベル医学・生理学賞受賞。11 全日本民間労働組合連合会（連合）結成大会。この年、円高進み、1ドル= 124 円を記録。都市圏の地価暴騰。	北京で学生ら民主化要求デモ。北朝鮮による大韓航空機事件。米ソ、中距離核戦力（INF）全廃条約調印。
1988	63 戊辰		3 青函トンネル開業。4 瀬戸大橋開通。5 奥野誠亮国土庁長官、国会で「盧溝橋事件は偶発的」と答弁。6 日本・アメリカ、牛肉・オレンジ輸入自由化問題で合意。7 リクルート事件。9 天皇、吐血して容体急変（以後、行事・宣伝など自粛相次ぐ）。12 宮沢喜一蔵相、リクルート疑惑で辞任。参議院で税制改革関連 6 法案可決。	台湾の李登輝、国民党主席となる。アフガニスタン和平協定調印。イラン・イラク戦争停戦。
1989	64 己巳 平成 1	宇野宗佑 第1次海部俊樹	1 昭和天皇没。皇太子明仁親王即位。平成と改元。3 佐賀県の吉野ヶ里遺跡から有柄銅剣など発見。4 消費税実施（3%）。6 美空ひばり没。7 第 15 回参議院議員選挙で与野党逆転。8 天皇次男礼宮と川嶋紀子の婚約発表。11 日本労働組合総連合（新連合）・全国労働組合総連合（全労連）結成。	中国で天安門事件。東ドイツ、国境を開放、ベルリンの壁崩壊。ルーマニア、チャウシェスク独裁崩壊。

西暦	年号 干支	内閣	日本	世界
1972	47 壬子	第1次田中角栄	5 沖縄の施政権返還。沖縄県発足。6 田中角栄通産相、「日本列島改造論」発表。7 四日市ぜんそく訴訟で患者側勝訴。9 田中首相訪中、日中共同声明調印。	日本赤軍派テロ事件。東西ドイツ、関係正常化基本条約調印。
1973	48 癸丑	第2次田中角栄	1 70 歳以上の老人医療無料化実施。2 円の変動相場制移行を実施。3 水俣病裁判、患者側勝訴。5 東ドイツと国交開始。7 日航機、パレスチナ・ゲリラにハイジャック。8 金大中事件。9 札幌地裁、長沼ナイキ基地訴訟で自衛隊に違憲判決。10 日ソ首脳会談。江崎玲於奈、ノーベル物理学賞受賞。第 1 次石油ショック。この年、卸売り・消費者物価が急上昇。	パリでベトナム和平協定調印。ラオス和平協定調印。第 4 次中東戦争。石油輸出国機構(OPEC)、石油戦略発動。
1974	49 甲寅		3 ルバング島で小野田寛郎元陸軍少尉、30 年ぶりに救出。4 日中航空協定調印。5 自民党、靖国神社法案を衆院で単独可決。9 日本の人口、1 億 1000 万人を突破。10 佐藤栄作、ノーベル平和賞受賞。11 アメリカ大統領フォード来日。田中首相、金脈問題で辞任。この年、戦後初のマイナス成長。	インド、初の地下核実験。NATO 諸国、大西洋宣言調印。アメリカでウォーターゲート事件。
1975	50 乙卯	三木武夫	5 イギリスのエリザベス女王来日。南ベトナム臨時革命政府を承認。7 政治資金規正法改正。公職選挙法改正。沖縄国際海洋博覧会開催。8 クアラルンプール事件の日本赤軍の要求に応じ、過激派釈放決定。三木武夫首相、私人資格で戦後首相初の靖国神社参拝。9 天皇・皇后、初のアメリカ訪問。11 三木首相、フランスで開催の主要先進国首脳会議に出席。	サイゴン陥落、ベトナム戦争終結。国連国際婦人年世界会議開催。第1回主要先進国首脳会議、ランブイエ宣言を採択。
1976	51 丙辰		2 ロッキード事件表面化し、国会で追及。亡命希望のソ連ミグ戦闘機、函館に強行着陸。6 新自由クラブ結成。7 ロッキード事件で田中前首相逮捕。8 三木首相、長崎の原爆式典に首相として初めて出席。10 昭和 52 年度以降の「防衛計画の大綱」決定。11 毎年度の防衛費をGNPの 1%以内と決定。	中国、天安門事件。カンボジア、ポルポト政権による大虐殺。ベトナム社会主義共和国成立(南北統一)。
1977	52 丁巳	福田赳夫	1 ロッキード事件初公判。2 日米漁業協定調印（200 カイリ漁業水域の協定)。5 領海法（12 カイリ)・漁業水域暫定措置法（200 カイリ）を公布。日ソ漁業暫定協定調印。7 日本初の静止気象衛星「ひまわり」打ち上げ。学習指導要領改正で「君が代」を国歌と規定。9 読売巨人軍の王貞治、通算 756 本塁打の世界最高記録達成（国民栄誉賞第 1 号)。日航機、ボンベイで日本赤軍によりハイジャック。	中国で江青ら4人組、党除名。ソ連、ブレジネフ体制成立。中国、文化大革命終結宣言。エジプトのサダト大統領、イスラエル訪問、国家の存在を承認。
1978	53 戊午		3 社会民主連合結成。4 中国漁船多数、尖閣列島沖日本領海内に入り、日本巡視船が退去させる。植村直己、犬ぞり単独行で北極点到達。5 新東京国際空港（成田空港）開港式。8 日中平和友好条約調印。9 埼玉県の稲荷山古墳出土の鉄剣銘文解読。10 靖国神社、A 級戦犯 14 人を合祀。円高が進み、1 ドル= 175.5 円を記録。「日米防衛協力のための指針」決定。	イスラエル軍、レバノン南部のパレスチナ・ゲリラ支配地域に侵攻。初の国連軍縮特別総会開催。米ソ、通常兵器輸出制限交渉。
1979	54 己未	第1次大平正芳 / 第2次大平正芳	1 初の国公立大学入試の共通 1 次学力試験実施。太安万侶の墓誌出土。6 元号法公布。省エネルギー法公布。第 5 回主要先進国首脳会議、東京で開催（東京サミット)。10 自民党の三木・福田・中曾根派、大平首相退陣を要求。大平内閣総辞職。木曾御岳山、有史以来初の噴火。11 衆参両院本会議の決戦投票の結果、大平が首相に。12 日ソ共産党共同声明。	イラン革命。アメリカでスリーマイル事故。イギリスのサッチャー、先進国初の女性首相に。ソ連軍、アフガニスタンに侵攻。
1980	55 庚申	鈴木善幸	1 社会・公明両党、連合政権構想で正式合意。2 海上自衛隊、環太平洋合同演習に初参加。4 京都の冷泉家、藤原定家『名月記』など秘蔵古文書を初公開。6 初の衆参同日選挙で自民党圧勝。7 日本、オリンピック・モスクワ大会に不参加。この年、自動車生産台数、1104 万台で世界第 1 位となる。	中国、IMF加盟。韓国で光州事件。イラン・イラク戦争始まる。ポーランドで自主管理労働組合「連帯」結成。

西暦	年号 干支	内閣	日本	世界
1964	39 甲辰	第3次池田勇人	4 海外旅行自由化。戦後第1回戦没者叙勲。経済協力開発機構（OECD）に加盟。6 新潟大地震、全半壊8600戸。8 社共・総評など、ベトナム戦争反対集会開催。政府、アメリカ原子力潜水艦寄航受諾を通告。9 2000万ドルの対韓緊急援助決定。10 国鉄、東京—新大阪間に東海道新幹線開通。第18回オリンピック東京大会開催。11 公明党結成。	アメリカ、公民権法案採択。パレスチナ解放機構（PLO）結成。中国、初の原爆実験。
1965	40 乙巳	第1次佐藤栄作	2 防衛庁極秘文書「三矢研究」、国会で問題化。4 ベ平連、初のデモ行進。6 新潟水俣病発生。日韓基本条約調印。家永三郎、第1次教科書裁判。7 東京都議会議員選挙で社会党、第1党に。8 佐藤首相、首相として戦後初の沖縄訪問。10 朝永振一郎、ノーベル物理学賞を受賞。11 2590億円の国債発行を決定。	ベトナムで米軍、北爆開始。世界共産党協議会開催（中国欠席）。韓国で日韓条約反対デモ激化。
1966	41 丙午		6 敬老の日・体育の日を制定。ザ・ビートルズ来日。7 新東京国際空港建設地を成田市三里塚に決定。広島市議会、原爆ドームの永久保存を決定。10 総評の54単産、ベトナム反戦統一ストを決行。11 アジア開発銀行設立。国立劇場、東京三宅坂に開場。12 建国記念日を定める政令公布。衆議院解散（「黒い霧」解散）。この年から、いざなぎ景気。	フランス、NATO軍から脱退。中国、文化大革命。紅衛兵運動開始。ベトナム戦争激化。
1967	42 丁未	第2次佐藤栄作	4 富山県のイタイイタイ病は三井金属神岡鉱業所が原因と発表。東京都知事に社・共推薦の美濃部亮吉が当選。6 家永三郎、第2次教科書裁判。8 公害対策基本法公布（即日施行）。9 初の大気汚染公害訴訟（四日市ぜんそく）。10 吉田茂元首相の国葬（戦後初の国葬）。11 アメリカ軍押収の原爆記録映画返還。佐藤首相、訪米。日米共同声明発表。この年の秋ごろ、ミニスカート・ブーム。	第3次中東戦争始まる。中国、水爆実験に成功。米ソ首脳会談。ヨーロッパ共同体（EC）成立。東南アジア諸国連合（ASEAN）結成。
1968	43 戊申		1 アメリカ原子力空母エンタープライズ、佐世保に入港。2 B52爆撃機、沖縄嘉手納基地に移駐。4 小笠原諸島返還協定調印。5 イタイイタイ病を公害病に認定。6 大気汚染防止法・騒音規制法公布。東大紛争。文化庁発足。8 札幌医大で日本初の心臓移植手術。10 川端康成、ノーベル文学賞受賞。この年、国民総生産（GNP）、自由主義諸国中で第2位となる。	ベトナムで米軍によるソンミ事件。パリ、5月革命。ベトナム和平パリ会談開始。ソ連・東欧軍、チェコに侵入（チェコ事件）。
1969	44 己酉		1 東大安田講堂に機動隊突入。4 全国で「4・28 沖縄デー」。5 東名高速道路全通。6 初の国産原子力船「むつ」進水式。8 大学運営臨時措置法公布。10 厚生省、人工甘味料チクロの使用禁止。11 佐藤・ニクソン会談（安保堅持・1972年沖縄施政権返還・韓国と台湾の安全重視など）。12 東京都、老人医療費無料化。	中国・ソ連、東部国境で衝突。南ベトナム共和国臨時革命政府樹立。アメリカ宇宙船アポロ11号、月面着陸。
1970	45 庚戌	第3次佐藤栄作	2 核拡散防止条約調印を決定。初の国産人工衛星「おおすみ」打ち上げ成功。3 日本万国博覧会、大阪で開催。赤軍派学生、日航機「よど号」をハイジャック。6 政府、日米安保条約の自動延長を声明。全国的な反安保統一行動に77万人参加。10 防衛白書発表。11 三島由紀夫、東京市ヶ谷の自衛隊でクーデターを訴え、失敗、自殺。この年、いざなぎ景気終わる。	中国、初の人工衛星打ち上げに成功。ソ連・西ドイツ、国交回復・現状維持に関する条約調印。アメリカ、北爆再開。
1971	46 辛亥		6 沖縄返還協定に調印。7 環境庁設置。8 アメリカのドル防衛策発表により、株価大暴落。9 天皇・皇后、ヨーロッパ7か国親善訪問に出発。日本初の科学衛星「しんせい」打ち上げ成功。11 総評・中立労連など、沖縄返還協定強行採決に抗議、全国統一スト決行。12 基準外国為替相場を1ドル=308円と決定。	イギリス、ECに加盟。中国の林彪、毛沢東暗殺クーデーターに失敗し、墜落死。インド・パキスタン戦争。
1972	47 壬子		1 日米繊維協定調印。グアム島で横井庄一元陸軍軍曹を保護。2 第11回冬季オリンピック札幌大会開催。連合赤軍浅間山荘事件。3 山陽新幹線、新大阪— 岡山間開通。高松塚古墳壁画発見。4 外務省機密漏洩事件。自衛隊の沖縄配備決定。	アメリカ大統領ニクソン訪中。米・ソ、戦略兵器制限条約調印。イスラエルのテルアビブで

年表

西暦	年号 干支	内閣	日本	世界
1955	昭和30乙未	第1次鳩山一郎 第2次鳩山一郎	5 立川基地拡張反対総決起大会開催、砂川闘争始まる。8 第1回原水爆禁止世界大会広島大会開催。9 日本の関税および貿易に関する一般協定（GATT）加盟発効。原水爆禁止日本協議会（原水協）結成。10 日本社会党統一大会。11 保守合同により自由民主党結成。この年、神武景気。	アジア・アフリカ会議、平和10原則を採択。ドイツ連邦共和国（西ドイツ）、主権回復。ワルシャワ条約調印。
1956	31丙申	第3次鳩山一郎	5 水俣病の公式確認。原子力3法公布。日ソ漁業条約調印。売春防止法公布。6 新教育委員会法可決。沖縄で米軍基地に関するプライス勧告発表、土地闘争激化。憲法調査会法公布。7 経済企画庁、経済白書を発表（「もはや戦後ではない」が流行）。8 佐久間ダム竣工。10 日ソ共同宣言調印。11 第1次南極観測船「宗谷」出発。12 国際連合に加盟。	ソ連のフルシチョフ第1書記、スターリン批判演説。ポーランドで反政府暴動。ハンガリーで反政府暴動。スエズ戦争勃発。
1957	32丁酉	石橋湛山 第1次岸信介	1 群馬県の米軍射撃場で農婦、アメリカ兵に射殺される。6 岸信介首相訪米し、日米共同声明を発表（日米新時代・日米安保委設置・米地上軍撤退）。8 日本初の原子炉始動（茨城県東海村）。10 国連の安全保障理事会非常任理事国となる。この年から翌年にかけて、なべ底不況。	イギリス、クリスマス島で水爆実験。ソ連、人工衛星打ち上げに成功。アジア・アフリカ人民連帯会議開催。
1958	33戊戌	第2次岸信介	5 NHKテレビ受信契約、100万突破。10 日米安全保障条約改定交渉開始。政府、警察官職務執行法（警職法）改正案を国会に提出。警職法改悪反対国民会議結成。11 特急「こだま」、東京― 神戸間の運転開始。皇太子明仁と正田美智子の婚約発表。12 東京タワー完成。この年、フラフープ流行。	ヨーロッパ経済共同体（EEC）発足。アメリカ、人工衛星打ち上げ成功。フランス、第5共和政発足。
1959	34己亥		1 メートル法施行。3 日米安保条約改定阻止国民会議結成。東京地裁、砂川事件公判で米軍駐留を違憲と判決（11月に最高裁、合憲判決）。4 皇太子結婚式。安保改定阻止第1次統一行動。8 三池争議始まる。9 伊勢湾台風来襲、被害甚大。10 社会党分裂、西尾末広脱党。11 貿易自由化開始。安保反対デモ約2万人、国会構内に突入。この年、岩戸景気。	キューバ革命成功。中国・インド国境紛争。ソ連の宇宙ロケット、月に到着。ヨーロッパ自由貿易連合（EFTA）調印。
1960	35庚子	第1次池田勇人	1 三池鉱山、無期限ストに突入。全学連羽田デモ事件。日米相互協力および安全保障条約（新安保条約）・地位協定など調印。4 沖縄県祖国復帰協議会発足。5 衆議院本会議で新安保条約強行採決。6 ハガチー事件。9 カラーテレビ本放送開始。10 浅沼稲次郎社会党委員長、刺殺される。11 国民所得倍増計画案を答申。この年、「三種の神器」流行語となる。	韓国で市民・学生デモ。中ソ論争公然化。ケネディ、アメリカ大統領に当選。西側20国、経済協力開発機構（OECD）条約調印。
1961	36辛丑	第2次池田勇人	1 平城宮跡から木簡発見。6 防衛2法改正公布。農業基本法公布。池田・ケネディ共同声明（日米貿易経済合同・教育文化・科学の3委員会設置）。イタイイタイ病のカドミウム原因説発表。8 松川事件、全員無罪。11 福岡で放射能雨が降る。箱根で第1回日米貿易経済合同委員会。	米、キューバと断交。ソ連・北朝鮮、中国・北朝鮮、友好相互援助条約調印。東西ベルリンの壁構築。
1962	37壬寅		1 ガリオア・エロア対米債務返済処理協定調印。2 日米関税引き下げ協定調印。東京都の人口1000万人突破（世界初の1000万人都市）。5 新産業都市建設促進法公布。防衛庁設置法公布。8 国産旅客機YS11初飛行。9 アメリカ供与の地対空ミサイル、ナイキ・アジャックス陸揚げ。10 全国総合開発計画を決定。11 日中政府間貿易覚書（LT覚書）調印。	アメリカ、キューバ危機。米海軍、キューバ海上封鎖。アジア・アフリカ中立6か国首脳会議。中国・インド国境紛争激化。
1963	38癸卯		2 GATT理事会で11条国移行を通告。5 埼玉県で狭山事件。6 黒部川第4発電所（黒四ダム）完工。7 閣議、新産業都市13、工業整備地域6を指定。生存者叙勲復活。8 第9回原水禁世界大会分裂。部分的核実験停止条約調印。11 三井三川鉱山で爆発事故、死者458名。日米間テレビ宇宙中継実験に成功。	アフリカ統一機構（OAU）結成。米・英・ソ部分的核実験停止条約調印。米大統領ケネディ、暗殺される。

ま行

や行

ら行

わ行

な行

は行

た行

さ行

索引

000 —詳しい説明のあるページを示す。
000*—写真・図版のあるページを示す。

あ行

か行

全集　日本の歴史　第16巻　豊かさへの渇望

2009年3月30日　初版第1刷発行

著者　荒川章二
発行者　蔵　敏則
発行所　株式会社小学館
〒101-8001 東京都千代田区一ツ橋2-3-1
電話　編集　03(3230)5118
販売　03(5281)3555
印刷所　凸版印刷株式会社
製本所　株式会社若林製本工場

造本には十分注意しておりますが、印刷、製本など製造上の不備がございましたら、「制作局コールセンター」(フリーダイヤル0120-336-340)にご連絡ください。
(電話受付は土・日・祝休日を除く9:30〜17:30までになります。)

Printed in Japan ISBN978-4-09-622116-7

全集 日本の歴史 全16巻

編集委員：平川 南／五味文彦／倉地克直／ロナルド・トビ／大門正克

1	旧石器・縄文・弥生・古墳時代 **列島創世記** 出土物が語る列島4万年の歩み	**松木武彦** 岡山大学准教授
2	新視点古代史 **日本の原像** 稲作や特産物から探る古代の社会	**平川 南** 国立歴史民俗博物館館長 山梨県立博物館館長
3	飛鳥・奈良時代 **律令国家と万葉びと** 国家の成り立ちと万葉びとの生活誌	**鐘江宏之** 学習院大学准教授
4	平安時代 **揺れ動く貴族社会** 古代国家の変容と都市民の誕生	**川尻秋生** 早稲田大学准教授
5	新視点中世史 **躍動する中世** 人びとのエネルギーが殻を破る	**五味文彦** 放送大学教授 東京大学名誉教授
6	院政から鎌倉時代 **京・鎌倉 ふたつの王権** 武家はなぜ朝廷を滅ぼさなかったか	**本郷恵子** 東京大学准教授
7	南北朝・室町時代 **走る悪党、蜂起する土民** 南北朝の争乱と足利将軍	**安田次郎** お茶の水女子大学教授
8	戦国時代 **戦国の活力** 戦乱を生き抜く大名・足軽の実像	**山田邦明** 愛知大学教授
9	新視点近世史 **「鎖国」という外交** 従来の「鎖国」史観を覆す新たな視点	**ロナルド・トビ** イリノイ大学教授
10	江戸時代(十七世紀) **徳川の国家デザイン** 幕府の国づくりと町・村の自治	**水本邦彦** 京都府立大学教授
11	江戸時代(十八世紀) **徳川社会のゆらぎ** 幕府の改革と「いのち」を守る民間の力	**倉地克直** 岡山大学教授
12	江戸時代(十九世紀) **開国への道** 変革のエネルギーと新たな国家意識	**平川 新** 東北大学教授
13	幕末から明治時代前期 **文明国をめざして** 民衆はどのように"文明化"されたか	**牧原憲夫** 東京経済大学講師
14	明治時代中期から一九二〇年代 **「いのち」と帝国日本** 日清・日露と大正デモクラシー	**小松 裕** 熊本大学教授
15	一九三〇年代から一九五五年 **戦争と戦後を生きる** 敗北体験と復興へのみちのり	**大門正克** 横浜国立大学教授
16	一九五五年から現在 **豊かさへの渇望** 高度経済成長、バブル、小泉・安倍・福田政権へ	**荒川章二** 静岡大学教授